JN082365

語り継ぐ
ヒロシマ・ナガサキの心
下巻

京都「被爆二世・三世の会」●編

原爆投下時の広島
牛田水源地
工兵橋
三篠橋
常葉橋
通信局
通信病院
財務局
西練兵場
中国新聞
勧業銀行
東警察署
栄橋
駅前橋
広島駅
東練兵場
猿猴橋
荒神橋
京橋
芸備銀行
住友銀行
日本銀行
福屋
柳橋
大正橋
地方裁判所
広島中学
市役所
東大橋
鶴見橋
比治山
比治山橋
広島高師文理大学
兵器廠
広島師範
専売局
御幸橋
被服廠
広島高校
京橋川
黄金山
糧秣廠
陸軍船舶練習所
陸軍船舶司令部
宇品駅
栄橋
広島駅
駅前橋
松原町
京橋町
台屋町
猿猴橋
猿猴橋町
京橋
荒神町
稲荷橋
稲荷町
比治山町
金屋町
的場町
西蟹屋町
柳橋
土手町
松川町
段原大畑町
大畑町
大正橋
段原町
段原東浦町
段原新町
段原末広町
比治山橋
比治山町

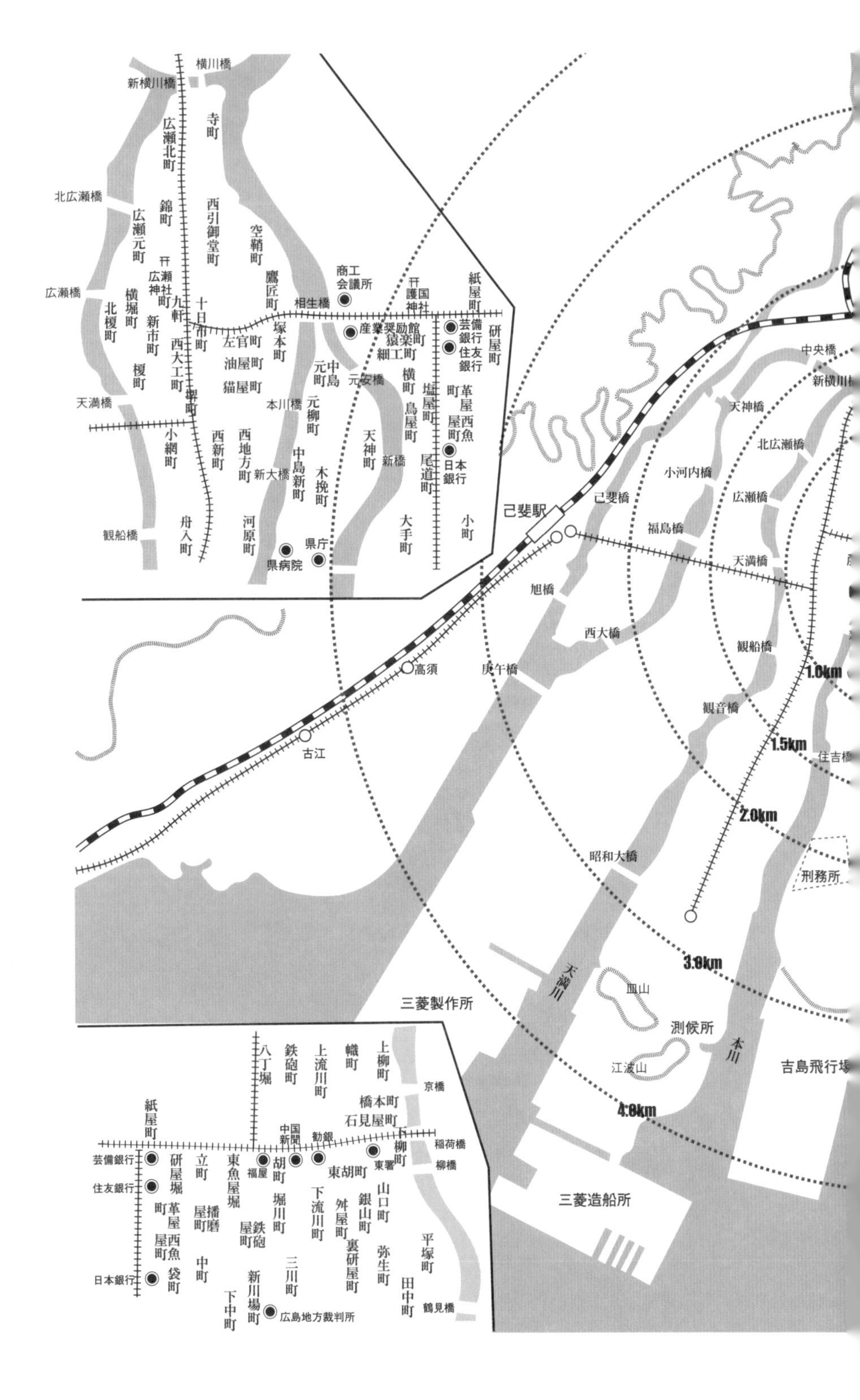
横川橋
新横川橋
寺町
広瀬北町
北広瀬橋
錦町
西引御堂町
空鞘町
広瀬元町
広瀬神社
広瀬橋
横堀町
北榎町
九軒町
十日市町
鷹匠町
商工会議所
相生橋
護国神社
紙屋町
新市町
西大工町
左官町
塚本町
産業奨励館
猿楽町
細工町
芸備銀行
住友銀行
研屋町
榎町
油屋町
中島元町
元安橋
横町
塩屋町
天満橋
猫屋町
堺町
本川橋
元柳町
鳥屋町
革屋町
西魚屋町
小網町
西新町
西地方町
中島新町
天神町
新橋
日本銀行
新大橋
木挽町
尾道町
観船橋
舟入町
河原町
大手町
小町
県庁
県病院
己斐駅
己斐橋
高須
古江
旭橋
西大橋
庚午橋
中央橋
新横川橋
天神橋
北広瀬橋
小河内橋
広瀬橋
福島橋
天満橋
観船橋
観音橋
1.0km
1.5km
住吉橋
2.0km
昭和大橋
刑務所
3.0km
天満川
皿山
測候所
本川
江波山
吉島飛行場
4.0km
三菱製作所
三菱造船所
八丁堀
鉄砲町
上流川町
幟町
上柳町
京橋
紙屋町
橋本町
石見屋町
中国新聞
勧銀
下柳町
稲荷橋
芸備銀行
研屋堀
立町
東魚屋堀
福屋
胡町
東胡町
東署
柳橋
住友銀行
革屋町
播磨屋町
堀川町
下流川町
舛屋町
銀山町
山口町
西魚屋町
鉄砲屋町
平塚町
日本銀行
袋町
中町
新川場町
三川町
裏研屋町
弥生町
下中町
広島地方裁判所
田中町
鶴見橋

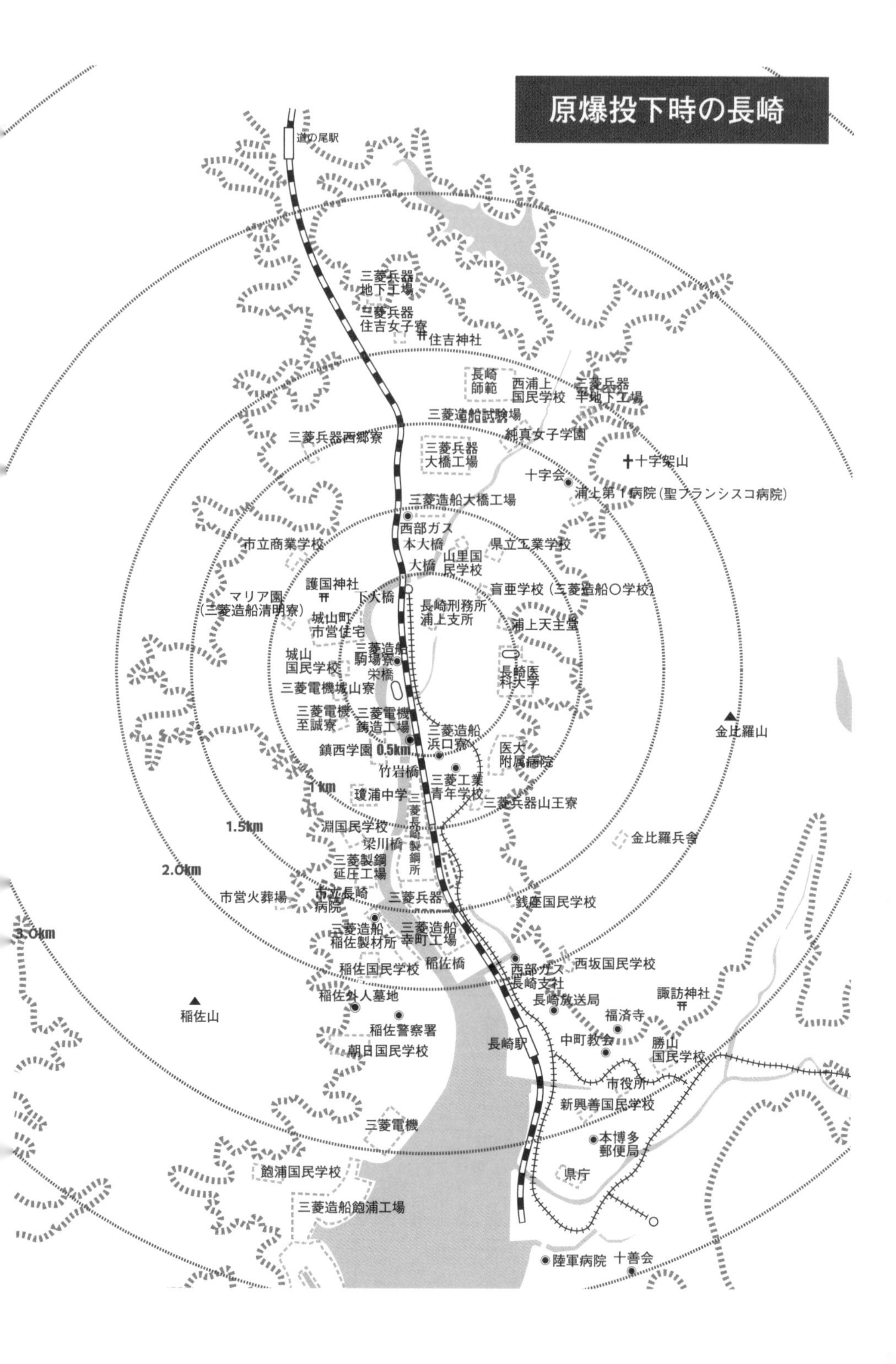
原爆投下時の長崎
道の尾駅
三菱兵器
地下工場
三菱兵器
住吉女子寮
住吉神社
長崎
師範
西浦上
国民学校
三菱兵器
平地下工場
三菱造船試験場
三菱兵器西郷寮
純真女子学園
三菱兵器
大橋工場
十字架山
十字会
浦上第1病院（聖フランシスコ病院）
三菱造船大橋工場
西部ガス
本大橋
市立商業学校
県立工業学校
大橋
山里国
民学校
護国神社
盲亜学校（三菱造船○学校）
マリア園
（三菱造船清明寮）
下大橋
長崎刑務所
浦上支所
城山町
市営住宅
浦上天主堂
三菱造船
駒場寮
城山
国民学校
栄橋
長崎医
科大学
三菱電機城山寮
三菱電機
至誠寮
三菱電機
鋳造工場
三菱造船
浜口寮
金比羅山
鎮西学園
0.5km
医大
附属病院
竹岩橋
三菱工業
青年学校
1km
瓊浦中学
三菱兵器山王寮
1.5km
淵国民学校
三菱長崎製鋼所
金比羅兵舎
梁川橋
三菱製鋼
延圧工場
2.0km
市営火葬場
市立長崎
病院
三菱兵器
銭座国民学校
三菱造船
稲佐製材所
三菱造船
幸町工場
3.0km
稲佐橋
西部ガス
長崎支社
西坂国民学校
稲佐国民学校
諏訪神社
稲佐外人墓地
長崎放送局
稲佐山
福済寺
稲佐警察署
中町教会
勝山
国民学校
朝日国民学校
長崎駅
市役所
新興善国民学校
三菱電機
本博多
郵便局
飽浦国民学校
県庁
三菱造船飽浦工場
陸軍病院
十善会

はじめに

昨年7月『語り継ぐヒロシマ・ナガサキの心』〈上巻〉を発行し50人の被爆者の体験を紹介することができました。その後もとりくみは継続し、今回あらたに45人の被爆者の体験を〈下巻〉にまとめてお届けすることになりました。証言していただいた被爆者のみなさま、本書発行にご協力いただいた多くのみなさまに心から感謝申し上げます。

本書で紹介させていただく45人の内33人の方は、私たち「京都被爆二世・三世の会」が直接お話しを聞き、証言をまとめさせていただいたものです。しかし、その内の8人の方は本書発行を待つことなく先立たれてしまいました。もう少し早く編集、発行できておれば、と悔やまれるばかりです。

その他12人の方は既に亡くなられていた方々の被爆体験で、遺された手記に、縁あった人々の思い出を加えて紹介させていただきました。被爆者として私たちの記憶に留めておきたい人ばかりです。

本書を直接お渡しすることのできない20人のみなさまには墓前にお届けし、あらためて感謝の念を捧げさせていただきます。

京都「被爆二世・三世の会」が被爆者の体験を聞き取り、記録し、語り継いでいくにあたり心掛けてきたことが三つあります。

一つは、自らの被爆体験を人前で話すことができなかった、文字にして書き著すことも難しかった、そういう被爆者の体験を一人でも多く蘇らせ、遺していくことです。被爆者の平均年齢は83歳を超え、鬼籍に入られる人も相次いでいます。何もしなければ、人類が銘記すべきたくさんの被爆体験が、命と共に、誰にも明かされることなく消え去り、埋もれていってしまう、そういう時にあります。私たちは、主に京都に住まわれる被爆者お一人おひとりを訪問し、体験を思い起こしていただき、語られるままに聞き取り、それを文字にさせていただいてきました。

二つ目は、被爆者の歩まれてきた人生すべてを被爆の体験として受け止めることです。被爆体験とは8月6日、9日だけに限られるものではありません。生き延びたその後も苦難の生涯を余儀なくされました。放射能は人々の命、健康を脅かし、暮らしを破壊し、家族との絆さえ絶つこともありました。原爆は人間に何をもたらしたか、それは被爆者の全人生をもって答えられなければならない。そして被爆者とは、困難に立ち向かい、差別や偏見を乗り越え、襲いくる病気と闘いながら明日の希望を求めて生きてきた人たちでもありました。

三つ目は、私たち被爆二世自らが親のこと、被爆者のことを語るよう努めてきたことです。本書〈下巻〉では6人の被爆二世が登場します。親である被爆者と共に生き、その姿から多くのことを学びながら育まれてきました。放射線の世代を超えた影響は被爆二世の背負う大きな課題ですが、被爆者の力強い生き方、考え方を、それこそ世代を超えて引き継ぎながら乗り越えていきたいと考えています。

原爆は人間に何をもたらしたか。そのことをより深く理解し、核被害者の救済と核廃絶実現の日に向けて、本書がその一端を担うことができるよう願うものです。

2021年10月25日

京都「被爆二世・三世の会」世話人代表　平　信行

被爆者に学ぶ旅

弁護士　尾藤　廣喜

被爆者のことを何も知らなかった私が、法律扶助協会京都支部の紹介で小西建男さんの原爆症認定訴訟を担当するようになったのは、今から35年以上前のことでした。あれから、被爆者の多くの申請手続きや訴訟の代理人となり、たくさんの被爆者の被爆体験やその後の苦しみをお聞きしてきました。それでも、あのすさまじい惨状からすると、私は、ごくごく一部しか知らないと思います。

生涯を水俣病に捧げた原田正純医師は、医学とは「水俣病に学ぶ旅」だと言われていました。医学というものは、文献、論文から病像を把握するものではなく、患者さんの生活、症状の訴え、苦労そして孤立や差別などの多様な被害の事実を患者さんから教えてもらうものであり、まさに、患者さんから学ぶ旅だということです。そして、この旅は一生続くだろうと言われていました。

私も、被爆体験をお聞きすることから多くのことを学びました。

上巻の小高美代子さん、木村民子さん、大坪郁子さん、大坪昭さん、森美子さん、寺山忠好さん、この下巻の小西建男さん、佐伯俊明さん、山本高義さんなどの方々の話から、私達の想像の範囲を超えた被爆の実相、被害を、ごく一部ではあるにしても知ることができました。

小西さんの裁判では、当時、日米の専門家がコンピュータからはじき出した被爆線量推定式と言われたＴ65ＤとかＤＳ86が、全く机上の計算だけのものであり、小西さんの被爆体験がこれによる狭い認定基準を裁判で打ち破る瞬間を目のあたりにしました。

山本高義さんの被爆体験も、大きな問題を明らかにしました。被爆が客観的資料から明らかなのに、証人がいないということで、5年以上被爆者手帳の申請が放置されていたのですが、被爆体験を丁寧にたどっていく中で、被爆を示す多くの客観的証拠があり、それにより申請が認められました。当時絶対必要とされていた証人の存在よりも、被爆体験の客観的裏づけが優越したのです。

また、小西さんの裁判以降も、厚生労働大臣が破綻した認定基準にしがみついているところから、認定訴訟の闘いが続いていますが、佐伯俊明さんの証言ではそのことが語られています。

原爆症認定訴訟も大詰めですが、被爆者の悲願である核廃絶の目的を達する旅は、まだまだ大きな峰を超えなければなりません。

この本の被爆体験の語り継ぎこそが、上巻とともに、私達に核廃絶への旅の正しい方向を指し示す大きな羅針盤となることでしょう。

語り継ぐ　ヒロシマ・ナガサキの心《下巻》

語り継ぐヒロシマ・ナガサキの心《下巻》

目次

ヒロシマ編

ナガサキ編

ヒロシマ 編

1 内田 克子

親も子も孫までも不安と共に生きた70余年

お話＝2016年12月10日

旭兵器・奥海田工場

私は昭和6年（1931年）1月15日の生まれで原爆の落とされた時は14歳でした。それまで山口県の宇部商業学校に通っていたのですが、終戦の1年ほど前、宇部理研株式会社という会社に勤めていた父の仕事の関係で宇部の学校を途中で辞めて母の実家の広島県に行くことになりました。

学校の先生は「せっかく入学して、後1年だからここで卒業してはどうか」と言って下さったのですが、母が「いや、子どもたち全員を連れて疎開します」と頑張って言い張って広島県に連れ帰りました。広島県の母の実家は高田郡美土里（みどり）町の、あの頃は生桑（いけくわ）と言っていた地名でもう島根県との県境に近い所でした。その後町村合併があって今は広島県安芸高田市となり、その一部になっています。

私は宇部の商業学校を途中で辞めて広島県に来たのですけど、次にどこの学校に入学するかはまだ決めて

いませんでした。美土里町には高等小学校までしか学校はなく、上の学校は吉田にしかありませんでした。

入学する学校はまだ決まっていなかったのですが、学徒動員の命令だけは先に来てしまったのです。そのため親元を離れて広島市内にある旭兵器という会社の工場に行くことになりました。その旭兵器の工場が広島市内から遠く離れた奥海田という所に疎開することになり、私たちは奥海田で準備中の工場に行かされることになりました。何を作る工場なのかも知らされないまま私たちは動員されていきました。

8月6日

その奥海田で原爆投下に遭う8月6日を迎えました。原爆に遭うと言っても、最初は広島の上空に昇るキノコ雲を見ただけでした。旭兵器の宿舎は広島市内の舟入本町にあって私たちの荷物は丸焼けになってしまいましたが、私たちはたまたま奥海田の工場にいたので直接被害を受けることはありませんでした。

その日の朝、私は食事の当番に当たっていて、先輩と一緒に手押しのポンプを使ってお米を洗っていました。朝礼が済んだ頃、突然ドンときました。私たちはもうどうしたらいいのか分からなくてウロウロウロウロしていました。社長さんもどうしていいのか分からなくてウロウロウロウロばかりしていました。

そうこうしている間に、広島市内から奥海田までたくさんの怪我人がトラックに乗せられて運ばれてくるようになりました。どんどんどんどんトラックに乗せられて運ばれてくるのです。学校の教室や体育館のような建物はもちろんですけど、お寺の本堂など、とにかく広い場所は全部トラックに乗せられてきた怪我人が降ろされていっぱいに並べられていきました。

学校の隅の方では、グラウンドの端っこに消防団の人たちが大きな穴を掘っていました。その穴へ、亡くなった人はもちろん、まだ息をしている人でも、もう駄目だなと思われた人はみんな投げ込まれていくのです。その上に石油をかけて火をつけられていきます。青黒い煙が昇っていきました。なんとも口では言い表せない異様な光景でした。その時の炎の色と臭いは生涯忘れることはできません。見ていない人には想像もできないことでしょう。

救護・看護の一週間

国防婦人会のタスキをかけた人たちがもろぶたいっぱいに真っ白いご飯でおにぎりを作って、食べなさいってすすめて下さったことも覚えています。でも人の焼かれる臭いはあまりにもひどくて、食事はまったく喉を通りませんでした。国防婦人会の人たちのタスキを見ていると、それは親がタスキをかけているようにも見えて、親の顔ばかり浮かぶのです。早く実家に帰りたいという気持ちだけが強くなっていました。

満足に食事をすることもできないまま、それでも命令されて怪我をした人たちの看病ばかりしていました。看病といっても、ガーゼをペタッと顔に貼られて、口と目のところだけちょこっと開けられて、顔は真っ白、髪はもうチリヂリ。そんな姿の怪我と大やけどをした人たちばかりが並べられているところでした。怪我をした人たちは「水ーっ、水ーっ」って言うのです。「水は絶対に与えたらいけん」と言われているので、唇を濡らしてあげるだけで、水を飲ませるわけにはいきませんでした。お薬は全然ありません。それから、蛆(ウジ)がズルズルズルズル顔中を這っていました。怪我をした人たちには団扇で煽いで絶えず風を送り続けてあげていました。

焼けた人の臭いがそこら中に広がっていました。その上夏の暑い時期に看病するので、私たちも嘔吐するのを堪え切れませんでした。怪我した人からトイレに行きたいと言われても、14歳で私のように小さい者には、すがりつかれたら一緒に転んでしまうのでどうしようもなく、男の人にお願いしてトイレに連れて行ってもらったりしていました。

歩き通して我が家に帰り着く

そういう毎日を一週間ほど続けていたら、ある日の朝、工場長から「せっかく生き延びることができたのだから、お前たちはこのまま自分の家に帰れ」と言われたのです。乾パンを6つか7つ袋に入れられて、お腹がすいたらこれを食べながら家に帰れと言われました。

帰れと言われても鉄道も何も動いていません。向原までは工場のトラックが行くから、それに乗って帰れと言われ、同じ方面へ帰る人ばかりが集められて、布団やいろいろな物に挟まれるようにして荷台に乗り込み、朝の10時頃に奥海田の工場を後にしました。

向原までは帰れましたけど、そこから先は何もなくて歩いて帰るしかありませんでした。「この山を越えて行きなさい」と近道となる山道を教えられて、28キロもある距離を歩き始めました。6人いた友だちも家の近い人からそれぞれに帰っていき、最後は私一人になりました。日も暮れて足は痛み始め、疲れ果ててきました。

そうしている時に後ろの方から電灯の明かりが近づいてきました。男の人でした。軍服を着てリュックを背負った兵隊さんで、胸には白い布で包んだ遺骨を抱いておられました。奥様の遺骨だということで、奥様を実家に連れて帰る途中とのことでした。聞くと私と同じ方向だというので、この兵隊さんに付いていくことにしました。14歳の少女ですから、もう実家に帰り着きたい一心で、ほとんど会話もせず一生懸命兵隊さんについていったことを覚えています。

家に帰り着いたのは深夜の1時過ぎでした。私が「ただいま」と言った時、母は敷居を跨いだまま黙って硬直したようになって私を見つめていました。私のことを幽霊だと思ったようです。私とは連絡も取れないし、もう死んだのかもしれないと諦めていたのだそうです。後年になって私の妹が「お姉ちゃんぐらい親不孝はないよ。あの時どれだけ親が心配していたか分かっているの?」と言ったことがあります。今になってあの時の親の気持ちが分かります。

原爆のショックで口のきけない子に

父だけは仕事の関係で終戦まで宇部にいました。母も私の兄弟姉妹もみんな高田郡の生桑にいましたので、原爆の被害に遭ったのは家族の中で私だけでした。母は後になって、「あんたを原爆に遭わせるために広島に連れ帰ったようなものやねー」と言って私に謝ったことがあります。責任を感じていたようです。

私は実家に帰り着きましたが、全然口のきけない、何もしゃべらない子になっていました。「この子はなんとかしないと、生涯何もしゃべれない人になるのではないか」と随分心配をかけていました。それだけ原爆で怪我をした人たちの救護にあたったことはショックの大きいことだったのです。ご飯もほとんどまともに食べられないでいました。

実家に帰ってしばらくして、私のお祖父さんに、お祖父さんの里である来女木(くるめぎ)という所にお盆のあいさつだということで連れていかれました。そこでラジオ放送から、天皇陛下の言葉を聞かされました。お祖父さんが手ぬぐいをとって握りしめて、じーっと泣いていたのを覚えています。あれが終戦の日でした。

出産、我が子の成長に苦悩

終戦後、私は結婚するまでは洋裁学校に行っていました。私のいた田舎でも原爆に遭った人にちょこちょこ出遭うようになりました。被爆した人に冷たく接したり、偏見の目で見るような人もあり、それを見た私は辛い思いもしていました。

私は結婚する時、自分が被爆していることは打ち明けずに結婚しました。その後も長い間、話すことができず、一人で悩みを抱えてきました。私は貧血がひどくて増血剤を服用していました。それ以外にも貧血によく効くと聞いたらどのようなことでも試してみました。

妊娠してからは人には言えない心配が募ることになり苦しみ続けました。つわりだと思い我慢していましたが、あまりに長いので病院へ行ったら、肝臓が悪いと診断されました。実家の母は、原爆が影響しているのではないかと心配してくれました。母は被爆者手帳を受けるよう勧めてくれましたが、嫁ぎ先の家族の手前から手帳を受けることはできませんでした。産み月になっても普通の人の6ヶ月くらいの成長ぶりでしかありませんでした。予定日より3週間も早く女の子を出産しました。髪の毛の赤い、小さな赤ちゃんでした。

娘は幼稚園になっても髪は黒くなりませんでした。それどころか大きくなるに従ってだんだんだんと赤くなっていき、トウモロコシの毛のように真っ赤になっていきました。中学生になった時、先生から髪の毛を染めているのかと聞かれたりしました。どうしてなのか、どうしてなのかと思いつつ、私が被爆して、ずーっと薬を飲んでいたからではないのかと心配していました。私は悩み続けていましたが、幸いにも娘の方がまったく屈託なかったのが救いでした。

繰り返される苦悩

その長女が結婚し妊娠した時、また私の苦悩が繰り返されることになりました。妊娠6ヶ月に入った頃、流産しかけるので毎日注射をして何とかもたせることになりました。8ヶ月になった時、お医者さんから、これ以上我慢したら母体が持たないので出しましょう、子どもは月が満たないので期待しないで下さい、と言われて出産しました。生まれた時、真っ黒な赤ちゃんで、ずーっと保育器に入れられました。血を全部入れ替えられる処置がされました。母親（私の長女）には言わずに、網膜症の心配があることも告げられました。何もかも私が被爆していることが原因なのかと思い悩みました。

３ヶ月後に孫は退院しました。幸いにも後遺症はありませんでした。今はその子（私の孫）も大きく立派になって、目の方も異常がなくて、良かったなあと思っています。

初めて観る原爆資料館で涙

孫が14歳になった時、私が被爆した時と同じ年齢になったことを複雑な思いで迎えました。その年の夏、孫たちと一緒に原爆資料館へ行きました。私も初めて訪れる原爆資料館でした。展示されている資料を見て、思わず「こんなものではなかった」と思い、涙が出てきてしょうがありませんでした。娘や孫たちが私の様子にびっくりして、じっと私の顔を見ていました。この時をきっかけにして、私も少しずつ原爆の話をするようになっていきました。

被爆50年の年（１９９５年、平成7年）に、京都府原爆被災者の会（京友会）が編集発行された祈念誌『被爆して生きて五十年』に私の被爆体験を書かせていただきました。私のひ孫が私の被爆体験を学校の先生に見せるのだと言ってこの祈念誌を持って行ったことがあります。

それからたくさんのみなさんのお世話で、その後被爆者手帳も受けることができました。救護による被爆なので3号被爆者ということになります。

振り返ってみますと、私の親も、私も、そして子や孫までも、原爆放射能に襲われる不安と共に生きてきた70余年だったと思います。これからも負けずに頑張って生きていきたいと思います。これまで出会った多くのみなさんに感謝しつつ、今の平和が永久に続くことを祈っています。

2 住田紀美子

大芝公園で斃(たお)れた人々を思い起こしながら生きてきた

お話＝2017年2月18日

脳裏に焼きついた大芝公園の人々

私は昭和15年3月7日、広島市の楠町13番地というところで生まれました。横川駅にほど近い町です。原爆が落とされた時は5歳でした。

8月6日の朝、私の父は広島市内の勤め先に出ていました。母もその年5月に生まれた私の弟を連れてどこかに行っていて家にはいませんでした。兄が2人いましたが2人とも学童疎開か何かで家にはいませんでした。私の下には弟が2人いたのですが、一人はもう戦前に亡くなっていました。ですから私の家族は6人だったのですが原爆投下の朝、家にいたのは私一人でした。母の姪にあたる人が私の家に来ていて、私の面倒を見てくれていたように聞いています。

この日、私は一人っきりになって、ふらふらと近くの公園、太田川沿いにある大芝公園に遊びに行っていました。そんな時に原爆が落とされ、私は被爆したのです。ピカッと光って、ドンと地響きが走りました。爆心地からの距離は2・4キロとされています。

あの日のことで私の記憶にあるのは、真っ黒になった人たちがゾロゾロゾロゾロと公園の土手を歩いて来て、川の方へ降りてきたことです。私はビックリして、その人たちをボーッと見ていました。
その内に私も家に帰らなければと思い立ち帰ろうとしましたが、家の方角がもう真っ赤になってすごい火事になっていて帰ることができません。仕方ないから公園でずーっと立っていました。するとさらにたくさんの人たちがどんどんどんどん歩いて来ては倒れていくわけです。ゾロゾロゾロゾロと逃げてきては倒れていく。その様子をずーっと見ていました。まわりの人をキョロキョロ見ていて、みんなギャーギャー騒いでいるけど、何が何やら分からないわけです。日が暮れてしまうまでそうやっていました。

暗くなった頃、たまたまですけど、近所の知り合いのお姉さんたちが通りかかってきて、「いやーっ紀美ちゃんがこんな所にいる！」と見つけてくれたのです。私を抱きかかえるようにして川の下の洞穴のような所に連れて行ってくれました。もしこのお姉さんたちに出会っていなかったら、私はそれっきり戦災孤児になっていたところでした。あの時のお姉さんたちの中の一人は今も生きておられます。「あの時の紀美ちゃんは泣いて泣いてすごく困ったのよ。口を押さえれば押さえるほど泣くし、夜通し泣いていたのよ」とよく言われたものです。

次の日、私の家の近くには小さな竹藪があったのですが、そこまで行けば誰かいるかもしれないということで、竹藪まで連れて行ってもらいました。幸運にもその竹藪で父や母に会うことができたのです。その後は、近くにあった私のお祖母ちゃんの家から蚊帳を借りてきて大きな竹藪の中で寝泊まりしていました。竹藪は草がいっぱい茂って

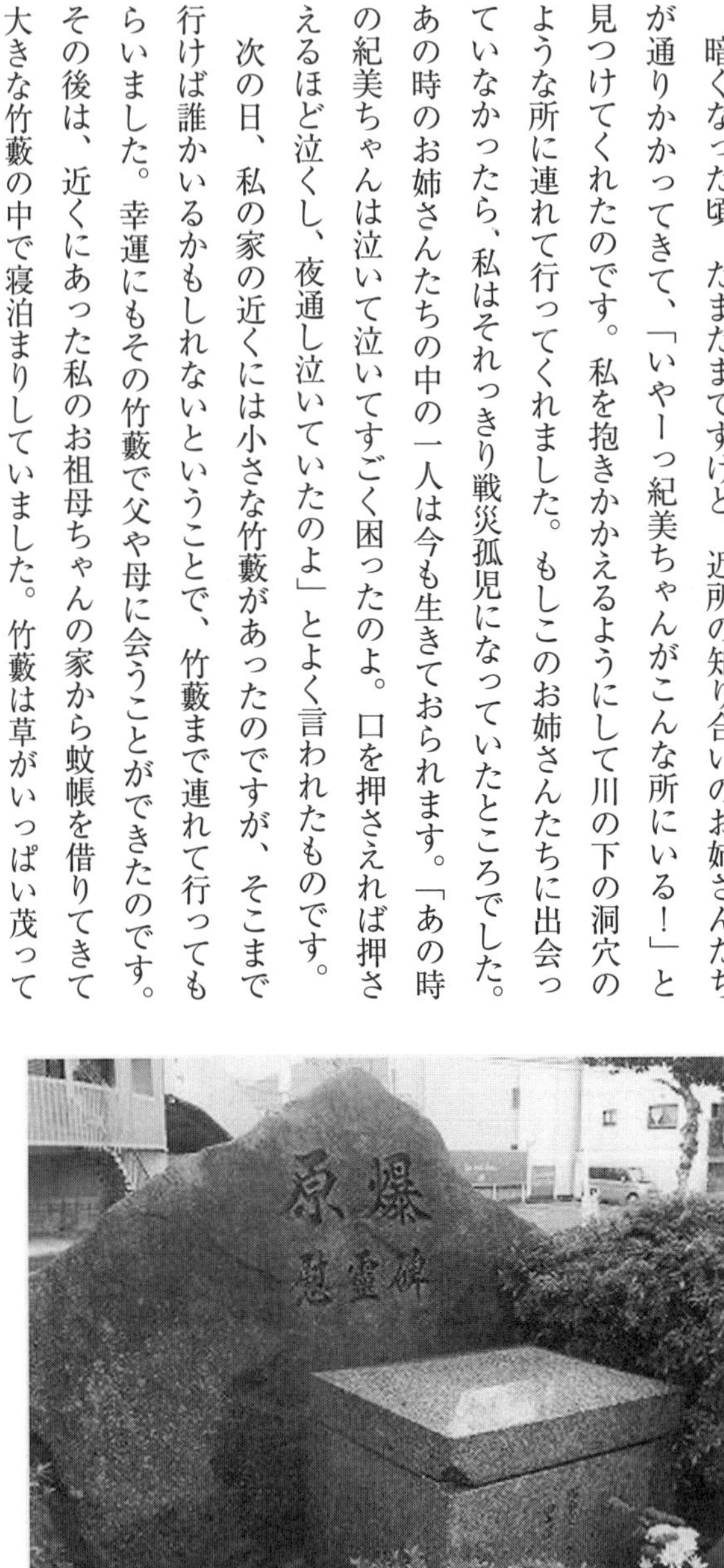

大芝公園の慰霊碑

いて涼しいので、たくさんの人たちが避難して集まってきていました。竹藪の中ではギャーギャーギャーギャーとすごい悲鳴が上がっていました。

それから数日後、私は大芝公園に避難してきた人たちのことが気になりだして、また一人でトコトコトコトコ公園まで歩いて行きました。何日か経っていたので公園は片づけられていましたが、死体の山が積み上げられていました。亡くなった人たちが燻（くすぶ）りながら燃やされているのです。3つぐらいの山になっていました。それを見て、かわいそう、かわいそうと思い、じーっと立っていました。大人の人から「帰れ！」って言われて、それでもかわいそうでならなくて帰らないでじーっと見ていたのです。仕方ないので男の人が来て、私を抱きかかえるようにして追い返しました。それで私もやっとまたトコトコトコトコ歩いて帰りました。

太田川沿いにある大芝公園

牛小屋に隔離されて

この頃の私は記憶が飛んでいて、ところどころ断片的にしか覚えていないのです。ある日気がついたら島根県にある母の実家に一人で連れて行かれていました。その頃から髪の毛が抜けだして、バッサバッサと自然と抜けるのです。どうして髪の毛が抜けるのか田舎の人たちには分からない。だからライ病か何か、変な病気だと思われて、牛小屋の2階に隔離されてしまいました。閉じ込められて、下に降りられないようハシゴも外されて、ご飯だけは与えられるようなことになりました。ひとりぼっちで、夜は真っ暗だし、とにかく泣こうがわめこうが絶対に下には降ろさない、外にも出させてくれませんでした。病気がうつると思われていたのです。こうしたこともあって私の体は一層悪くなっていったのかもしれません。

それから何ヶ月か何日か、どれぐらい経ったのか分からないのですが、次に気がついたら、今度は天井に星空のようなものが綺麗に見える所にいました。島根県からまた広島に連れ戻されて、三篠4丁目というところで、父親が建てたバラック小屋の中にいました。穴だらけのトタン屋根から光がさして星空のように見えたのです。島根県に連れて行かれた時のことも知らない、広島に帰って来た時のことも分からない、記憶がなくなっているのです。

脱毛と治療の辛さ

広島に帰って来てから、父親が私の髪の毛が抜けたことをとても心配してくれました。父親の友だちにお医者さんがいて、そのお医者さんにもいろいろ相談してくれました。薬もないし、病院もまだまともに診察などされていない頃です。どくだみ草を蒸して、熱灰(あつばえ)の中に埋めて、濡れたようなものに包んで、それを綺麗に拭いた頭に乗せていく。私が動かないようにしっかりと体を押さえつけてやられるんです。その時に頭の地肌が痛いんです。父と母とが一緒になって私の頭を綺麗に拭いてくれるのですけどそれがすごく痛い。

髪の毛が少しずつ生えてきた頃は、風が吹いただけでも猛烈に痛かったのです。よく泣きました。「紀美ちゃん、髪の毛生え出してきて良かったなあー」とか言われるけど、とんでもなく痛くて泣きわめいていました。どくだみ草を塗って、その上から手ぬぐいを置いて、その上に防空頭巾かぶせて、絶対安静にと言われて、じっと動かないようにする。そんな格好や姿が走馬灯のように思い出されます。小学校に行くようになってもしばらくは防空頭巾をつけていたように思います。

自分では細かいことまでの記憶はないのですが、後に被爆者手帳の交付を受けた時、たくさんの原爆急性症状を発症していたことが書かれていました。例えば、脱毛、下痢、発熱、食欲不振、倦怠感、紅斑、紫斑、胃腸障害などです。

子どもの頃から健康に見放され

戦後はバラック小屋のあった三篠町で育ちました。子どもの頃はずっーと下痢が続いていました。体がもうゴボウのように細くなって、黒くなって。小学生の頃はよく「紀美ちゃんゴボウみたい」と言われていました。その上さらに貧血もきつくなって、お医者さんにかかるようになり、毎日のようにすごく太い注射を打たれました。今のような点滴などない頃で、ペニシリンとかブドウ糖とか、マイシンとか。その注射も痛くて、それが何年も続いて、今も注射の跡がタコになって残っています。

私の貧血はものすごくきついものでした。お医者さんたちもどうしたら治るのか分からなかったのだと思います。だからあれをやりこれをやりして、いろんなことが行われました。増血剤の投与もされていたのでその影響で肝臓もやられました。肝臓をやられたら黄疸も出て、黄疸が出るとシャツまで全部黄色になってしまいました。15~16歳の頃は足がすごくむくんで膨れて、紫色になっていました。

子どもの頃は大きくなってくると自転車にも乗りたくなります。自転車の練習をしようとすると母親が「紀美子は怪我したらどうするの!」とすごい剣幕で怒ったことがあります。怪我して出血でもしたら大変なことになると思われていたのです。

19歳の時、盲腸の手術をしましたが、この時私は1ヶ月も入院させられて、退院してからもさらに2ヶ月絶対安静にさせられました。貧血がきつくて血がないので動かされなかったのです。実は私は輸血もできない、受けられない体であることを、京都に来てから初めて知ったのです。

ＡＢＣＣ（放射線影響研究所）のこと

小学生の頃からの忘れられないことの一つはＡＢＣＣ（今の放射線影響研究所）のことです。ＡＢＣＣがジープで学校の運動場に入って来て、みんなが見ている中で私一人が強制的に連れて行かれるのです。とても恥ずかしくて嫌でした。それが毎年々々続き、中学生になってもずーっと続きました。

実は今も放射線影響研究所からは調査アンケートが来ているのですよ。ＡＢＣＣは病気になっても決して治療してくれる所ではありません。生きていることが珍しいほどの私のような子が、どのように成長しているか、放射能に対する被害を調査する所だったのです。

大芝公園の人たちを見たから生きてこれた

お医者さんは母親には「もうちょっとしたらよくなる、もうちょっとしたらよくなる」と言うけど、何の病気かも言わない。言えないのですよ、分かっていないから。私も15～16歳の頃になって、みんなと一緒にいろんなことをしたい、それができないから、「先生の嘘つき！」と言ったりして、お医者さんに反発したこともありました。そうすると先生は怒って、「体には自然と治そうとする力が備わっているんや。だからあんたに治そうという気持ちと心がないと治るものも治らない。その気がないと絶対に無理なんや！」「僕らは手助けしているだけ。だからいろんな薬使ったり、器械使って調べてるんや！」と言われました。

こういう時にはいつも大芝公園にいっぱい積み上げられて亡くなっていった人たちのことが頭に浮かんでくる

のです。「そうやなあ、あの人たちはどこの誰かも分からないまま積み重ねられて、かわいそうやったなあ」「あの人たちが戦争したわけでもないのに、山のように積み上げられて、罪のない人たちが亡くなっていった」「私はまだ生きているじゃない。くそったれ、生きたるわ！　意地でも生きたるわ！」と思い返しました。大芝公園のあの光景を見たから、私は今もしつこく生きているんだと思っています。

私はこれまで何度か死のうと思ったことがあります。薬を飲んだりいろいろなことをしました。でも悔しいけど死ねませんでした。そういう時はまた大芝公園の人たちのことを思い出して、「よっしゃ、もうちょっと生きたろ！」「生きられるだけやってみたろ！」と思うのです。私はたまたまみんなの助けがあって今日まで生きてこられたけど、神様仏様が守ってくれたのかもしれませんね。

母親の手一つで育てられ

私の父は私が小学生の時に亡くなりました。私をとてもかわいがってくれた父でした。私が小学校の修学旅行から帰ってくる日、横川駅まで迎えにきてくれたことを覚えています。その3日後に事故で亡くなったのです。10月13日でした。

上の兄も小学生の頃腹膜炎を患って亡くなりました。将来は大学まで行きたいと言っていた兄でした。ですから私たちは戦後長い間、母と2番目の兄と私と一番下の弟の4人家族で暮らし、そんな中で育ちました。それから原爆投下の日に私の家にいてくれた母の姪ごさんは原爆症で早くに亡くなっています。

父親が早く亡くなったので母親は働きに出なければならず大変でした。私も兄弟の中では女の子一人で、三度三度の食事の用意などいろんなことをして母親を助けました。体が弱くてしんどいことは続いていました。あんまりしんどい時は背中から体中が痛くて涙が出るほどでした。母親は「紀美子、泣くぐらいやったらせんでもいいよ」「私が帰って来てするから」と言って、でも勤めから帰って来てまたすぐに畑に出て行くのです。少しでも野菜や果物がとれたらそれを売りに出そうとして。そんな時、私は「お母ちゃん、大丈夫すぐ治るから」と言いながら、また泣いていました。

結婚をあきらめ京都（田辺町）へ

結婚のことを考えるようになったのは体の方が大分よくなってきてからです。私にも好きな人ができて、結婚の話になって、私も結婚しようと思いました。ところが、「あんたは血がないから結婚しても子どもはつくれないよ」と言う人があったのです。それは私にとってものすごく大きなショックでした。その時は本当に死にたくなったのです。このことは親にも言えませんでした。言えば心配するのは分かっていましたから。

その時の結婚は諦めることになりました。でもその後、私がぐずぐずしていたら、今度はお見合い話が持ち上がりました。私は体力的にもすっかり自信をなくしていたので、お見合いを断わり、それで広島を離れることにして、逃げるように京都に来ることになったのです。遠縁にあたる人の知り合いから、「気分転換になるから、しばらく京都の家に来てみないか」と誘われて、私もどこかに逃げ出したくて、その方を頼るようにして京田辺市（当時田辺町）に来たのです。私が26歳の時でした。

その方は原さんと言って、お寺の僧侶をされているご夫婦でした。息子さんが3人おられたのですが、私のことを娘が一人増えたようにしてかわいがっていただき、長くお世話になることになりました。私もお二人のことを大切にしてきました。お二人とももう亡くなられたのですが、最後は二人とも私が送ることになりました。

京都に来た最初の頃は、私は歩くのもなかなかだったのです。あの頃地域の人たちは木津川まで流れ木（流木）を取りに行ってそれで風呂などを沸かしていたのですが、よく原さんに木津川まで連れて行かれました。私が嫌がるのに大八車に乗せて木津川まで行って、河原の砂の上を歩かされました。「京都に来てまでなんでこんな砂の上を歩かされないとあかんのや」と思いながら歩きました。砂の上を歩くと背中から足にかけてものすごく痛いのです。それに足が笑う、手も笑って、ふるえてきて、どうしようもありませんでした。それでも少しずつ体が鍛えられていったのだと思います。

美容師を生涯の仕事に

京都に来た最初の頃は母親から仕送りもしてもらっていましたけど、いつまでもこんなことを続けていたら駄目だと思うようになり、何か仕事をしなくてはと、体を慣らしながら、あちこちパートにも行くようにもなりました。

広島にいる頃から和裁はしていました。「紀美子は体が弱いから和裁やったらできるかな」と母に言われて習いに行っていたのです。それで京都でも和裁をしようと思っていたら、原さんから「和裁はダメ、体を壊すから」と止められてしまいました。それでまた他のことをいろいろ考えることになりました。

原さんの息子さんの奥さんが美容院をされていて、「紀美ちゃん、手伝ってもらえないかな」と言われて時々掃除とか細々とした仕事の手伝いをしに行っていました。そこで「紀美ちゃん、この仕事（美容師）してみたら」と言われたのです。「紀美ちゃんは器用そうな手をしてるし、紀美ちゃん体弱そうやし、この仕事はお客さんがドライヤーに入ってる時は休息もできるから」などと言われて。それで美容師の勉強をしてみようと思うようになりました。

通信教育を2年受けて、夏休み、冬休みのスクーリングにも行って、京都市内のいろんな美容室にも実地の勉強をさせてもらいに行きました。美容師の国家試験免許を取ったのは昭和48年（１９７３年）33歳の時でした。それから3年後の昭和51年（1976年）に今のところに美容院のお店を出すことができました。店の名前は「BEAUTY SALON きみが」とつけました。店を出すといってもそれまでしっかりとした仕事もできていなかったので普通の融資はしてもらえませんでした。原さんのお知り合いの税理士さんに保証してもらってやっとお金を借りることができたのですが、それを返していくのも大変でした。

美容院を始めてこれまで40年間ずーっとやってきました。ほとんど休むことはありませんでした。借りたお金は返さないといけない、日々の生活はある、それから若い頃ちゃんとした勤めとかできていないので年金もなかったのです。

闘病人生

体調の方が良くなっていったわけではありませんでした。貧血と肝臓は子どもの頃からずーっと悪い状態が続いていて、肝臓機能障害だと診断がされていました。それから、白血病、心臓病、大脳神経障害を患いました。42歳の時、不規則性抗体という診断がされ、輸血ができない体なのだと言われました。その他にも京都に来てから初めて、骨粗鬆症だったこと、両変形性膝関節症、両下肢静脈血栓症、高血圧症であることが分かりました。

私は骨髄で血液がつくられていない体です。そのために、食べもので血になるものを摂るように言われました。しんどい時はとにかく安静にすること、歩いている時はしゃがんでじっとしていること、などいろいろ教えてもらいました。いつもそうした教えを思い出しながら生きてきました。お医者さんから、病気は治り切ることはないが、上手に体を維持すれば長生きできるよ、と言われて、それを信じて今日まで頑張って来たのです。

平成14年（2002年）に胃がんが見つかって開腹せずに摘出手術をしました。去年（平成28年／2016年）には大腸がんも見つかって、今、抗がん剤の治療中です。

抗がん剤の影響でずーっと手も痺れて、足も痺れていました。去年の夏には肺炎まで併発して。肺炎になった時は足もとられて歩けなくなりました。本当に怖かったです。このまま歩けなくなるのではないかと思うと情けなくなって泣きました。歩けなくなって他人様に迷惑かけるのは嫌やから安楽死させて欲しい」と言ったら、「それはできない！」ときつく叱られて、「それなら頑張るわ」と言ってリハビリにも一生懸命とりくんできました。病院のみなさんもチームを作っていただいて親身になってサポートしていただきました。

体の病気とは別に、夕立などで空に黒い雲が湧きあがった時、異常な胸騒ぎを覚えてしまい抑えることができません。今もその症状は続いています。71年前のあの日に受けた衝撃と恐怖がトラウマとなって今も私を襲ってくるのです。

がんになってやっと原爆症認定

去年、がんの発症について原爆症認定を受けることができました。認定申請書の作成も必要な書類の準備も全部自分でやりました。認定されたのは平成28年（２０１６年）６月９日付です。私は５歳の時からずーっと病気で苦しんで生きてきました。全部原爆が原因です。なのにがんに罹らないと原爆症認定しないというのはおかしいと思っていました。そのことを直接、厚生労働省に電話して抗議したこともあります。

原爆症認定通知書が届いた時に、厚生労働省にこのようなお礼の手紙を書きました。

> ご迷惑をおかけしてすいませんでした。
> 被爆していろいろな病気をしてきましたが、がんにならないようにいろいろ考えてきましたが、最後はやっぱりがんで終わりかと思っております。

抗がん剤の点滴をしながら、仕事もしながら頑張って6ヶ月が過ぎました。副作用もだんだんひどくなり、仕事もできにくくなりましたので、死を考えたり、いろいろ悩んでおりましたが、原爆症認定書を送っていただき、やっと分かってもらえたのかと思っております。

本当にありがとうございました。

追記

私のような身体の者でも良くなったら、他の方に「私のような身体の者でも良くなったから、今は医学も医療も科学も良くなっているから頑張ってね」と言って上げられるように、もう少し頑張ります。

〝散髪ボランティア〟で生きる支えをもらってきた

長年生きてきて一番ショックだったことは、随分以前のことになるのですが、被爆者のみなさんの集まる会合で、元軍医さんという方が役員か何かやっておられて、その人が「5歳ぐらいの被爆じゃ何も分かりはせん！」と言われたことがあったのです。それから別の女の人からは「仕方がないわねー、戦争だったんだから」とも言われて。私は腹が立って悲しくて、この人たちは一体何を考えているんだろうか、と。京都の人には何も分かってもらえないのではないかと思いました。もうこんなところには二度と行かないと決めて、それ以来その会合には行かなくなりました。

私はいつも思っているのです。自分はいつ死んでもいい。もう命は惜しくはない。ただ自分が寝込んでしまうことは嫌だ。寝込んだら他人様に迷惑をかけることになる。それが嫌なのです。他人に負けてしまうことはいい。でも自分に負けてしまったら寝込むと思うので自分には負けたくない。

私は、〝散髪ボランティア〟と言って、いろんな老人施設や福祉施設などを訪問して入居されているみなさんの散髪をさせてもらうボランティアをやってきました。後には京田辺市の社会福祉協議会の人に送迎されて自宅を訪問して在宅の方たちの〝散髪ボランティア〟もしてきました。そこでいろんな人を見てきました。喉に穴のあいた人、体が硬直してまったく動けない人、胃ろうをされている人等々。可愛そうやなと思う人もたくさんありました。「私はあの人よりはまだ元気な方やから、もうちょっとがんばろうか」と思って、それでずーっと毎年々々ボランティアを続けてきました。髪を綺麗にしてあげたらニコッと喜ばれるんですよ。あの笑顔が私の心の支えになって、私の心が助かって、私の生きがいにもなって、私の方が頑張りをもらってきたのです。介護されてる人も、介護している人の姿も見て、私も頑張ろうと元気をもらってきました。とてもいい勉強をさせてもらったと思っています。

今は私の体の方が思うようにならなくてボランティアもできていませんが、できればもう一度元気になって、またみなさんの笑顔に出会いたいなあと思っています。

3 榎　郷子（きょうこ）

あの惨禍が二度とないように と語り継ぐ

お話＝2017年2月22日

父と母と二人の姉と私

私は昭和9年（1934年）5月27日の生まれです。広島に原爆が投下された時は国民学校の5年生、11歳でした。

私たちが小学校に入学した年に学校の名前が小学校から国民学校に変わり、それから戦争が終わって国民学校を卒業する時にまた名前が小学校に変わったんです。私たちの小学校の6年間だけが国民学校と言われていたわけで、大橋巨泉さんとか愛川欣也さんとかが同じ年齢で「昭和9年会」というのをやっておられましたね。

私が住んでいたのは舟入川口町という町で爆心地から2キロメートルぐらいのところでした。私の通っていた学校は中島国民学校で、そこの5年生だったわけです。中島国民学校は、今の平和公園の南の方角、当時の県庁とか県病院のあった一帯の南側にありました。私の家からは川を一本隔てたところで、私は本当は校区外の子だったんですけど、進学率やらなにやら考えて親がそこに通わせていたんです

家族は父と母と2人の姉と私の5人家族でした。父は、東洋製缶という、元々は缶詰の工場だったのでしょうけどその頃は軍需工場になっていた工場の青年学校の校長をしていました。青年学校というのは、小学校を

卒業して働きに来ている人たちを教える高等小学校みたいなところです。

母は小学校の教師をしていましたが、空襲のサイレンが頻繁に鳴るようになってから、子どもたちのことが心配だということで、恩給がつくようになったらすぐに辞めて、家にいて家事に専念するようになっていました。

2人の姉は共に県立広島第一高等女学校に通う女学生でした。上の姉が2年生、下の姉が1年生でした。私たちは女の子ばかりの3姉妹です。父や母が私たち3人を連れて街を歩いているとお知り合いの人から「まあ、お宅はお嬢ちゃんばかりで、兵隊さんがおらんのじゃねえ」ってよく言われていました。あの頃男の子がいないというのは引け目でね、私は一番下だったのでよく男の子の恰好をさせられたもんです。水兵さんのようなセーラー服とか着せられて歩いていました。とにかく兵隊さんでなかったらいかんような時代でしたから。

印象深く残っている配給の思い出

私が小学校に入る頃までは動物ビスケットとかウエハースとかお菓子のおやつがまだあったんですよ。だけど日を追うごとに、私たちの学年が2年、3年と上がっていくに連れて、お菓子というものは手に入らなくなっていきましたね。男の人はどんどん召集されて兵隊さんになっていくから働き手が少なくなっていて、農業の担い手も少なくなっていって食糧の生産も原材料も少なくなっていたんでしょうね。電気の供給とか燃料なども減っていたんだと思います。

私たちが国民学校の2年か3年生の頃から食糧も衣料も全部配給制になっていきました。配給切符というのがありましてね、その切符が何枚か貯まったら持って行って、銘仙とか着物の生地とか下着とかが買えていました。

配給で今でも印象深く残っていることがあるんですよ。親が忙しい時は子どもが配給の列に並ばされるんです。組長さんのような人が順番に配ってくれるんですが、マッチの配給があった時です。みんなに一箱ずつあれば問題はないのですが、大きなマッチ箱を3軒ぐらいで分けることになったんです。マッチの軸をまず分けてもらって、マッチを擦るところも3つにばらして配られたんです。組長さんが親切に一人の子どものポケットに捻じ込むように入れてあげたんです。そしたらポケットの中でマッチが擦れて火が着いたんですよ。うわーっとなって、大人の人たちがポケットの上から叩いて消してやったことがありました。それでお当番の組長さんは自分のをその子にあげて……隣組の助け合いみたいな気持ちは強かったですね。

そんなふうに何でも分けて配られていましたね。下駄が2軒に一足とかね、どうやって分けたんでしょうね。お魚も2軒で一切れとかね。2枚におろすとみんな骨のついた方が欲しいのでよくもめたりしていました。骨のついた方をもらった家ではその骨をカリカリに焼いて子どもたちにおやつ代わりに食べさせていました。カルシウムをとらすのだとか言ってね。

集団疎開と残留組

私たちが4年生の終わり頃（昭和19年）から集団疎開が始まりました。学校の先生が希望者を連れて集団で郡部の方のお寺へ疎開するんです。縁故疎開というのもあって、こちらは田舎の親戚縁者を頼ってそれぞれ疎開したんです。

集団疎開した子たちは大変だったみたいです。お寺で集団で生活して、食べるものは少ないし。地元の農家の子たちは食べものはあるのに、自分たちにはない。本当に情けなかったと言っていました。縁故疎開の子たちも肩身の狭い思いをしたんだと思います。

私たちは残留組といって疎開しなかったんです。私の両親は私がすごく偏食だったこともあって、どうせ死ぬなら親子一緒に死ぬことにしようっていう感じで、疎開しなくていいという考え方で残留組になっていました。

8月6日8時15分

8月6日は月曜日で、よく晴れた日でした。姉2人は第一県女の生徒でしたから私より早く、7時30分頃には「行って帰ります！」と言って出かけ、母が「行って帰り！」と言って送りだしていました。「行ってきます」のことを広島では「行って帰ります」と言っていたんですよ。下の姉はその日たまたま夏の麦わら帽子の配給が学校である日で、母からお金をもらって、ものすごくうれしそうな顔をしていました。その表情は今でもよく憶えています。

あの日帽子を手にすることはできたのでしょうか？　被れたのでしょうか？

月曜日ですから私も本当は国民学校に行かなければならない日でした。その時季は夏休みの時季なのにずーっと学校があったんですよ。どうしてだったのか分かりませんけど。その当時電力供給がお休みという日があって、父の勤めていた東洋製缶では月曜日が電気がお休みだったんです。それで父の仕事もお休みなので、私は「お父ちゃんがおるけえ学校に行かん」と言ったんです。私は末っ子で父にとても可愛がられていたものですから。

あの頃は学校に行ってもほとんど勉強らしい勉強はなかったんですよ。校庭を畑にしてカボチャとかお茄子とか作ったり、お掃除したり勤労奉仕みたいなことばかりやっていました。みんな疎開しているでしょ。残留組だけだから2学年が一緒になっていて、あんまり勉強なんかなくて、畑作りとかお掃除したりとかそんなことばかりやってた印象が強いんですね。

親もまた親で「ほうか、そんならお休みにしようか」と言って私を休ませてしまいました。そういうことで私はその日たまたまずる休みをして舟入川口町の自宅の中にいたわけです。

8時15分、父と母と私と3人で茶の間にいました。よく原爆のことをピカドンと言いますけど、私はそのドンは聞いていないんです。遠くにいた人たちは聞いたみたいですけど。私たちが座っていたら、突然世の中すべてが真っ暗になって、ピカーッと稲妻が走りました。

父は爆風で庭へ飛ばされました。母は私の手をとって一緒に玄関の方へ走ろうとしたらしいんですが、手が離れて、母だけ玄関の方に飛ばされてしまいました。私は一人で、ちょうど階段の所に佇んでいました。階段のところは柱が多いせいか比較的丈夫なんですね。今でも私は地震があったら階段まで走ることにしていますけど。

母は玄関のところで、爆風で粉々になった格子戸のガラスに全身を襲われていました。額から足の先まで64ヶ所ガラスが突き刺さったり、切ったりしていました。庭に吹き飛ばされた父は左足の薬指を切って、もげ落ちかけるほどになっていました。私だけが奇跡的にまったく無傷でした。

ふっと気づいたら家の中はグチャグチャに壊れていて、私が立っている階段のところだけしっかり残っている状態でした。父が「みんな元気かー？　大丈夫かー？」と言って来て、母も気丈に「大丈夫じゃけこれぐらい！」と言って立ちあがってきました。「我が家に直撃弾が落ちてきた」と思って表に出てみると、近所の人たちみんなが「うちに直撃弾が」「うちに直撃弾が」と言って出てきているんですよ。生きている人はみんな「大丈夫か？」「生きてて良かった」と言いあってましたね。

うちのお隣が立派なお家で、田舎の方の名家だそうでそこから材料を持ってきて建てられた家だったのですが、大きく立派な梁が落ちてきて、奥さんと2歳になる男の子が梁に押し潰されて出てこれなくなっていました。駆けつけたご主人が「家内が中におるんです」と言って、みんなで助けようとするんですけど、重機も何もなくて立派な梁がどうしても動かないんです。その内に30分も経った頃からどこからか火が出てきました。

私は小学校5年生の女の子でしたけど、炎って腰ぐらいの高さまできたら怖くなって足が竦んでしまいますね。中にいる奥さんが「もうええけえ、みんな行って下さい。もうええけえ、みんな逃げて下さい」って声は聞こえてくるんですよ。だけどもうどうしようもありませんでした。日本は木造家屋だから火が出てくると本当に怖いですよ。気の毒だけど、声は聞こえているんだけど、みんな逃げたわけですよ。私たちも逃げたのです。あの時の奥さん25歳の若さでした。

戦後しばらくして、そこのご主人とお会いしたことがあるんですけど、私たちは奥さんと2歳の男の子が亡くなったと思っていましたけど、「お腹にももう一人子どもがいたからうちは3人死んだんですよ」と言われました。

何度も何度も助けられて

母は64ヶ所も傷を負っていて出血多量で顔面蒼白になっていました。途中でもう歩けなくなりました。人間、生きる時には因縁というものがあるのだと思いますけど、ちょうどその時、目の前で一人のお爺さんが乳母車を置いて腰が抜けたようにして座り込んでいたんです。父が「悪いけどそれを貸してくれんかいね」と言ったら、「ええよ、ええよ、持って行きんさい」と言ってくれたんです。その乳母車に母を乗せて私たちは逃げたんです。

江波に陸軍病院があるというので、ずっとそこをめざして歩きました。でも行っても行っても行き着かない。そのうち火も追ってきて、どこまでもこれじゃしようがない。父が「お父ちゃんはお母ちゃ

現在の舟入川口町電停

ん連れて走って行くけえ、あんたはこの畑のようなところで待っとりんさい」と言って私を一人置いて行ってしまいました。畑はまだ青いトマトでいっぱいでした。周りの大人の人たちはその青いトマトをとってかじっていました。夏の暑い時ですからみんな水分が欲しかったんですね。私は小さいころから「青いトマトなんかかじったらいけんよ」と言われていましたので見ているだけにしていました。

しばらく待っていると、またブーンというB29のような飛行機の音が聞こえてきました。私たちは畑の中にうつ伏せになって隠れました。後で聞いたのですが、B29は爆弾の効果を偵察に来ていただけだそうですが、当時の私たちは何やらまた新型爆弾を落としに来たのかと恐ろしく思いました。

その頃になると街中からたくさんの人がどんどんどん逃げてくるようになりました。真っ黒になった人、皮膚が垂れ下がった人たちがたくさん逃げてくるのです。何故か布団のようなものを背負ったり、毛布のようなものを持ち抱えて歩いてる人たちもいました。私たちの近くまで来たら力尽きてぱったりと倒れたりする人もありました。私たちの感覚ももう変になっているから気の毒とも思わなくて、気持ち悪いとも怖いとも思わずに、そんな人たちをひょいと跨いだり、間を歩いたりしていました。

しばらく青いトマトの畑でそんな人たちの様子を見たりしているうちに父が戻ってきました。陸軍病院にも薬も何もなくて、人がいっぱい溢れていて、「あそこにおってもしようがないけえ、庚午(こうご)に行こう」ということになったのです。庚午は広島の西の郊外で己斐(こい)の近くにあって、なにかあった時にはそこにある親戚に集まろうと決めてあった所なんです。

父が母の乗った乳母車を押して歩きました。母はもう出血多量で意識がないほどでした。とにかく西に歩いて大きな川の川岸に出て橋を渡ろうとしたのですけど、橋はもう燃えかけていたんです。父は私を川岸に下して、「あんたは一人でこの川を渡りんさい」って言うんです。「お父ちゃんはお母ちゃんを乳母車に乗せたまま燃えかけている橋を走って渡るけえ。あんたが一緒じゃったら走られんけえ、あんたは川の中を渡りんさい」と言って、父は橋の方に向かいました。

その辺りの川はもう河口に近い所ですから水深も深くて渡れないんですよ。2歩、3歩川の中に足を入れるんですけど、水の流れに勢いがあって渡れそうにない。11歳にしては小柄だった私の胸のあたりまで水があるんです。そうしていると上流の方からたくさんの人が流れてくるんです。みんな裸に近い状態で、衣服が焼け爛(ただ)れて。不思議なんですけど、女の人は仰向け、男の人はうつ伏せなんですね、みんな。私はもう普通の精神状態じゃないから怖いとも何とも思わないで、流れてくる人たちをちょいと避けたりしながら。でも川の中を進めないから、行きつ戻りつしてどうしようもないなあと思っていました。

父の方が先に渡ってしまって、渡った先に私がいないもんだから「石崎郷子はいませんかー」「いしざききょうこー、いしざききょうこー」と土手の向こう側で叫んでいるんです。ちょうどその時近所の八百屋のおじさんと行き合わせて、「お嬢ちゃん、このベルトのところを持ちんさい」と言ってくれて、「はーい、石崎郷子はここにおりますよー」「今渡しますけぇー」と叫んでくれたんです。私は八百屋のおじさんにしがみつくようにして川を渡してもらったんです。命の運のある者はそういうものかと思いますけど、何度も何度も人に助けられるものなのかなあと思いましたね。

避難先の庚午

やっと向こう岸まで渡ることができて、落ち合うことになっていた庚午の親戚の家に行く着くことができました。親戚の家の近くの大家さん方では、「広島で大事(おおごと)があったようで、みんな何も食べていないだろう」と気を利かして、ご飯を炊いてくれていました。中に大豆の入ったようなご飯なんですけど。私にも「食べんさい」

と勧められたのですが、この時はさすがに子どもでも食べられませんでした。喉を通らなかったのです。「可哀そうに、こういう目におうたら子どもでもご飯を食べられんのじゃねえ」と慰められました。

母はもう気を失って家の中に寝かせてもらっていました。そこにたまたま父の教え子の軍医さんが通りかかられて、「先生、カンフル剤が一本だけ残っとりましたわ」と言って母の胸に注射をしてくれたんです。母は幸運にも息を吹き返して元気を取り戻していきました。母は怪我人なので座敷の畳の上に寝かせてもらって、私たちは無傷でしたので、屋外の庭の木の間に蚊帳を吊ってもらって地面の上に茣蓙(ござ)を敷き、そこで2晩を過ごさせてもらったのです。

庚午の親戚の家からは、家の前の通りをたくさん避難していく人たちを見ることになりました。みんな生きることに一生懸命だったんだと思います。30センチぐらいの竹の物差しが顔の目のあたりから頭の後ろに突き抜けたままの女の人が、裸足で、自分の足で歩いて逃げていく姿も見ました。真っ黒焦げになった人がやっと庚午まで辿り着いて、そこで倒れたり、足が変な恰好に曲がってしまった人が、それでも自分の足で逃げて行きました。他にもいろんな人が歩いて行きました。人間って、怪我をしても生きようとする気力はすごいんですよね。

あの時、街の角々に国防婦人会の人たちが立って、白いご飯でオニギリ作って、「お腹すいていませんかー」「ご飯は食べましたかー」って呼びかけていました。オニギリ2つとタクアンをもらって、とても美味しかったことを覚えています。兵隊さんたちも角々に立って、小さい包みに乾パンと金平糖を入れて配っておられました。久しぶりの甘いものでそれもとても美味しかったのを覚えています。

長姉の生還

二人の姉は8月6日の夜は帰ってきませんでした。次の8月7日の朝、父が「あんたはお母ちゃんについとりんさい」と言って、一人で姉たちを探しに出かけて行きました。広島の郊外の小学校はどこも負傷者がいっぱい収容されていました。みんな火傷しているから顔が分からないんですよ。顔に真っ白いものも塗られていて。

父はそこら中で「いしざきのりこー（長女：石崎規子）」「いしざきむつこー（次女：石崎睦子）」と叫んで回りました。トラックを出してきてその上から情報を伝達する係のような兵隊さんもいて、そこへお願いしたら、「石崎規子、石崎睦子、おったらいつも親戚の集まる庚午に父も母もいるからそこへ来なさい！」とメガホンで叫んでくれたりもしました。

上の姉は県立第一高女から観音町の軍需工場へ動員されていました。原爆が落とされて、先生に引率されて、山の中に避難していたのです。姉たちは黒い雨にも打たれています。山の中で一夜過ごして、次の朝に無事山を降りてきて、トラックの兵隊さんがメガホンで叫んでいるのを聞いたんです。一緒にいた友達に「さようなら」も言わずに踵を返して父母のいる庚午へ飛んで来たのでした。母の喜び方は尋常なものではありませんでした。母は三人姉妹の長女だから妹たちの手本になるようにと特に規子を厳しく躾けていたので、その分気にかかっていたと後日私に述懐していました。

未だ消息不明、行方不明の次姉・睦子

次女の睦子はいつまで経っても帰ってきませんでした。3日目ぐらいになって広島の街の火もようやく収まってから、父は毎日広島の街中まで探しに行きました。あの日第一県女の姉たちの学年は小網町（爆心地から500メートル）の建物疎開の作業に出ていたらしいのです。10日ほど経ったころ「ちょんちゃん（私につけられていた愛称）も行ってみるか」と言われて、私も父について行きました。

小網町一帯で、父が「ここらが睦っちゃんのおった所じゃけどのう。何もないのう」と言いながら探していま

した。私は小さいので視線も低かったからだと思いますが、屋根瓦の積まれた間に何か小さな布切れのようなものを見つけたのです。それを摘まみ出すように引っ張ってみたら、ずるずると服が出てきたのです。それが姉の上着でした。

あの頃は白いものを着ていたら敵機から機銃掃射を受けるから白く目立つものはいかんと言われていて、父の大島か何かの着物で上っ張りのようなものを作ってもらっていました。外を歩く時はそれを着ていて、たぶん作業する時は暑いから脱いで瓦の間にでもはさんで置いていたのではないかと思います。ズルリと出てきた服はほとんど焼けもせず、胸に名札が縫い付けてあって、「広島市舟入川口町　広島県立第一高等女学校一年　石崎睦子　血液型エ型」と書いてありました。肩から斜めにかける炒り豆の入った小さな袋は見当たりませんでしたが、上着だけは出てきたのです。

その日、姉の上着を持って帰って、「お母ちゃん、睦っちゃんの上着だけあったんよ」と言って母に渡しました。その夜、母は上着を抱きしめたまま泣いて泣いて泣き続けました。そして高熱を出して数日大変でした。

8月6日の前日5日の日、滅多とないことですが、たまたまミカンの瓶詰の配給が一瓶だけあったんですね。睦っちゃんは割とハッキリものを言う子でしたから「食べたいね」と言ったんです。母が「こういう日持ちのするもんはいざという時のためのもんじゃけえね、これは置いとこうね」と言ったんです。睦っちゃんは「うん」と言って頷いていました。母は「なんであの時食べさせてやらんかったんかねえ」と言って泣きました。その後母は生涯ミカンを口にすることはありませんでした。「ミカンは苦い」と言ってね。私も、子どももでき、孫の顔まで見る年になって、あの時の母の気持ちが痛いほど分かるようになりました。

私と次女の睦子とは原爆の落ちる4ヶ月前頃から毎晩、庚午の親戚の家まで泊まりに行ってたんですよ。自分の家で晩ご飯を食べて、それから夜道を歩いて庚午まで行って、日記をつけて、泊まって、朝起きたらまた舟入の自分の家まで帰ってきて、みんなと一緒に朝ご飯食べる。そんな毎日だったんです。親が夜だけでも下の二人の娘を安全な所へ避難させておこうと思ったらしいんですね。

ですから庚午の親戚の家に姉の日記が残っていたんです。前の日までつけられていた。書かれていたことが健気なんですね、軍国少女ですから。「私たちも大変だけど、戦地の兵隊さんのこと思ったらこんなことでへこたれたりできない、もっとがんばろう」みたいなことでしたね。

その日記と見つかった上着は姉の遺骨代わりに、父と母が亡くなるまでは家で保管していました。でも両親とも他界して、残された姉妹だけで持っていても朽ち果てるかもしれないと思い、原爆資料館にお預けすることにしたんです。資料館ですときちんと管理していただけるし、私たちが見たいと思ったら申請すればいつでも見て、会うことができますしね。


私の母は割と理知的な人でしたけど、姉が亡くなってからいろんなところにすがるようになったんです。占いのような人にすがるんですよ。姉のことで拝む人を訪ね歩いたりね。拝む人から、「お母ちゃん、熱かったけえ川へ入ったんよ」と言っていると言われたりして。本当にそうだったのかもしれないんですけどね。たくさんの人が川に流されたのですから、あの中にいたのかも知れない。兵隊さんが川岸の法面に大きな穴を掘って、そこに流れてくる死体を引っ張り上げて、大きな木を組み上げて、黒い油をかけて燃やしていたんです。夏だから腐敗が早いんですよ。だからどんどん燃やすんです。姉はあの中にいたのかもしれませんね。

あの時次女の睦子は12歳、今なら中学1年生の年齢でした。70年以上経ちましたが、姉は結局死亡確認できていないままなんです。上着が見つかっただけで、他には何も見つからず、未だ消息不明、行方不明のままなんです。骨壷には第一県女からもらった校庭の石ころ一つが骨の代わりに入っているだけでした。普通じゃないですよね、あの状況は。

県立広島第一高等女学校の睦子の同級生はみんな亡くなったのですけど、同じ舟入に住んでいた睦子の友達の1人か2人は家まで辿り着いた人がいるんですよ。私の母がその友達のお母さんに、「お宅は帰ってきて良かったねえ、娘さんに会えて。うちの子はどこでどうなったんか、分からんのよ」と言ったことがあるんです。そしたらそのお母さんは「いいや、会えん方が良かったかもしれんよ。『お母ちゃん』という声で娘だとは分かったけど、全部火傷しとってとても見られた顔じゃなかったから。可愛かった頃の顔はもう思い出せんのよ」と言ったのだそうです。

一番上の姉は私より3歳上ですが、お陰様で今も元気にしています。

父も、毎日毎日広島の街中を次姉を捜し歩いたのですが、97歳まで生きました。ボケもせず、自分の足で歩いて、自分の手で食べて、小学校の教員などをしていた人ですから姿勢もいい人でした。

母は78歳で亡くなりました。姉を原爆で亡くして、食べたいと言ったものを食べさせてやれなかったことをずーっと悔やみ続けていたのではないかと思います。決して母の責任ではなかったのですけど。

県立広島第一高等女学校跡に残された門柱と 追悼の碑（平和大通り）

ＡＢＣＣのことなど

広島と長崎の原爆はろくに実験もせずに落としたんでしょう。広島と長崎が実験場だったみたいなものですよ。私が中学に入学した時に、ＡＢＣＣ（今の放射線影響研究所）からＭＰみたいな人がジープで学校に乗りつけてきて、爆心地から1000メートル以内で被爆して生き残っている子を、男の子でしたけど、強制的に連れていくんですよ。そしていっぱい検査したんですって。血液とったり、いろいろやって、そして終わったらまたジープで送ってくるんですよ。アメリカはそうやっていっぱいデータとかをとったんじゃないですか。本当に実験場みたいなものですよ。その男の子はその後胃がんになって結構早い年齢で亡くなりました。

郊外の庚午に避難している頃、近くに爆心地から生きて逃げ帰ってきた人たちが何人かいました。気の毒でしたけど、みんな1週間か10日くらいで亡くなりました。急性白血病というんですかね。子ども心にも恐ろしい思いをしました。体の穴という穴から全部出血するんですよ。目も耳も、鼻からも、口からも。すっかり病み衰えて恐いような顔で亡くなっていきました。その死に方が哀れでしょうがありませんでした。

中島国民学校の同級生たち

8月6日中島国民学校に登校していた子は全員亡くなっているんです。爆心地に近い学校ですから。校舎は全部倒れて燃えたそうです。天皇陛下、皇后陛下の御真影と教育勅語なんかが収められていた建物だけはコンクリートでしたけど真っ二つに割れたのだそうです。

私は庚午に避難してからはそのままそちらに住み続けて、学校も草津国民学校に転校して、そこで卒業しました。

戦後、かつて中島国民学校で一緒だった人たちとは一度も会っていないんです。集団疎開してた人たちや縁故疎開していた人たちは戦争が終わって帰ってきているはずなんですけど。街全体が破壊され尽くしましたし、その地域の親たちも多くが亡くなっているんですね。だから疎開していた子たちも元の家とか、中島国民学校には帰って来れなかった人が多かったのではないでしょうか。

そういう事情もあって中島国民学校の同級生たちとは誰とも会っていませんでした。ところがまったく偶然なんですけど、今私が住んでいる家の近所の方のご主人が広島出身で、しかも中島国民学校に通っていた人で同級生だったんですよ。お互いは全然憶えていないんですけど。「どうして生きているの?」と聞いたら、原爆投下の2ヶ月前にお父さんの転勤で山陰の方へ引っ越してたんですって。それが戦後初めて同級生と出会った時だったんです。

おそらく結構な人数の人が生きておられると思うし、呼びかけたら集まるとも思いますけど。でも集まって何を話すのかなあってことも考えますね。「私ら運が良かったねえ」とでも言うんですかね。あんな悲惨なことは二度とないようにと語り合うのは意味のあることだとは思いますけどね。原爆だけじゃない。全部戦争が悪いんですからね。

大きくなってから、私お茶を習ったんですけど、そこで〝一期一会〟ということを教わりました。これが最初で最後と思って人に尽くしなさいってことですよね。でもそのことは私、小学生の時に身をもって知ってたんですよ。友だちと喧嘩して、「もう明日は遊んだげんけえ」と言って友だちと別れたけど、遊んであげなかったんじゃなくて、もう二度と遊べなかったんですよ。もうあんなこと言ったらあかんのや、明日はないのや、とあの時つくづく思い知らされたんですからね。

現在の中島小学校（広島市中区加古町）

【資料】

焼け跡で見つけられた姉・睦子の制服（寄贈・石崎秀一、広島平和記念資料館 所蔵）

（内容）

県立広島第一高等女学校1年生の石崎睦子さん（当時12歳）は、土橋付近の建物疎開作業現場で被爆した。父の秀一さん（当時42歳）は、帰ってこない娘を心配し、来る日も来る日も捜したが、遺体すら見つからなかった。

この制服は、秀一さんの着物の生地で作った物で、作業現場にうずたかく積まれていた瓦の下から、8月20日頃睦子さんを捜しているときに見つけたもの。作業前に畳んで物陰に置いていたために焼失を免れたらしい。怪我を負って娘を探しに行けなかった母親の安代さん（当時37歳）は、娘の帰りを信じて待っていたが、夫の持ち帰ったこの制服を見て泣き伏した。

（展示説明文）

県立広島第一高等女学校1年生の石崎睦子さんは、動員学徒として建物疎開作業中に被爆。一緒に作業に出た同級生全員が死亡した。遺体は発見されなかったが、作業前に畳んで物陰に置いてあったため焼失を免れた制服を、父親が見つけ、持ち帰った。

姉・石崎睦子の日記（寄贈・植田規子、広島平和記念資料館 所蔵）

（内容）

県立広島第一高等女学校1年生の石崎睦子さん（当時12歳）は、土橋付近の建物疎開作業現場で被爆した。父の秀一さん（当時42歳）は、帰ってこない娘を心配し、来る日も来る日も各地を捜しまわったが、遺体すら見つからなかった。怪我を負って娘を捜しに行けなかった母親の安代さん（当時37歳）は、亡くなるまで、睦子さんの残したこの日記を大切にしていた。

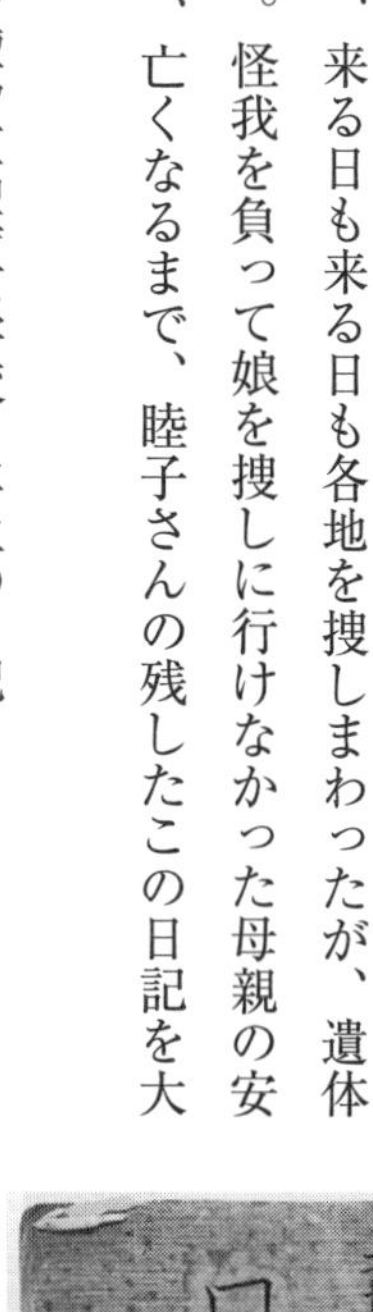

（展示説明文）県立広島第一高等女学校1年生の日記

県立広島第一高等女学校では、土橋付近の建物疎開作業にでていた1年生223人が全滅し、これらの日記が親元に残されました。日記は組ごとに先生に提出したもので、女学校に入学してからの日々の生活がつづられています。万年筆で書いたもの、鉛筆で書いたもの、表紙に千代紙を貼ったもの。内容もそれぞれ個性豊かです。

「8月5日　日曜日　晴

起床 午前五時〇〇分　就床 午後九時〇〇分

学習時間 二時三十分　手伝 ふき上げ

（略）午後 小西さんと泳ぎに行った。私はちっともよう泳がないのに、皆んなよく浮くなとなさけなかった。今日は大変よい日でした。これからも一日一善と言うことをまもらうと思う」

母親の安代さん（当時37歳）は、睦子さんの残したこの日記を時々読み返しつつ、亡くなるまで大切にしていました。

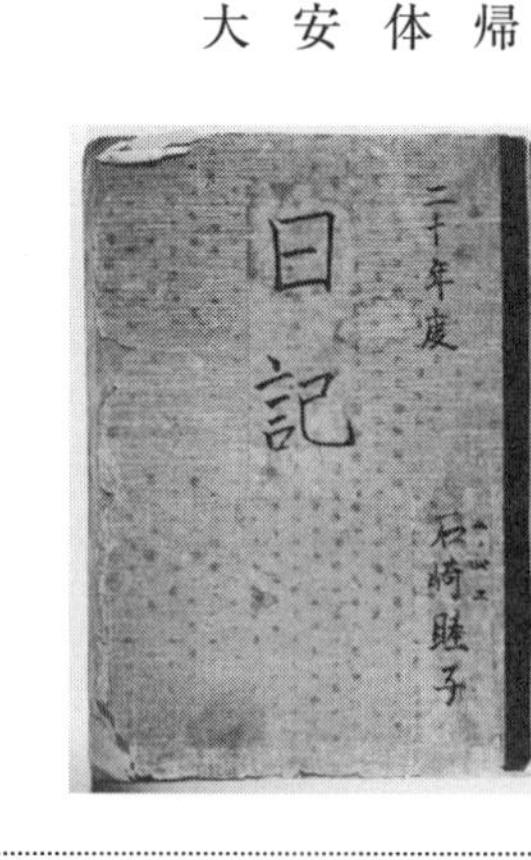

4 藤村　敏夫

今も脳裏から消えることのない一口の水と少年の笑み

２０１７年３月24日、「おじいちゃんに聞くヒロシマ被ばくの話&平和と食べものの話」と題した企画がコープ自然派京都のみなさんによって催されました。（京都「被爆二世・三世の会」も協賛）広島で被爆され、現在松山市を拠点に被爆体験の語り部をされている藤村敏夫さん（当時86歳）と次女の渡部敦子さんをお招きしてお話を聞くつどいです。お話しいただいた藤村さんの被爆体験を紹介します。

13歳で国鉄広島機関区へ学徒動員

私が生まれ育ったのは山口県の岩国市から北西へ向かった山間部の田舎です。その小さな部落で育ったわけですけど、昭和19年11月、私が13歳の時、急に校長先生から呼び出されて、「お前たち、一週間後に広島の日本国有鉄道広島第一機関区に行って、そこで働いてくれまいか」と言われたんです。当時の国民学校高等科の一年生、今なら中学校の一年生ですね。それでその年の11月から、広島の機関区に、機関車ばっかり集まっている大きな所に行って働くことになったわけです。

田舎にいた時の平和な暮らしとは打って変わって、毎日サイレンが鳴りっぱなしの生活に放り込まれました。サイレンが長い音声で流れるのが空襲警報、ゴワーッと流れるのが警戒警報。そういう中で、怖いというか、不安というか、そんな毎日でした。田舎から出てきたもんですから食べるものはない、着るものもない。そんな状態の中で、13歳の私は広島で働き始めたわけです。

当時は17歳から60歳までの男の人はほとんど戦争にとられていましたから、国内は労働力不足で、私たちのような年齢のまだいかない者でも徴用で引っ張り出されたんですね。

今の時代、電車やバスはキーを入れてギュッと回せばそれで動くわけですけど、当時の蒸気機関車というのはいつも温度を一定の15キロ蒸気圧に保っていなければならないものでした。そのため常に石炭を機関車の釜の中に放り込んで補充しなければなりません。一日に何台もの機関車を受け持って管理するわけですけど、この管理する人を保火番（ほかばん）といいました。

保火番の他に点火番（てんかばん）というのもありました。

14歳の頃の藤村さん

機関車は6ヶ月に1回、「6検」と言いまして、機関車を集めて、分解して、みんな点検して、悪いところは部品を取り換えたりするのが6カ月に1回あるわけです。その6ヶ月に1回の点検が済んだら機関車が私たちの機関区に帰ってきます。

ところが帰ってきた機関車は火が消えたままになっています。それで最初は機関車の穴から釜の中へ入って、当時は枕木というのはみんな木ですから、腐って駄目になった枕木を小さく切って、それに火を着けて、ある程度外から石炭を放り込んでもう火は着いて大丈夫だとなりますと穴から出てくるわけです。それが点火番。

私たちのように火を守るのは保火番です。保火番と点火番という仕事を私たちのような13歳から14歳の頃の年齢でやっていたわけです。

虱には泣かされた

あの頃、食べるものはない、着替えもない、石鹸もない時代でした。ひもじい思いをしながら、配給で下着を買おうと思っても手に入らない。下着を一度着たら、それを何年も着続けなければならないんですから、そういう時代で、大変だったんですね。

着る物を一度買ったらそれを何年も着るわけですから、体にウジがわくんです。ウジというのは虱です。みなさん聞かれたことはあると思いますけど、見られたことはないでしょうね。虱がわくんです。

田舎には虱はいなくて、女の人が髪の毛を櫛ですくと虱がひっかかる場合があったような気がしますけど、その程度でした。田舎から出てきた私は体中に虱がいるようなことは知りませんでした。

当時は石鹸もなくて、着替えもない汚い状態でしたから、虱が服にずらーっと卵を産みつけて、2～3日すると孵るんでしょうね。白いような、黒いような虱がうわーっとわいてくるわけです。服の縫い目を見ますと、縫い目の糸にずらーっと卵を産みつけているんですよ。何日かするとそれがみんな孵ってくるわけです。

広島に着いて一週間ぐらいして、2階の会議室で講話を聞いている時、「わしは大丈夫や、そんなもの、体に虱なんかおりゃあせん」と言って自慢してたんです。ところが講義を聞いている最中に、なんか腹のあたりがぐじぐじするような、今までにないような感じの感触をふっと感じて、みんなが見ていないところでそぉーっと服をまくり上げてみましたら、どうですか！そこに虱が、初めて見るようなものがおるじゃないですか。私がさっきまで自分にはいないいないと言っていた虱が私にもおったのです。

虱は熱には弱いんですね。機関区ですから蒸気はありました。そこで、蒸気の中に服を漬けて虱を煮てやるわけです。それで何日かは持ちますけど虱は非常に繁殖力が強い。虱には本当に泣かされましたですねー。

機関区車庫内で浴びた閃光

広島機関区で働くようになったその翌年、昭和20年、私が14歳の時、8月6日に広島の原爆に遭い、被災しました。8月6日の朝はいつものように8時前に寄宿舎を出て、機関車がたくさん集められている機関区に出勤して行きました。出勤して20人か30人がぞろぞろ集まってきたところで、班長から「今から朝礼をやる、伝達事項をやる、集まってくれ」と声がかかり、集まりました。機関車だけを入れている倉庫の一隅で朝礼が始まりました。その日の仕事の割り振りとか伝達事項を班長が話している最中でした。

突然、車庫の各窓から、そして周囲から物凄い力の光がピカーッと入ってきました。白いような、青いような光です。アーク溶接といって鉄と鉄とをひっつける溶接がありますが、あんな光が全体に光るように、バアーッと入ってきました。

それと同時に、とても熱い、そしてもの凄い爆風が車庫の各窓を押し破ってバアーッと入ってきて、ピューッと車庫の中を通り過ぎて行きました。

私たちはなぎ倒されて、しばらくその場で、目と耳を手で塞いでしゃがんでいました。

それから10分か15分か分かりませんけど、しばらく経って、ちょっと耳から手を離してみると、なんだか外の方でがやがやというようなざわめきがしているような感じがしました。

私は吹き飛ばされた時、何ヶ所かにケガはしていましたが意識ははっきりしていました。それで、じわーっと立ち上がって壊れた窓の方に近づいてみました。何が起きたのかさっぱり分かりません。怖さと不安もありましたけど、窓にじわーっと近づいてひょいと外を見てみました。

そしたらどうですか。今まで広島の街の隅々まで立ち並んでいた家が一軒残らずぶっ倒れているではないですか。「あれー? こりゃあどうなってるんや?」、さっぱり分かりません。その当時の日本の建築物はほとんど木造でした。その木造の建物が全部ぶっ倒されている、倒壊している。

燃える家屋の下で

倒壊した家の中にはお爺さん、お婆さんなどの年寄り、子どもたち、若いお母さん、そういう人たちがいたんですね。倒れた家の下敷きになって、家の中から大声で「助けてくれー」「足を挟まれたー」「手が抜けーん、助けてくれー」という声が聞こえてきました。そして倒れたぶっ壊された各家からは火災が発生するわけです。どの家からも火が出て火事が起こる。それが海のようになってだんだんだんだん迫ってきました。

耳を澄ましていると、私たちのいる機関区の車庫から割と近くの方でまだ火の出ていない倒れた家の下敷きから、4~5歳ぐらいと思われる小さい男の子の声で「お母さーん、今、背中に何か落ちてきた、押さえつけられた、痛いよー、お母さーん」という声が聞こえてくるんです。お母さんは割と近くにいたんでしょうね、「今、お母さんが助けてあげるから、頑張れやー」と我が子の名前を連呼していました。そのお母さんも様子からどうも下敷きになっている。お母さんも子どもも下敷きです。どうすることもできません。お母さんはよじりながら、横ばいになりながらして、我が子の所へ少しずつ手を伸ばしていったんでしょうね。少しずつ少しずつ、いざりながら、我が子の方へ手を伸ばしたに違いない。そして、どうやらやっとの思いでお母さんと子ども手が触れ合ったように思うんです。子どもの声が小さくなったので、あー、お母さんの手が届いたんだなあーと、察したわけです。

お母さんはその子を倒れた家から引っ張り出してやって、安全な所へ助けてやろうと思って、ぎゅーっと引っ張ったに違いないんです。でも二人とも倒れた家の下敷きになっている。どうすることもできません。その内に火災がだんだんだんだんその親子の家にも迫ってきました。「お母さーん、熱いよー、熱いよー」と言いながら、その声も私たちには聞こえました。かなり近かったんだと思います。どうすることもできないまま、そのお母さんと子どもの声はやがて聞こえなくなっていきました。火事が迫ってきて、倒壊した家が焼かれて、その火の中に倒れたままだったので声がしなくなったんだろうと思うんですね。

国鉄管理部の消火に向かう

私たちも不安でした。本当のところを言うと私たちも逃げたい。安全な所へ行きたいのだけれど、でも何が起きたのかさっぱり分からない。どこが安全なのかも分からない。そんな状態でうろたえていたら、班長がどこからか飛んできて、「お前たち、今から手足の動く者は、国鉄の管理部、広島駅のすぐ西隣にある、それを焼いたら大変なことになるので、それを守るために手伝ってくれ」と言って、それで私たちは管理部に向かうことになりました。

機関車を3台連らねまして、それに手足の動く者30人ぐらいだったかもしれませんが、機関車に乗って、引き込み線から広島駅の方向に向かいました。爆風と熱風のためにそのあたりの線路の上は散乱物がいっぱいあって、そのままでは機関車を動かすことができません。散乱物を少しずつ取り除きながら、駅の西側の管理部に向かって進んでいきました。

少し行った頃、ひょっと見ると駅の方から一頭の馬が全速力で私らの方に向かって爆走してきました。怖くなりました。広島駅の周辺には線路が無数に敷き詰めてあります。それにつまずきながら、足をひっかけながら馬が爆走してくるのです。怖くなって高さ2メートルほどの機関車に飛び乗りました。

脇を走り抜ける馬を見ていましたら、馬のお腹は大きく膨れていましたけれど、その横っ腹に大きな穴が開いています。その穴から中の内臓(もつ)、腸がずらーっと長く出ているのです。こりゃどこかでケガしている。きっと馬小屋がぶっ壊されて、それから自分の力で蹴ったり跳ねたり、小突いたりしながらしてやっとの思いで馬小屋から逃げてきたのに違いない。その時に横っ腹を怪我して穴が開いたのだと。腸をひこずり（引きずり）ながら、それでもあの燃え盛る広島の街中に向かって走っていきました。火の中に向かって走って行ったので当然死んだろうと思います。

凄惨だった広島駅構内

私たちは管理部を守ることが目的なので、また少しずつ進み始めました。やっとの思いで広島駅の構内に差し掛かりました。その西隣が管理部ですけど、駅の構内を通過しないと行けない。駅の構内に差し掛かった時の状況がまたこれ悲惨なものでした。

原爆が落とされる少し前、山陽本線の上り下りの列車がほとんど同時に広島駅に入っていて、両方とも停車していました。広島駅で降り立つ人、また広島駅から乗ってどこかに行く人、そういう人たちでプラットホームは溢れかえり、ざわめきあっているところでした。

原爆が落とされたのは広島駅から2キロ半ぐらいの距離の所です。その時に駅にいた人たちはほとんどみんな火傷しているわけです。目をパチクリと瞬きした瞬間、自分の体全体が火傷していたわけです。なんで火傷したのか本人たちにも分からないまま。大変などよめきだったと思います。

広島駅にはその当時一本の地下道がありまして、南の出口と裏側の北の出口と、その通路を通らないと駅の外に出ることができません。どうにかして安全な所に逃げたいのが人間の心理です。体全体を火傷した被災者が、体全体に火ぶくれが腫れあがったような人たちが、地下道の階段めがけて、みんな我先にと押し寄せました。

我先に逃げよう、安全なところに逃げようと。背中を押され、横っ腹を押され、後から後からみんなの力で押されながら。一人転び、何人かが転びますと、後から何十人という人が前の人の上に重なって倒れ、押し重なって何重にも倒れていく。下にいた人は圧死したに違いありません。火傷はしているし、人が後から重なりあって来るので逃げ場もなく。

やっと管理部の近くまでたどり着いて、火消しを始めました。でももう周囲は物凄い火の海です。それでも管理部を守るため放水をし、1時間近くはやっていたと思います。しかし周囲の火力、火勢によってもう管理部も火を噴いて焼け始めたので、どうにも手が付けられなくなりました。もう止めて帰ろうということになって、また機関車に乗って、出てきた機関区に3台連らねて帰りました。

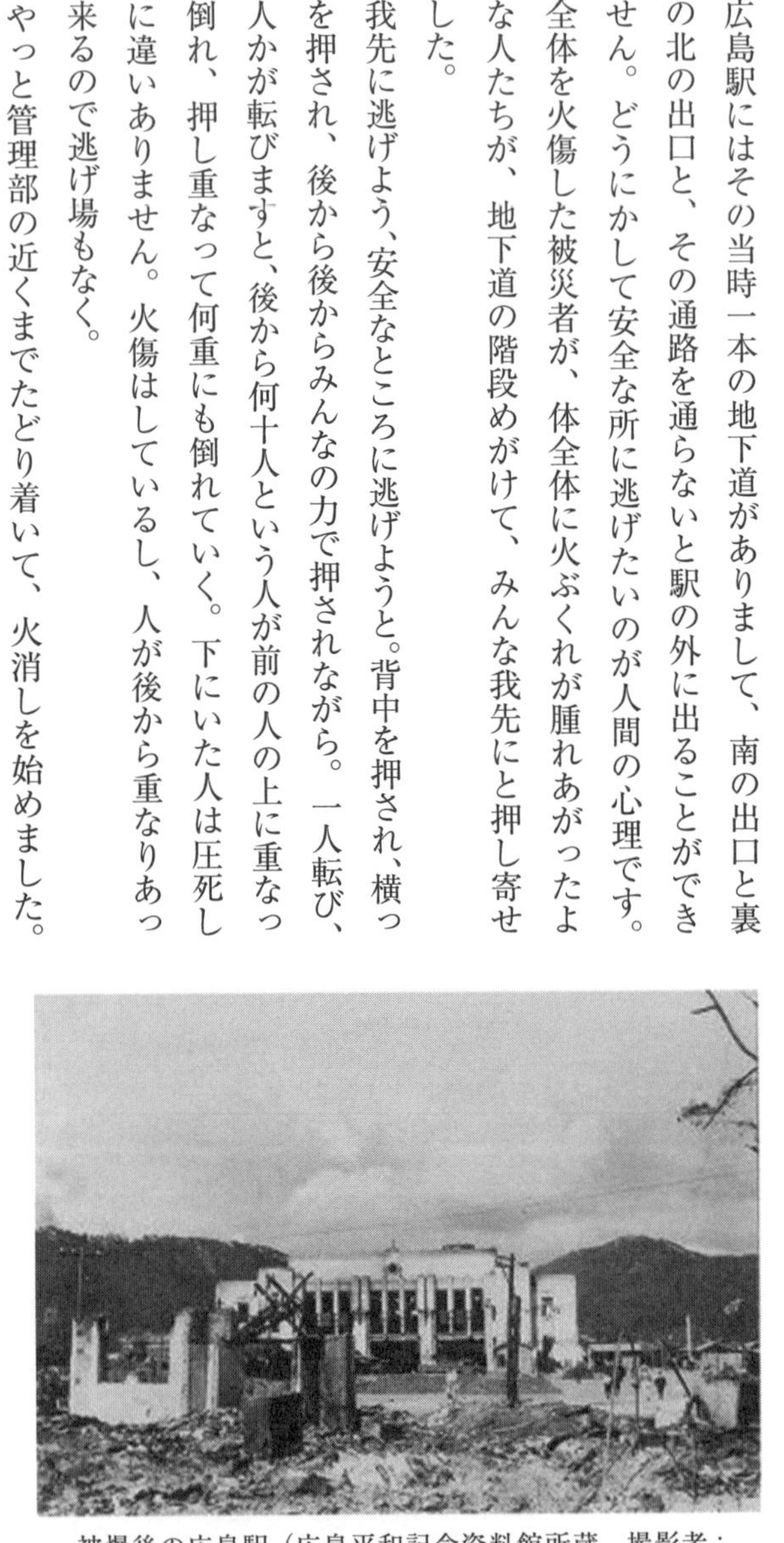

被爆後の広島駅（広島平和記念資料館所蔵、撮影者：川本俊雄、提供者：川本祥雄）

一口の水と少年の笑み

機関車を入れる車庫の横隣に大きな広場があります。その広場に機関車を止めて、そこにみんな降りていきました。ところがその降り立った所に1人、5人、10人、30人という具合に人々が、全身火傷した人たちが歩くともなく、いざり寄るともなく、どろーり、どろーりと、広場の機関車が止めてある隙間に集まってきます。なにぶんにも真夏なので暑い。照り付ける太陽の下、ただでさえ40度にも近い気温の中です。しかも自分たちは体全体を火傷しているので、火ぶくれで、そこに座るわけにもいかない。お尻の方から前の方から火ぶくれになっているので座ることができない。横になるわけにもいかない。そこで、機関車と機関車との間に入ってきて、機関車にもたれて手で支えて立っているほかないんです。座ることも寝ることもできない、もたれて立っている。

その内に体全体を焼いた火ぶくれが、中に水のようなものが溜まっていて、それが一つ破れて、また一つ破れて。その火ぶくれは皮膚なんです。自分の皮膚が盛り上がって、中にリンパ液が水のように溜まる。リンパ液が破けて、その辺りが濡れてしまうぐらいの火傷をみんながしている。その皮膚が破けたら、中から自分の筋肉がむき出しになる。赤いような、紫色みたいな色をした筋肉がむき出しになって、それは哀れな状態でした。

みんな水を欲しがって、周囲には何百人という人がその暑さの中で耐えています。「水をくれー」「のどが焼けるー」「あー、水が欲しいー」と言いながら、無心になってみんなが水を欲しがっています。

私が機関車から降りてみたら、すぐ近くで一人の少年が水を欲しがっていました。その少年に水を飲ませてやろうかなと思いました。火傷には水は一番いかんということを普段から聞いていたのですが、でもあの少年だけには飲ませてやろうと水道のある場所まで行きました。

でももう水道の機能は失われていて、ただパイプの中に残っていた腐ったような水がチョロチョロ流れていました。その辺りに転がっていた器にどうにかしてその水を少し受けて、少年のところに持って行って、2口~3口飲ませてやりました。水道のパイプの中に残っている水ですから茶色のような、腐ったような、真夏ですから生温い水でした。それでも少年は一口飲み、ゴクッと飲み、二口飲みして、それでどうにか少しはのどの渇きが止まったんでしょうね。それまで張りつめていたような気分がその水を飲んだため少しは和らいだのだと思います。そこで少年は私の方を向いてニコッと笑ってくれたような気がしました。「ありがとう」と、出もしない声で言ってくれたような気がしました。その時の様子は今でもずーっと私の目に映っていて、可哀そうでした。

その子もやがてその場でねじ伏せられるように、ぐにゅぐにゅぐにゅーっと倒れていって、とうとう起き上がることもできない状態になってしまいました。なんとかしてこの子を陰に連れて行ってやろうと、ひこじって（引きずって）でもと思いましたけど、その子も体全体を火傷していて、火ぶくれですから触るところがないんです。どこをつかんでもみんな火ぶくれ。触れば破けるという状態でした。その辺りにあった板切れのようなものをその子の上にかぶせて、陰でも作ってやろうと思ったのですが、間もなくその子もその場で息を引き取っていきました。そんな状態がその全体、機関車と機関車の隙間いっぱいに、大勢の人が、バタバタバタバタ倒れていきました。

あの日、私は広島の機関区でそんなことをこの目で見てきました。

鉄橋上で燃え盛る貨車

8月6日、原子爆弾が投下された日の夕方には、私たち学徒動員で来ていたものは解放されて、実家に帰ってもいいことになって、郷里に帰ることになりました。

岩国方面に帰る途中、鉄橋の真上で一台の貨物列車が炎に包まれてわんわんわんわん燃えているのを見ました。今は鉄道の貨車は鉄でできていますけど、戦争中は鉄は回収されて供出されていますから、貨車は木材で作られていました。

木材の板でできているとは言え貨車が簡単に燃えたりするものではありません。ところがそれがわんわんわんわん燃えているのを見て、どれだけの火力があったのかと思いました。ずーっと後になってものの本で3000度から6000度、測るものもないほどの高熱だったことを知りました。ですから、外にいた人はほとんどが全身の火傷をしたわけですよ。

とび口を構えたまま動かない人

一度田舎に帰りましたけど、8月12日にはまた広島の機関区に戻って来いと言われていたので、広島の街に再び入ることになりました。その途中、トラックに満載した死体に行き合うことになりました。もう8月12日ですから死体も半分は腐ったような、ウジがわいているような、もの凄く変な臭いがしている。

そういう死体をトラックに、みんなで抱え上げて積み重ねているわけです。そして駅前の広場に運んで、その死体を降ろすわけですけど、ダンプなんて当時はないので、積み重ねてある死体を下からとび口を打ち込んで引きずり降ろしていました。死体の頭であろうと、腹であろうと、胸であろうととび口を打ち込んで、下に降ろすのです。

そうした状況の中で、とび口をふりかざしたまま、じーっと止まったままの姿勢でいる人を私は見ました。死体ですから死んでいるんですよ。とび口をじっと構えたまま、じっとしていました。可哀想に思ったんでしょうね。打ち込むことがなかなかできないんです。ためらう人がいた。人間の心だと思いましたね。

終戦の前の日に奪われた命

私の田舎から広島の機関区に学徒動員で行ったのは私も含めて同級生3人一緒でした。その内の1人は帰って来れなかったんです。私たちは保火番、点火番の仕事をしていましたが、3人の中の1人の同級生は、機関士、機関助手、機関士見習いといった機関車の運転をする人たちを朝起こしに行く仕事をしていました。「時間が来ましたよー、出勤しましょう!」と言って起こしに回る、そんな仕事もあったんです。

機関車を運転する人たちは機関区の周辺に住んでいたわけですが、原爆が落ちた時に家はぶっ壊されて運転士の家が分からなくなっていましたから、そのことに慣れている同級生の仕事がとても大切でした。

「勤労学徒の人たちは実家に帰ってもいい」と言われて、許してもらって、私たちは5~6人で岩国方面に帰っていったのですけど、同級生のその人だけは「お前は特別にここに(機関区)に残ってくれ、盆の8月15日には絶対に帰してやるから我慢してくれ」と言われて、そういうことで運転士を起こしに行く仕事をそのまま続けていたんですね。

8月14日、明日はお盆という日にやっと休みをもらって、彼はご飯はいっぱい食べられるし、下着もあるし、喜び勇んで田舎に向かいました。機関区を出て西に向かって帰って行ったに違いありません。

ところがその子が岩国の駅に降り立った時、そこへB29から500キロ爆弾という大きな爆弾が雨のごとく、どんどんどんどん落とされてきたんです。岩国駅のすぐ近くの機関区めがけて、雨のごとく落とされて、その周辺には直径8メートルぐらい、深さ4~5メートルぐらいの穴が開いていったそうです。

そんな時に同級生は汽車から降り立って、爆弾の中で砕けて散って、影も形もないようになってしまいました。どこへ行ったのか分かりません。今も行方知れずのままです。家族の人が探しに行ったのですが、何も分かりませんでした。3人の中の1人はそういう状態で、終戦の前の日に亡くなったんです。可哀想に思います。

明日は終戦という、8月14日の日に岩国はやられたわけです。

闘病──半分は原爆のせい

今、私はこうしてお話をしていますが、実は私は腹部を5回も切っているのです。一番初めは胃のがんで切除手術しました。次が胆のうの手術、これも全摘でした。胃の手術をして取り出した時に、腸が中でもつれあって、剥がすのがどうすることもできないぐらい癒着したらしいのです。

胆のうの手術をする時に、腸を少しずつ剥がしながらやったのですけど、どうすることもできないところがあって、腸を4センチほど切りまして、その腸と腸とを突き合わせて縫ったわけです。ところが縫って納めて、「今日は抜糸の日や」ということで、外の縫い目は抜き取ることができましたけど、中にある腸と腸とをつなぎ合わせた箇所が縫合不良という病名をいただきましたけど、縫い合わせ不良で、そこから液が出る。

小さな穴をつぶすことができなかったので、それをもう一度腹を切って開いてそこをつぶそうとするのですけど、一旦縫合不良のところから排せつ物が出てきて、肉の中に、体の中に漏れてしまうと、絶対と言っていいぐらいくっつかなくなるのだそうです。もう一度切ってつないでもだめらしいですね。それで3回です。

それでどうすることもできなくて、体の中に汚物が流れ出るわけですから腹膜になります。熱が出る、そしてまた病院に駆け込む。救急車でも3回搬送されました。松山の日赤に担ぎ込まれて、そういう生活が3年間続きました。病院に担ぎ込まれて熱を納め、でも汚物は少しずつでも出ているわけですからまた熱が出る。この熱たるや40度近い熱が出るのです。

体の中にばい菌が出るわけですから。腹膜を起こさないよう病院で注射などで抑えていたに違いないんですけど、その手当てがどんなふうにされていたのかは分かりません。3年から5年間ぐらいその縫合不良のために病院に通いました。

そういう経験をしてきましたけど、結局は「こりゃいかん」「大腸を通さないことにしよう」ということになり、小腸から大腸に渡るところでぶつっと切って、そしてストマと言いますけど、人工肛門をつけてもらってそこに袋をつけてもらって、汚物の流れを袋にとって、そういう状態に今はなっています。

ストマという言葉を使いますけど、要は人工肛門です。これは難儀です。小腸で止まって、その小腸から出てしまうので栄養は半分です。食べたものの半分しか栄養は摂れない。

そういう状態でいましたら今度は心臓が悪くなりまして、ペースメーカーを入れています。このペースメーカーを入れてもらって、どうにかこうして生きているわけです。

5回手術しました。5回の手術の原因がすべて原爆のせいかということは誰にも分からないです。私にも分からない。私は原爆のせいが半分はあると思うんですけど、他の人は「いやそれは持病じゃ」「それは仕方のないことじゃ」と言う人もいて。そう考えている人もいるかもしれませんが、私は原爆のせいも半分はあるんじゃないかと思うとります。

ボランティアをして健康をいただく

私は今、団地に住んでいます。1300戸ある団地です。この団地は周辺の山を削り取って、法面を叩きつけて盛り上げて作った敷地です。法面には草が生えます。その草を刈り取らないと、蔦がどうしようもないほど団地を襲うようになります。ですから法面の草を綺麗に刈り取ってやらないといけない。そこで今から20年ほど前に、私とある耳鼻科の先生と2人で草刈りを始めたわけです。

その内に一緒に草刈りする人が3人、5人、10人とだんだん増えてきて、今では30人もの人がグループに入ってくれるようになりました。このグループで手をとりあって草刈りをやるわけです。みんなボランティアです。「やれ」と言われてやっているのではありません。

ボランティアというのは不思議と喉が渇きません。お金をもらうとジュースが欲しくなります。休憩も欲しくなります。煙草も吸いたくなります。でもボランティアというのはジュースも我慢できます。煙草も吸いません。不思議ですね。

そういう状況の中でボランティアをやっているのですが、それは何故かというと、それで自分の健康をいただいているんです。あの草刈り機という道具を一日持って振り回してみて下さい。法面ですから物凄い急斜面なんです。ただ立っているだけでも大変なんですよ。そこを私たちはボランティアでやっているわけですから。

一人でも聞いてもらえる人がいたら語り残していく

私は原爆の風評被害というものを体験しました。原爆に遭っている奴は、被爆したあの人からは放射能がうつるなどと言われて。生まれてくる子どもたち、二世・三世にも影響があってはいかん、ということでその原爆の話はずーっと秘めてきました。

戦争が終わって昭和20年に田舎に帰って、何年か田舎で過ごしておりましたが、その時はまったく語ることはなく、就職、転勤で松山に移り住みましたが、サラリーマン時代もそのことを語ることはまったくありませんでした。

ところが、娘から「お父さん、そりゃあいかん。世の中に伝えて、一人でも多くの人が原爆はいかんと思うようになるよう、話して、伝えて世の中が安心安全で過ごせるように努めてはどうか」と言われました。この娘の勧めによりまして、松山市の「平和の語り部」という会に入れていただきまして、8年前から原爆の話をさせていただくようになり、現在に至っております。

元気な限りはこの語り部をやらせていただいて、平和などこでも安全に住めるような社会作りのお手伝いができるならば、そういう方向に努めていきたいと思っているわけです。

最初は湯ノ山の団地の九条の会の人たちが、そういう人（被爆者）がいらっしゃるなら、一度お話をしてもらっては、ということで声をかけて下さったのがきっかけなんです。その時に私の娘の同級生の女の子も、高校生だったんですが、私の娘もその子も一緒に聞いてみようということになりました。そしてレポート用紙10枚ぐらい感想文書いてくれて後から送って下さったんです。

それを読んで「ああ、こんなにいろんなことを分かってもらえるんだ、きっかけになるんだ」ということで話し始めたのが最初なんです。それからいろんなところでよばれるようになりました。それまではこういう話は敬遠していたような人たちが意外にも、「来て良かった、藤村さんのお話を聞いて元気になったわ」と感想をいっていただいて、そういう人が多くて、ありがとう、ありがとうと言われて。それで広げられて、続けてくることができました。

一度関東で語り部をする時に飛行機で行ったのですけど、機内でスチュワーデスさんに「今高度何メートルくらいを飛んでいるんですか?」と尋ねたら、「1万メートルくらいです」と言われて、「ああ、B29はこれぐらいを飛んでいたんやな」と勝手に話し出したんです。

そしたらスチュワーデスさんが「あの戦争体験された方ですか?」と聞かれて、「広島で被爆して……」と話していたら、その時のスチュワーデスさんが泣き出されて「私は関東に住んでいるから、そういうに人会ったこ

藤村さんと次女の渡部敦子さん

ともないし、身近に聞いたこともないんです」とおっしゃったことがあるんです。

その時に、「関東から向こうにも伝えとかんと死ねんよ」ということになって、今度北海道で3ヶ所ほど行くことになったのです。

平和な地球を後世にまで ― 私たちの責任

みなさん、おろかな戦争はいけません。昭和16年12月8日、「ニイタカヤマノボレ」で始まった日本の太平洋戦争。それが昭和20年8月15日まで4年間戦争が行われ続けたわけです、あのおろかな戦争を。

戦争はしたらいかん。このことは現代の人は分かっていると思いますが、そのことを、平和で安心な地球をずーっとずーっと後世にまで残していって、孫子の代まで申し送っていかなければなりません。それはここにいる人、この場に立っている人みんなの責任です。

そういうことをみなさんと手を携えて、手と手をとりあって、近隣の国の人たちとは仲良くし、問題は話し合いでもって解決し、戦争のない国を作ってもらうようお手伝いできたら、私は大変嬉しく思うわけです。

今世界には核兵器が1万5千発もあるそうですね。その1基も広島に落とされた原爆とは比較にならないほどの破壊力を持っているそうです。アメリカ、ロシア、中国、イギリス、フランス、大きな国はみんなその原爆を持っているわけです。どこから飛んでくるか分かりませんよ、今から戦争したら。戦争になって、北朝鮮がそれをもって、ミサイルに核弾頭つけて、伊方原発ねらって打ってきて落とされたら。

核の廃絶、非核の3原則、日本でも必ず守って、みんなで手をとりあって核の廃絶をめざしていきたいわけです。みんなでやりましょう。

父を語る

渡部敦子（次女）さんのコメント

父は、もともと山育ちなので山は大好きなんです。禁止されても草刈りだけは絶対に行きます。これが自分の元気の源やと思っていますから。

山はどこの山に行っても草を刈ります。でもうまいのは梅の芽とか、草刈りしながらそういう植物は除けておいて自分の家に持って帰って、団地に移植するんですよ。実のなる木を今のうちに植えておこうと言って。今では団地に梅の木もいっぱい育っています。2年ほど前、団地の緑化の日本一になって表彰されて、賞金ももらって。今はそこで山羊も飼っています。その山羊にも草刈りさせて活躍させています。

父は今は元気ですけど、やはり奇跡的に生き抜いてきた人だと思います。原爆投下当時も14歳ぐらいですから、さぼりたいし、お腹はすいているし、仕事も厳しいのでちょっと今日は病気で出勤できません、という子たちもいっぱいいたみたいで、そういう子たちは別に集めて上官の人が病院に連れて行ってたみたいなんです。その人たちは外を歩いていたので全滅なんですね。もし父もその日さぼっていたり、病院に行こうとしていたら、そのまま亡くなっていただろうし。要塞のようになっていた機関車の車庫が、鉄の壁に窓ガラスがついたような所ですから、鉄の壁の内側にいたから助かった、窓に向かっていたら危なかったと思います。

被爆の体験をみなさんに伝えるのも父の生きがいになっています。始めたのは7～8年前頃からです。それまでは全然語っていなくて、「もうええやん、そんな嫌な話を思い出してしゃべらんでも」と言ってましたけど、話し始めると次々と当時のことが思い出されてきて、伝えるのが楽しくもなってきて。次々と、一人でも聞いてくれる人がいたら、言い残しておきたいと。それも今の生きる力になっています。

5 高安 九郎（本名 小西建男）

手記 閃光の下の陣中日記

暁部隊「船通補」

九郎が被爆したのは広島市皆実町の「船通補」、正式には暁第一六七一〇部隊船舶通信補充隊であった。暁部隊は主として敵前上陸専門の船舶工兵隊、陸軍御用船の機関砲、機銃などの射撃手である船舶機関砲隊、武器・弾薬・食糧などを輸送する機動輸送隊、その他にも海上駆逐隊などがあって全国に散在していた。

「船通補」と言うのは全国に散在する、これら船舶隊の通信手、暗号手、通信工手（無線機修理）などを養成する部隊でラッパ手もいたが、言うなれば船舶兵専門の短期通信学校と言ったところであった。

通信手3名、暗号手3名、通信工手3名（九郎、大西、宇野）、ラッパ手3名計12名の原隊は「船工九」、これも正式には暁第一六七〇九

部隊船舶工兵九連隊であるが、それぞれの修業のため広島市の「船通補」に分遣されたのである。修業期間は３ヶ月、分遣されたのが昭和20年5月6日、原爆投下日の8月6日に終了、原隊復帰予定となっていた。

「船通補」は兵員数１７００名位だったと思うが、その他三原市にも分屯隊があって約７００名がいたと聞いていた。

九郎たち3名の所属する中隊はサ隊、マ班で、サ隊というのは材料所中隊のザからとったもので、マ班と言うのは内務班長間宮軍曹のマをとったものであったが、なぜに材料所中隊というのかは最後まで判らなかった。更に九郎達と共に分遣されて来た、通信手、暗号手、ラッパ手達がどの中隊にいるのかも判らず、とにかくすべてが判らないことだらけの新兵生活であった。

サ隊は２００名ほどだったが、マ班は約90名、サ隊ではもっとも多い内務班のようであった。班長、伍長、専任兵長、上等兵、一等兵などが20名以上はいたと思うが、その中の2名の一等兵だけが「技術兵」で九郎達通信工手の指導兵であった。ほかの古参兵達は通信とは無関係の「船通補」の兵員であった。

残りの60余名が九郎達新兵の通信工手修業者で、はっきりと覚えているのは石巻の船舶工兵一連隊、門司の船舶機関砲二連隊だけで、ほかにも海上駆連隊、機動輸送隊などもいたが、主として船舶工兵隊を主体にした分遣兵だった。

「船通補」の防空壕は営庭の周囲にあったが、部隊の正面、70ｍほどのところにある比治山にいざという時のための司令室が掘られ、突貫作業が続けられていた。九郎達マ班の防空壕も比治山にあった。

通信講堂に落ちた閃光

8月5日の深夜より6日にかけて空襲警報が発令され、九郎達マ班は無線機を担い比治山の防空壕に待避した。約2時間ほど防空壕にいたが、警報が解除された6日の午前1時半ごろマ班に帰って寝たのは2時過ぎごろだったと思う。

数時間後の6日午前7時30分、九郎達60余名は通信講堂に入った。部隊長が朝礼のあと、8時30分に検閲（終業式）に来る予定であった。

通信講堂は昔は隔離病棟だったと聞くが、それもたしかでない。だがそれを信じさせるような頑丈な長方形の土塀が周囲にめぐらしてあった。土塀は高さが4・5m位、ピラミット型で下部の幅が1・5m位、頂上でも30cmほどあった。

講堂は土塀から更に高く、平屋建てであったが、屋根の近くまで土塀が伸びているため、窓と土塀との間は30、40cm位しかなく、そのため電灯を灯けぬと中はうす暗かった。

講堂内は高さが1mぐらい、横が2m、縦が1m、表面の板の厚さが10cm位もある長方形の頑丈な机が横二列で縦に並べてあった。一机に一台の無線機、3名の通信工手、各連隊ごとで、和歌山の「船工九」は九郎、大西、宇野の3名であった。九郎達の机は講堂の入口より右側の奥の方にあった。九郎達3名が幸運だったのはこの机に配置されていたことによるものであったと思っている。

午前8時を少し過ぎたころB29の爆音が聞こえた。九郎達は「この爆音はB29と違うか」「似ているな。しかし空襲ではないだろう、警報がないのだから」「似とるがこれは1機か2機だろう。空襲ならもっと多くくるはず」などと言いながら屋根と土塀のすき間から空を見上げていた。

しばらくして「ピカッ」と閃光が屋根と土塀のすき間から入ってきた。

ピカッと光ったとたん、講堂のすべての電灯が消え、内側の壁がバラバラッとくずれ落ちて土埃が立った。それは目を開けておれない、すさまじい土埃で、九郎達全員は思わず「ワァッ」と悲鳴をあげ、立ったまま両手で目を覆った。そして目を覆ったままの九郎達の頭上で「どん」という大きな音と共に屋根が落ちた。それはピカッと光ってから屋根が落ちるまで、1、2、3、4と早口で4つほど数える間であった。

屋根は落ち、講堂は全壊したが、九郎達3名のいた机のところは屋根が斜めになったところで天井が九郎達3名の頭上すれすれのところで止まっていた。九郎達3名は目を覆っていた手をはなして天井がすれすれのところで止まっているのに気付くと、あわてて頑丈な机の下にもぐり込んだ。屋根がまた落ちてくるかも知れないと机の下から低くなった天井を2分ほども見上げていた。

九郎達はこのままじっとしておれば、いずれ天井が落ちて脱出できなくなる恐れがあると判断し、一思いに外に飛び出すことにした。出入り口は一ヶ所しかない。暗いまだ埃の充満している屋根の間をくぐり、板切れなどをまたぎ抜けて外に出たが、外に出たのは九郎達3名だけであった。その後、屋根の下に取り残された戦友達とは1名も九郎は会っていない。

＊　＊　＊

脱出した九郎達の空は青空で、かんかん照りであった。そこで見たものはまったく信じられない光景であった。眼前の各中隊の兵舎は全壊しており、兵営の塀は吹っ飛び、すべての建物は全壊していた。九郎達は夢ではないかと眼を疑ったが眼前の惨状が現実にひきもどした。

むろん原因は判らなかった。1機や2機のB29の空襲でこれほどの損害はあるはずがない。そしてB29の爆弾なら大きな爆発音がするはず。しかし3名ともその音は聞いていない。これはアメリカのスパイが広島中に地雷をしかけて一度に爆発させたのだろうか、それにしても音がするはずだ、などと言って3名はしばらく立ったまま呆然として見ていた。

全壊の兵舎と兵庭

するとかんかん照りの空が突然暗くなり黒い灰のようなものが降ってきた。

灰は燃やした藁を手でもんで細かくして空からまいたような真黒な灰であった。冬に降る吹雪とそっくりで風もなかったように思われるのに、ひらひらと音もなく降ってきた。真っ黒い吹雪であった。

九郎達は上半身裸体であった。黒い灰は顔、肩、腹、腕などに付いた。九郎が腹に付いた灰の一部を指でこすると、たどんをさわったときのように黒くうす汚れた。そのうち3名とも上半身、うす暗く汚れた。黒い灰が何分間位降ったのか、5分位だったか、仰天して突っ立っている九郎達には判らなかった。

＊　＊　＊

やがて黒い吹雪が弱まってくると、8月の強烈な太陽の光がその吹雪の間にさし込んできた。うす暗い中で光って見えた。その光も強烈な太陽の光が黒い灰で弱められ黄色とも金色ともつかぬ何とも表現のしようのない奇妙な光であった。

黒い吹雪が止んで元の青空が顔を出すと真夏の太陽が照りつけた。初めて汗がどっと吹き出してきた。ピカッと光ってから仰天の連続で暑さを意識しなかったのだ。

＊　＊　＊

やがて九郎達は気を取り直し、屋根の下敷きになっている戦友達の救出にとりかかろうとしたが3名ではどうしようもなく、救援を求めようにも兵営内には歩いている兵の姿は見当たらなかった。

九郎達の直属上官である部隊長、中隊長、間宮班長、古参兵達は朝礼のため営庭に整列しているはずであったが、営庭は防空壕の盛土や倒壊した建物のかげにかくれて見えなかった。マ班も通信講堂の土塀にかくれて見えなかった。むろんマ班も全壊していることは想像できたが九郎達の連絡所として班長が帰班してくると考え、一度帰班することにした。

帰班した九郎達を待っていたものは全壊した内務班だけで一兵もいなかった。後年、被団協の京都支部である京友会の会合で、「船通補」の他中隊の古参兵2名に会い話を聞いた時、「当日朝礼に出た者は任官したり進級したものだけで、他の者は昨夜の空襲でほとんど寝られなかったので休日となり兵舎で寝ていた、そしてその古参兵2名は寝ていた屋根の下敷きになり気が付いたのは助けられた時だった」と話したが、マ班は九郎達と共に起き、九郎達が通信講堂に行った後、その他は朝礼に出ていたはずだった。そしてその通り全壊した班には床をしいたあともなく、整然と片づけられていた。

＊　＊　＊

九郎達は全壊した屋根のすき間を這うようにして自分の定められた場所に行き、たばこだけを数十本持って出た。

兵営内の空地には営庭を除いていたるところに食糧不足を補うための南瓜(かぼちゃ)畑があった。マ班の近くの塀沿いにも南瓜畑があって青い葉っぱに黄色い花をにぎやかに咲かせ、子供の頭ほどの南瓜が幾つか成っていた。塀の外は一面の田圃で50㎝ほどの稲が青々と伸びていた。塀に沿って30㎝ほどの田圃の溝があり、浅く水が流れていた。塀が吹っ飛んだため兵営内の南瓜畑とシャバの田圃が溝を挟んで文字通り地続きとなっていた。

南瓜畑に4、5歳位の男の子が全裸で亀の子のように這っていた。溝の中には若い母親らしいのが裸足で仰向けに倒れていた。男の子は火傷(やけど)で背中の皮が首から尻までべろっときれいにめくれていた。気が狂っているのか泣きもせず、うんうんと言いながら南瓜の葉っぱの中を這っていた。九郎達はあまりのことに足が前に出ず、声も出せず、目を一杯見開いたまま突っ立っていた。

溝に倒れた母親が弱々しい声で「兵隊さん助けて」と言った。母親は顔の右半分と耳やえり元が火傷しているため年齢ははっきりしなかったが30歳前後のようであった。身体もやはり右半分を火傷していたが皮が赤くすりむけてひどい火傷であった。白いブラウスともんぺの右側のあちこちが焼け焦げ、皮がズルむけになった赤くただれた右の乳がはみ出していた。

比治山に向かう

比治山の山裾と広島駅方面からの道が通っていた、幅が5mほどのところどころ石ころの出た田舎道でそこを裸足の男女が三々五々と歩いてくるのが見えた。100m位田圃ごしに見るため身長からして15、16歳から50歳位のようであった。衣服の焦げたのは判らなかったが、みんなかなりの火傷を負っているらしく肩を落とし両腕をだらり下げ頭を前に突き出すような感じで蹌踉(そうろう)とした足取りであった。

一家の主婦を残して家族全員が徴用や学徒動員などで引っ張られ、生産活動に従事させられていたが、これらの人々はそのような人々のようであった。苦痛をこらえ、我が家に向かって必死に歩いているようであった。そんな人々が数百m向こうから歩いてくるのが見えた。

九郎達にもどんな爆弾か判らぬが、被害が空襲によるものであることはようやく認識できた。そして「船通補」は全滅したと判断し、軍人としての責務を果たすため比治山に行くことにした。それは部隊が空襲などによって甚大な損害を受けた時、比治山の防空壕内で指揮をとれるようになっており、野戦病院も設立することになっていたからであった。

＊　＊　＊

営門の正面から100m位の広い道路がまっすぐに比治山に突き当たっていた。突き当たった所からかなりの急坂になっていて、その急坂を70、80m登った所に部隊の防空壕や広場があった。

部隊からの道の突き当たりと急坂との間に先に述べた広島駅方面からの例の5mほどの石ころ道とが交差していた。その道を火傷した人々がよろめきながらも続々と横切って行った。遅い人は後の人に追い越され、人々は自分の歩くのが精一杯のようであった。

九郎達の前を中年の徴用工らしい男と、1mほど遅れて学徒動員の女生徒らしい子が横切って行った。中年の男の方は顔の火傷がひどく皮がめくれて赤くただれていた。白いシャツが首と肩と両腕の部分を残して焦げ、焼け焦げた布切れがひらひらと動いていた。そこから火傷した肌が露出していた。国防色のズボンも少し焦げてあちこちが破れていた。

女生徒の方はやはり顔を火傷して、皮がめくれていたが、ただれてはいなかった。白いブラウスと青いもんぺがあちこち焼け焦げ、裂け目から火傷した両の乳房がのぞいていた。他の人々の火傷はほとんど身体の前面、後面、右面、左面というように片面だけを火傷しているようであった。それにしても、それぞれが重傷で普通なら身動きのできない状態であった。我が家に、家族に、との執念が歩かせているようであった。

＊　＊　＊

比治山の広場にいたのは若い少尉と70名ほどの兵隊達だけでほとんどが二等兵であった。天幕を張り茣蓙(ござ)を敷き、野戦病院の設立中であった。天幕が足らないので携帯天幕をつなぎ合わせていた。(個人が携帯する2m四方位の小型天幕で周囲に穴が開けてあり、その穴に紐を通してつなぎ合わす)

九郎達は少尉に通信講堂への救援を要請したが、少尉は救援しなければならないのはお前達のところだけではない、我々の為すべきことは一時も早くここに野戦病院を設立することだ、と一言ではねつけられ、逆にお前達もただちに手伝えと天幕のつなぎ合わせの作業を命令された。軍律は厳しい。命令されれば従うほかかない。止むなく通信講堂の戦友に心を残しながら命令に従った。

少尉に率いられた70名の半分以上は比治山の突貫作業に加わっていて助かった兵らしかったが、中には九郎達のように幸運なものがいたことを小さな声で話しながら知った。一人だけ一等兵がいて、その一等兵は腕を負傷して包帯でその腕を吊っていたが、口やかましく話をするな、早くせよ、と怒鳴っているため、汗もろくにふく間もなく働かされていた。

九郎はそのうるさい一等兵の目を盗んで、広場の端に行き、廃墟と化した広島市内を見渡した。午前10時頃だったと思う。眼下の「船通補」は全壊し、１７００名中残存戦闘員わずか70余名、全滅であった。

＊＊＊

広島の盛り場であった、九郎達も一度だけ外出を許可された八丁堀のあたりは瓦礫の山であった。上空は暗く曇っていた。雨が降っているようだった。地上は上空ほど暗くはなかったが、うす暗かった。手前の方が晴れているだけに暗さが際立って見えた。うす暗い瓦礫のあちこちから、白い感じのする灰色の煙が昇っているのが見え、昇った煙が上空の暗さに次々と吸収されて消えていった。右側の広島駅方面は崖や木立で見えなかったが、その方面は黒い煙だけがもうもうと上がって見えた。どうやら大火のようだった。

比治山の急造りの野戦病院

急造りの野戦病院が出来上がると「船通補」の負傷兵達が蹌踉（そうろう）とした足取りで登って来た。気力で登ってきたのだろうが、手当を受けて寝ると、二度と自力で歩けなかった。登ってきた兵達は一様に頭と下半身は火傷していなかった。頭は戦闘帽、下半身は軍袴（ぐんはかま）を着用していたためで、足は軍靴のせいであった。

軍隊では軍服の上下を軍衣袴（ぐんいこ）、シャツを襦袢（じゅばん）と言った。襦袢も部厚い生地の冬用と薄い生地の夏用とがあった。薄い夏用の軍衣袴、襦袢は半袖でも戦闘用に作っていたから普通の生地より厚く丈夫であった。その軍袴が下半身を保護したのであろう。

火傷しているところは、顔、首、胸、腹、腕、手、耳、背などであった。顔、首、腕、手、耳は露出していたためで、皮がはがれ、赤くただれた肉がところどころむき出しになっていた。胸、腹、背の火傷は襦袢を着用していたため皮も剥けておらず比較的軽症のようであった。

大部分の者は襦袢は背中から、前の方をやられたものは前の方が、縦に一筋だけ焦げているだけであったが、そこを広げると背中一面、腹一面の火傷を負っていた。夏襦袢は生地が強いといっても軍袴のようには厚くなく、更に軍袴の下に袴下をはいていないから火傷したのだが、一筋焦げただけで皮も剥けずにすんだのはやはり厚い生地の賜物であった。

現在の比治山山上にある陸軍墓地

＊　＊　＊

爆心地に猛威を振るった20キロトンとも15キロトンとも言われる原爆も1・8㎞経た「船通補」では威力もようやく衰え、露出した肌にはなお重い火傷を負わせたが、戦闘帽、軍袴、軍靴に熱を通し得なかった。わずかに襦袢を縦一筋に焦がしたのみ。もし空襲警報が発令され、防空壕に待避しておれば「船通補」は全滅していなかったに違いない。

火傷の手当といっても四斗樽に入った白いどろどろの油を障子張りに使う幅12cmほどもある大きな糊刷毛で塗るだけであった。炎天下、滝のように流れる汗をぬぐうひまもなくどっぷりと含ませた油を次から次へと塗りまくるだけだった。

＊　＊　＊

野戦病院の設立を誰に聞いたのか、いつの間にか裸足の民間人の男女が数十人登ってきて負傷兵にまじって並ぶようになった。男も女も露出した顔、首、手足などは「船通補」の兵と同じく、いやそれ以上に皮がはげ、肉が赤くただれ、皮がぶら下がった人達もいた。男のシャツも女のブラウスも各所が焼け焦げて破れ、火傷した背、腹、乳などがその間から見えた。薄い生地のもんぺなどはぼろぼろに焦げ、その人達は外聞も構わず、もんぺをおろし、乳を出し油を塗らした。

九郎達がここは野戦病院で軍優先だから民間人は後だと言っても必死の人々は油を塗るまで一歩も退かなかった。止むなく並んだ順番に塗った。民間人はその後も来たが、油を塗り終わると、痛みも少しは治まったのか山を降りて行った。汗だくの兵達に一言の礼をいうものがいなかった。兵達もそれを当然のように意に介さなかった。

＊　＊　＊

昼食は「かんぱん」であった。食い終えた頃、三原市の分屯隊の救援隊の第一陣200名がトラックでやってきた。たちまち30名ほどの裸体、裸足の重傷者を担架で次々と運んできた。負傷兵達は戦闘帽、軍袴は着用していたが、何故か軍靴、襦袢を着用していなかった。朝礼の本隊とは別の行動をとっていた兵達に違いなかった。上半身の顔、首、腹、腕、手、足の皮がずるりと剥け、赤くただれていた。焼けた肌は救出の際に触れて傷ついたものか、赤くただれた胸、腕、手足などのところどころに血がにじみ、腫れたところや、えぐられたところが赤黒く変色していた。それは肉屋の冷蔵庫にぶら下げてある牛肉のかたまりのようであった。

宇品の船舶練習隊で負傷兵を看護

宇品の「船練」（船舶練習隊）に収容するため、トラックに乗せるのが一苦労であった。下半身は無傷のズボンをはいた膝を持ち上げたが、上体は皮のはがれた腕か手首を持たなければ乗せられなかった。掴みあげた手首に体重がかかり、赤黒く変色した肉がえぐれ、まるで骨を掴んでいるようで、出血がひどく、腫れあがった。それでも痛いとも言わず、うめき声もあげない。全員が瀕死の重傷で意識がなかったのである。

最後のトラックに九郎、大西、宇野の他に3名が加わり看護兵として乗り込み宇品に向かった。トラックは比治山の急坂を降りてからもゆっくりと走った。道中歩いている人間は一人もなかった。すでに歩けるような民間人は家に帰ったか、目的地に行ったらしい。ただ一人、顔や胸、腹などを火傷した中年の男が、呆然と半壊した家屋に座ってもたれていただけであった。宇品に近づくにつれて家屋の損害も軽微となって宇品では屋根瓦が飛んだり、ガラスが割れている程度であった。

宇品の「船練」に多くの負傷者が運び込まれ、九郎達が看護する全員は自力で寝起きのできない重傷兵であったが意識のない瀕死の兵はいなかった。

九郎達が受け持った病室には60、70名、病室といっても内務班の板の間に藁蒲団を並べて敷き、その上に半分にたたんだ毛布を3枚敷いただけの粗末なものであった。

前面（腹）を火傷した兵は仰向けに、後面（背）を火傷した兵は俯きに、右面（横腹）の兵は左面を下にして、左面の兵は右面を下にというように身体を横にして寝た。しかし身体の両面を火傷していて横になって寝ることのできない兵が6名いた。みんなが片面しか火傷していないのに何故に6名だけが両面に火傷したのか九郎達にも判らなかった。九郎達はその6名を二列に並べ、逆さにした一斗樽の前にあぐらを組んで座らせた。逆さにした一斗樽の上に小さくたたんだ毛布を置き、その上に枕を置き、その枕に顎(あご)を乗せさせて休ませた。

負傷兵達は注射も薬も包帯のないことも知っていたから苦痛にじっと耐えていた。しかし水だけはくれと言って聞かなかった。水は火傷に悪いから飲ますなと食事の時にも湯茶、または水一杯と厳命されていた。だがそれと頼まれれば絶対に飲ませない、ということはできなかったから100ccほどをその時々に応じて飲ませた。飲んで30分すると、火傷の比較的軽い皮のむけていないところに飲んだ水がたまって小さな火袋が幾つもできた。火袋ができると痛みが激しくなるらしくうんうんと唸った。それでも水をくれと言って聞かなかった。

＊　＊　＊

寝たきりの兵の中に30歳を過ぎた古参兵がいた。上半身裸体なので階級は判らなかったが、その言葉使いで古参兵と言うのは判っていた。その古参兵は100cc位では足らぬ、もっとくれとしつこく言って聞かなかった。九郎達は身体の三分の一以上火傷した兵は助からないと内々に聞かされていた。それでどうせ助からないのなら好きなだけ飲ませてやろうと400ccほど飲ませた。

その古参兵は後面を火傷していた。軍袴を着用していたはずなのに、脚の後側を火傷していた。軍袴が古くなって生地が薄くなったところなのか、その上暑いので袴下（ズボン下）をはいていなかったのか、むろんその火傷は皮もはげず比較的軽かったようであった。更に営内靴（ゴムスリッパ）をはいていたため、踵(かかと)を火傷していた。

＊　＊　＊

水を飲んで30分足らずで右脚の皮のめくれていない、ふくらはぎのところに水がたまり、かなり大きな火袋が2つできた。痛い痛いと唸っている内に、ますます大きな火袋となった。上の火袋は踵より20㎝ほどのところで100ccほどの水がたまった。下の火袋は踵から10㎝ほどの上のところでこれも100ccほどの水がたまった。見ていると、たちまち、上の火袋と下の火袋との中間に空豆ほどの火袋が幾つかできた。そのうち上の火袋と中間の空豆ほどの火袋が合流して下がり、遂に下の火袋と合流したため、火袋が踵まで下がり、飲んだ水は400ccほどだったのに、踵の火袋は600ccほどの超大火袋となった。ふくらはぎの中間から踵の皮は風船を一杯膨らませたように伸びて薄くなり、うす桃色のきれいな中身が透き通って見えた。ビニール袋に皮をはいだ足を入れたようにはっきりと見えた。

古参兵は痛い痛いと悲鳴をあげ、鋏(はさみ)でその皮を切ってくれと言った。九郎がその皮を鋏でちょきんと切ると、ザーと水が流れ出て元のペシャンコになった。古参兵の悲鳴はいっぺんに止まった。九郎達は400ccほどしか飲まぬのに600ccほどの水が出たのも不思議であったが、奇術のような見物(みもの)に気の毒を忘れて感心していた。

夕食は飯だった。負傷兵は箸が使えないので、たまご大の握り飯を作って2個ずつ配った。2個の握りを食い終えた兵はいなかった。握り飯を握る前に熱い茶で手を洗った経験がないため、油がとれずぬるぬるしていた。それをタオルで拭き取るようにして握ったのだが、ぷんと臭いがした。箸が間に合わなかったので九郎達も最後に握った握り飯を食ったがそれでもいやな臭いがした。

夜の当直は10時から明朝6時までの8時間を1名で2時間交代で行った。九郎達看護兵の寝る場所は、それぞれ寝たきりの重傷者の隣に毛布を敷いて寝た。

8月7日―死体を焼く黒煙

2日目、朝食の時、大西が九郎の鼻に傷のあるのに気付いて知らせた。あわてて鏡を見ると、鼻の付け根から2㎝ほど下がったやや右側のところが傷をしていて肉が赤黒く変色していた。しかし痛みは感じなかった。これはえらいことになったと、ベソをかいていると宇野が赤チンを何度も塗ってくれた。そのうち忙しさにかまけて忘れてしまっていた。

午前10時頃、40歳位の疲れ切った様子の主婦らしい女性がやってきて九郎に「学徒動員の娘が昨日の朝出て行ったきりまだ家に帰ってこない」という。ここは通信隊の負傷兵だけだと思うが、と首をかしげると、主婦は他所でここに女学生が100人ほど収容されていると聞いてきた、と言ったので、看護婦に聞いてみなさいと、50mほど先の救護所を教えた。「船練」の営門は自由に出入りでき、午後も中年の主婦とその弟が、徴用工員の主人を探してやってきた。

負傷兵は話をする元気もなかったが、互いに話をしなかった。九郎達さえ用事以外は話さなかった。九郎達も負傷兵達に気を使い余分な言葉は交わさなかった。しかし1名だけ九郎と性が合うのか仲良くなり被爆の時の様子など話してくれた。関西弁のその負傷兵は寝たきりの重傷兵であったが、それでも痛みをこらえてぽつぽつと語ってくれた。

軍隊は敵は恐れないが、伝染病は恐れた。当番が大釜で食器を煮沸(しゃふつ)した。煮沸の大釜の横に、6mに4mほどの池があり、洗浄用の水もその池からの手押しのポンプで汲み上げていた。池の深さは1mほどだったという。

関西弁のその兵は、食器当番で、上半身裸体、営内靴（ゴムのスリッパ）を履いていた。爆音は聞いたが、警報がなかったので安心してポンプを押していた。ピカッと光った途端、背中がカッと熱くなり、あまりの熱さに思わず池に飛び込んだという。池に飛び込んだために背中の火傷はベシャベシャで、濡れたように光り肉が盛り上がったところやへこんだところが出来、他の兵の火傷より相当に悪化しているようであった。更に営内靴のため踵もひどく、話のできるのが不思議なような重傷者であった。

午後5時頃兵営の広場の方で黒煙がもうもうと上がった。死体を焼いているのだという。

＊＊＊

午後7時頃、九郎と話をした関西弁の兵の容態が急変し意識不明となった。くわしくは聞く暇もなかったが、何でも母一人、子一人で神戸で鉄道員をしていたと言っていた。担架で九郎と大西が救護所に運んで行ったが、救護所は担架を置く場所がない位一杯であった。20分ほど待たされたあと、診察に先だって若い看護婦が看た。何時頃意識不明になったのか、と聞いた後、脈を見てくれと言った。九郎が赤くむけた手首を握って脈を見ると、かすかであるがあった。九郎がわずかだが脈はあると言ったが、看護婦はマッチをすって見開いた眼の上にかざし、左右に二、三度動かした。そしてこの人はもう駄目です、このまま連れて帰って下さい、と言ったきり、次の負傷兵の方に行き、九郎達を見向きもしなかった。

夜10時以前に死亡した場合は死体置き場に入れることになっていた。死体置き場は「船練」の給水塔空洞であった。九郎と大西が担架で運んで行ったが空洞の中は暗くて何も見えなかった。先頭の九郎は2歩入った所で死体にけつまずいた。大西が知らずに後を押すので死体を踏んだ。先に運んできた兵が奥に置かず入口付近に放置していったからだ。

8月8日―「早く死にたい……」

3日目。朝起きて鏡を見る。鼻の傷は変色したまま、肉が腐って溶けたのか、小豆ほどの穴があいていた。指で触るとべとついて少し痛みを感じた。心配してもどうにもならないので赤チンを塗っておいた。

午後になってようやく痛み止めの薬や注射はなかったが、軟膏、ガーゼ、包帯などが負傷者にゆきわたり、看護婦も増え、手当も軌道に乗ってきた。上半身、首、耳、足などは軟膏を塗った。ガーゼをあて、包帯を巻いたが、暑さのため、顔、首には塗るだけであった。

安座(あんざ)のできる負傷兵達は食事のできる時だけでなく、何回か起きて座るようになった。むろん九郎達が手を貸さねば起き上がれなかったが、ほんの少しだが表情が明るく感じられた。そういう兵達は鏡を貸してくれと言った。鏡がないと断ると、火傷のひどい顔の兵と比べ、自分はあんなに酷くないだろうと言い、軽い部類にはいる顔と比べどちらが軽いかと、他の者に聞こえぬよう低い声で聞いた。

しかし逆さにした一斗樽に顎をのせて安座したままの兵達の表情は暗かった。仰向けにしろ、寝たきりにしても身体を横にして寝れる兵はどんなに苦痛のときでも死にたいと言った兵はいなかった。生きて故郷に帰るべく必死で頑張っていた。だが、樽に顎をかけて安座したままの兵は苦痛に疲労が加わり、一人も生きることを望んでいなかった。全員、早く死にたいと言って泣いた。九郎達もそれに慰めの言葉もなかった。

午後5時頃になると、広場の方で死体を焼く黒煙がもうもうと上がった。

8月9日——火傷に湧く蛆(うじ)

4日目。朝起きると隣に寝ていた重傷兵が死んでいた。九郎は寝る時に具合が悪くなれば遠慮せず起こすようにと言って寝たのだが、ひっそりと死んでいた。

朝食後、看護兵が担架で給水塔に運んで行った。

その間に鏡を見たが、鼻の傷はますます悪化して、昨日小豆ほどだった穴が大豆ほどの穴になっていた。指で触るとべとべとしただけでなく、水気があり、かなりの痛みを感じる。これはえらいことになったと心配し、しまいには鼻が腐って落ちるのではないかとの心配が先走り、もし鼻が落ちたら格好がつかんから家に帰らず広島で暮らさないかん、と大西や宇野に冗談半分、本気半分で話していた。

これは若い九郎にとって普通なら自殺を考えるほどのショックであったが、ひどい負傷兵達の顔の火傷との比較がそれを深刻に考えさせなかったのだった。火傷用の軟膏を丹念に塗り込んでおいたが、その内忙しさにかまけて忘れてしまっていた。

死体を運んだ看護兵が帰ってきて、給水塔の空洞に十数体の死体が並べてあって突き当たりのところは二段に積んであったと話していた。

午後になって負傷兵の火傷に蛆（うじ）が湧いているのが見つかった。蛆は火傷のひどい赤くただれたところにいた。肉が腐って湧いたらしい。よく調べると全員の身体の各処に数匹から20匹位いた。しかし蛆を取ってやるだけの暇は九郎達にはなかった。

午後5時頃、今日も死体を焼く黒煙が定期のようにもうもうと上がった。

8月10日—今日も死体を焼く煙

5日目。朝鏡を見ると鼻の傷がびっくりするほど良くなっていた。大豆ほどの穴が埋まっていた。指で押さえると赤黒い肉はまだぶよぶよしていたが、あまりへこまなかった。痛みも少ししか感じなかった。快方に向かっているように思われ、嬉しくなって、治った、治った、これで家に帰れるぞ、と踊り上がって喜んでいた。しかしすぐ他の負傷者のことに気付き、普通の顔に戻り、それでも気を良くして赤チンの上に軟膏を念入りに塗り込んでおいた。負傷兵達の蛆はだんだんと増していった。しかし一人の看護婦も来なかった。

午後5時、今日も死体を焼く煙が上がっていた。

8月11日―病室に入らなかった将校たち

6日目。鼻の傷にうすい皮がはり、肉が固くなって形も普通にもどっていた。色は赤黒く変色したままであったが快方に向かっているのは確かであった。もう大丈夫と安心して看護に精を出していた。

午後2時頃、7、8名の正装した将校が視察に来た。九郎達は敬礼するのが面倒なので用事をしながらチラッと見た。階級は判らなかったが説明を受けている将校はかなり上級の将校らしかった。しかし病室の中には入らず入口に立ったまま顔をしかめて見廻していた。

負傷兵達は火傷で身体をふくことができない。更に被爆以来の血、油、軟膏、垢、汗、蛆虫などで汚れた軍袴をそのまま着用していた。九郎達も同じく汚れた軍袴を着用していた。石鹸は一個支給されただけであったから負傷兵の握り飯を握るための手洗い用にしか使用できなかった。水は何杯でも使えたので汗は流せたが垢と油などで身体中ぬるぬるしていた。腕を近づけて匂いを嗅ぐとむかっとする匂いがしたが10cmも離すともう匂いは感じなかった。将校達はこの匂いに辟易としたらしく病室に入らずすぐ出て行った。

午後5時頃になると、死体を焼く煙がもうもうと上がった。

8月12日―中尉の狂乱

7日目。鼻の傷は完全に皮をはり、かなり固く、指で押さえてもへこまなかったし、痛みも感じなかった。色は変わらなかったが治ってきつつあるのは判った。だが負傷兵に気を使い、嬉しさを隠して看護に精を出していた。

午後5時ごろ定期の黒煙がもうもうと上がったが、昨日までの黒煙より大きかった。5時半頃隣の病室の若い中尉が狂乱した。寝たきりの重傷だったというが、急にウワアーと大声をあげて起き上がり、廊下に飛び出し、ワアワアと訳の判らぬ声を発しながら押さえようとする看護兵を振り放し、両腕を上げて10mほど前方の南瓜畑まで走ったという。

九郎達が見た時は南瓜畑の中を上半身裸体で転げ廻っていた。5分ほどワアワアと訳の判らぬ声でわめきながら転げ廻っていた。が最後にうつ伏せになって動かなくなった。中尉は後面の火傷であった。顔、首、背、腕、手などの皮のはがれたところが南瓜の葉っぱや茎や畑の土で傷ついてひどく破れ、血と土にまみれていた。背中は肉が土でえぐれ、流れ出た血と土がまじり、泥のようになり、その中に多くの蛆虫だけが動いていた。動かなくなった背中で肉と血と泥の中で、蛆虫だけがうじゃうじゃと動いていた。

8月13日—3名だけの原隊復帰

8日目。鼻の傷は皮がかなり厚くなり、完治には遠いがどうやら見られるようになった。9月7日に故郷に復員した時は、うす黒い皮はそのままだったが傷は完治していた。その後、年月がたつに従って色はうすくなったが、それでもなお今日、よく見ればかすかながらその痕跡が残っている。

鼻の傷は原爆によるものではないが、それにしても怪我をした覚えもないのに傷ついたのが不思議であった。がひょっとすると、屋根が落ちた時、何かが当たったのではないか。その時は仰天していたので気付かなかったのだろうと今も思っている。しかしそれにしても肉が腐って大豆ほどの穴があいたのに痛みもほとんど感ぜず、赤チンと軟膏だけで治ったのも解せないことである。ともあれ、原爆と聞くとまず頭に浮かぶのはこの鼻の傷である。

午前10時、九郎、大西二等兵、宇野二等兵の「船工九」に原隊復帰の命が出た。「船工九」を出発したのは12名、原隊に無事帰ったのは九郎達3名だけであった。

昭和20年8月13日のことであった。

（了）

◆参考資料

陸軍船舶通信連隊、船舶通信補充隊裏比治山防空ごう付近
「中学生のいたましい姿」作者・後藤利文 氏
（広島平和記念資料館所蔵）

陸軍船舶司令部（暁部隊）
「収容された負傷者を看護する兵隊、死体を運ぶトラック」作者・道田芳江氏（広島平和記念資料館所蔵）

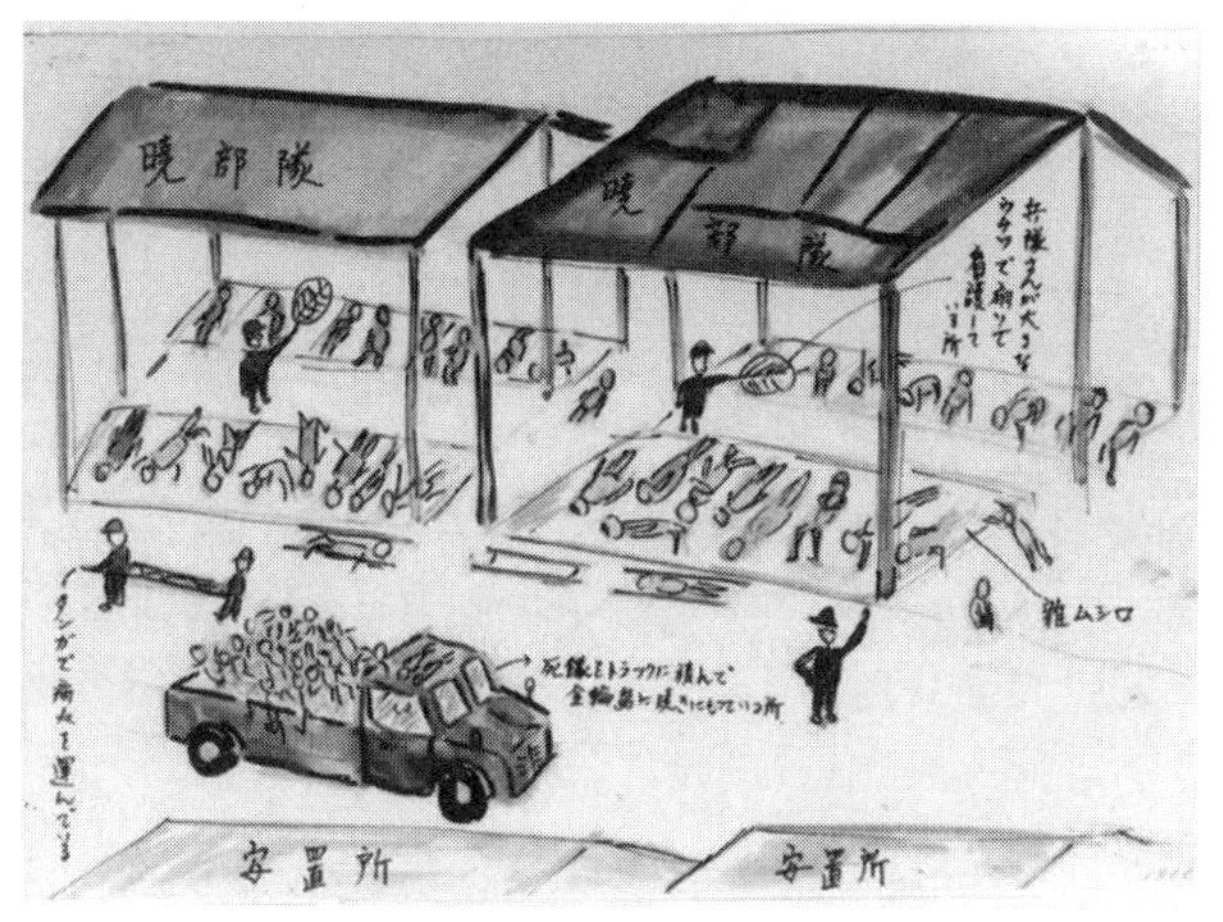

小西建男（こにしたけお）さんのこと

平　信行（被爆二世）

本名・小西建男さんは高安九郎のペンネームで、広島への原爆投下8月6日から13日までの1週間の体験を手記の形で遺されました。本稿では高安九郎の名前で手記の紹介をいたしました。

小西さんは1926年（大正15年）9月23日生まれで、被爆時の年齢は18歳でした。手記に示されているように、爆心地から1・8キロメートル、広島市皆実町の陸軍の施設で被爆されました。

小西建男さん

小西さんは代理人の弁護士を立てずにたった一人で原爆症認定訴訟を京都地裁に提訴した人です。1986年（昭和61年）のことでした。自身の「白血球減少症」「肝機能障害」の病気による苦しみの原因は原爆の放射線にあるとして国に原爆症認定申請をしましたが、たった一行の通知文書で却下されました。小西さ

大阪高裁勝訴判決の日 2000年11月7日（左から小西さん、尾藤弁護士、長崎の松谷英子さん）

んは「例え、ごまめの歯ぎしりであっても、国に一矢報いなければ死んでも死にきれん」「他の被爆者のためにも、認定のあり方を変えなければ」との思いで提訴に立ちあがったのです。

後に尾藤廣喜弁護士等が代理人となり、支援ネットも作られて多くの人々の支えの中で、裁判は京都地裁から大阪高裁まで闘われました。2000年（平成12年）11月に大阪高裁で勝訴判決、国が上告を断念して勝利が確定しました。14年もの長い闘いでした。

その2年4ヶ月後、2003年（平成15年）4月15日に小西さんは永眠されました。享年76歳でした。

小西さんの原爆症認定訴訟は「小西訴訟」と語られ、2003年（平成15年）から全国で始まる原爆症認定集団訴訟のさきがけとなりました。小西さんの遺志を受け継いで、全国の被爆者が原爆症認定制度の抜本的な改革を求めて立ち上がり、原爆症認定集団訴訟の提訴に至りました。「小西訴訟」は全国の原爆症認定制度改革運動の原点となったのです。

6 朝枝 照明

被爆後40年、突然襲いかかってきた病気との闘いの日々

お話＝2017年8月6日

8月6日の朝

私は広島市の、今のJR横川駅に近い、楠木町4丁目で生まれ育ちました。父は私が幼い頃早くに亡くなっていて、私は顔も覚えていません。父方の祖父と母と10歳年上の姉と私の4人家族でした。

私は昭和13年（1938年）10月1日が誕生日で、広島に原爆が落とされた時は6歳、大芝小学校の1年生でした。8月6日、その日は学校の登校日でしたが、母が友達の河野さんという方の家に行くというので、私も母についてそちらに行くことにして、学校は休んでしまいました。学校を休んだために助かることになりましたが、その日登校していた子どもたちはほとんど死んでしまいました。

朝、朝食を済ませると、楠木町1丁目の河野さん方に行く母と、勤めの姉と私の三人は一緒に家を出ました。姉はその時16歳で基町にある逓信局に勤めていました。その姉とは途中で別れました。母と二人で河野さん方に向かっている途中、偶然その河野さんと出会うことになりました。母と河野さんとは立ち話をすることになり、私はその間、他所の家の日陰で待っていました。

その時でした。私の頭上で「ピッカー」「ドン」と物凄い光と爆風を感じました。気がついた時には付近の家は倒壊しており、私は建物の下敷きになっていました。母が必死に助けてくれました。母の友達の河野さんはどうなったのか、付近には見当たりませんでした。

それからとりあえず急いで家に帰ることにしました。建物の下敷きになった時に私の頭に何か物が当たったようで、頭に怪我をしていました。血が噴き出ていたので、どこで手に入れたのか、それがバスタオルだったのか、タオルだったのかも覚えていませんが、それを巻いて血を止めてもらい、無我夢中で家に向かいました。帰る道のりが本当に長かったこと、長かったこと。また付近では火災なども発生し始めており、とても怖かったことを覚えています。ずっと後になって知ることですが、私たちが原爆に遭ったのは爆心地からは1・8キロほどの距離の所でした。

母は右半身全身を火傷していました。顔は、火傷で皮がずるっとむけていて、顔の判別もよくできないほどでした。もっとよく見ると手や、腰近くまで皮が剝げていました。母はその日、白地に黒い水玉模様の服を着ていて、その黒い箇所だけが余計にひどく焼けていました。母はその時、「痛い」とも「かゆい」とも何も言いませんでした。

自宅に戻ってみると、家の中は天井が落ちてメチャメチャになっており、祖父が一人で片付けなどをしようとしていました。ご飯が炊いてあった釜が遠くまで飛んでいたり、味噌汁も何もかもなくなっていたり、妙にそんな家の中の光景が記憶に残っています。

安佐郡安村に避難

母は体にひどい火傷や怪我をしていましたので、とりあえずの応急手当をしてから、「姉を探しに行く」と言って、私を祖父に預けて一人で出かけていきました。

祖父と私とは母の帰りを待ちましたが、母は帰ってきませんでした。ところがそうこうしている内に火の手が家の近くまで迫ってきました。兵隊さんや近所の人たちが「逃げろ、逃げろ」と言って回っていましたので、母の帰りを待たずに祖父と一緒に逃げることにしました。祖父の親戚のある安佐郡安村の方向をめざしていましたが、ぞろぞろぞろぞろ避難する人たちがいっぱいで途中祖父とはぐれてしまいました。仕方なく近所の人の大八車に乗せられて逃げました。途中の民家の人たちから水やカンパンなどをいただきました。

4里（約16キロ）を歩いて、やっと安村に着いたのは夜の8時頃、もう真っ暗でした。安村の全然知らない家にとりあえず落ち着くことができました。その夜、広島市内方面を見ると空一面真っ赤になって燃えており、母のこと、姉のこと、家のことが心配でしようがありませんでした。その夜はお腹は減っているし、疲れているのですぐにも眠りたい思いでしたが、怖くてなかなか寝付かれませんでした。

次の日の朝起きて顔を洗ってこれから朝ごはんという時に、そこに祖父がいることに気づきました。「ここはわしの従兄弟の家じゃ」と祖父が言うので、私は偶然にも安村の親戚の家に着いていたことを初めて知りました。不思議な縁でした。それからまた祖父と一緒に行動するようになりました。

安村の親戚の家には3日ほどいましたが、祖父が、母や家のことが心配なので家に帰るというので私も一緒に帰りました。私の家はかろうじて焼けてはいませんでしたが、わたしの家の3軒隣まではすっかり焼けてなくなっていました。その焼け跡に行きますと、焼けただれた死体が何十体ところがっていました。

その後また3～4日ぐらい自宅で生活していましたが、祖父が「母や姉が心配だ、探しに行く」というので、私も一緒に出かけることにしました。姉の勤務先である逓信局付近や広島城や西練兵場などを中心に、2～3日ぐらい探し回りました。西練兵場では兵器庫の鉄砲が焼けただれていました。母や姉を探している途中、焼け焦げた死体がごろごろ転がっていました。臭いもとてもきつくてとても怖く思いました。しかし、結局母も姉も見つけることはできませんでした。

母のこと

何日か経って、お盆の頃だったと思いますけど、「あんたのお母さんは三滝の陸軍病院跡の竹藪の中に収容されているよ」と近所の人が知らせてくれました。急いで祖父と行ってみると、母は20人~30人の人と一緒に収容され、寝かされていました。火傷している人たちは臭いからというのでみんな屋外に置かれているんです。ベッドもなければ何もない、テントも張ってなくて、露天のようなところで、蚊取り線香一本だけ点けられているようなところでした。何しろ竹藪ですから蚊が多いんですね。

竹藪の中で、一人ひとり顔を見て探して歩きました。その内、母の方から「ここだ、ここだ」と声をかけてくれました。その時の母の顔や体は正視できないほど無残なものでした。その時私は汚いものを見るような目つきで母を見たそうです。母は死ぬまで、「あの時のお前の冷たいそぶり、汚いものを見るような目つきは、未だに忘れられない」と生涯言い続けていました。私は自分ではそんなことはないと思っていたのですが。

母は暫くそこに収容されていましたが、8月の末にやっと自宅に連れて帰ることになりました。私は祖父と一緒に母を大八車に乗せて帰りました。火傷している人たちは竹藪の中からみんなどこかへ連れていかれたようです。

家に帰っても母はとても臭かったです。その後も暫くは寝たきりの状態でした。家ではまともに治療できることなど何もなく、祖父がキュウリを切って火傷の箇所に貼ってあげていたくらいのことでした。年寄りと子どものすることですから、母も堪らなかったのだと思います。ある日、「知り合いの所に行って治療してもらって来るわ」と言って家を出ていき、それっきり帰ってこなかったのです。いくら大きな火傷や怪我をしているといっても、原爆が落とされて、戦争が終わって、みんな混乱して大変な最中に、年寄りと子ども一人を残して家を出ていくなど、許されない、ひどいじゃないかと思いました。寂しいのと同時に、私は母のことを恨みに思いました。

母と祖父とは嫁と舅の関係で、うまくいっていなかったのも原因のようでした。

還らぬ姉

その後も引き続いて、祖父と私は姉を探して回りました。毎日、涼しいうちにと朝早くから出かけていきました。原爆が落とされた日、姉は逓信局ではなく、建物疎開作業に動員されて小網町の方へ行っていたことも分かりましたので、そちらの方面も探し回りました。姉をさがす途中、お腹が減って減って仕方なく、他所の畑の中に入ってトマトやキュウリを盗んで洗わずにそのまま食べたことなどもありました。悪いと思っても飢え死にそうで我慢できませんでした。

姉はとうとう何の手がかりもなくまったく行方の分からないままになりました。いろいろな情報は入ってきましたが、どれも決め手とならず、最後は諦めることになりました。結局今も行方不明になったままです。

その頃、家の近くの大芝公園には毎日のように、兵隊さんが死体をどんどん運んできてはどさっと落として焼いていました。夜には「火の玉が出る」という噂が立ち、近所の子どもたちと一緒に見に行ったものでした。

脱毛と下痢

母が家を出てからは祖父と二人暮らしになりました。

原爆が落とされた時に負った頭の傷は10月頃になってやっと治りました。ところが伸びていた頭の毛をポンプの前で洗おうとすると、大きな固形石鹸を直接頭に当てたところ、その石鹸にバサッと髪の毛がついてしまいました。そして髪の毛は全部きれいに抜けてしまいました。学校に行くと、「はげ、はげ」とからかわれて、長い間学校を休んでしまいました。

原爆に遭った後は下痢もずーっと続いていました。他所の畑に入ってまだ青いままのトマトをかじったり、とても暑い日差しの中を母や姉を探して歩き回っていたので、当時はそんなことが原因なのかと思っていました。

大芝小学校を卒業して中学は中広中学校に通いました。私が中学2年生の頃、私の家は比較的大きかったので他人に貸間として貸していたのですが、その中の一人で「あんたのお母さんのいる所知ってるよ」と、祖父には内緒で私にだけ教えてくる人がありました。母は己斐の方に住んでいるようでした。会いたい気持ちはもちろん強かったのですが、恨みに思う気持ちもあってすぐには素直に会いには行けませんでした。結局最後は母の方から、「寂しかったか？　ごめんな」と謝ってくれて、やっと再会することができました。その後は祖父には内緒でちょくちょく会いに行くようになりました。

高校は山口県にある全寮制の学校に進みました。私がまだ高校在学中に祖父は亡くなり、天涯孤独の身となりました。高校を卒業して、いろいろ親身にお世話いただく方があり、その人のお陰で就職もすることができました。最初はガソリンスタンドでの勤めから始めて、若

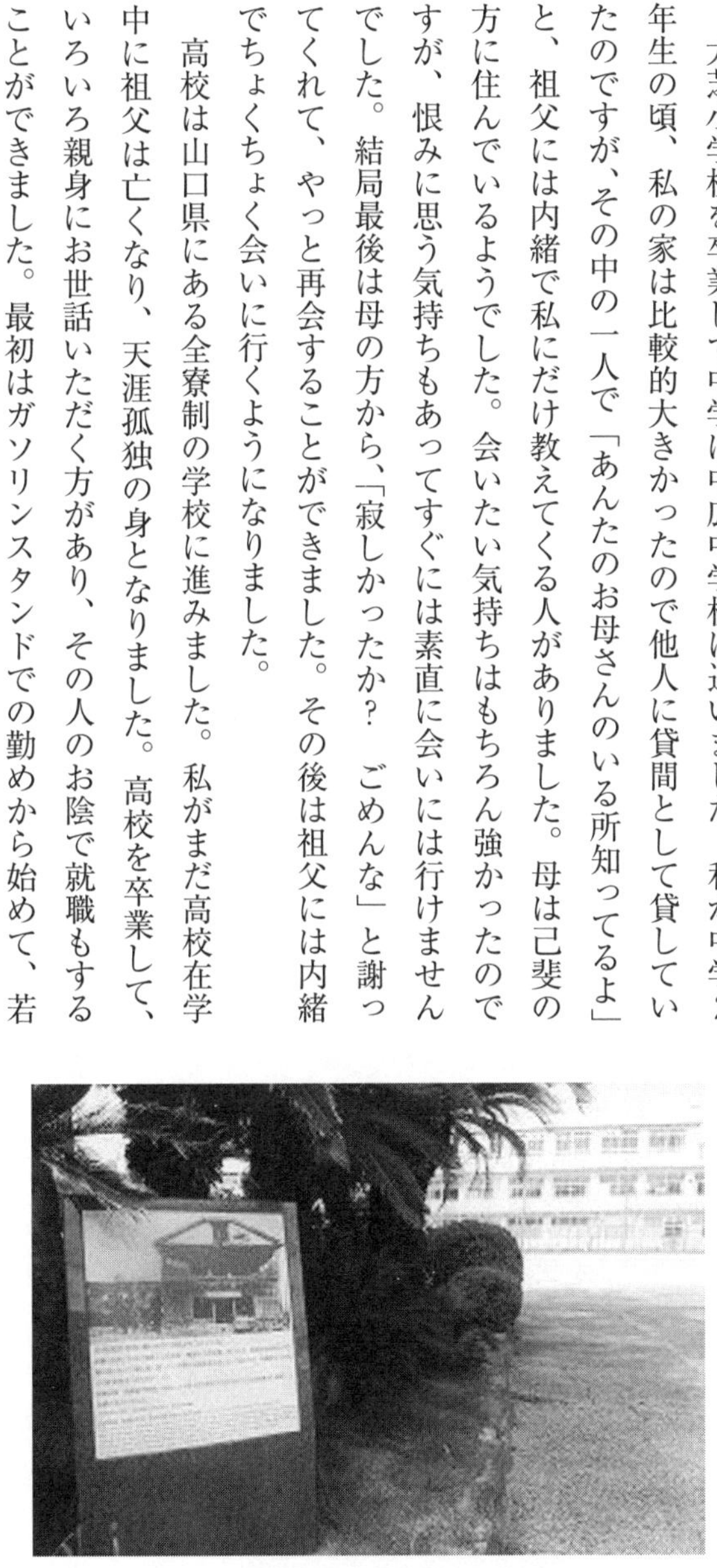

現在の大芝小学校と原爆碑

い頃は広島市内でいろいろな仕事を手掛けてきました。

昭和40年（1965年）、27歳の時に結婚しました。2年後の29歳の時には自分で土建会社も起こしました。会社と言っても、嫁が電話番して、自営業と言った方がいいぐらいで、でも役所の仕事ができるように登記はちゃんとしました。

〝原爆ぶらぶら病〟と闘病人生

そうして広島で土建業の仕事を続けていましたが、45歳になった時、突然肝臓を悪くしてしまいました。症状は急に出てきたのですが、ご飯が食べられなくなって、なんとも言えない脱力感がきつくなっていきました。主治医の先生からは〝原爆ぶらぶら病〟ではないかと言われました。

検査してもらうと肝臓がひどく悪いという結果が出て、いきなりですが昭和58年（1983年）から昭和63年（1988年）まで6年間も入退院を繰り返すことになりました。仕事をしないと食っていけないのに体がどうしても思うように動かすことができず、どうしようもありませんでした。この時それまで順調にやってきていた会社も倒産してしまいました。

その後友達が社長をしていたこれも土建会社の役員などをしていましたが、平成2年（1990年）に京都へ支店を出すことになり、私がその京都の支店の責任者になって、初めて京都に移り住むことになりました。

バブル景気の盛んな頃で、会社も拡大路線を歩んでいました。ところが京都に支店を出してから1年後に、広島に本社のある会社が潰れてしまって解散することになりました。京都ではもうあちこち人との関係ができていましたので、結局私一人が京都に居残ることになりました。その後も京都で仕事を続けてきて今、こうして京都に居座るようになりました。

京都に来た頃からも肝臓の経過観察や治療は続けていて、平成4年（1992年）から3年間、肝臓と糖尿病で第一日赤に入退院を繰り返しました。平成8年（1996年）には、以前から悪かった椎間板ヘルニアによる腰痛がいよいよ我慢できなくなって歩けないほどになり、京都府立大付属病院で手術しました。椎間板ヘルニアはその後も悪い症状を繰り返し、これまで3度も手術をしています。狭窄症も発症し、腰に金具を入れて、それをボルトで締めて維持しなければならないほどになりました。それ以来まったくの車いす生活になりました。

平成13年（2001年）には脳梗塞も発症し、この時も入退院を繰り返しました。

今年の6月、人工透析の治療を行っている病院で毎月1回定期のレントゲン検査を行ったところ、肺が真っ白になっていることが分かり、第一日赤で詳しい検査をした結果、肺腺腫であると診断されました。それまで少し胸が苦しい、食事がすすまない程度のことはありましたが、ほとんど自覚症状らしいものはありませんでした。私は酒もたばこもやってこなかったので肺の病気にだけは絶対に罹らないと自信があったのですが、自信過剰だったのかもしれません。6月、肺に溜まった水をカテーテルを入れて抜き出す手術をしました。言葉で言い表せないとてもしんどい手術でした。今は抗がん剤の投与を続けているところです。

45歳の時初めて肝臓が悪いと診断されて、以来30年以上、入院と退院の繰り返し、通院も途切れたことがなく、病気と闘い続ける人生でした。原爆さえなかったら、と思わない日はありませんでした。

原爆症認定の申請

私は平成20年（2008年）3月に原爆症認定申請をしました。この時の申請疾病は2型糖尿病、糖尿病性腎症、慢性腎不全、高血圧症でした。しかし2年後に申請を却下する通知が届きました。却下に対する異議申し立てもしましたがそれもあえなく棄却されました。私が訴えた病気の発症は原爆放射線が原因ではないという決定なのですが、これだけ人生の大半を病気と共に生きてきた私としてはとても納得できるものではありませんでした。

あれから7年、今度は肺腺腫を発症しましたので、もう一度原爆症認定の申請をすることにし、この8月再び申請書を提出しました。

私は以前、日本被団協の新聞か何かを読む機会があり、被爆体験を語って後世に残していく、私も何かをしなければと思うことがありました。それを機会に京都原水爆被災者懇談会の役員にも一時期なり、請われて語り部をしたこともありました。語り部をする時には、一生懸命調べものもして、準備をして臨みました。ところがある時、たまたま運悪く、私が語り部をしようとしたその場が、お祭りのような場で、お酒も出ているような会場にあたったことがありました。ほとんどまともに被爆体験を聞いていただけるようなところではない、まったく相応しくない会場でした。あの時私は相当に頭に来て、もう二度と語り部はしない、懇談会も辞める、と言ってしまいました

そんなこともありました。でも今はもう一度思い直して、少しでも、ささやかでも私の被爆体験を聞いていただけるなら、語り継いでいただけるならと思い、こうしてお話しをしているのです。

7 姜静子（カンチョンジャ）

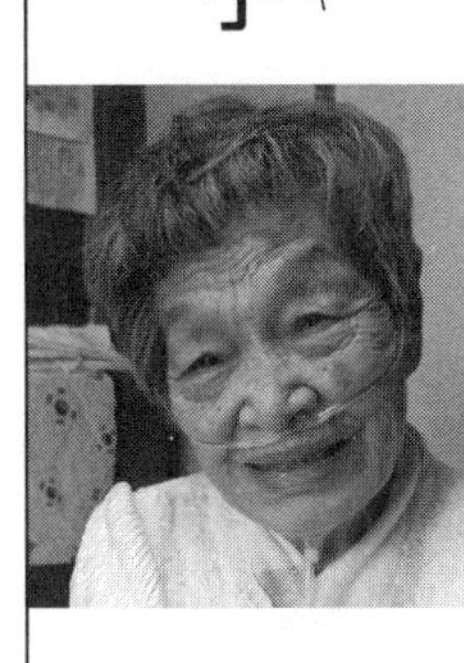

71年の歳月を経て夫の霊に手を合わせた日

お話＝2017年9月15日

韓国で生まれ東京で育つ

私は昭和2年（1927年）韓国の慶尚南道宜寧郡というところで生まれました。暮らしがあまりにも貧しかったので、私の父は単身で日本の東京に働きに出向いていて、私が3歳になった時、母と私を東京に呼び寄せました。父は鉄くず収集などで働いていました。私の生まれは韓国ですが、3歳までですから生まれ故郷のことは何も覚えていないのです。

私は東京の大森で大きくなりました。きょうだいは8人になりましたけど、私が長女なのです。東京では、家の中でも日本語を使っていて、静子と呼ばれて育ちました。ずっと後になって戸籍謄本を取り寄せた時、初めて本名が「姜井玉（カンチョンオク）」だということを知りました。それまで本名さえ知らなかったのです。

妹たちは子どもの頃、「朝鮮人」だといってよくいじめられたと言っていますけど、私にはそういう記憶はありませんね。

日本の国が日中戦争から太平洋戦争へ、どんどんどんどん戦争を広げていった頃、私たちは学校ではろくに勉強もしないで、なぎなたや防空訓練のようなことばっかりをやっていたように思います。青春などというものは何もありませんでした。

結婚のため広島へ

18歳になった時、親戚の人に縁談を勧められて、広島にいる7歳年上の孫三祚(ソンサムジョ)さんという人と結婚することになりました。昔は親の言いなりでしたからね。孫三祚さんは朝鮮半島から留学して来た人で、その頃は広島瓦斯(今の広島ガス)の設計技師をしていた人でした。

私は7人もいるきょうだいと両親を少しでも楽にさせたいと思って、昭和20年(1945年)の1月に広島市へ嫁いでいきました。一緒になるまで夫となる人の顔も知らないまま広島へ向かったのです。

それから7ヶ月後です、原爆に遭うことになったのは。

原爆に断たれた新婚生活

8月6日の朝はとても暑い日でした。夫はもう出勤していました。空襲警報が一度鳴ったので防空壕に入りかけましたけど、すぐおさまったので、私たちもまた建物疎開の奉仕作業の現場に出かけていきました。後になって知ったことですが、私たちが作業していたのは爆心地から1・8キロほどの距離のあたりでした。

ピカッと真っ青に光って、ドーンと物凄い衝撃がありました。それから周りが真っ暗になって、気がついたら私は建物の下敷きになっていました。首だけを瓦礫から外に出して、身動きがとれなくて、「助けてー、助けてー」って叫び続けました。でも、誰も返事してくれる人はいません。みんな我が身かわいさに逃げるのに必死でした。少し明るくなってから、やっと私も瓦礫の下から引っ張り出してもらって、助けてもらったのです。引っ張り出された時に着ていた服もボロボロになってしまいました。

かろうじて助け出されてから、「夫は必ず帰ってくる」「自宅で落ち合うことができる」と思って、火の海をかいくぐるようにして自宅まで急ぎました。自宅は広島瓦斯の寮で、千田町の広島市内電車の車庫の近くにありました。

帰宅して着替えをしようとすると、右の手の甲から肩まで、皮膚がズルッとむけました。その時はじめて右肩から手の先まで大火傷していることに気づきました。

家に帰って待っておれば夫と会えると思っていましたが、しかし、夫は何日経っても帰ってきませんでした。留学生だった義弟（夫の弟）が心配して来てくれて探し回ってくれましたけど、見つけることはできませんでした。その義弟も爆心地まで入り込んで歩き回ったりしたせいか、間もなく亡くなってしまい、数日後には遺体で発見されてしまいました。

夫とは遂に会うことができず、遺骨さえ見つからないままになってしまったのです。私たちの新婚生活はわずか7ヶ月で、原爆によって切り裂かれ、断たれてしまいました。私の手許に残されたのは結婚した時の夫と一緒に撮った写真だけでした。

会社で支給されたパンがあると、一つは自分で食べて、残りの一つは私に持ち帰ってくれる、そんなやさしい人でした。

8月15日に戦争が終わったと知らされまし

大切にしてきた、夫と一緒に撮影した唯一の写真

た。ただ終戦だと聞いても、すぐには何も感じることはできませんでした。だんだんと自分が惨めになってきて、何のために爆弾落とされて、何のためにこんな辛い思いをしなければならないのかと、あの時はそんなことばかりを考えていました。

戦後を独りで必死に生き抜いて

しばらくして、広島の田舎にあった夫の遠い親戚の人が助けに来てくれて、その人の家に避難することができました。そこで、火傷の傷には擦ったジャガイモがよく効くからと言われて、それを塗ってもらうなどして傷を癒していきました。1年間ぐらいはその家で厄介になっていたと思います。

やがて東京にいた両親たちが韓国に帰ることになり、私も一緒に帰るようにと、広島の田舎まで連れに来てくれました。ところが韓国に帰る予定だった船が遭難して、親たちはそのまま日本に残ることになりました。私だけはいろいろな事情から一人で韓国に帰されました。韓国では誰が迎えに来てくれるのかも分からないままの、とても不安な帰国でした。

一旦は韓国に渡り、大邱(テグ)で二度目の結婚のような形での生活を始めました。ところが相手の人が2ケ月後には日本に商売に行って、それっきりになってしまったのです。後で事故で亡くなっていることが分かりました。縁のない韓国で私一人ではどうすることもできず、私もまた日本にとんぼ返りのように帰ってきたのです。

戦後は、日本のいろんな地域を転々として、パチンコ店や土木作業の現場で、男の人と同じようにして働いて生きてきました。たいていは住み込みでしたね。とにかく生きるのに必死でした。

あの頃は「原爆にやられたら子どもは産めん」と言われていましたし、自分が被爆者だと誰かに話すこともありませんでした。広島で原爆に遭っている人はひどい差別も受けていましたからね。母親からも、子どもは諦めろと言われました。それからは再婚することも出産も諦めて、被爆していることは長年、心の中に秘めるようにして生きてきました。

30年前に京都市南区の東九条に来て、60歳を超えてやっと少しは落ち着いた暮らしができるようになったように思います。

私は戦争が終わってから一度も広島の街に行くことはありませんでした。夫は広島のどこかに眠ったままになっているのだろうと気がかりではありましたけど、生きるのに必死で広島のことを考える余裕はなかったのです。

最初は相手にもされなかった被爆者健康手帳の申請

私が被爆者健康手帳を手にすることができたのは昭和63年（1988年）10月のことです。京都に来てから、私はもう61歳になっていました。それまで被爆者手帳を交付してもらえることなど何も知りませんでした。あることをきっかけにして、広島の田舎にいた夫の遠い親戚にあたる人が手帳のことを教えてくれて、それで手帳の申請をしようということになったのです。でも原爆からもう40年以上も経っていて、私はすぐに広島を離れていましたし、私の被爆を証明してくれるような人もいるわけではなかったので、それは大変なことでした。私が一人で京都府や京都市に行ってお願いしても、誰も信じてくれなくて、相手にもしてもらえませんでした。

途方に暮れて、もうどうしようもないなあと思っていたところ、夫の遠い親戚にあたる人が、とても一生懸命になって走り回ってくれたのです。京都府や京都市への嘆願書を書いたり、必要な書類を全部作ってくれたり、いろんなことの手続きをしてくれました。そのおかげで、苦労の末にやっと手帳を交付してもらうことができたのです。

この時初めて戸籍上の本当の名前が「姜井玉（カンチォンオク）」だと知ったのです。私もびっくりしました。その遠い親戚の人も今は北朝鮮に帰国してしまわれました。

エルファで若い人たちに被爆の体験を語る

戦争が終わってから70年も経って、私も体の不調が年々ひどくなってきました。原因不明の体のほてりや、全身を針で刺されるような痛みに悩み続けています。原爆の影響が今になってこうして出ているのではないかと思ったりもします。耳も遠くなって、酸素吸入器は片時も手放せない毎日です。狭心症とか心筋梗塞、気管支炎、胆石などの薬も処方してもらっていて、たくさんの薬を飲んでいます。

周りの人はみんな死んでいきました。私も近い将来そうなるのだなあと思ったりします。自分の身体が動かなくなるにつれて、戦争で人生をめちゃくちゃにされた人がたくさんいることを忘れないでいて欲しいなあ、と強く思うようになってきました。

私は何年か前からエルファという施設のデイサービスに通っているのですが、そこで、研修のために来られる学生さんたちに私の被爆体験を話すようになってきました。みなさんにせめて私の体験したことを語り残しておきたいと思うようになってきたのです。エルファとは、在日コリアンのためのお世話をしてもらっている「京都コリアン生活センター・エルファ」のことです。

このエルファにはよく学生さんや高校生の人たちが研修に来られます。ベッドに一緒に座ってこの研修生の人たちにお話ししたり、語り合ったりしているのです。

エルファの人権学習（紹介）

エルファへの研修生は、京都市内だけでなく日本各地、海外にも及び小、中、高、大学生、社会人、各種団体まで年間900名ほどになります。目的は総合、人権学習、多文化フィールドワーク、聞き取り調査、教職員研修と実に多様です。

在日コリアンがなぜ日本に居るのか、エルファの利用者のみなさんがどういう歴史を生きてきたのかについて施設のスタッフがお話をして、その後でエルファの利用者さんたちとのふれあい、交流会を持ちます。交流はだいたい1対1とか2対1とかの組み合わせで、学生さんたちが利用者さんのお話しを聞くことから始まります。15分から20分間ほどの対話をした後で一緒に遊んだり、歌を歌ったりの時間を共にしていきます。（エルファ通信第30号より）

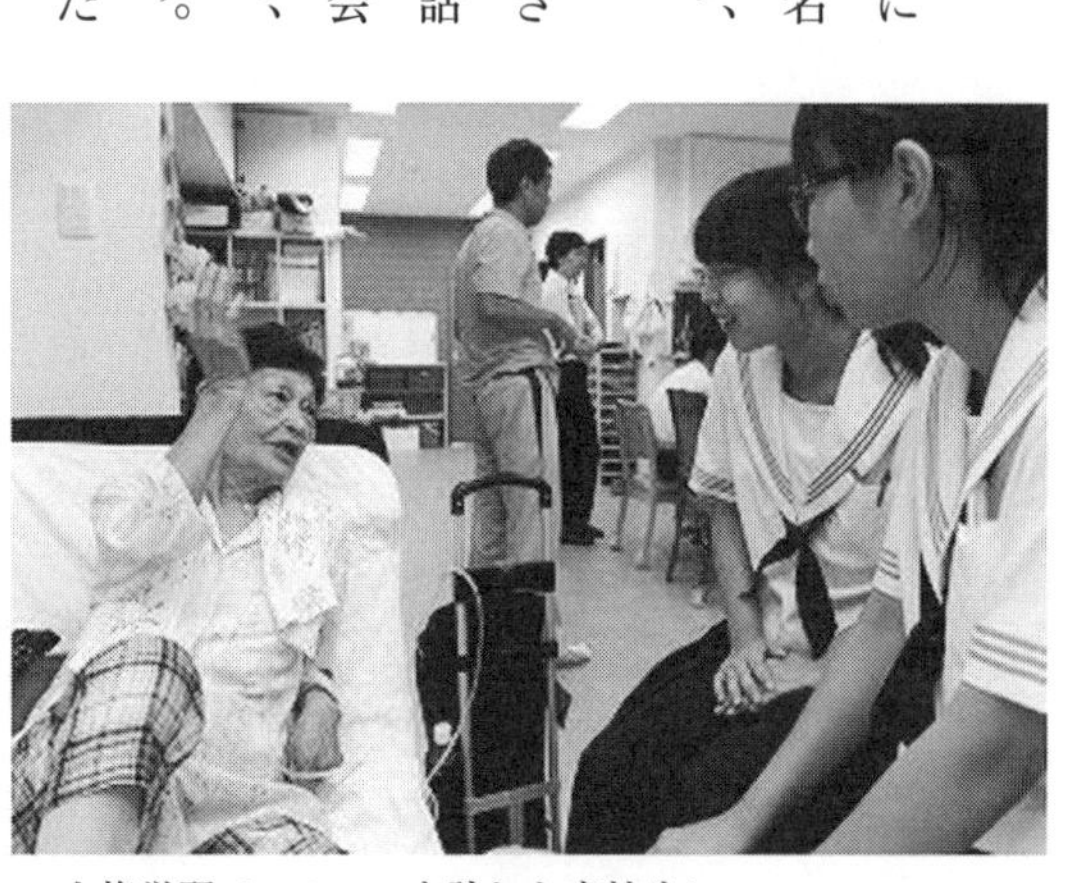

人権学習でエルファを訪れた高校生に
自らの被爆体験を語る姜さん

利用者さんが異国の地でどんな思いで、どう生き抜いてきたのか…ひとり一人の歴史に触れることになります。学生さんたちが教室で学んだ歴史の理解をおばあちゃんたちの血の通ったお話しでさらに深めていくことになります。利用者さんたちの思いが心に届くのですね。

韓国の大学生たちも訪れますが、自分と同じ郷の学生がいると喜びもひとしおで、韓国語での会話に花が咲きます。海外から移民や異文化理解などを研究する先生や学生、福祉施設職員、自らが異文化と複雑な背景を持つ方々など、多様な来訪者と利用者さんとのふれあいは日常的な光景です。

京都は修学旅行でたくさんの中学生が来るところでもあります。修学旅行中の一日を人権学習に充てる学校からの研修依頼も増えています。

訪れた人たちは利用者さんたちから直接お話しを聞くことで、塗り替えることのできない歴史を知り、自分の在り方、戦争と平和について考え心に留めて帰っていきます。このような研修の受皿としてたくさんの出会いを実現できるのは、単なる福祉施設だけに納まらない、エルファだからこそ果たせる社会的役割だと自負しています。人権学習の場の提供は未来を担う学生さんたちのために特に活用されているのです。

南 珣 賢（ナン スン ヒョン）（ＮＰＯ法人・京都コリアン生活センター　エルファ 副理事長）

71年ぶりに踏む広島の地

被爆体験を語っている内に広島のことや、亡くなった夫への思いがだんだん強くなってきました。こうしたことがきっかけとなって、施設のスタッフの方が私の夫のことについて広島ガスに問い合わせをしてくれました。すると、広島ガスの社史の中に、原爆で犠牲となった社員として夫の名前のあることが分かりました。

昨年（２０１６年）の10月、デイサービスの職員さんたちに付き添われて、戦争が終わって以来初めて広島を訪ねることができました。かすかに記憶に残っている71年前の街並みや、廃墟となった情景を思い浮かべながら、あの頃のことを思うととてもきれいな街になっていて、外国に来たのかと思うほどでした。

原爆が落とされた時に広島瓦斯の社屋のあった場所に広島ガスの原爆犠牲者の慰霊碑がありました。そこを訪ねて花束と夫の写真を供え、夫の霊を慰めました。大切にしてきた夫の写真を見つめながら、「夫のことは心の底に秘めたまま『あの世』に行くことになると思っていたけど、こうしてもう一度来ることができた。もういつ死んでも惜しくない」と思いました。

広島平和記念公園にある「韓国人原爆犠牲者慰霊碑」にも行って、手を合わせ、花束と真新しい下着を供えることができました。

平和公園にある韓国人原爆犠牲者慰霊碑の前で手を合わせる姜さん（エルファ通信第30号より）

この時は、広島の在日コリアンのたくさんのみなさんが利用されている介護施設の「ありらんの家」も訪問して、在日朝鮮人被爆者連絡協議会の会長さんとお会いしたり、利用者のみなさんとの懇親会もしていただきました。

同行してもらった職員さんに広島市に問い合わせてもらったところ、広島市の平和公園の原爆死没者名簿に夫の朝鮮名「孫三祚」が登録されていることも分かりました。一体誰が登録してくれたのか。プライバシー保護のため登録してくれた人の名前は明らかにされませんでしたが、でもその人のおかげで、広島でもう一度夫と会うことができたように思いました。

私の胸は感謝の気持ちでいっぱいになりました。

広島瓦斯・原爆犠牲者追悼の碑（広島市中区）

8 西田　哲之

頭上に襲い来るキノコ雲の真下で

お話＝2017年10月11日

三菱製作所への学徒動員

私が生まれたのは広島県の安佐郡伴村(ともむら)という所です。昭和3年（1928年）年4月15日の生まれで、4人きょうだいの3番目でした。その村から広島市街地に出るには、距離にすれば14～15キロほどですが、バスでよっちらよっちら行くと50分から1時間はかかったものです。道路も狭い砂利道で、途中大型のトラックなんかに出会いますと離合するのも大変でした。戦後の市町村合併が重ねられて現在は広島市安佐南区という地域の範囲となり、今や広島市の大ベッドタウンです。ふる里の風景は一変しましたね。

中学校は広島市内の広島二中（現在の県立観音(かんのん)高校）でしたが、一時期は自宅からこの距離を毎日自転車で通ったものです。この当時の中学校は5年生制だったのですけど、4年で卒業させられましてね。2年生ぐらいまでは授業もそこそこ受けていましたけど、その間にも軍需工場に時々手伝いに行ったりしていました。3年生ぐらいからは授業そっちのではほとんど工場通いでして、4年生になるともうべったり工場で、勉強しないでも卒業できるという悪い癖がつきました。

私が動員されて勤務していた工場は観音町に作られた三菱製作所でした。江波に三菱造船があって、その西側の天満川を挟んだ対岸が三菱製作所でした。船の装備に必要な機械類を作るのが三菱製作所の仕事でした。この工場が作られる時は、観音町の沖合をしゅんせつ、埋め立てをして新しい工場用地を作るところから作業動員させられました。もっこを担いだり、トロッコを押してコンクリートの工事用の砂利を運んだりしたものです。

完成した工場で私が勤務したのは鋼を作る電気炉の部署でした。電気炉の仕事はもちろん専門職の人がやるのですけど、私たちはその下働きです。私はアセチレンガスを使ってガス溶接やガス切断の仕事を担当していました。日本の戦況が不利になって、人間魚雷という、一人か二人ぐらい乗って敵の艦に体当たりして自爆するという海の特攻隊の、その魚雷に装備する船のスクリューを作る仕事もやりました。砂で鋳型を作り、それに溶けた鋼鉄を流し込み、冷えてから土を壊して本体を取り出し、余分な所を切るわけです。今でしたらもっといい機械があると思いますけど、当時はアセチレンバーナーに酸素ボンベの酸素を供給して鋼を切るのです。時々酸素ボンベが火を噴いたりしまして危険な仕事でもありました。作業中に事故で亡くなった人も何人かいました。

中学を卒業して、本来なら4月から上の学校に進学ということになるのですけど、当時は、何が何でもこの戦争に勝たなければならないという国の方針の下、その後も勤労作業がいろいろ続きました。私が広島高等師範学校の理科二部に入学したのは１９４５年（昭和20年）の7月になってから、17歳の時でした。

広島高等師範学校

学校に入学してからも授業はなく、毎日東洋工業（現マツダ）の学徒動員勤務でした。東洋工業の工場は広島市の東方郊外の向洋（むかいなだ）というところにありました。あの頃の東洋工業は主に三輪自動車を作っていましたが、そこに、鉄砲や小銃、爆弾の製造なども手掛けていました。

その内に、理系の者を半分に分けて、8月7日から授業を再開することになりました。

8月6日の朝、私たちの20人が学校に残って教室の掃除をすることになりました。教室の掃除のために工場勤務を休むというのはご法度でしたから、表向きは「防空要員」という形で残されました。その「防空要員」20人が原爆にやられることとなったわけです。それに教室掃除の指導・監督のため一年上の上級生が2～3人いまして、合わせて22人～23人がその日の朝学校に残りました。

広島高等師範は当時の広島文理科大学のキャンパス内にありました。後で分かったことですが爆心地からの距離が1500メートルになります。

閃光の下で

工場勤務組を送り出した後、私たちは文理大の玄関近くのグラウンドに集まりました。掃除の打ち合わせをして、バケツや雑巾、箒などを取りに寮に向かいました。2列縦隊で駆け足なのですが、みんな栄養失調状態で思い切って走ることもできないのです。ノロノロと走っていたら後の上級生から「走れ!」という号令がかけられて、少しスピードを上げた瞬間でした。原子爆弾が爆裂したのです。私たちの半数は建物の中に入ったところでした。

原爆が落ちた瞬間は、当時写真を撮る時にマグネシウムをたきましたが、あれの巨大版のようなものが光って、周囲がブワッと真っ白になりました。一瞬、衝撃波に襲われたのでしょう、気を失ってしまいました。気がついたら私は木造の建物(学生集会所)の下に押し込まれていました。私が倒れた所の前後に建物の屋根を支える梁が倒れ込んでいて、私はちょうどその間の隙間にいるような格好となり、大して外傷を負うこともありませんでした。

どす黒い粉塵と強烈な異臭の中から私は自力で無我夢中で這い出すことができました。

建物の中にまだ入っていなかった半数の10人ぐらいは、外にいたためほとんどの人が大火傷を負っていました。帽子は破れ、シャツは燃えていました。即死は免れましたが、その後1週間かそこらでほとんどみんな亡くなっていきました。

寮の私と同室の者が当日病気のため部屋の中で臥せっていたので、それをまず助けなければならないと思いましたが、全部木造家屋ですからすぐに火の海になって、火炎に囲まれてしまって安否の確認すらできずに撤退せざるを得ませんでした。

ともかくやられた私たちは一度集まって、ここにいても駄目だから校外に逃げようということになり、それぞれのグループに分かれて避難することになりました。私はキャンパスの東側の塀を乗り越えて外へ逃げようとしました。それまで私たちは自分たちのいる学校だけが爆弾の直撃を受けたと思っていたのです。ところが塀の外を見たら、一面に建物らしきものがなくなっている。全部倒れていて、びっくりしました。

今も手に残る小さな子の触感

学校を出て、逃げ出そうとする時、突然、小さな男の子が、私の手をつかみました。はぐれた両親を探してくれというのです。その子が私の手をつかみまして、「助けてくれー、助けてくれー」と言うわけです。しかし、どう見ても、もうどこにも家らしきものはない。どこを探そうにも探すわけにもいかないのです。

その時の手をつかまれた触感がただごとではありませんで

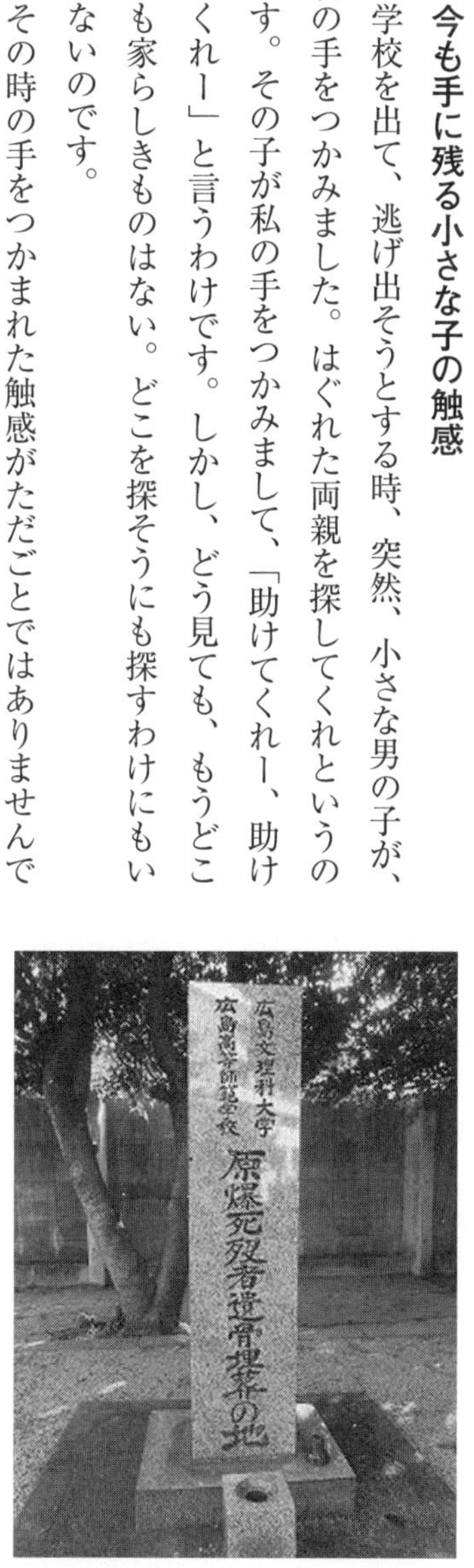

現広島大学東千田キャンパス構内
（広島市中区）

した。私の人生のたった一回の、最も強い体感上の厳しさをあの時味わいました。これぱかりは生涯絶対に忘れられないですね。その子の手には皮膚がなくなっていたのです。手の皮膚が全部めくれ落ちて、指先の爪のところで辛うじて止まって、ぶら下がって、真っ黒になっていました。皮膚がむけてしまった手は白いのです。皮膚のまったくむけてしまった手で私はつかまれていたわけです。私は少々のことでは驚きませんが、あの時はびっくりしました。

私はその子を抱きかかえるようにして日赤病院まで連れて行きました。そこでは大した薬もなく、ほんのちょっとした手当をしたぐらいです。お医者さんも看護婦さんも大怪我をして血を流しながら治療をしているという修羅場でした。

その子はあっという間に行方不明となってしまいました。あの子はどうなっただろうか、今でも忘れることができなくて、いつまでもその手の感触が私に問い続けています。

頭上に襲い来る巨大な雲

私たちが逃げる途中、家屋が倒れて下敷きになっている人がたくさんありました。そこら中で助けを求める声に行きあいました。私たちもできる限りのことはしようと思いましたが、ほとんど何もできません。仲間たちと一緒に近隣の民家の人2人を迫りくる火災を避けて救出することができました。これがせめてもの慰めとなったように思います。

私たちはとりあえず南の方角を目指して逃げました。御幸橋を渡ったあたりから、いつの間にか一緒に逃げていた同僚もバラバラとなり、私はその近くにある専売局へたどり着いた時は精根尽き果てていて、構内の芝生の上に倒れこみました。

広島の街の上空に巨大な、白と黒の混じった噴煙が津波のようにグォーッと高く高く舞い上がっていきました。私たちを圧倒し、頭上を襲ったどす黒い巨大な雲の円柱はとてもこの世のものとは思えませんでした。それが私たちが真下から見上げたキノコ雲の正体でした。

その様子をぼんやりと見つめながら私は芝生の上でしばらくの間眠っていました。

その近くで乾パンなどを支給してもらいましたが、私の身体はすっかり衰弱していてほとんど病人状態でした。気を取り直してもう一度ふらふらと歩いて学校まで帰ってみました。学校はもう影も形もなくて焼野原状態です。鉄筋コンクリートだった文理大の校舎だけが外枠を残していましたが、中のものは何もかも燃えてしまっていました。

血に染まった防火水槽の水が沸々と煮えたぎっていたり、一頭の馬車馬が正門近くで大きな腹を膨らませて無残にも死んでいる姿も見えました。学校の近くにあった日赤病院と貯金局だけが建物の形を残していたと記憶しています。原爆が投下された瞬間はみんなどこに逃げたらいいのかと大混乱の中で右往左往していましたけど、そういう騒乱がちょっとだけ静かになったか、という夕方の景色でした。

御幸橋

破壊され尽くした学校を見て、もうこれではどうすることもできないと思い、また御幸橋を渡って、専売局あたりに向かいました。

御幸橋では、原爆にやられた人が、黒い埃を被ったまま、大火傷をし、大怪我をし、橋の上の歩道や、橋のたもとの交番所のあたりで、動かないでじーっとしていました。普通、人間は大怪我をしたりすると喚いたり暴れたりするものですけど、被爆者に限っては喚く元気もないのかと思わせるぐらい、静かにたたずんでいました。

爆風で欄干を失った御幸橋のもの悲しい風景を思い出す時、あの人たちの人生を想像するのはつらい限りです。

逃げる途中、喉が渇いて水道水から漏れている水を飲みました。そのためなのかどうか、それからさらに体調が悪くなっていきました。あの頃は水道管は鉄管か鉛管を使っていて、原爆の影響で鉛管が溶けておかしな水になっていたのではないかと思っています。

夕闇せまる頃、高等師範の学生の運転するトラックに乗せられて向洋の東洋工業に収容されました。広島は七つの川といいますが、当時の橋は、御幸橋などは別にして木造が多かったため、渡ろうと思ったらここは駄目、別の橋を渡ろうと思ったらそこも駄目で、右往左往して時間ばかりがかかり、東洋工業についた時はもうすっかり夜でした。体力をひどく消耗している上に、トラックに揺られて食べたものは全部吐き出し、胃の中はすっかり空っぽになっていたのを覚えています。

家路

東洋工業に収容されてからその日も次の日も寝たきりになっていました。その内に、実家に帰れるものは帰れということになりました。私は身体が衰弱し切っていて、まともに歩くこともできない状態でしたので、学友に介添えしてもらって実家に向かうことにしました。私の親戚が己斐(こい)にありましたので、そこを経由して実家をめざしました。

鉄道の無蓋貨車に乗せてもらって己斐駅（現西広島駅）まで行き、己斐の親戚で一泊させてもらって、翌日学友に支えられながら歩いて

御幸橋西詰

山を越え、実家にたどり着きました。どうしても親の顔を見たい、我が家もこの目で見たいという切羽詰まった思いが、なんとか辿り着かせたように思います。

我が家の者は、何度か千田町の高等師範付近まで私を探しに行ってくれていました。しかし、大変な混乱状況ですから誰がどうなっているのか、何も分からなかったようです。私はてっきりもう駄目だったのだろうと思われていました。ですから私が帰った時の家族の喜びようは大変なものでした。

私が家に帰り着いたのは、長崎にも原爆が落とされた後のことでした。

私の実家は爆心地からの距離が10キロを超えるほどありましたし、間に小さな山があってその陰になる方角でした。それでも家の窓ガラスが一部割れたりする被害が出ていました。私の肉親は幸いにも、両親、きょうだい共に被害を受けた人はいませんでした。ただ、姉の夫が広島の軍隊にいて原爆死していました。それからまだ中学生だった従兄弟が一人、建物の下敷きになって焼け死んでいました。

高熱発症を乗り越えて

原爆が落とされた半年後の2月（１９４６年）になって、私は高熱を発しました。体温が40度ぐらいまで上がり続け、うわ言を繰り返すようになりました。家族の者も、これで最後ではないかと諦めてしまうほどでした。それがなんとか一命をとりとめることができ、その時以来の私は、これを機会にこれからは第二の人生にして生きていこう、という強い気持ちを持つようになっていきました。

その後、私は広島文理科大学に進学して、昭和27年（１９５２年）に卒業して、京都にあった会社に就職しました。

就職した当座も体調はあまりよくありませんでした。まさかこの歳まで生きさせてもらえるとは夢にも思っていませんでした。自分の余命はどれぐらいかなどと深刻に考えていたわけではありませんが、漠然とそう長くは生きられないという思いが秘かに気持ちの中にあったのだと思います。そういう心境は無意識の内にも自分の日々の生活に表れていたのではないかと思います。「お前の言うことはちょっと一風変わっている」と他人からよく言われました。そして私の被爆のことを知っている人は、そういうことが関係しているのではないかと薄々感じていたようです。自分ではそのようには思っていなかったのですが。

私は元々子どもの頃から体は丈夫な方ではありませんでした。それでもスポーツは大好きで、体が弱いくせによくスポーツをやってきました。子どもの頃は9人制バレーを、大人になってからは山登りも、就職してからは会社内の部活動作りにも積極的に関わってきました。そういう姿が一見健康そうに見えたのかもしれません。また、原爆の影響をできるだけ小さくすることに少しは役立ってきたのかもしれないと思っています。

被爆体験談話の真意を忖度して欲しい

広島や長崎の被爆者たちの談話が数多く発信されてきました。異口同音に戦争は嫌だ駄目だと言っています。それは平和を望むために言っている言葉で原爆投下を容認したものではありません。その証拠に歴代の広島市長は「被爆体験を人類全体の遺産として継承していかなくてはいけない」と訴え、「核兵器廃絶」を叫び続けています。

広島の平和公園の慰霊碑に「安らかに眠って下さい　過ちは繰り返しませぬから」と刻んでありますね。日本人はその真意を読みとってい

原爆慰霊碑（広島平和記念公園）

ると思います。外国の人はどういう読み方をしているのでしょうか。彼等は「日本人は戦争を始めて悪いことをしたと認めているのだ」と受け取っているふしがあります。

故湯川秀樹博士は平和の尊さを内外に熱心にアピールされていました。私の手許に博士の率直で厳しい詞があります。

「まがつびよ　ふたたびここにくるなかれ　平和を祈る人のみぞここは」

アメリカの人々

現役時代、アメリカに駐在していた時、テレビでトルーマン元大統領の回顧録がよく放送されていました。彼は「原爆はアメリカ兵50万、100万の命を救うためにやったことで絶対に間違っていない」と最後まで言い張っていました。それに対して、アメリカのある教会がトルーマンに手紙を送って、「日本への原爆投下はやり過ぎだったのではないか」と言いました。これに対するトルーマンの返事は大要「日本人のような野蛮人に対してやることはこれしかないんだ」というようなものでした。こういうことがアメリカの民意を代表していたように思うのです。特に在郷軍人会などは強硬でした。

アメリカの民意もこれからは変わっていくと期待していますけど。

広島の弁護士の人たちが中心になって2006年から2007年にかけて「原爆投下を裁く国際民衆法廷・広島」というのが行われました。国際的な裁判に匹敵するメンバー選定、訴訟手続きを踏んで、検事、判事を揃えて行われたのです。被告は、アメリカ合衆国と、原爆の計画と実行に携わった人々個人で、ルーズベルトやトルーマンも真っ先に指名されていました。判決は「原爆投下を計画し、実行した人々と政府に、人道に照らして、国際法に基づいて、有罪の宣告を下す」というものでした。もちろん判決結果が拘束力を持つものではありませんが、私が強く感じたのは、憤懣を持ちつつも多くの日本人が沈黙している中で、こういう実際に目に見える形で行動する人がいるということでした。とても感動しました。

事務局をしている弁護士の方に「裁判長をアメリカ人（レノックス・ハインズ）にされているけれど、よくやりましたね。すんなりできたことなのですか？」と尋ねました。実際は簡単なことではなかったようです。だけど最後にはそれを引き受けるアメリカ人がいたということも、それはすごいことだと感じました。アメリカについてはいろいろありますけど、それでも奥の深さを持った国なのではないかと思ったものです。

左から判事団のハインズ教授・バルガス教授・家正治教授、アミカスキュリエの大久保賢一弁護士（2017年10月閲覧時の日本国際法律家協会ホームページより）

卒寿を前に

私は今89歳です。来年は卒寿、90歳を迎えます。昨今の身体の衰えを思いますと、もうそう執行猶予の期間も長くないのではないかという気もしますけど。これまでの人生、本当にいろんな人との出会いがありまして、助けてもらってきました。本当にありがとうございました。

このたび、京都「被爆二世・三世の会」との出会いもありました。我が国の将来は皆様の双肩にかかっています。順風に乗り、逆風に耐えてどうか頑張って下さい。

9 丸岡 文麿

原爆死を免れて

この体験記は、1990年10月18日、丸岡文麿さんが京都生協支部平和学習会で語られたものです。『京の語り部―45年目のヒロシマ、ナガサキ』(京都原水爆被災者懇談会編・1991年5月26日発行)から転載しました。
丸岡文麿さんは1999年9月4日、闘病の末永眠されました。享年67歳でした。

中東において、非常に危険な状態をはらんでいる時期に、「被爆の体験」「被爆者援護法」「戦争体験」の話をさせて頂く機会を与えられましたことをうれしく思います。

ありし日の丸岡さん(左)

私は広島で、中学一年の時、原爆にやられました。爆心地から750メートル。ですから殆ど直撃と同じ状態でした。

それから45年間、被爆者であるが故の、悲惨な生き方をしてきました。こうして生き残った被爆者とは、一体何でしょうか。まず、みなさん方に問いかけをしたいと思います。

平和の中でも核被害の危険が

1977年の夏、今から13年前、広島で「被爆者の実相に関する国際シンポジウム」が開催されました。世界各国から著名な学者、平和運動家が集まりました。ノーベル平和賞を受賞されたノエルベーカー博士も来ておられまして、博士は開会のあいさつの中で、「今や広島・長崎を体験した人たちだけがヒバクシャではない。全世界の人類がヒバクシャである」と提言されたのです。その意味を皆さん、お分かりでしょうか。

現在、世界で数ヶ国が核兵器を持ち、核実験を毎年どこかでやっています。その結果、核のホコリ、粒子が気流に乗って、地球上をずうっと回っているのです。いまこの頭上においても放射能の粉塵が降っているかも知れない。それを浴びたら、広島で被爆したぼくと同じように、皆さんも「ヒバクシャ」になるのです。

今から4年前、ソ連のチェルノブイリで、原子炉の事故による放射能漏れがありました。放射能は広範囲に流れ、すでに一万人近い人が亡くなり、十数万人の人たちが生命の危険な状態に置かれている。そして三十数万人の人たちが今住んでいる所から避難しなければならない環境にある、といわれています。

ここから直線距離で80キロくらいの敦賀に、関西電力の原子力発電所があります。もしそこでチェルノブイリと同じような事故が起こったら、京都は瞬く間に放射能の粉塵の中に巻き込まれてしまいます。一見、平和な何でもないような環境の中にも、我々の周囲にはそうした危険が常に同居していることを考えていただきた

いのです。（この語り部から3ヶ月後に、現実に美浜原発の一次冷却水の細管破裂事故が起こる）

勉強のない中学生

私が原爆にやられた当時の中学生（旧制）は、勉強する時間は全然なかったのです。「決戦教育措置要綱」というものができまして、中学生は向こう一年間勉強しなくてもよい。君たちは農作業に出たり、軍需工場に行って兵器を生産すればいいのだ、という法令が出たわけです。私たち下級生は麦刈りに、建物疎開の作業につきました。空襲があった時、類焼しないように家を壊すのです。みなさんもご存知の御池通りや五条通り、昔はあんな広い通りは京都にはなかったそうです。密集した家を壊して、爆撃から街を守るためだったのです。完全なる戦争の遺物といってもいいでしょう。

そのように学校とは名ばかり。軍国主義教育にがっちり組み込まれ、天皇崇拝によって人間の生き方まで規制され、もうまったく自由とか、人権とか、民主主義、そういうものはかけらもなくなっていったのです。

いま、我々はこうして自由であるから、マイクを持って天皇の批判も、政府の批判も勝手にしゃべることができる。自由だからです。

しかし、今でも地球上において、こうして自由にしゃべれない国はいくらでもあります。

この自由とは何でしょうか。自由が規制されたらどうなるのでしょうか。言論の自由の崩壊、報道の自由の規制、教育の自由も信仰の自由も、そして恋愛の自由もなくなってくる。まったく戦前の暗黒の社会になってしまうわけです。

天皇批判をしたら不敬罪で警察に引っ張られてゆく。報道は真実の姿を知らせなくなる。戦時中、大本営というものがありました。それによって国民は踊らされ、軍隊の言うがままに引きずられていったのです。

例えば、ミッドウェー海戦で、海軍がほとんど全滅しても、勝利だと報道し、また、戦争に抵抗した知識人や日本共産党の人たちは、そのことで弾圧され投獄されていった。そういう悲しい歴史があるのです。人間形成においてもっと大事な学校教育も、戦争という一つの形態に組み込まれ、軍国化の渦の中に巻き込まれてしまうのです。

機会が均等に与えられた教育であってこそ初めて人間は自由な発想ができ、自由な発言、自由な行動ができる。それらが全部崩壊してしまって人間らしい生き方ができるでしょうか。そうした自由が簒奪された昭和20年までの日本は、最低にして、最悪の哀れむべき姿であったと言えるでしょう。

私たちが中学生の頃には、女学生と一緒に歩いたり、話をしてもいけなかった。上級生に見られたら、その場でこっぴどく怒られたのです。少年の我々には恋もできなかった。だから、女の人と話すのが下手ですし、今でもまだ躊躇します。いや、ほんま‼笑わないで下さい。

そういう成長し切れない人間が戦争で生まれてくるのです。国家統制の中で、国民は弾圧され、我々は身の回りの羽根も手足も取られ、丸裸にされてしまう。そういう時代になってしまうのです。

チョコレートつきビラ

昭和20年8月6日朝8時過ぎ、南の方から一機のＢ29が北上してきました。当時私たちはＢ29が来るのが楽しみだったのです。

不謹慎な、と思われるでしょうが、それにはわけがあるのです。Ｂ29が来たら、時々落下傘を落とすのです。ふぁーっとね。その落下傘の中にはチョコレート、ガム、ノート、エンピツ、万年筆などが入っているのです。

当時の日本には、もう国民が最低の生活をする物資もなかったのです。米なんて、あのころの国民一人、一日の配給は二合五勺なんです。その二合五勺も確実に配給されない。2ヶ月も3ヶ月も遅配が続くのです。魚はイワシの頭も見ることができない。肉はウサギ、ニワトリを飼って食べていたのです。衣服はキップ制ですが、キップはあっても買う衣服がなかったのです。道端の草まで食べて生命を維持し、戦争に勝つために国民は我慢していたのです。

しかし、我々のまわりには、生産された物は確かにいくらでもありました。米も野菜も、牛もいれば魚もとっていました。西陣では織物も織っていました。だがそれらは全部、軍隊、兵隊さんために、ということで取り上げられてしまったのです。ですから、B29から落とされるチョコレートなんてものは、我々にとっては「おとぎの国からのプレゼント」―そうした気持ちだったのです。しかし、万年筆に時限爆弾が仕掛けてあったりして、それからは警官・憲兵が来て全部没収してしまうのです。その目を盗んで拾って歩くのがまた楽しかったのですね。

その頃B29が宣伝ビラをまいていました。

「日本のみなさん。もう日本には何もないでしょう。食べる物も、着る物も、兵器さえ、もうないじゃないですか。アメリカは今、南方の遠い島から操縦しなくても、飛行機がひとりで飛んでくる。そして日本を爆撃することができます。早く戦争をやめて、日本も自由な民主主義の国になって下さい」―そういうビラをどんどんまいちゃうんです。国民の脳裏の中に俗にいう反戦思想を植えつける、そして早く戦争を終わらせる手段だったのです。

しかし、悲しいかな、我々の周辺には、たとえ戦争がそういう悪化してゆく状況にあっても、それへの対応は全然なされなかった。もう沖縄までアメリカが攻めてきている。その頃日本で一番大きな戦艦大和が撃沈されても、まだ日本は勝利に向かっているのだ、というような報道がなされていたのです。

1938年に、「国家総動員法」が発令され、国民は、すべて何もかも国に協力しなさい、という法律ができました。だから老若男女、生きとし生けるもの、すべての人と資源が戦争に動員されていったのです。

警報解除下にエノラ・ゲイが

8月6日、朝8時15分、B29から2個の落下傘が落とされました。不思議なことがあるのです。当日7時頃、空襲警報が出ました。その頃空襲警報が出ると学校に行かなくてよかった。しかしすぐ解除になり学校に行ったのです。8時15分、真夏の太陽が照りつける中、銀色に輝くB29、エノラ・ゲイが飛行雲を引いて、広島上空に侵入してきました。

何故でしょう、空襲警報のサイレンが鳴らないのです。防空頭巾はかぶらない、防空壕にも入らない、人は街を歩いている。我々中学生は建物疎開の現場に入っている、大量殺人の条件が全部出揃っていたのです。

一時間前に出た警報が、何故この時間にサイレン等によって市民に伝達されなかったのか。20数万人の人間が、一瞬に死んでいった原因が、ここにあるといっても過言ではないでしょう。

今から5年前、アメリカに3週間、被団協の方々と平和行脚に行きました。その時、ワシントンで、保存されていたエノラ・ゲイと再会しました。

40年前が、昨日の出来事のように脳裏によみがえってきました。感情も、理性も忘れて、思い切りエノラ・ゲイの機体を殴りつけました。手から血が流れました。誰もそれを止めることはできませんでした。最後に大きな声で「エノラ・ゲイをぶっこわしてしまえ!!」と怒鳴って帰ってきました。

相生橋のふもとにある産業奨励館の上空、600メートルで炸裂した原爆は、広島の街のすべての生命、音を奪ってしまいました。そして、広島の街は消えていったのです。

校舎の下敷きになって意識を失い、2、3時間たって天井を破って外に出ました。焼けつくような夏の太陽が皆既日食を迎えたように、真っ暗な世界でした。しばらく茫然としていると、私の隣の席の宮野君が、天井から落ちた大きな梁に首を挟まれているのです。

「丸岡君、助けてくれ‼」と叫んでいるのです。助けようと思って、一生懸命天井の梁を動かしたのですが、でっかい梁ですから、13歳の少年ではビクともしません。その時左手に力が入らないのです。見ると径15センチ、幅8センチくらい肉がごっぽり取れて、骨が出ていました。タオルを裂いてそこに巻き付けました。

だんだん火が燃え移ってきた時、彼が、「もう君がここにいたら、ぼくと一緒に死んでしまう。逃げてくれ」と言うのです。

子どもなのです。命が惜しい。彼を見捨てて逃げていきました。確実に焼け死ぬであろう、火はもうそこまで来ているのですから。

そして逃げていく私の後ろ姿を、じーっと見つめているのです。ものすごく綺麗な目でした。それから45年たった今でも、彼のあの目が脳裏に焼きついてはなれません。

グラウンドに逃げました。服を着ている人は一人もいないのです。

幽霊、本当ですね。ゆうれい、お化けの絵を小さい時から見ましたが、ゆうれいは全部、手を前にこうしてぶらさげているのですね。体一面焼けただれ、女の人は、皮膚と一緒に髪が抜けて頭の前に垂れ下がっているのです。モンペもパンツも焼けてしまって、男女の区別さえできない程でした。焼けた皮膚からは黒い血が流れ、ボロボロなのです。

地獄絵図なんてものではありません。

「痛いよー、痛いよー、お母さん‼」と泣いているのです。

二度とあってはいけない、あらしめてはいけない、あの残忍な絵図は、少年の私にとっては人生の生き方を変えてしまうほどの衝撃でした。

広島に投下された原爆の爆風は、爆心の近くでは風速150メートルといわれ、二階建ての家なんか、50メートルも吹き飛ばされたのです。

爆風に当たった人たちは、目玉がカニのように5センチぐらい飛び出している。そしてお腹は妊娠10ヶ月ぐらいに膨れているのです。男性の睾丸はソフトボールのようにはれていました。

6000度の熱に焼かれ、風速150メートルの爆風で、皮膚はボロボロになり、腹が妊娠10ヶ月になっても、水を求め、火のない方へ、一生懸命逃げているのです。一列に並んで逃げるその光景は、異様でした。

冷たく淋しい人間の死……

グラウンドで、毎朝一緒に汽車通学している栗本君に会いました。彼は、後頭部をやられ、穴が開いて、そこから脳みそが流れているのです。服には火がついて、くすぶっていました。そこへ教頭の桑田先生が大八車を捜してきて、動けない者を乗せて火のない方へ逃げていったのです。

宇品の近くに御幸橋という橋があり、そこまで逃げて行った時、橋のふもとに、母親に抱かれた、まだ一歳ぐらいの赤ん坊が、火のついたように泣いているのです。

教頭先生がそばにいって、「お母さん、一緒に逃げましょう」と声をかけました。ところが、母親はすでに死んでいました。たとえ、自分は死んでもこの子だけは殺してはならない、と胸に抱きつつ死んでいるのです。母性愛でしょう。

その焼けて真っ黒になった母親の乳房を求めて、「おぎゃあ、おきゃあ」と泣いているのです。母親に抱かれた赤ん坊をとろうとしましたが、強く抱きしめていてとることができない。見捨てて、宇品港まで行き、そこから船で似島に収容されました。

そこで重症の栗本君と別れました。彼は、戸板のタンカに乗せられていて、「栗本君、早く元気になって一緒に帰ろう」と声をかけたら「うん……」と小さくうなずきました。これが最期でした。

4日後、広い倉庫の莚の上で寝ていましたら、「丸岡さん‼ 広島一中の丸岡さん‼」と私を呼ぶ声。それは栗本君の父親でした。栗本君は翌日の7日に死んだ、と父親から聞かされ、一本のベルトが形見として、父親の手にしっかりと握られていました。

3日目ぐらいから、生きた人間の体にウジ虫が湧いてくるのです。びっくりしましたね。私も左手の傷にウジ虫が湧いてきました。その広い倉庫には、300人ぐらいの被爆者が寝ていて、朝、目が覚めると、数十人の人の顔に白い布がかけてあるのです。冷たく、淋しい人間の死でした。

食事は、味噌雑炊が支給されます。食器がないので竹を切って使いました。数が足りないので、廻し食いです。ところが、私の横の人は、顔がめちゃめちゃに焼けただれ、顔一面ウジ虫がはいまわっている人です。その人が「ああ、うまい、うまい」と言って雑炊を食べて、竹の食器を私に廻してくるのです。半分ぐらい残っていました。ふと見ると、食器の縁にウジ虫がぞろぞろ這っているのです。とても食べられなかったです。

似島馬匹検疫所焼却炉跡。ここでたくさんの被爆者が火葬された

準備されていた私の葬式

似島に13日までいて広島に帰りました。日赤病院まで裸足でやっとたどりつきました。小京都と言われた広島の街は、消えて瓦礫の山になっていました。夕方になり、動かなくなった体で、病院の建物の陰に横たわっていました。

どこからか、サンマを焼く、いいにおいがしてくるのです。一週間何も食べていない腹に、初めて空腹感が、ぐうーっと浸み込んできました。ところが、それはサンマを焼くにおいではなく、人間を焼いているにおいだったのです。

日が西に沈むころ、そのにおいをかぎながら、初めて「お母さーん!!」といって泣き出しました。腹は減るし、だんだん寒くなってくるし、やっぱり一番欲しいのは母親の愛情だったのです。

今私に、90歳になる母親が健在です。広島にいます。目も耳も達者ですが、少々老人ボケがきています。それでも世界で一番好きな女性は母親です。文句なく、めちゃくちゃに大事にします。母が死んだら、私も一緒に死にたいぐらい母が好きです。

そして横になっているところへ、見知らぬおばさんが来て、「ぼく、そんなところに寝ていると、夜露にあたって体に悪いから、おばさんの家へいらっしゃい」と声をかけてくれたのです。

一緒に行きました。比治山の裏にあって焼け残ったのですね。でも家は半分傾き、雨戸や障子はふっ飛んでいました。5年生と3年生の男の子がいました。おじさんは兵隊に行っていました。

おばさんはタライに水を張って、真っ黒に焼けた体を、やさしく洗ってくれました。その手の暖かみは、母親と同じでした。医薬品はないから、傷口に赤チンをつけて、タオルを裂いて巻いてくれました。夕食は、おばさんが大事に残しておいたのでしょう。かぞえるほどの米粒と、サツマ芋の入った雑炊を食べさせてくれました。最高においしかったです。蚊帳を吊って、おばさんは私の横で寝てくれました。

話をした内容はもう覚えていません。しかし、戦争中の食べ物もない時期に、見知らぬ人間に、温かい心ともてなしをして下さった行為に、小さな少年の心は、感謝以外の何ものでもありませんでした。

翌朝、帰る時に、おじさんのシャツとズボンを着せてくれました。

私は「おばさん、帰ったら米や野菜や、玉子をたくさん持ってきてあげます」と約束したのです。にっこりとうなずきました。

両親は毎日広島市内の焼け跡を、私を探して歩き回ったそうです。14日の夕方、死んだと思っていた私の姿を見て、最初はゆうれいだと思い、次は私を強く抱きしめて、母は泣いていました。生まれて初めて母の涙を見ました。やっぱり温かい、私が想像していた胸でした。

8月15日、私が帰らなかったら、葬式をするのだといって、中学校の焼け跡から白骨を拾ってきて葬式の準備までしていました。

髪がゴボッと抜けて

昭和20年8月15日、日本は「ポツダム宣言」を受諾して、第二次世界大戦は終わりました。いや、終わったのではなく、日本は完全に戦争に負けたのです。

今まで、偽りの中で、勝った!勝った!と踊らされてきた国民が、初めて真実を知り、そして長い軍国主義の歴史の中で弾圧されてきたその手に、自由と民主主義を初めて握ることになりました。

8月20日頃だったでしょうか、母が夕餉の支度をしていました。頭がかゆいのでかいたら、2センチぐらいに伸びた髪がパラパラと落ちたのです。あれっ！と思って、握って引っ張ったら、握っただけゴボッと抜けちゃうのです。びっくりして、「お母さん、来てくれ‼　大変だ、ぼくの髪が抜けてしまう‼」と叫びました。

母は冗談だと思いながらやって来て、髪の毛を引っ張ると、ズボッと抜けたのです。「これは大変だ」とすぐ村医者に連れていきました。医者に行って裸になったら、体一面血の斑点が吹き出ているのです。村医者は母に「これはダメです。手の施しようがありません」といったそうです。

医者に見放された私を、父は「よし‼治してやる」と。とにかく、傷口の悪臭、そしてウジ虫が湧くのは、毒を吸っているからだ、早く毒を出さんといかんというわけで、それでゲンノショウコとドクダミ草を真っ黒に煎じて毎日飲ませました。こういう状態だから血も汚れているかも知れん、と鯉やニワトリを買ってきて、その生き血を飲ませる、それがなくなると、野山に行ってヘビを獲ってきて生き血を飲ます、くさくて嫌がるのを、時にはゲンコツまでして飲ませせました。

そうした両親の看病のおかげでしょうか。村に二十数人被爆者がいたそうですが、ほとんど全滅、私の他3人ぐらいしか生き残っていませんでした。しかもその死んでいった人たちは、私は爆心地から750メートルなのに、ほとんどが1キロ以上離れた所で被爆して死んでいったのです。条件の悪い所で被爆した私が助かったのは、やっぱり両親の1年あまりの、昼夜別なくの看病と愛情だと思います。

昔気質の父でしたから、非常に厳格でした。親の言うことを聞かなかったら、必ずゲンコツが飛んできました。その父が、汗と泥にまみれて助けてくれたのです。ある日、父が、枕もとで、「文麿、広島の街は焼野原だ。人間も住むことができん。その中でお前は助かったのだ。これからの自分の命と人生を大切にせんといかん」と目に涙を浮かべて話してくれました。母は、つるつるになった頭をなでながら、「早く毛が生えるといいね。文麿は、やっぱり近所の子どもを泣かすぐらいの、元気のある方がいい。ガンボタレの文麿がいちばんいいよ」と泣きました。

当時、原爆について言われたことは、「広島の街は、70年間草木も生えないし、人間も住むことかできない」とのことでした。しかし翌年の春、瓦礫のすき間からタンポポが芽を出し、クローバーが生えてきました。焼けて、枯れ木のように立っていた木から、小っちゃい芽が出てきました。うん、植物が生えるということは、土が生きている。土が生きていることは、人間も住むことができる。そして、焼野原の街に人々が集まってきました。焼け板やトタン板を集めてきて、雨をしのぐ程度のバラックを建てて、広島の街にまた人が住むようになったのです。

一年余りの闘病生活を送りました。中学校に行けるようになった時、最初の日に母に、リュックに米や野菜、トリの肉、玉子などを詰めてもらって、一晩泊めて下さったおばさんの所に飛んで行きました。おばさんは、2ヶ月前に血を吐いて死んだと聞かされました。一年前、おばさんが私に声をかけてくれなかったら、コンクリートの下で、衰弱しきった体は到底助からなかったでしょう。私は悲しみのどん底に突き落とされました。

首を梁ではさまれ、助けることもできずに死んでいった親友宮野君。

いつも一緒に通学していた栗本君が、一本のベルトになった死。

御幸橋のふもとで、死んだ母親に抱かれて泣いていた赤ん坊。

そしておばさんの死……。

ふと見たら、私が一番身近に感じ、生きていて欲しいと思っていた人たちが、そうして死んでいったのです。運命のはかなさ、といえばそうかもしれません。しかし、戦争がなかったなら、その人たちは死なずにすんだのです。

次々と学友が死んでいった

学校に行くようになって驚いたのは、1年生6学級には300人の学友がいたんですが、それが45人しか生き残っていませんでした。しかもその45人の友も、次から次へと死んでいったのです。ある学友は肝臓がはれて死んでいく。ある学友は甲状腺がはれて声が出なくなって死んでいく。ある学友は血を吐きながら死んでいく。その一人ひとりの友は、自分が何の病気で、なぜこうなったのか、ということも知らずに死んでいったのです。

ふと、今日も主のいない空いた机を見ると、「もうぼつぼつ俺の番じゃないのか……」恐怖心、生への執着、そして死のむなしさ、とでもいうのでしょうか……それはもう、学校に行って勉強なんかする気にはとてもなれませんでした。

３００人の学友は、いま8名ぐらいしか生き残っていません。こうして死んでいった学友や、広島市民は、自分が死に至る原因も知らずにいってしまったのです。

当時の広島では、原爆と名のつくものは一切タブーだったのです。だから「あなたは、こうこうで、原爆によるこういう病気なのです」と医者は言えなかった。それだけではありません。新聞・ラジオも原爆に関しては、プレスコードがひかれて、報道は禁止されたのです。

戦後まもなく、比治山に、ＡＢＣＣという原爆放射能研究所が設立されました。私もそこへ2回、無理やりにジープで連れていかれて、そこで皮膚をとったり、血をとったり、小便をとったりして検査をしました。しかし、いつまでたっても検査結果の報告がないので、ＡＢＣＣに聞きに行ったのです。「返事はできない」と門前払いなのです。で、頭に来ましてね、友だち4人と呉のＧＨＱ（連合軍司令部）に抗議に行ったのです。

広島一中（現国泰寺高校）の原爆死没者追悼の碑
犠牲となった367人の名前が刻まれている。

「広島で原爆にやられた人を、色々検査しているが、なぜ検査結果を本人に連絡してくれないのだ。友だちも原因不明でどんどん死んでいっている。治療方法、病名を教えてくれたら治すこともできるじゃないか」と。

下士官クラスの軍人が会ってくれて、回答もなく、「君たちはもう二度と来るな、来たら君たちに責任は持てない」と脅迫に近い態度で追い返されました。これが民主主義の国か、と憤りをぶつけて帰りました。その後2回行きましたが、同じことでした。日本で原爆に関する、そういう形での抗議行動をしたのは、私たちが一番最初ではなかったかと思います。それは昭和25年ですから。

検査結果を知らせない、ということは、じゃ、何の目的で被爆者を片っ端から、強引にＡＢＣＣに連れて行って検査をしたのでしょうか。それは、核軍拡競争時代に入っている。核を使用した時、そこでどういうことが起こるだろうか、人間への影響、動物、植物への影響、また土の中、空気中においての放射能の被害などを、アメリカ自身が研究するための資料の蒐集をする機関だったわけです。

広島市民は、ネズミやウサギと同じようにモルモット扱いにされていたのです。被爆者を治療してくれる機関ではなかったのです。被爆者が死ぬことなんか、どうでもよかったのです。

そうした現状を、最初に気づき、問題に目覚めたのが、広島で生き残った30数名の医師たちでした。医師たちは、「このままの状態で放置されたら、これから何十万人と死んでいくだろう。何らかの方法で、被爆者の状況を記録として残しておかなければいけない」と市当局に強く訴えました。治療していくうちに、被爆者は一般の人より、異常な病気があることを発見していった。ガン、白血病、肝臓、甲状腺、小頭児等。医師たちは、これらを原爆症として位置づけ、医療の面から救済していったのです。

また、被爆して体が弱く働けない人のために、貧困から生活面の救済まで、提言していったのです。戦後の混乱している時期、また原爆がタブーとされている時に、この二つの問題で市当局に働きかけていったのです。

市当局もそれを受け入れ、カルテを大事にしだし、死亡診断書にも被爆の事実関係を4つに分類して記載するようになったのです。

こうした広島医師会の画期的努力が、「原爆二法」の基礎になったわけです。広島医師会のあの努力がなかったならば、恐らく、我々が持っている、原爆手帳も、原爆二法も、できなかったであろうといっても過言ではありません。戦後の混乱した時期に、将来への展望、被爆者の実態を明らかにする努力をした医師たちは、高く評価されるでしょう。

被爆者なるが故の差別

広島の街も刻々と復興していきました。5年前の焼野原が想像できないほど、会社や工場ができました。街も明るくきれいになっていきました。しかし、世の中が平和になり、幸せになっていくほど、被爆者はだんだんと、苦しい奈落の底に突き落とされていったのです。

それは被爆者なるが故に就職できない、被爆者なるが故に結婚できない、という、差別問題が起こってきたのです。

6000度の熱に焼かれ、放射能を浴びた人間が、健康な正常者と同じように働くことが、どうしてできるでしょうか。そこで被爆者を採用するな、ということになるわけです。

髪が抜け、体一面に血の斑点が出たり、体にウジ虫が湧いたような人間と結婚したら、カタワしか生まれて

現在の放射線影響研究所

きやしない。そんな奴と結婚したら、一生不幸を背負って生きてゆかねばならん……と。就職に結婚に、被爆者は、原爆以上に恐ろしい差別を受けるようになったのです。カタワという言葉は、今は差別語として使えなくなっていますが、私自身、カタワ、と言って差別されてきましたので、使わせていただきます。

考えてみたら、善い悪いは別として、戦争という目的のために、一緒に命をかけて戦い、「銃後」を守ってきた人間同士じゃないですか。それが、平和という時代になった時、なぜ、被爆者だけが精神的に、肉体的に、そして、社会的に差別を受けなければならないのでしょうか。平和は、被爆者をいつしか社会の片隅に追いやっていたのです。

私は、貝のように、人と接することも、人の前でしゃべることもできなくなりました。語り部なんて、とんでもないことでした。

ある時、ある人と口論しました。「ぼくは、芝居小屋で演じるピエロではないんだ。被爆者に体験を語らせたいなら、なぜもっと早く、被爆者が、社会的、肉体的に差別を受け、苦しいどん底にあった時、被爆者の実相を知り、援助することを原点とした、原爆反対運動をしなかったのだ。被爆者問題が世界大会等でスローガンに取り上げられ、真剣に取り組むようになったのはやっと15、16年前からではないか」と。

そうした状態で、怒りが段々と潜在化し、平和運動、核廃絶運動に出なくなったのです。私のそうした心を開いて下さったのが京都原水協の細井友晋理事長でした。

当初に述べました1977年「被爆者の実相に関するシンポジウム」に、細井先生、伊吹先生、大釈さんと4人で出席しました。（細井先生はその後1991年1月、大釈さんは1990年10月に死去されました）

その時、細井先生が、「丸岡さん、平和運動、原水爆禁止の運動というのは、理論ではないのだ。実践なのです。確かに、丸岡さんはそういういろんなことで苦しんできただろう。しかし、苦しんできたからと言って、逃避するのは卑怯であり、現実を見ていない。32年間、原爆症で苦しんできた、その苦しみを二度と人々に味わせないために、広島を三度繰り返してはならない、ということを、なぜあなたは訴えようとしないのか。そうすることが、あなたが今日まで生きてきた、一つの大事な証になるのではないですか」とおっしゃったのです。

我々がやたらと声を大にしてしゃべるより、被爆者の体験の方がより訴える力の強いことを理解してほしい、とこんこんと話された時、初めて開眼したような、心の明るさを覚えました。

死の宣告を受けて

昭和39年（1964年）6月、ある朝突然意識不明となり、救急車で病院に運ばれました。脊髄の中に放射能の影響が残っていたのです。2日目に医者が妻に「もうダメです」と死の宣告をしたそうです。

物が見えなくなる、しゃべることもできない、水一滴飲むことができない、大小便も自力ではできない、手足も動かなくなってくる。まったく植物人間になってしまいました。

こうした状態が半年も続きましたが……、医者も薄情なものですね、ダメな患者は手にも触ってくれない。病院も「もう入院していても同じことだから連れて帰ってくれ」というのです。

妻は、「わかりました。先生が助けてくれないのなら、私が助けます」と献身的な看病をしてくれました。当時妻の給料は15000円、ヘルパーを頼むこともできません。朝は、6時に病院に来て食事をさせ、大小便をとって御池にある会社に行く。昼はまた食事をさせるために病院に来る。仕事の帰りに病院に寄り、食事、下のものの整理、体を洗い、動かぬ体をマッサージして、歩いて30分かかる6畳のアパートに帰っていく。

夜10時頃から、彼女は近くの本屋さんの帳簿づけを始めました。15000円では病院代はおろか、食べることもできない。みじめなものでした。民生委員が来て、生活保護をすすめました。私は、しゃべれない口を動かして、「絶対に受けるな、お前が倒れたら受けよう」と反対しました。

そしていま、私が民生委員をしているのですから、人生の巡りあわせも不思議ですね。自分の闘病生活の経験が、いま大いに役立っています。ある日、妻に「いまなら、君も若い。新しい人生の道を選ぶこともできる。これ以上治らないぼくの看病を君にさせるのは残酷だ。別れよう……」と言ったのです。すると妻は笑って言いました。「分かりました。あなたが元気になって、社会復帰できたら、別れてあげましょう……」と。

「よーし、見とれ、絶対に俺は生き返ってやる」と決意して、血のにじむような、リハビリが始まりました。物を見るとゴーストになる視覚の矯正、アイウエオからの発声の訓練、頭痛に耐える気分転換の仕方、自力でできる大小便の繰り返し、手・足を動かすことへの挑戦。5年間、肉体と精神力の闘いの日々でした。左半身のしびれ、視力障害、頭部の激痛の後遺症は、人間として生きることの喜びも、悲しみも奪ってしまっていました。やっと、ステッキをたよりに歩けるようになり、退院しました。

5年ぶりの畳の上、やっぱり最高でした。死ぬる時は、畳の上が一番です。ところで、たちまち、妻の稼ぎだけでは生活できなくなったのです。

履歴書をせっせと書いて、毎日会社の門をくぐりました。70枚履歴書を書きました。しかし、ステッキをついている哀れな人間、原爆症で5年間も苦しみ、いつ死ぬか分からないような人間を、どこも採用してくれませんでした。

戦後、被爆して25年、平和で高度成長している日本には、被爆者に対する白眼視、差別意識がまだ根底に残っていたのです。求職先で、本題から離れた被爆者の実相も話しました。それは戦争の犠牲者であると同時に、被爆者が差別との闘いの中で生きて来たことを知って欲しかったからです。

だが、どの会社でも門前払いという現実は動きません。

愕然としました。「だったら、だったら被爆者はどうして生きていったらいいのだ」—そういう抑圧された精神状態の中での、細井先生のあの言葉、「厳粛な現実の中で生きてきた人生ほど、尊いものはない」……。この言葉を噛み締めながら、自分で一生懸命模索して生きてきました。そして語り部の中に入っていったのです。

国家補償の被爆者援護法を

現在全国で37万人の被爆者がいます。我々が声を大にして求めているのは、「被爆者援護法」の制定です。45年の節目の今、被爆者は先頭に立って署名活動に取り組んでいます。

先ほどいいました原爆二法ですが、1957年に「原爆医療法」ができ、1968年に「被爆者特別措置法」が制定されました。それがあるのに、なぜ今、新しく「被爆者援護法」だと思われるでしょう。それは今ある原爆二法が、欠陥だらけの法だからです。たとえば、被爆者手帳を使うにも、所得による制限など、いろんな条件がついているのです。

これではおかしい。我々被爆者は、被爆者であることが、無条件でなければならない。この手帳が、いつ、いかなる時でも、どこの病院でも、自由に使えなければならない。健康管理手当、医療手当にしても、制限をつけることが不自然です。それを改正するのが我々被爆者が求めている援護法なのです。

我々被爆者が、援護法を国家補償として要求しているのは、第一の理由として昭和25年、「サンフランシスコ講和条約」において、日本政府はアメリカに対して、原爆に関する一切の権利・請求権を放棄したからです。国際法違反を侵したアメリカを免罪した日本政府の責任は、とうていまぬがれることはできないのです。

第二に、原爆によって、原爆症に苦しみ、差別という悲惨な生き方をした被爆者の、この責任を負うのは、戦争を遂行した、日本政府として当然の義務です。

第三に、医療の充実と経済的な援助。これは45年間、苦しみ抜いてきた被爆者の心情を理解して、法制化するのが当然です。これらを総合的に考慮する時、被爆者援護法が国の責任として、明確化されなければならないのです。

こうした理念に立って、日本被団協が「援護法をつくって下さい」と4つの柱の要求を出しました。

一番目は、再び被爆者をつくらない決意を込め、原爆被害に対して国家が保障をすること。

二番目は、原爆死亡者の遺族に遺族年金を支給すること。

三番目は、被爆者の健康管理、治療、療養のすべてを国の責任で行うこと。

四番目は、被爆者全員に被爆者年金を支給すること。

これが被爆者の最低の要求であり、グローバルには、核兵器廃絶・核戦争禁止とつながる、世界平和の道でもあるわけです。

私たちは、我々が被爆者である、という被害者意識だけではなく、加害者としての体験と責任のあることも忘れてはいけないと思います。15年戦争における何百万人もの死者は、軍国主義国家の犠牲であり、再び侵略国家となった誤ちを繰り返してはいけない。その証が、国家補償による援護法なのです。一つのけじめをつけることが、被爆者へはもちろんのこと、アジア諸国に対しても、戦争責任の強い反省と、償いになるのです。

現在中東問題が、世界の目を引きつけています。国会では「国連平和協力法」が審議されています。自衛隊の派遣が認められたらどうなるのでしょうか。すでに近隣諸国から、強大な経済力をバックにした日本の自衛隊派遣に、異常な関心が向けられています。

この法案は絶対につぶさねばなりません。財力と権力意識が、理性をマヒさせて、15年戦争で日本が犯した加害を忘れさせてしまうことになるのです。戦争はエスカレートしていきます。15年戦争も満州、中国、東南アジアへと拡大していきました。今は核の時代です。核を使用しないという保障はどこにもありません。もし、中東で核が使われたならば、地域の人間の死亡だけでなく、オゾンは破壊され、地球は氷点下20度の冷たい地球になってしまうのです。そして核の灰が、地球上の人類の頭上にふりまかれるのです。

アインシュタイン博士が、アメリカで原爆の研究に携わり、広島・長崎に投下された原爆の想像を絶する破壊力に愕然とし、自分が原爆製造に手を貸したことに生涯苦しんだ、という彼のエッセイを読みました。核は人間を殺すための兵器ですが、キノコ雲の下、黒い雨を浴びて生き残り、悲惨な生き方をしなければならないことの方が、死ぬことよりももっと残酷であることを、みなさんに十分理解して欲しいのです。そのために、核廃絶の署名運動が大事なのです。

5月にある大学に講演に行った時、「署名活動に一体何の価値があるのですか」と質問を受けました。今頃まだこんなことを……、寒い思いがしました。しかし、これが現実かも知れません。今の日本は、あらゆる面から見て「平和」という安楽鍋にどっぷりと漬かっているのです。危機意識はどこにもありません。

「昭和25年、朝鮮戦争が勃発したとき『ストックホルム・アピール』が採択されました。これは朝鮮戦争でマッカーサーが、原爆を落とすことをホワイト・ハウスに訴えたのです。トルーマン大統領は反対したと言われていますが、ペンタゴンには原爆投下のプランがあった、と言われています。その時世界の世論は、三度原爆を投下させるな‼と5億の反対署名を集めたのです。この5億の署名がホワイト・ハウスにぶつけられた時、トルーマン大統領は愕然として、原爆投下の戦略を撤回した、と言われています。その時、世界の5億の反対署名がなかったら、朝鮮に原爆は投下されたでしょう」

「今、我々が訴えているのはそこなのです。一人ひとりの署名が、集まって大きな力になった時、初めて、地球から6万発の核はなくなっていくのです。この点を十分に理解され、一人の力が、日本を、世界を動かし、平和を築いていくのだ、という信念をもって活動して欲しいのです」質問した学生にこう話したら、彼は深くうなずいて、理解を示してくれました。

我々被爆者は、被爆45年を一つの節目として、自分たちで最低限できる活動に取り組んでいます。

一つ、原爆被爆者援護法の早期実現
二つ、核兵器廃絶・核戦争禁止
三つ、被爆・戦争体験の継承

この三つを、被爆者の悲願として活動しています。

21世紀を担う、若い人たちのためにも、戦争と被爆を体験した人間は、忘れ去られようとするあの恐ろしい悲劇の時代を、再び繰り返してはいけないこと、平和で緑の地球を守ることを訴え続けなくてはいけません。

8月2日、イラクがクェートに侵攻しました。今日10月18日、解決の糸口はなく、最悪の事態に突入することも考えられます。こうした危機状態の中でこそ、我々は平和の尊さを認識し、そのための努力をしなければと思います。こうした時期に、素晴らしい機会を与えていただき、お話しさせていただきましたことを感謝します。

1985年アメリカの街頭で署名活動した時の様子

10

東（ひがし）　義隆

爆心地から13キロ離れた里山で浴びた黒い雨

お話＝2018年2月24日

安佐郡戸山村での疎開暮らし

私は昭和16年（1941年）2月2日の生まれで、幼い頃は広島市内の横川駅近くの三篠とか広瀬などの街で育ちました。近くの天満川で水遊びをしていたことなどもかすかな記憶として残っています。父親は職業軍人だったと聞きましたが、当時は戦地に出征中で家にはいませんでした。

戦争が激しくなる頃、母親は私を連れて実家のある当時の広島県安佐郡戸山村に疎開しました。広島市街地から北西方向に、一山か二山越えた辺りの山里で、広島市の中心地からは直線距離で13キロほどになる所です。現在は町村合併が繰り返されて広島市の一部となり安佐南区沼田地区戸山という地名に変わっています。

戦争が終わるまでそこで母と母の両親（私のお祖父さんとお祖母さん）と私との4人で暮らしていました。

黒い雨の記憶

原爆が投下されたのは私が4歳の時です。昭和20年（1945年）8月6日、この日の朝、母は近所の人たちと一緒に山に松脂（まつやに）を採りに行っていました。あの頃は松脂を採ってそれを飛行機を飛ばす燃料などにしていたのですね。

私はお祖父さん、お祖母さんと一緒に家にいました。8時15分、空気中が突然ピカァーと光って、その後ドーンと雷のような物凄い音が響きました。爆風で障子などがガタッガタッと外れてしまったのを憶えています。

当時4歳ですから、あれから72年、もう憶えていないことも、実は忘れてしまっていることもたくさんあります。また、どこまでが自分の記憶で、どこからが後々みんなから聞かされた話なのか区別のつかなくなっていることも少なくありません。

平成21年（2011年）に戸山民俗資料館が『「戸山村」の8月6日〜爆心地から13キロ、その証言』という冊子を発行されました。あの日、戸山村にいて閃光を浴びた人、轟音や爆風を

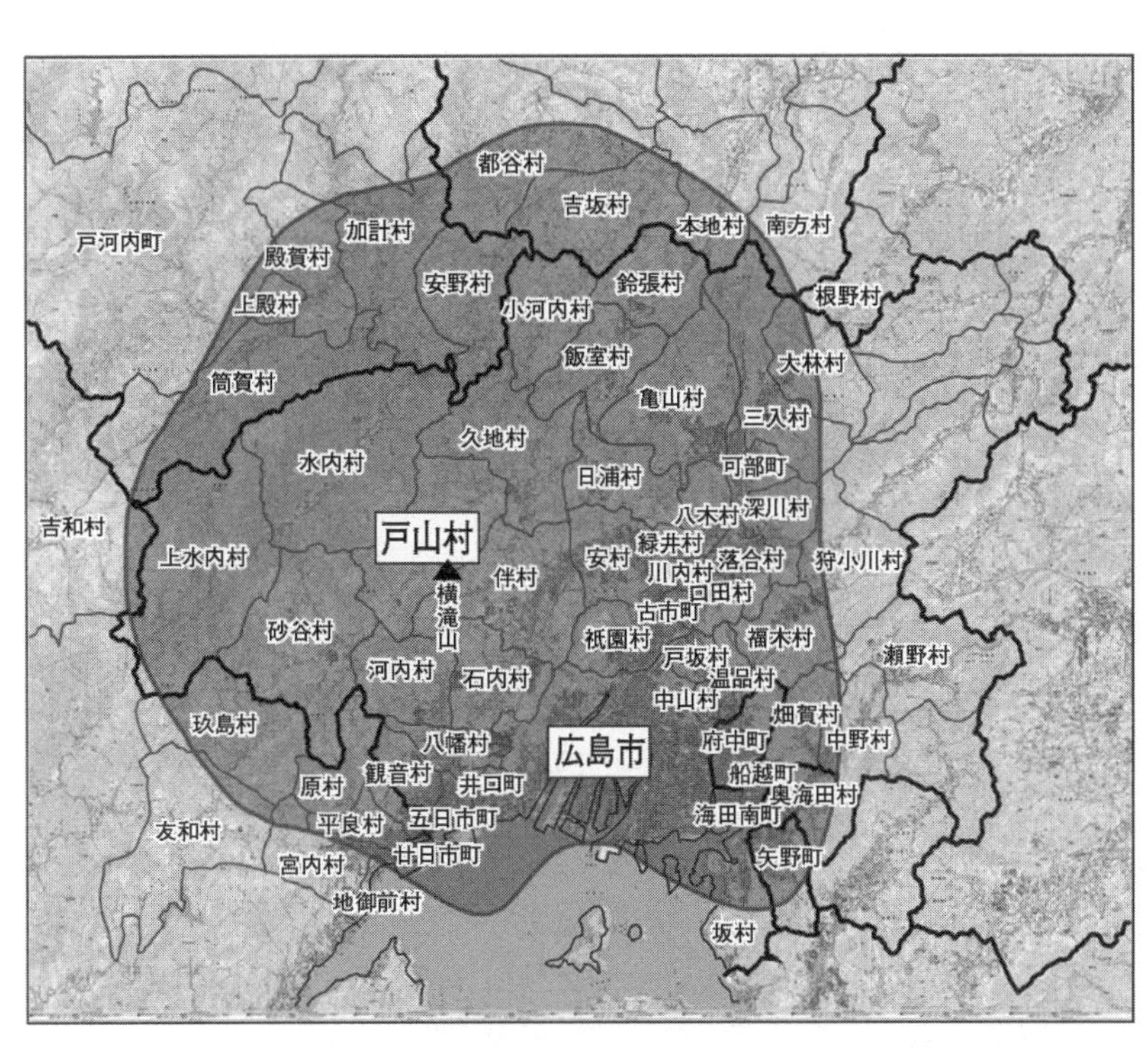

線の枠内が「原爆体験者等健康意識調査」で判明している「黒い雨」降雨地域

体験した人たちの話がたくさん集められた証言集です。私と同い年の、当時4歳とか5歳だった同級生たちも数人証言を寄せています。これらの人たちの体験談を読み返しながら、私の断片的な記憶も重ね合わせて、当時のことを甦らせてみました。

しばらくして、戸山村から広島市方向にある横滝山（大谷山）の頂上のあたりから入道雲のような雲がモクモクと出てきました。閃光と爆風の後は、燃えカスのような紙切れや布切れのようなものが空からたくさん降ってきました。空はだんだんと暗くなり、風も出てきてその内に雨が降ってきました。雨は黒い雨でした。真夏ですからみんな白っぽいシャツや服を着ていましたが、その上に黒いものが染みついていきました。雨は30分ぐらい降り続いたと思います。横滝山は標高637メートルほどの山ですが、その山に登って、はるかに見える広島の街が凄いことになっているのを見た人たちもいました。広島の建物はほとんど倒れたり、火事があちらこちらから発生しているようでした。

後年になって私は被爆者健康手帳を取得することになりますが、手続きは母親がすべて一緒にやってくれたもので、私は手帳の内容について詳しいことは何も知らないままでした。おそらく、この時の黒い雨に打たれたことが手帳の交付を受けられる理由になったのだと思います。私の被爆者健康手帳の被爆者区分は「第3号」となっています。3号被爆者とは、「原爆投下の際、またはその後に身体に原爆の放射能の影響を受けるような事情の下にあった者」ということで、具体的

現在の戸山地区の風景

には被爆者の救護や搬送に携わったり、放射性降下物の「黒い雨」を浴びたりしたケースが該当しています。
手帳の交付申請には2人の証人が必要でしたが、「証人になってもらえる人がまだたくさんいたあの頃に手帳をとっておいてよかった」と母がよく言っていたのを憶えています。みんな黒い雨に打たれていますから、戸山村の人たちはほとんど手帳をとっていたのではないかと思います。私の同級生たちもみんな被爆者のはずで、実際に黒い雨を体験した人がたくさんいました。

戸山村でもたくさんの被災者を救護

原爆が落ちた後、広島市内で原爆に遭ったたくさんの人たちが戸山村に避難して来られました。火傷や怪我をしたその人たちの姿は物凄いものでした。学校や公民館が救護場所になっていて、たくさんの人がそこに寝かされていました。婦人会の人たちなどがみんなで懸命に救護や介護に当たっていました。食事の世話をしたり、被災された人たちの体にウジが湧くのですが、それを一つひとつとってあげたりとか。その様子を私たちはそばで見ていました。子ども心にかわいそうでした。救護と言っても薬もなく、医者に診てもらうわけでもなく、毎日たくさんの人がそのまま亡くなっていきました。男の人たちは亡くなった人たちの火葬をするため毎日毎日が大変だったようです。

私たち親子は戸山村に疎開していましたが、私の親戚は広島市内の、特に横川や広瀬地域にたくさんありました。原爆が落とされた直後の頃だったと思いますが、お祖父さんと大八車を押して広島市内まで親戚の様子を見に行ったことを憶えています。広島の街まで行く途中の道々は焼け爛(ただ)れた人たちでいっぱいでした。みんな歩いて避難するか、田舎に帰ろうとしているような人たちでした。

広島市内の私の親戚はどこもみんな滅茶苦茶な被害に遭っていました。その時、何故か、大八車に水道管や金属類の破片や瓦礫を積み込んで家まで持ち帰ったようなことを憶えています。

広島で就職、転勤で京都へ

父は戦争が終わって間もなく無事復員してきました。職業軍人だったせいか、帰って来ても何かの仕事に就くことは難しかったようです。三篠の家は完全に焼けてしまっていました。そういう事情もあって私たち一家は戦後は戸山村に住み着くことになり、父は炭焼きをしたり、製材所のような所に勤めたりして苦労をしました。昭和22年（1947年）に私の弟が生まれています。父は64歳で他界しました。母親の方は96歳まで生きて、平成24年（2012年）に亡くなりました。

私は中学校卒業までを戸山村で過ごしました。高校は海田町にあった広島電機高校（現在は広島国際学院高等学校に校名変更）に入学し、広島市内の親戚の家に下宿して通学しました。

高校卒業後、京都に本社のある日新電機の広島支店に就職しました。そこで4～5年勤めた後、昭和39年（1964年）、23歳の時に転勤で京都に移動しました。その後は今日までずーっと京都で暮らし続けることになり、今日に至っています。仕事は大きな施設などの電機設備を設計する重電機関係のエンジニアで、67歳で定年退職するまで働いてきました。

被爆による健康への影響は考えたことはなかったけど

被爆が原因で健康を害するとか病気になるとか、それから結婚する時に支障があるとか、いろいろな差別があったとか、他人からの話では聞くことがありましたが、私自身はそのような経験をすることは一度もありませんでした。母親も被爆しているのですが、身体に原爆による影響があったという話は聞いたことがありません。

私も自分の健康と原爆の影響との関係を考えたことはありませんでした。

ただ私は若い頃からずーっと高血圧が続いているのです。腎臓もよくなくてもう40年以上も薬を飲み続けています。京大病院で1ヶ月もかけて検査入院したこともありますし、いろいろ検査をしてきましたが、結局原因はハッキリしないまま今日まで来ています。

20歳の頃、まだ広島にいた頃ですが、突然血圧がものすごく上がって倒れてしまい、救急搬送され、広島市立病院で心臓カテーテル検査をされたことがあります。その時は心房中隔欠損症という名前の病名がつけられました。右心房と左心房との間の壁に穴が開いていて、その穴を血液がツーツーと通っているのだと言われました。それが高血圧の原因だとその時は言われました。でもその穴はいずれ塞がるから放っておいていいのだという診断でした。

京都に来て、後年京大病院で診てもらった時に心房中隔欠損症はもう治っていると言われました。でも高血圧は続いているのです。血圧は上が200くらいになることもあります。そんな時はさすがにフラフラしますが、それ以外の自覚症状はまったく何もありません。血圧は毎朝と夕方に必ず測って記録するようにしています。そのデータを医師に見せて、薬の処方を調整してもらっている状態です。

腎臓の方はクレアチニンの値がいつも標準値より高いと言われていてそれを抑える薬を飲み続けています。3ヶ月に1回の割合で通院していますが、こちらも自覚症状はありません。それから脳に行く大きな血管の頸動脈狭窄だという診察も受けています。

昔は被爆者援護制度の健康管理手当を受けるために1年に1回は医師の診断書を提出する必要があったのです。今は違いますけど。このため毎年1回は、自分で特におかしいと感じることはなくても医師の診察を受けていたのですね。そこで自覚症状はなくてもいろんな病気の診断をされることになったのだと思います。今も被爆者援護制度の人間ドックは毎年受診するようにしています。

被爆者の援護について一つ思っていることがあります。広島にいる頃は被爆者手帳を持っていたらどこの病院でも全部診察してもらえました。ところが京都に来てからは被爆者手帳を持っていても、それを扱ってもらえない医療機関が結構あります。法律上は診なければならないはずなのに、「うちでは扱っていない」と言われます。そういう時はレセプトをもらって自分で後から医療費の還付を請求しなければなりません。それをやると医療費が還ってくるまでに3ヶ月くらいかかるのですね。ですから、医者にかかる時は「原爆手帳を扱っていますか？」とまず問い合わせてから行くようにしています。

今でも、歯医者さんなども含めて、特に開業医の中には扱ってもらえないところがあります。コルセットなどの医療装着器具の利用や購入などの場合もそうですね。実務の処理が面倒くさいのかもしれませんが。こういうことはなんとかならないものかな、と思っています。

被爆者をはげますクリスマス平和パーティーで「二世・三世の会」の活動に励まされ！

私たち夫婦は昭和41年（1966年）に結婚しました。私が25歳、妻が24歳の時でした。一昨年の平成28年（2016年）には金婚式を迎えました。妻も広島での被爆者です。爆心地から3キロくらいのところの宇品で直接被爆しています。

2年くらい前から妻の体調が悪くなってきました。妻と同じような症状の人も他にもおられるのではないか、おられたら話を聞いてみようか、いろいろお話しすると気持ちも紛れるのではないか、そんな軽い気持ちから、一昨年から京都原水爆被災者懇談会でやられている「被爆者をはげますクリスマス平和パーティー」に出てみるようになりました。

「車椅子でも参加できますよ」と案内いただいて、次の年からは妻も車椅子で一緒に参加しようと話し合っていました。ところが妻は昨年の5月に緊急入院して、以来、とても重い病気の症状になってしまいました。今は車椅子でも参加はとても無理な状態になっています。

パーティーに出てみて、京都「被爆二世・三世の会」のみなさんの活動にとても感服しました。被爆者の被爆体験を聞き取って記録にまとめて公表されたり、原爆症認定裁判をずっと傍聴してこちらも記録して報告されたりと。当事者である被爆者だってなかなかできないことを、二世・三世のみなさんがあそこまでやられているのを知って、本当に頭の下がる思いでした。私たちもこれは何かできることを協力しないといけない、と思うようになりました。

先日、「日本政府に核兵器禁止条約への参加を求める意見広告ポスター」を出そうということで、それに協力する募集がありました。そういうこともあって私も早速協力することにしました。

11 福留美智子

綾部と広島で、私の被爆体験と「ふりそでの少女」を語り継ぐ

お話＝2018年3月4日

広島県大野村に生まれ育つ

私は、広島県佐伯郡大野村という所で、昭和9年（1934年）7月12日に生まれ、育ちました。広島市から西方向に20キロ以上はある所です。現在は合併されて広島県廿日市市大野町となっています。当時の私の家族は両親と姉と私と、私の下に3人の弟たちの7人家族でした。父が出征した後は、残された母親が一人で5人の子どもたちを面倒見なければならなくなっていました。

父は中国電力の社員でしたので、そのおかげで私たちは割と裕福な生活を過ごすことができていました。電化製品も、コンロとか、扇風機とか、一般の家庭にはまだないいろいろなものが揃っていましたね。ところが父が出征してからは、給料も減り、食べ物も乏しい時代になってきて、たくさんの子どもを抱えた母親は大変な苦労をすることになりました。川掘りの人足仕事などもしていました。

幼いながらも被爆者の救護活動

原爆が落とされたのは私が大野国民学校の5年生、11歳の時です。8月6日、原爆が落とされたその日から、たくさんの原爆の被害に遭った人たちが大野村にも運び込まれてきました。小学校の教室も講堂も全部開け放たれて、怪我をした人たち、大火傷をした人たちの救護所になりました。

地域の婦人会の人たちに強制的に動員がかかって、被害者のお世話をすることになりました。私の母もその救護のため一生懸命出かけて行きました。「お父ちゃんには頑張って帰ってもらわにゃいけんからね。みんなにようしてあげよう」と言いながら毎日のように出かけて行きました。私もその母について救護所となった小学校にでかけていきました。

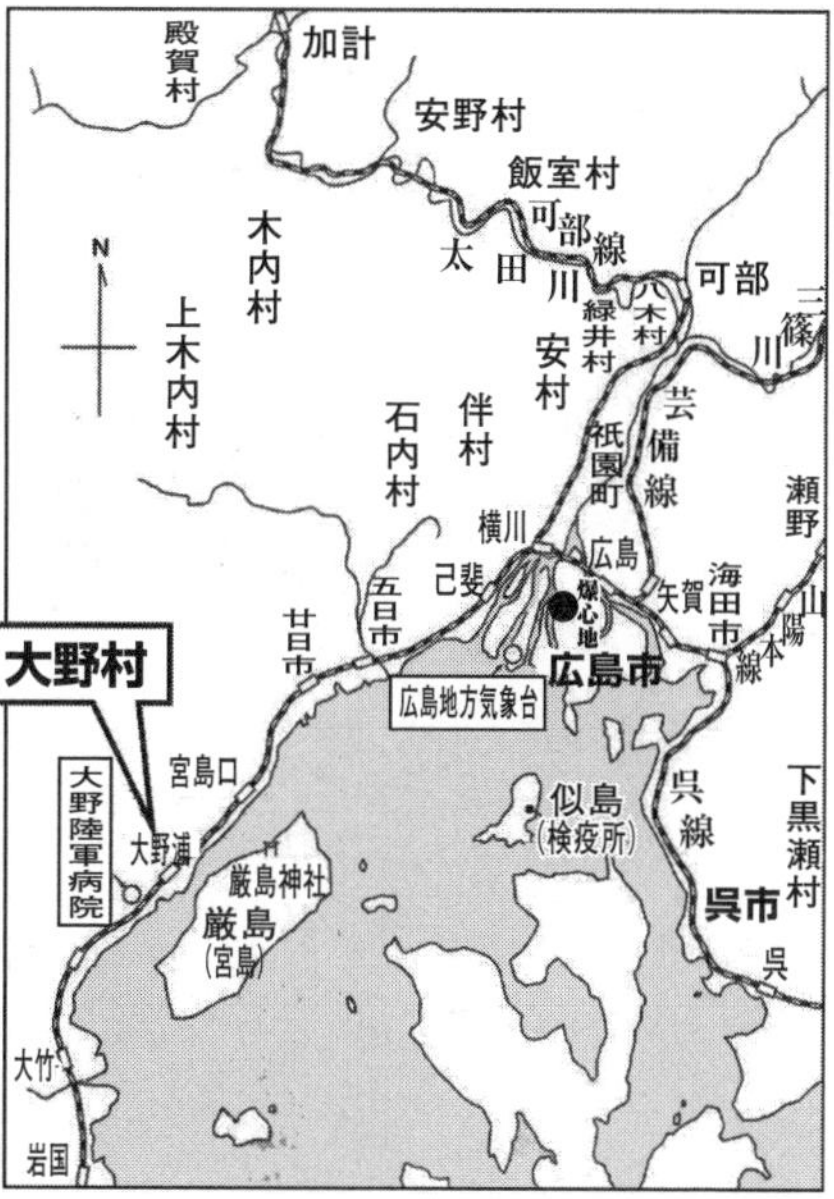

全身焼けただれた人、大怪我をした人、もう人形のような格好になって一言もしゃべらない人、黙ったままで目が剥けるように引きつった人、傷ついて、とても悲惨な姿になったいろいろな人を目の当たりにしました。焼けただれた人の体からウジ虫をピンセットで取ったりするのですが、私たちはそれを手伝ったりもしました。取ったウジ虫をゴミと一緒にトイレに捨てに行ったりするのも私たちの役割でした。

救護所となった講堂や教室は、「痛いよー痛いよー」と泣き続けている人、黙ったままの人、四六時中キョロキョロ見回している人など、いろんな人がいて、そんな中で私たち子どももお世話をしていました。

運び込まれた人たちもどんどん亡くなっていきます。そういう人たちが学校の教室に積み重ねられていく様子も見ました。火葬するにも場所がないので、山の方へ運んで、山の中に穴を掘って、まとめて火葬したりもし

1945 年当時の広島市付近図

ていました。亡くなった人が大八車に積まれて運ばれていくのですけど、友だちと一緒にその後について行ったこともあります。

そういう毎日が、その夏中ずっと続いていきました。

私の父の両親（私の祖父母）は当時広島市内の舟入に住んでいました。原爆が落とされたすぐ後に、母は私のすぐ下の弟を連れて父親の両親の安否を尋ねて舟入に行きました。祖父母は直爆で即死でした。その時のことで母親と弟は入市被爆もしたわけです。

枕崎台風

9月に入って（17日）、とても大きな台風が来ました（枕崎台風）。私の家の被害がどの程度だったのかは憶えていないのですが、大野村の、宮島口から岩国方面にしばらく行ったあたりの丘の上にあった陸軍病院が、とても大きな建物でしたけど、山津波に襲われました。無茶苦茶に破壊されて、大変な被害と犠牲者が出たということでした。

被爆者手帳

原爆が落とされた時私の家にいた6人の内、母と私のすぐ下の弟だけが被爆者健康手帳の交付を受けられました。祖父母を尋ねて広島市内の舟入まで行ったので入市被爆しているということからでした。

私や私の姉は入市こそしていませんが、被爆された人たちを一生懸命救護していましたから、救護による被爆で手帳の交付を受けられるのではないかと思っていました。しかし、それは叶いませんでした。当時、嘘をついて手帳の申請をする人などもいて、いろいろ複雑な事情もあったようです。手帳の交付は難しくなっていました。

私の小学校の時の同級生だった友だちに、お姉さんが広島市内の女学校に通っていた人がありました。そのお姉さんは市内で直爆に遭い、大火傷をして帰ってきました。私の友だちの家族は全員で介抱にあたりました。そのことで救護被爆したとされて、私の友だちも被爆者手帳の交付を受けていました。そういう人もあったわけです。同じ大野村で救護にあたっていた人でも、手帳の交付が受けられた人と受けられなかった人がありました。受けられなかった同級生はいっぱいいました。

私は後年、京都の綾部に移ってから、私の幼友だちのおかげで手帳の交付を受けることができました。でも、被爆された人たちを一緒に救護していた私の姉は結局今に至るまで手帳を手にすることができていないのです。

なお、女学校に通っていた私の友だちのお姉さんは、その後、原爆乙女の第一号としてアメリカに渡り、手術を受けて帰国された人です。顔の火傷の手術でしたが、完全には治らなかったということでした。

私の父は戦争が終わった翌年昭和21年（１９４６年）に戦地だったビルマから無事帰ってきました。父は80歳まで、母は78歳まで生きてくれました。

造幣局に就職、結婚、出産

小学校を卒業して地元の中学校に進学しました。私たちの学年から中学校も新制中学に切り替わりました。中学を卒業して、五日市にある造幣局の広島支局に採用されて就職することになりました。自分では勉強できる方だとは思っていたのですが、高校に進学しようとはまったく思いませんでした。兄弟があんなに多くて、母の苦労も見てきましたので、とても高校進学どころではなかったのです。

あの頃も大変な就職難で、造幣局への就職も容易なことではありませんでした。採用試験は何百人という人が受けて採用されたのはたったの十数人、私の中学からは40人受験して３人採用という厳しいものでした。私はよく合格したということで、校長先生から表彰されたのを覚えています。

その後、昭和35年（1960年）に結婚し、翌年の昭和36年（1961年）長女を出産しました。事情があってその後離婚しましたが、夫だった人も被爆者でした。離婚した後で、胃がんやたくさんの病気に襲われ、54歳という若さで亡くなっています。

再婚、そして京都の綾部に

その後年月を経て、昭和60年（1985年）、私の友だちを介してすすめる方があって再婚することになりました。「いい人だ」という言葉だけを信用して、それ以外のことは何も知らないままの再婚でした。その相手が福留経怜（ふくとめつねさと）さんでした。

長崎の原爆で亡くなった二人の少女が美しい晴れ着を着せられて火葬される、その様子が『悲しき別れ―茶毘』という絵に描かれました（1974年、松添博さん作）。その絵がきっかけとなって、描かれた少女の一人が福留美奈子さんであることが判明し、さらに美奈子さんのお母さん：福留志なさんが京都府綾部市に住まわれていることも分かり、昭和63年（1988年）、絵を介して43年ぶりの親子の対面が実現しました。松添博さんがこのことを『ふりそでの少女』という絵本にして出版され、広く紹介されています。

『ふりそでの少女』で語られる福留美奈子さん、そのお母さんの福留志なさんのことは、結婚して綾部に移るまで私はまったく知りませんでした。そして夫となる福留経怜さんが美奈子さんの弟であること、経怜さんのお母さんが福留志なさんであることも結婚した後に知ることになったのです。

福留美奈子さんは3人きょうだいだったのですね。両親が上海に赴任されていて、戦争当時一番上のお兄さん（経昭さん）と美奈子さんは長崎の親戚に預けられていて、一番下の福留経怜さんだけが福留志なさんの実家のある綾部に預けられていたのです。上の二人は長崎で共に原爆に遭い、美奈子さんの方は『ふりそでの少女』となって葬られたのです。

再婚した当時私たちはずっと広島での生活を続けていました。ところが夫の母親の福留志なさんが独り暮らしなのでお世話しなければならなくなり、平成2年（1990年）、京都の綾部市、山家に移り住むことになりました。

京都と聞くと、きっといい所だと思いましたけど、初めて綾部に行ったときはどんどんどんどん山の奥へ入っていくので、「こんな田舎とは」とびっくりしたものです。

「ふりそでの少女」のとりくみ

綾部に来てから、地元の中学生や高校生たちの「ふりそでの少女像をつくる会」のとりくみなどに関わることになり、特に綾部中学校の伊達順子先生からいろいろなことを教えていただきました。いろいろな所へも行動を一緒にさせていただきました。伊達先生は私のお義母さんの福留志なさんのお世話を本当によくやって下さいました。

「ふりそでの少女」のとりくみには今でも伊達先生を通じて、私からの応援のメッセージを届けさせていただいています。

「悲しき別れ―荼毘」制作：松添博、長崎原爆資料館所蔵

京都に来てから、昔の小学校時代の友だちから進められて、もう一度被爆者健康手帳の交付申請をしてみよ

うと思うようになりました。その時に、伊達先生の紹介で京都原水爆被災者懇談会の田渕さんと知り合いになることができたのです。手帳の交付までに田渕さんにはすごく援助していただき、力になっていただきました。京都府の担当の方には、私の被爆状況ではなかなか手帳の交付を認めていただけなかったのですが、粘り強く状況を説明し、証人も、私が小学生だった時の友だちに随分協力してもらいました。そうしたみなさんの応援で平成15年（２００３年）11月にやっと手帳の交付を受けることができたのです。原爆に遭ってから58年も経ってからのことでした。

このことがあって以来、私も京都原水爆被災者懇談会のとりくみには積極的に参加させていただくようになりました。

再び広島へ、被爆体験を語り継ぐ

夫の福留経怜さんは平成17年（２００５年）にすい臓がんで亡くなりました。68歳でした。私のお義母さんの福留志なさんはその４年後の平成21年（２００９年）に亡くなりました。１０７歳という長寿でした。母親より息子の方が先に亡くなったわけで、夫の亡くなった後４年間は、私が一人でお義母さんをお世話してきました。

お義母さんも亡くなり、綾部で私一人で住み続けるのも難しくなり、広島の海田町にいる長女に誘われて、平成22年（２０１０年）に再び広島に帰ることにしました。綾部も住めば都、綾部に移り住んだ時は「ここを終の棲家に」と骨を埋めるつもりでした。その時はまさか、主人の方が先に亡くなるとは思いもよりませんでしたから。綾部には20年間住みました。綾部を離れて７年になりますが、今でも綾部は懐かしい所ですね。私にとって綾部は第二の故郷です。

私の健康は特別に悪いところはないのですけど、甲状腺の方は長くお医者さんにかかっています。定期的に通院し、薬も続けています。その原因が原爆によるものなのかどうかは分からないのですが。歳をとってからは、脊椎性狭窄症という診断をされました。股関節の変形なのだそうです。お医者さんには手術を進められているのですけど、この歳になってからの手術はやりたくなくて、まだ手術はせずに頑張っています。

今は広島県の海田町に住んで、デイサービスに行ったりなどの生活をしています。デイサービスでも、他所でも私の原爆の体験を話すことがよくあります。広島県でも原爆のことを知らない人が多くなってきているので、私が話すとみんなとても関心をもって、よく聞いてもらえるのです。被爆の体験を話せる人も少なくなりましたね。私もきちんとした語り部ができるようになっておけばよかったと今になって思っています。

《資料》長崎で被爆死「ふりそでの少女」鶴折り半生、母逝く

反核運動に情熱　京都の107歳 福留さん　２００９年（平成21年）12月2日 西日本新聞

長崎原爆で被爆死し、振り袖姿で荼毘（だび）に付された少女を題材にした絵本「ふりそでの少女」。その少女の母親で反核運動に情熱を注いだ福留志な（ふくとめ・しな）さん＝京都府綾部市＝が11月29日、同市内の病院で肺炎のため１０７歳で死去した。原爆で引き裂かれた子を思い「平和が一番」と折り鶴を折り続けた半生。オバマ米大統領のプラハ演説以来、核兵器廃絶の機運がかつてなく高まる中、また１人、悲劇の証人がこの世を去った。

福留さんは戦時中、夫と中国・上海で生活。長崎市の親せきに預けていた長女の美奈子さん＝当時（９）

＝は原爆で亡くなり、別の少女とともに薄化粧を施され振り袖姿で火葬された。

この模様を実際に見た同市の画家松添博さん（79）が1974年、絵に描いたのがきっかけで、少女の1人が美奈子さんだと判明。88年に松添さんが絵を携えて京都に福留さんを訪ねると福留さんは「炭のようになったと思っていたが、きれいでよかった」と涙を流したという。

「娘の供養のため長崎にお地蔵さんを」と願った福留さんの思いを受け建立されたのが2人の少女が空を舞う像「未来に生きる子ら」だ。綾部市民らが全国から寄付金を募り、96年4月、長崎原爆資料館の開館に合わせて屋上庭園に設置された。除幕式には福留さんも出席した。

美奈子さんが荼毘に付された長崎市滑石にある滑石中学では、この物語が語り継がれている。10月には2年生が京都への修学旅行で福留さんに千羽鶴を贈った。平和教育担当の豊坂恭子教諭（38）は「志なさんは核廃絶を願って、今年も病気と闘いながら折り鶴を1羽だけ折られたそうです。その心を引き継いでいきたい」と惜しんだ。

◇　◇

福留志なさんの葬儀・告別式は2日午後1時から、京都府綾部市田野町田野山1の15、綾部市斎場で。喪主は次男の妻美智子（みちこ）さん。

「ふりそでの少女」のとりくみ　〜その2〜

伊達順子さん（綾部市）からの寄稿

第2の故郷になった綾部の地を離れられた美智子さんが、広島の地で語ってくださいました被爆証言。私たちにも幾度か語ってくださいましたが、長い人生を通しての生きざまにも触れ、今更ながら、よう語り継いでくださいました！と胸を熱くして読ませていただきました。ありがとうございました！

国民学校5年生だった少女・美智子さんは、ふりそでの少女の美奈子ちゃん（国民学校4年生）と史子ちゃん（女学校1年生）と同じ年頃です。絵本に描かれた松添博さんと同じような「茶毘」の場面には、本当に胸が詰まります。このような悲しみに満ちた場面も体験も、二度とあってはならない！創ってはならない！それが、志なさんの最期まで語り続けてくださった「戦争はあかん！平和が一番！」の想いでもありました。

1990年に広島から綾部へ来られた美智子さん。夫の経怜さんとお義母さんの志なさん二人を、最期まで支え励ましながら、慣れぬ異郷の地で本当に頑張って生きてこられました。私が初めてお出会いしたのは、綾部の中学生たちと志なさんとの運命の出会いがあってからほどなく？だったでしょうか。志なさんが住んでおられた山家は、綾部駅からひと駅の距離、車なら15分もあれば行ける山紫水明の自然豊かなところです。が、バスや電車を乗り継いで通われたお二人には、大変なご苦労ありの距離でした。

ふりそでの少女像（長崎原爆資料館）

像建立後、毎年4月になると、ふりそでの平和活動をしている子どもたちの手で、志なさんの「誕生会」をすることが習わしとなりました。子どもたちと出会った志なさんが93歳から107歳になられるまで、実に、15回もです！そんな子どもたちのとりくみを、いつも陰からそっと支え励ましてくださったのが、経怜さんと美智子さんでした。

毎年、平和の学習を続けてきた中・高校生たちのとりくみのなかで、地元の被爆者の方々の証言を聴くとりくみも大切にしてきました。その時、美智子さんも、大野村の救護所でのお話をしてくださいました。毎夏、平和の旅カンパ活動をしながら、ナガサキ・ヒロシマに高校生の代表を送り出す時も、いつも励ましのメッセージをくださいました。

２００３年11月、被爆58年後に、ようやく被爆者手帳交付を受けることができた時の電話報告を私もいただきました。粘り強く申請してくださった田渕さんやお友達への感謝を込めたそのお声は、今でも私の耳に残っています。その後、一人でも多くの被爆者が手帳を交付されるよう励ましとなりましたし、美智子さんも積極的に京都の被災者懇談会の席へ参加されるようになったとお聞きし、私たちも励まされ嬉しく思いました。

２００５年、夫の経怜さんを一人でつきっきりで看病し見送られた後、施設に入所して穏やかに過ごされているお義母さんの志なさんには、「京都の病院へ転院して治療を受けているからと伝えましょう」と、本当に苦しい思いでそれからの数年間過ごされたことでしょう。娘・

1998年4月29日、美奈子桜を記念樹として志なさんに贈った97歳誕生会（中央が美智子さんと経怜さん）

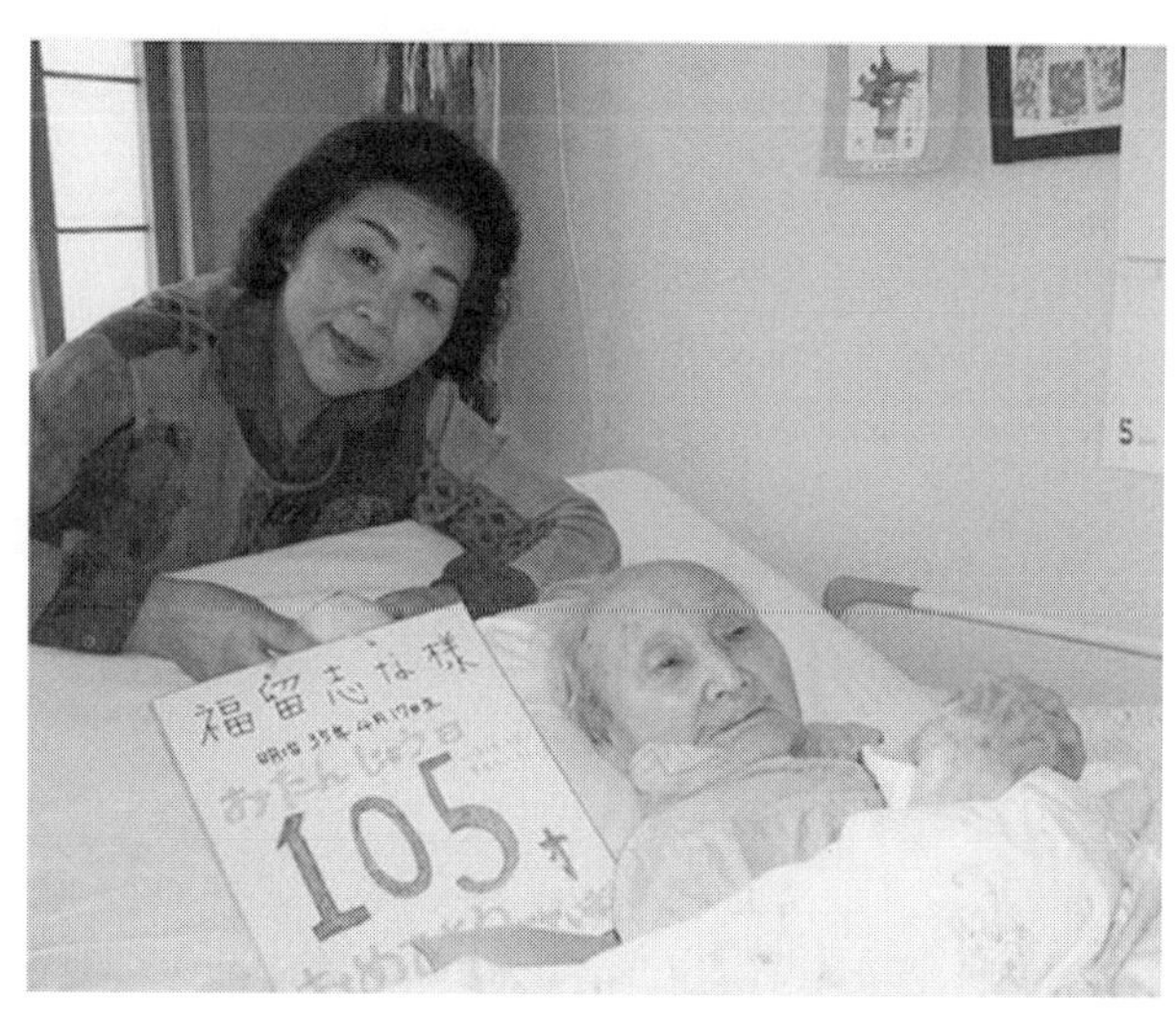

2007年5月初め、105歳の誕生会も無事終え、
毎年届く土佐文旦を届けた美智子さんと

美奈子さんに続き、息子・経怜さんが母親より先に天国に行くとは……私たちもどうしても本当のことを伝えることはできませんでした。2年ほど経ったころから、「つねさとは?」と、志なさんも私たちに問うことをされませんでした。その間、美智子さんは、施設を訪れる度に、本当に苦しい思いでお義母さんとお話されたことと思います。お二人とも今はもう天国で再会して、笑いながら穏やかな日々をおくられていることでしょう。

遠く離れた広島から、明るいお声の電話やメールが届く度に、懐かしさが込みあげます。最愛の娘さんの近くで、新しいお友達にも恵まれながら、経怜さんの分まで、お義母さんのように長生きをされますように！と祈りつつ、感謝とお礼を込めて。

12

米澤　暉子（てるこ）

嵯峨の地に眠る父と母と妹と

お話＝2018年4月9日

広島市舟入川口町

私は昭和12年（1937年）6月、広島市舟入川口町に生まれました。原子爆弾が落とされた時は8歳、舟入国民学校（今の舟入小学校）の2年生でした。2年生になってすぐの頃、母の実家のある山口県の柳井に疎開したこともありました。だけどあの頃は学校に行っても勉強なんかほとんどなくて、お医者さんに行くのも1時間ほどかかるような田舎で、とても便利が悪いということですぐにまた広島の舟入川口町に帰ってきました。

私の家族は、父、母、兄、私、そして4歳下の妹の5人家族でした。私の父は父の一番上のお兄さん（私の伯父さん）と一緒にお菓子の製造、販売をしていました。羊羹や生菓子などを舟入川口町で製造して、西九軒町にあった「米澤」というお店で販売していました。西九軒町という町名は今はなく、十日市町の一部になっています。

戦争が激しくなってくると軍隊用のかりんとうやビスケットなども作っていました。兵隊さんが材料となる砂糖やメリケン粉などを運び込んできていました。ですから材料に不自由はなかったようです。砂糖やメリケン粉は畳の下や縁の下にも隠されていて、お百姓さんがよくお米などを持ってきて交換などしていたのも憶えています。終戦の年もギリギリまで商売をしていましたが、その内に鉄製のものはみんな没収されて、お菓子を作る道具も供出されてしまいました。そのため原爆が落とされた頃には、父は江波に新しくできた三菱造船所に動員されていました。

私の兄は私より2つ年上の国民学校4年生でした。もうすぐ学童疎開に行くことになっていて、その準備をしている頃でした。

8月6日の朝

8月6日の朝は学校の運動場で朝礼が行われていました。この頃は学童疎開に行ってしまった子が多くて、学校に残っている児童も少なくなっていました。校長先生が「暑いから校舎の陰に入りなさい」と言って、みんな並んで陰の方に寄ろうとした時でした。私は空を眺めていて、「B29が飛んでいるなあ」とはっきり見ていました。その時突然パアッと光りました。びっくりして校舎の方に逃げようとしたのですが、校舎の方から私たちの方に倒れ掛かってきたのです。

私より2~3人前にいた人たちはみんな校舎の下敷きになってしまいました。私は間一髪で下敷きを免れました。そして校舎の反対方向に逃げようとしました。モンペを履いていたのですが、その時倒れた誰かにパッと掴まれて、それでももう逃げるのに必死で、モンペがビーっと破れてしまいました。でもそのまま走り出しました。もう逃げるのに必死で、後の方を振り返る余裕も全然ありませんでした。

私は学校の中庭の方を回って大通りに出ました。そうするとバスはひっくり返っている、電車もひっくり返っていて、大勢の人がみんなパニックになっていました。私も何が何だか分からないまま、とにかく家の方に向かいました。

途中で私の家の隣に住んでいる伯母さん（私の父のお姉さん）と伯母さんの娘（私の従姉妹）に出会いました。伯母さんは一緒に逃げよう、逃げようと言って私を畑の方にどんどん引っ張っていきました。逃げている途中は気付きませんでしたが、落ち着いてみると、どこかで怪我をしたみたいで、とても痛いなあと感じ、手がネバネバしていました。頭のあたりから血がバァーと出ていました。

家族の安否と行方不明になった妹

とにかく家とは反対方向の畑が広がっている方へ逃げて、しばらくはそのままじーっとしていました。畑の中に避難していると、たくさんの人が逃げてきました。みんな体がズルズルで、皮膚がだらーんと垂れていて、子どもを抱いたり、おんぶしたりはできないような格好になっていました。座ることもできないような。そんな人たちがぞろぞろ歩いて、火から逃れるように畑の方に来ました。

畑に避難している時、サァーと雨が降ってきました。ずぶ濡れになるほどではなくすぐ

舟入小学校の被爆ヤナギの記念碑
昭和20年8月6日の朝8時15分、舟入国民学校の生徒たちは校庭のヤナギの木の周りに集まって朝礼をしていました。ヤナギは今はなくなっていますが、記念碑が建立されています。

に止みましたけど。子どもなりに「夕立やーっ」と思いました。それが黒い雨だったかどうかは憶えていません。

夕方になって、家の方の様子を見に行くと、なんとか家の方にたどりつける道筋のあることが分かって、やっと家まで帰り着くことができました。帰ってみると私の家は全壊で、まったく潰れてしまっていました。隣の伯母さんの家も半分以上が潰れてひどいものでしたが、辛うじて家らしいものはまだ残っていました。

一緒に舟入国民学校に登校していた兄は私を助けようと探したらしいのですが、もう校舎が潰れてしまってどうしようもなくなり、仕方なく一人で家に向かい、無事家のあった所で会うことができました。

私の父は江波の三菱造船所に動員されていて原爆に遭いました。父が座っていた真後ろに大きな柱が落ちてきたそうです。急いで家まで逃げ帰ってみるともう家は潰れてしまっていました。

母はこの日、朝から勤労奉仕に出ていました。4歳の妹を連れて行ったのですが、子どもは作業する場所の近くに預ける所があったようで、そこに預けていました。さあ、これから作業を始めようとした時に原爆が落ちました。母はすぐに子どもを預けている場所に行こうとしましたが、もうすでに火の海になっていて、とても助けることなどできませんでした。母は火に追われるようにして満潮の川に入り、水につかっていました。首から上だけを水の上に出していたのですが、顔は熱と炎でずる剥けになり、歯も舌も真っ黒になっていました。母はその日の夜になって、ヨロヨロと杖をついて、辛うじて私たち家族の所まで帰ってきました。

母が帰りついてから、父は兄を連れて私の妹を探しに出かけて行きました。でも火の海となっていてその日はどうしようもありませんでした。

広島の街はものすごい火災に襲われましたが、私の家から少し離れたところに公園があって、火はそこで食い止められていました。近所の人たちはみんなバケツに水をくんで、火が燃え移らないよう、その日は夜通し火の勢いを見張っていました。あの公園がなかったら私たちの家の方まで完全に燃え移っていたのではないかと思います。その日の夜は広島の空は火で真っ赤になっていて、とても怖くて眠ることができませんでした。

翌日の朝、まだ暗いうちから父と兄はもう一度妹を探しに出かけていきました。まだ暗いのでそこら中でつまずきました。けつまずいたのはみんな死体で、その死体はみんな炭のようになっていました。妹が預けられていたはずの場所まではたどり着きましたが、結局妹と分かるものは何もありませんでした。母は一体どこら辺りで勤労奉仕していたのか、私も子どもでしたのでよくは分かりませんでした。妹もどうなったのかまったく分からずじまいでした。遺体も不明、遺骨もどうなったのかさえ分からないままになってしまいました。

救護所で荼毘に付される母

原爆が落とされたすぐ後、舟入の市内電車の通りにはレールに沿ってたくさんの怪我人が並べて寝かされていました。その人たちに兵隊さんが薬を塗って回っていました。薬と言ってもバケツのようなものを持って、刷毛でペンキのような白い薬を塗って回るだけです。私の母もそこに並んで薬を塗ってもらいました。母のそばに亡くなった赤ちゃんが並べられていて、母が「お花をもってきてあげて」と言うので野の花を摘んでもっていってあげました。でももう赤ちゃんはどこかに運び去られていました。

電車道で並べられているだけではいつまで経っても治らないからと言って、母はまた家に連れて帰られました。家と言っても全部潰れていますから野宿です。母は顔の火傷がとてもひどくて、放っておくとウジ虫が湧きます。ハエが来ないように私が一生懸命団扇であおいでいたことを憶えています。母は何を食べても味が分からないといって水ばっかり飲んでいました。

原爆が落とされてから1週間か10日後だったと思いますが、近所の人から何とかいう小学校が救護所になっていて、そこなら治療してもらえると教えてもらい、ある日の夕方母はそこに連れて行かれました。私たちもその時は一緒について行きました。救護所となっているその小学校は怪我をした人や火傷した人がいっぱいに並べられていました。

その翌日の朝早く父が母の様子を見に行ったら、母はもう亡くなっていました。私たちが呼ばれて急いで駆け付けた時には母はもう焼かれているところでした。それもまったく知らない人と二人一緒に、材木などをいっぱい積まれて、そんなものと一緒に焼かれていたのです。私たちは母の死に目にも会うことができませんでした。次の日、私たちは母の遺骨を拾いに行きました。

あの頃は、私たちが外で遊んでいると、大人の人が「あっ、またあそこで焼いているなあ」というぐらいアチコチで亡くなった人が燃やされていました。

私たちの家族は、妹を失い、母も亡くなって、父と兄と私の3人だけが残されてしまいました。潰れてしまった家の後には家が建てられなくて、その裏がかなり広い空き地になっていましたので、そこにバラックを建てました。私たちはその後しばらくの間そこに住んでいました。昭和20年の11月頃まではそこにいたと思います。

京都に移り住む

私の父は5人か6人兄弟姉妹でした。その頃、父のすぐ下の弟さん（私の叔父さん）が京都に住んでいました。その叔父さんから京都に来ないかと誘われて、私たち家族は京都に移ることになりました。それが原爆の落ちた年、昭和20年の11月か12月頃のことでした。私は小学校2年生で京都に引っ越したのです。

京都に来た頃は言葉が違うのでものすごくいじめられたのを憶えています。最初はみんなと一緒に遊んでいても、途中から「やんぺ、やんぺ」と言ってみんないなくなってしまうのです。そんなことがよくありました。

京都に来て数年後にもう一度広島に帰ろうかという話もありましたけど、結局それも難しいということになり、以来今日まで京都で暮らし続けることになりました。

私の父の一番上の、お菓子屋さんを一緒にやっていたお兄さん（私の伯父さん）はお店のあった西九軒町で被爆しました。広島市から西方向の廿日市まで逃げましたが、その後で激しい脱毛などを経験して、やがて亡くなりました。その伯父さんの奥さんも原爆で亡くなっています。京都にはもう一人父の一番下の弟さん（私の叔父さん）もいました。この人はたまたま所用で広島まで来て、その翌日に原爆に遭いました。広島のどこにいたかまでは分かっているのですが、まったく行方不明となり、遺骨も分からないままになってしまいました。

私の父はろうあでした。まったく耳が聞こえない、言葉も話せませんでした。そのため毎日の生活も苦しいものでした。私が通訳みたいになっていました。でも私の手話はきちんと勉強したものではなく、見覚えでしたから意思があまり通じないこともよくありました。昔、京都府庁前の第二日赤に手話を教える学校があって、父はそこに行って勉強もしていました。

今は手話も世界共通になっていて、世界的に通じる手話になっていますね。

父と母と妹と、三人一緒に嵯峨に眠る

私も父も兄も原爆による急性症状のようなものは経験していません。下痢とか発熱とか、脱毛とかはありませんでした。父は京都に来てから、病気になって一ヶ月ほど起き上がれない時がありました。お医者さんに「広島で被爆している」と言っても、話が全然通じなかったようです。原爆症なんてまだ誰も知らない頃でした。

被爆者健康手帳の制度ができて、手続きは全部父がしてくれました。私が結婚する前ですから、かなり早い時期に手帳の交付を受けたのだと思います。でも私はずーっと手帳は使わずにいました。手帳を使うのがどう

しても嫌で、なんか軽蔑されているような気がしてしようがなかったのです。今は遠慮なく使っていますけど。私は昭和60年（1985年）、48歳の時に心臓弁膜症の手術をしました。今は高血圧と診断されて通院と治療を続けています。

私の父は昭和47年（1972年）に亡くなりました。最後は脳血栓でした。私が35歳の時です。その時に兄と相談して、京都にお墓を建てて、父と母と妹とを一緒に埋葬してあげようということになりました。母の遺骨は京都に越して来た時に大谷さん（真宗大谷本廟）に預けてあったのですが、遺骨は返してもらえないことが分かりました。それでどうしようかということになり、ある人から、その人の生まれた土地の砂を埋葬すればいいと教えられました。そこで、父の遺骨と、母の生まれた柳井の砂と、妹は、広島の平和公園の中にある原爆供養塔の砂をいただいて、一緒に埋葬しました。お墓は嵯峨にあります。三人が一緒に仲良く静かに眠っています。

13

小島　義治

原爆で母を失い、戦争で父を奪われた孤児たち

お話＝2018年4月26日

草津の街と私の生い立ち

私は昭和11年（1936年）2月23日の生まれで、今年82歳になりました。原爆が落とされた時は9歳、広島市西部の郊外になる草津本町に住んでいて、草津小学校（当時は広島市立草津国民学校）の4年生でした。草津の街は海に近い所で、家から10分か15分ほど歩くと漁港や魚市場がありました。今は埋め立てが進んで、その辺り一帯はマンションや住宅が立ち並ぶ街になっていますけど。

私の家は元々祖父の代から草津にありました。これは私の父から聞かされた話ですが、私の祖父は草津で米屋をやっていました。ところが米相場に手を出して失敗し、私財を根こそぎ持っていかれることになりました。畳まで持っていかれて土間に寝起きしていたそうです。それほど貧窮のどん底に落ちたわけです。父たち兄弟は毎朝学校に行く前に山の中に入って薪を採ってきて、それを売って家計の助けにしたりしていたそうです。

上の学校にも行けなくて、それでも比較的いい給料がもらえるのは船乗りだ、ということで父は船員になりました。船員といっても中学校などは出ていないので高級船員などではなく下働きの船員です。仕事は相当きついものだったようです。

私は、父が大阪で母と結婚したため大阪の借家で生まれています。その頃父はかつてあった関西汽船のような船会社の乗組員になっていて、大阪と別府の間を結ぶ瀬戸内海航路の船に乗っていました。ところが、父の兄が早くに亡くなったために父が家督を継がなければならなくなり、昭和14年（1939年）私が3歳の時、私たち一家は父の実家の広島の草津に居を移すことになりました。父は草津にいても船会社の乗組員を続けていました。草津には私の祖父一人がいましたので、私たちが草津に帰ってからは私の両親と姉と私との5人で過ごすことになりました。姉は17歳で大阪の女学校を卒業した頃でした。

やがて太平洋戦争が始まり、戦争が激しくなっていき、瀬戸内海の船も機雷で沈められたり、軍の徴用船になって米軍に撃沈されたりして、乗る船も少なくなっていく時代を迎えます。父も何度か機雷で沈められて海を漂ったことがあったと言っていました。その内に船会社の船もいよいよなくなり、当時、尼崎にあった船会社の本社も最後はどうなったか分からない状態になっていきました。そのため父は船を降りることになり、退職して草津に帰ることになりました。

姉は20歳過ぎに結婚しています。2年間ほど新婚生活を過ごした後、夫となった人は召集されて戦地に赴きました。一人になった姉は夫が帰って来るまでの間、私たちと一緒に暮らすことになり、生活のためもあって広島市内中心部にあった帝国銀行に勤めるようになっていました。

原爆が投下された時

原爆が落とされた朝、私たちは学校代わりになっていた近くのお寺に集まっていました。その頃は空襲があった際に学校が狙われたら子どもたちが危ないということで、お寺とかお宮とかを学校代わりにして分散させていたのです。原爆が落とされるまで広島にはまったく空襲はなかったのですが、全国各地の都市の多くがやられていましたから広島もその内にやられるだろうと予測されていました。学校は危ないので児童の多くは疎開させたり、残った子どもたちのためにお寺やお宮を学校代わりにしていました。8月は夏休みだったのですけど、6日のこの日は登校日になっていたと思います。

原爆が落とされた時は、ピカッと光って、ドーンと大きな音がして、そして物凄い爆風に襲われました。何が起こったか分からず、とにかく大変なことが起こったようだということで大騒ぎになりました。そして、そのまま家に帰らされました。

広島市の西方向に己斐（現在の広電西広島駅）という駅があり、そこから宮島行きの電車で草津に向かいます。己斐から最初の駅の高須というところあたりは当時としては比較的瀟洒な家の建ち並ぶ高級住宅地でした。でも駅と駅の間はまだ田や畑ばかりが広がっているような所でした。草津まで来ると人家の集まった街並みになっていました。

草津は広島の爆心地から5キロは離れていますから原爆で焼けてしまうようなことはありませんでした。家が傾いてしまうとか、その程度だったと思います。己斐あたりまでは焼けましたけど、草津は焼けませんでした。それでも爆風は凄まじいもので、例えば家の中にあったミシンが次の部屋まで吹き飛ばされたりしました。

私の家は幸いにも倒壊したりすることもなく無事でした。私

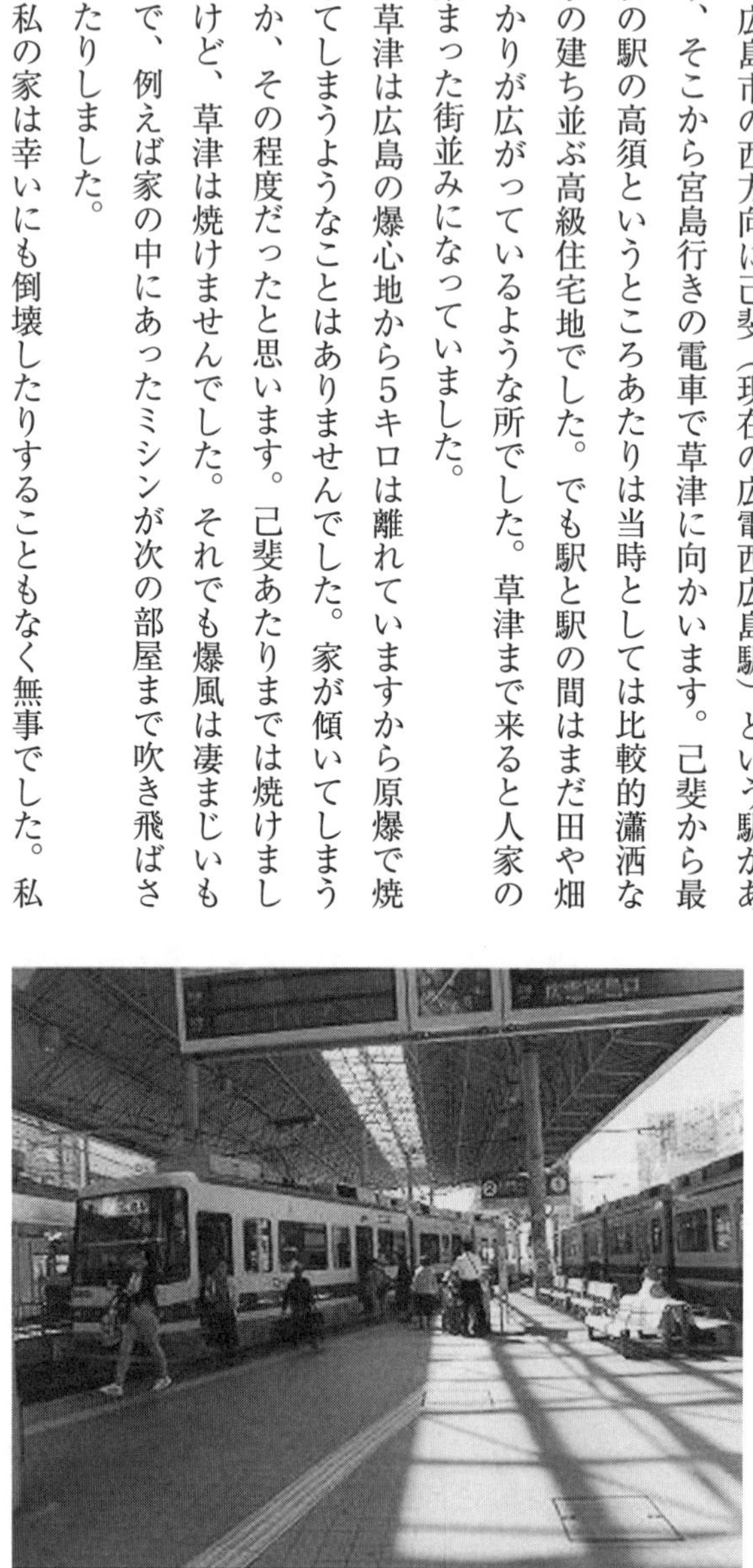
現在の広島電鉄西広島駅（旧己斐駅）

の父も母もその日は家にいましたが大きな怪我を負ったりすることもありませんでした。

姉は毎日電車で草津から己斐まで出て、そこから路面電車に乗り換えて市内の帝国銀行に通っていました。原爆投下の朝、己斐の駅にいて市内方面行の路面電車を待っていて被爆しました。吹き飛ばされてどこかに強烈にぶつけられたようで全身血まみれになって、這うようにして我が家まで帰ってきました。

姉が帰り着いた頃から草津にはたくさんの人が、焼けただれて、皮膚が垂れ下がり、血まみれになって、着ているものも焼け焦げた状態で、ぞろぞろと歩いて来るようになりました。宮島線の沿線から市内に通勤していた人たちが辛うじて逃げ帰ってきたのだろうと思いますし、市内からとにかく逃げて来た人たちも多かったのだろうと思います。

臨時救護収容所

大怪我をして帰ってきた姉を家族ではどうすることもできませんでした。当時、草津の街には病院が一つだけありましたが怪我をして避難してきた人たちですぐにいっぱいになっていました。他には町医が一つか二つあるだけで手の施しようもありません。やがてその日のうちだったか翌日になってからだったか、草津の国民学校の講堂と東側の校舎の一部が臨時の広島日赤病院とされて、救護収容所になっていました。

半死半生の人たちがたくさん収容されてきました。救護収容所といっても何の手当てもできなかったと思います。薬も全然ありませんから。ヨードチンキのようなものを塗って包帯をあてるぐらいのことしかできません。包帯も満足にあったかどうか。私たち一般の人間にはまだ放射能とかなんとか何も分からない時でしたからね。軍部は知っていたのかもしれませんが。

草津の国民学校の救護収容所でよく憶えているのは、学校の校庭に穴を掘って、次々と亡くなっていく人をそこに放り込んで、木端などと一緒に燃やしていたことです。火葬場なんて当時ありませんでしたから。あれは生涯記憶から消えることのない悲惨な光景でしたね。

その内に、広島市内にいたたくさんの親戚の人たちが、死んだ人もいますけど、焼け出された人たちが私の家にぞくぞくと避難して来るようになりました。7～8人はいましたね。みんな大変な時ですから我が家も受け入れざるを得なかったのです。その頃草津では父が3～4軒家作（貸家）を持つようになっていたので、その空いていた所にみんなを住まわすようにしたわけです。みんな家財道具一切合財を失って、着の身着のままで辿り着いたような人たちでしたから苦労したと思いますよ。

戦争が終わって、学校が再開されたのはおそらく9月に入ってからだったと思います。それでもまだ校舎の一部や講堂は救護収容所になったままで負傷した人たちが収容されていました。ですから、私たちは校庭に出て青空教室で授業をやることもありました。あの頃は教科書はほとんど上級生からの譲り受けで新しいものが作られるようなことはありませんでした。

戦争が終わって、特に歴史の見方や修身など、さし障りのある箇所は先生の指図で自ら黒塗りをした教科書で勉強することになりました。まだ新しい教科書が作られるような状況ではありませんでしたから。先生が本を読んで聞かせる、そんなことも多かったと思います。先生に読んでもらった本の中で、芥川龍之介の『蜘蛛の糸』、『黄粱夢（こうりょうむ）』などは今でも不思議なほどはっ

現在の広島市立草津小学校

きりと憶えていますね。

原爆が落とされて一ヶ月ぐらいしてから、何かの用事で広島市内に行ったことを憶えています。己斐のあたりから市内を見ると一面が瓦礫の山と化していて、広島の街の端から端まで全部が見渡せるようになっていました。さすがに死体はもう片付けられていましたけど。

原爆孤児たち

京都の街もそうでしたが、広島でも空襲による延焼を防ぐため防火帯を作るということで、強制立ち退き、建物疎開が進められていました。その作業のために8月6日はたくさんの人が動員されていました。男の人は戦地に引っ張られていていないので作業に動員されたのはお母さん、女の人が多かったのですね。草津からもたくさんのお母さんたちが動員されて行っていたようです。

そういう人たちが原爆に遭って、直接被爆してたくさん亡くなりました。そのためたくさんの子どもが孤児になってしまいました。集団疎開していた子が帰ってみると親が亡くなっていたとか、家はあるけど親がいないとか。草津でもそういう子が多かったのです。私の同級生でもそんな子がたくさんいました。母親が原爆で死んだとか、父親は戦地から帰ってこなかったとか。

戦争が終わって3ヶ月ぐらいしてから、やや落ち着いた頃になって、草津には母子寮とか、孤児の収容所などができました。私の学級にも戦災孤児となった子が10人ぐらいはいました。施設は学校の近くに作られていて、孤児になった子はそこから学校に通って来ていたのです。

戦災孤児たちのことで印象に残っているのは、何もかも失って教科書もノートも何もなかったことですね。それで消しゴムや使い古して短くなった鉛筆などを分けてあげていました。

私が中学の1年生になっていたある日、広島市の皆実町で、雨のひどく降る街中で、自転車の荷台に乗せられた孤児だった子にバッタリ顔を合わせたことがあります。自転車をこいでいたのはお父さんらしい人でした。お互いに思わずにっこりほほ笑んで、何も言わずにただ手を振って去っていきましたけど、「ああ、お父さんが戦地から帰って来て見つけ出されたんだなあ、良かったなあ」と感動したことを憶えています。戦災孤児も後に父親が戦地から帰ってきてうまく巡り合えた人もいた、その一例だと思いますね。

私の父親は明治29年生まれであの頃50歳前後、年がいっていたので兵隊にはとられませんでした。命拾いしたわけです。

姉の夫からは出征してしばらくは検閲済み軍事郵便が来ていましたが、その内に一切音沙汰がなくなりました。軍隊というところはすべて秘密ですから、どこでどうしているのか、生きているのか死んでいるのかさえまったく分かりませんでした。戦争が終わってから戦死公報が届きました。何も残されず、何も届けられず、ニューギニアで亡くなっていたことだけの知らせが届けられたのです。

戦後の営み

私の父親は働き者で、戦後すぐに物の売り買いを始めました。当時の言葉で言うと闇商売ということになります。統制経済の下、配給以外はすべて闇ですから。例えば瀬戸内海の島のミカンを船一艘ほども仕入れて、家の半分をミカン倉庫にして、幹線道路の路傍まで運んで積み上げて、一貫目いくらだ、というように露店で商売をしていました。物資の何もない時ですからミカンも飛ぶように売れていました。戦後はものすごいハイパーインフレですから、お金を持っていてもどんどんただの紙切れになってしまうというので、どんどん物に換えて、売って、またそれで仕入れて、と回転させていました。

そんな父親のお陰で私も学校に行くことができました。

原爆が落ちてから数年は私の家の貸家にいた親戚の人たちもだんだんと自立して出ていき、私が中学に入る頃にはまた元の家族だけになっていました。

姉はその後、同じ帝国銀行に勤めていた人と再婚しました。姉の再婚相手―、私の義兄になる人ですが、この人は広島市内の天満町にいた人で、妻子を原爆で失っていました。本人は兵隊で中国戦線に行っていて命拾いをして帰って来たのですが、帰ってみると妻も子どももみんな亡くなっていた、そういう境遇の人です。自分の家のあった跡のバラックに疎開先から帰ってきた父母や兄弟たちと一緒に住んでいました。姉の再婚相手は婿養子の形となって私たちと一緒に暮らすことになりました。

それからは、父と姉と、私たち家族の一員になった義兄も銀行を辞めて3人で一緒に商売をするようになっていきました。やがて姉夫婦にも子どもができ、家族が増えていきました。

大変な被爆の体験をした姉は後年子宮がんになっています。最後は脳梗塞で83歳の生涯を閉じました。アルツハイマーになった義兄も今は亡くなっています。もちろん父母はもっと前に亡くなっています。私の育った草津の家はもうありませんが、お墓は今も草津にあって、姉の子（私の甥）が守ってくれています。

草津を離れて、また草津の人と

私は草津小学校を卒業した後、中学、高校は市内の私立学校に通いました。高校を卒業して、18歳で神戸大学に進学し、広島を離れることになりました。神戸大学ではボート部で活動したり、趣味で宝塚出身の先生に声楽を習ったりもしていました。

神戸大学卒業後は趣味でやっていた声楽の経験を生かしてレコードで有名だった日本コロムビアという会社に

就職し13年間勤めました。日本コロムビアで私のやっていたのはレコードや音響製品などの営業第一線で、西日本を中心に各地を転勤して回りました。九州は福岡、長崎、鹿児島と回り、そして広島、結婚してからは四国の高松にも赴任しました。

その後で横浜、それから本社の貿易、経理、人事などを経験しました。日本コロムビアは30歳代半ばで退職しましたが、それを機会にかねてから念願にしていた京都に住むことにしました。京都に住むことになってから、呉服問屋、出版社と勤めてきました。今思えば私が勤めていた会社はもうみんななくなっていますね。

結婚したのは昭和37年(1962年)、私が26歳の時です。私が日本コロムビアの広島支店に勤めている時で、父親同士が小学校の同級生ということで同じ草津の人とのお見合い結婚でした。妻は4歳年下ですが、同じ草津で、小学校に上がる前の年齢で、私と同じような体験をした被爆者でした。私が日本コロムビアに勤めている頃、被爆者健康手帳の交付を受けました。私が30歳になった頃で、比較的早い時期だったと思います。親がすべて手続きをしてくれました。

夫婦そろって病気に向き合いながら

私は40歳頃から心臓の調子がおかしくなり、以来ずっと心臓病の治療を続けています。不整脈と心房細動という診断を受け、定期的な通院診察と投薬治療を余儀なくされています。

妻の方もかなり以前から甲状腺機能低下症と診断され、こちらも投薬治療を続けています。妻は、これは原爆とは関係ありませんが、ヒストプラズマ症という、ミシシッピやアマゾンの湿地帯に多い真菌に感染して大変な苦労をしてきました。

6年前のことですが体が重い、だるい、頭が重いという症状が出て、医者に診てもらっても原因が分かりませんでした。京大病院でもすぐには分からず、がんではないかということで肥大している副腎を切除して、病理室で調べた結果、初めて副腎にヒストプラズマ菌が巣食っていることが判明しました。日本ではほとんど症例のない病気でした。

ヒストプラズマ菌のある副腎を切除するために5時間もかかる手術をして、菌を殺す投薬を1年間続けました。一旦はよくなりましたが、しかしもう一方の副腎にも同じ症状が発症したためそちらも切除しました。今も月2回の通院で血液検査を行い、その結果に基づいたホルモン補充を続けています。日本にはほとんど症例がありませんので、尿と血液をアメリカのメイヨー医科大学に送って調べることになりました。その結果副腎以外への広がりのないことが判明しました。

そうしたことも含めて治療に関わる費用は大変なものになるところでした。私の心房細動もそうですが、妻の甲状腺機能低下症も、そしてヒストプラズマ菌感染も、被爆者健康手帳がなかったらどうなっていたことか。手帳のお陰で大変助けられてきた思いがあります。

今私は自分の健康を管理しながら、掃除、洗濯、ゴミ出し、夕食の後片付けなどを毎日続けています。私たちの子どもは一男一女でした。そして息子に女の子が一人、娘に男の子が二人、あわせて三人の孫がいます。今は夫婦揃って病気に向き合いながらも、孫たちの成長をとても楽しみにして日々を過ごしています。

韓国の同級生

草津の国民学校で一緒に勉強していた卞(べん)蓮玉さん（当時の日本名杉本蓮子さん）という朝鮮人の同級生がいました。家も私の近所でした。彼女の家はお父さんと4人の子どもたちの5人家族でお母さんはいませんでした。お父さんも体の不自由な人で整体師をして暮らしていました。家の近くの橋の欄干で卞さんのお父さんが白い朝鮮服姿でよく煙管でタバコを吸っていた光景を憶えています。卞さん一家は狭い狭い4畳半ぐらいの一間に5人が一緒に住んでいました。

その卞さん一家は戦争が終わった翌年の1946年、韓国に帰って行きました。いくつもの家族がお金を出し合って草津の港で小さな漁船をチャーターして、玄界灘と対馬海峡の荒波を乗り越えて、機雷の浮遊する危険極まりない海を越えて帰国していったのだと後年になって聞かされました。

ずーっと後年になってからのことですが、その彼女が50歳を超えてから、韓国にいながらにして被爆者健康手帳を取得することができました。そのために日本のある国会議員の人が随分と尽力され、私たち同級生たちも被爆の証人になりました。その結果韓国の人で被爆者手帳を取得する第一号になったと聞きました。

今から7~8年前、小学校の同窓会に彼女を招待し、私はその時初めて彼女と再会を果たすことができました。その後彼女を訪ねてソウルに行き、ソウル市内を歩きながら昔話にふけりました。今も毎年年賀状の交換を続けています。

こういう時代に生きて来たわけですから、戦争は絶対にしちゃいかん、その思いは強いですね。自分で言うのもなんですが、私は徹底した平和主義者です。私はあらゆる戦争に反対します。

14

平井 富子（仮名）

自然食・自然療法との出遭いに救われて

お話＝2018年6月1日

広島市己斐町

私は昭和15年11月18日、広島市の西部、己斐（こい）町で生まれ育ちました。母は私が2歳の時に亡くなっており、私は母の顔を憶えることができないまま大きくなりました。私には15歳年上の兄と、10歳年上の兄と、7歳年上の姉がいて、私が一番下の4人きょうだいでした。父はその頃保険の外交のような仕事をしていました。父の仕事は時間の融通が比較的つけやすくて子どもたちを育てるには都合が良かったようです。それでも男手一つで4人の子を育てるのは大変なことだったろうと思います。とても真面目で、温かい父でした。

原子爆弾が落とされた時、私は4歳。たまたまその日は父も自宅にいて一緒に閃光を浴びたらしいのですが、幼かった私にはその時の記憶はほとんど残っていないのです。わずかなことだけ断片的に憶えているだけです。私の家は爆心地から2・5キロほどの距離でした。大きな通りには面していなくて少し山手の方に、ちょっと石段を上がったようなところにありました。原爆が落ちた時私はその石段の上に座っていたと聞いています。

この頃一番上の兄は山口県の経済専門学校（現在の山口大学）に行っていて広島にはいませんでした。二番目の兄は観音あたりにあった中学校に登校していたと思います。姉も自宅から歩いて10分ほどの己斐国民学校に行っていたはずです。

原爆で家の雨戸が全部吹っ飛んでしまったことは憶えています。それからは雨戸がなくなって障子だけの生活になってしまいました。貧しくてお金もないので修理もできなかったのですね。それから1階も2階も部屋の中がぐちゃぐちゃになっていました。玄関なども長い間ぐちゃぐちゃのままでした。食事や寝る所だけ何とか片付けて毎日を過ごしていたように思います。母親がいなくて、父親も忙しかったのでなかなか手がつけられなかったのだと思います。私が10歳の頃その家を引っ越しました。

現在の己斐小学校

語ってこなかった原爆のこと

原爆投下直後、父は兄や姉を探しに出歩きました。その時父は広島の街と人々との惨状を目の当たりにしています。道路に火傷した人がいっぱい倒れていたこと、皮膚の焼けただれた人がいっぱいいたこと、「水ちょうだーい」「水ちょうだーい」とせがまれたこと等々です。兄や姉を探しに行った後の数日間、父は真っ黒い下痢便が続いたと聞いています。父は、そうした体験を少しは私にも話してくれましたが、それ以外のことはほとんど何もしゃべりませんでした。私の兄も姉もほとんど原爆のことを話すことはありませんでした。後年になって、私も広島出身の人間ですから「原爆と関係あるの？」と尋ねられることがあります。そうした時、少しは話しましたけど、私の方からしゃべることはほとんどありませんでした。原爆のことは思い出したくない、思い出したくなかった、そんな思いが家族みんなの中に強くあったのだと思います。

兄の援助で音楽短大で学ぶ

その後私は己斐小学校を卒業し、市外電車の宮島線沿線にあった鈴峰女子中学・高校を卒業し、そして戦後創立された広島市内のエリザベト音楽大学（当時は3年制の短大）に進学しました。私の家は貧しかったのですが、長兄の強い勧めと学資の援助で進学することができました。実は長兄も、満州で仕事をしていた伯母夫婦から学資を出してもらって山口の経済専門学校を卒業していたのです。貧しくても、しっかりとした教育を受けて、就職もしていけば、家は少しずつでも豊かになっていく。兄はそのことを身をもって体験し、確信していた人でした。家は貧しくても機会があれば人はやっぱり勉強しておいた方がいいということで、私に「学資を出してあげるから、進学できるなら行きなさい」と言って背中を押してくれたのです。兄は家族兄弟みんなのことを本当によく面倒見てくれていました。

音楽短大を卒業してから私は幼稚園での音楽教室で子どもたちに教えたり、自宅でピアノを教えたりしていました。27歳の時、昭和43年（１９６８年）５月に縁があって結婚し、その時から京都で暮らすことになりました。今年がちょうど結婚して50年、金婚式を迎える年になりました。

被爆者健康手帳のこと

結婚して京都に来る前に、広島で被爆者健康手帳は取得していたと思います。最初の頃私は、手帳は持っていても、お医者さんにかかることがあっても、手帳を使うことはありませんでしたね。こんなもの持っていても何になるのかな、などと思っていました。京都に来た頃は、お医者さんの方でも被爆者手帳のことを知らない人も多くて、「これは何や？」と尋ねられたりしていました。それからあの頃は手帳が使える病院や診療所も限られていたのではないかと思います。その後になって少しずつ手帳の使える範囲が広がってきたと思います。今では歯医者さんも含めてどこでも使うことができますけど。今は手帳のお陰でとても有り難く思っています。

一昨年、宮島で小学校の時の同窓会がありました。その時「みんな被爆者健康手帳持っている?」と尋ねたら、全員が持っていて、考えたら当たり前なのですけど、でもなんだか異様な感じがしてしまいました。

東城百合子先生の自然療法に救われる

私は被爆した影響だと思うのですが、子どもの頃からいつも病弱で、顔色が悪く、陰気な子でした。しょっちゅうお医者さんにかかったり、熱を出したりしていました。いつも元気のつく血管注射をしてもらい、その時は体がふぅーっと温かくなっていたのを憶えています。そして健康とはほど遠い、病気ばかりをしてきました。肝臓を悪くして、甲状腺も悪くなり、がんにもなって、一通りのことをみんな体験してきたような気がします。

39歳の時肝臓が悪くなりました。とにかく体がだるくてだるくて、顔色が土色のようになって、黄疸も出て、毎日くたくたに疲れていました。主人に「どうしてこんなに疲れるのかねぇ」と言ったことをよく憶えています。お医者さんにかかったら、肝臓がものすごく腫れていると言われて、肝臓肥大だと診断されました。その時、内科のお医者さんとは別に鍼灸の先生にも診てもらったのですが、鍼灸の先生からは「これはやはり原爆から来ている肝臓だ」と言われました。「普通の肝臓ではない、原爆の影響を受けた肝臓だ」と。

内科のお医者さんの方では、それから投薬治療が始まりました。しかし、薬を飲んでも飲んでも、注射を打っても打っても、全然良くなりません。こんなことをしていたら一生涯薬を飲んで注射を続けないといけない、なんとか薬や注射を使わないで治す方法はないものかと、いろいろ探しまわったり、勉強したりすることになりました。

そして、東城百合子さんの自然療法というものに行き当たったのです。これは薬とかを使わずに、食べ物とかお手当とかでいろいろな病気を治していくものです。私は以前からずーっと体が悪かったので、食事は自然食、自然の野菜とか、自然のものを食べるように心がけていました。ある時新聞に「自然食の料理教室」という記事が載っていて、それを見て、その料理教室に行ってみたのです。そこに東城百合子先生の本が置いてありました。その本を購入して読んだのが東城百合子先生と出遭うきっかけでした。それ以来東城百合子先生の教えに共鳴し、吸い込まれるように勉強していきました。毎年健康学園というのが開催されているのですが、そこにも参加するようなりました。

自然療法とは、例えば、生姜湿布とか、こんにゃく湿布とか、里芋湿布とか、自然なものを使って色々なお手当をします。基本は血液の汚れをとり、血液の循環をよくするのですね。それから食べ物も玄米食とか自然食とかに変えます。それで少しずつ少しずつ良くなっていったのです。長い時間がかかりました。効果が現れて、顔色も普通の顔色になるのに10年以上はかかりました。今では肝臓も気にならないほどまでになっています。

東城先生との出遭いは私にとって本当に大きなできごとでした。私は東城先生に救われたと思っています。もし、東城先生に出遭わず、以前のように薬ばかり飲んでいたら今の私のこんな体はなかっただろうと思っています。先生は現在92歳。お元気で毎月『あなたと健康』を出しておられます。

もう一人甲田光雄先生という方もおられて、その先生はどんな難病も薬を使わないで、食事療法だけで治されてきた方です。この先生からもたくさんのことを勉強させていただきました。鍼灸の方も私が39歳の時から

先生が亡くなられるまで30年以上続けてきました。今も他の先生で鍼灸にもかかっています。

使い捨て時代を考える会

40歳代に肝臓を悪くして自然食、自然なものを食べるよう心がけている頃、私が住んでいる同じ地域に「使い捨て時代を考える会」に勤めて、配達などもされている方がおられました。その人とのつながりで「使い捨て時代を考える会」に入り、もう30年近くもこの会の活動を続けています。「使い捨て時代を考える会」とは、有機野菜や米や環境にやさしい日用品を、共同購入であつかい、支え合って共同で暮らしの地域を作っていく会です。私が入会した当時は八幡市でも会員の方がとても多くて、活動も活発でした。食べ物の取り扱いだけでなく、いろいろなバザーが行われたり、試食会、試飲会も行われていました。最近は会員数も減ってきましたが、活動は今も地道に続けられています。よく物事を考えて生活したり、勉強し合える人も多くて、私にとって今も大切な会です。

私は今、「使い捨て時代を考える会」の中で〝食について考える〟グループに参加していて、「野菜は友だち委員会」と「伝統食委員会」の二つの委員会で活動をしています。「野菜は友だち委員会」は「野菜をしっかり食べましょう」という活動で、あちこちに出向いたり、「会」の事務所で野菜の料理教室を開いたりしています。「伝統食委員会」では、味噌づくり、ぬか床教室、たくあんや野菜の漬け方、おせち料理、お赤飯など、様々な伝統食の継承と普及に努めています。

東城百合子先生の自然療法や、「使い捨て時代を考える会」などに出遭え、それを続けてくることができたお陰で、何とか今日まで元気に生きることができたのだと思っています。今は薬というものはまったく飲んでいません。私は子どもの頃よりは今の自分の方が比べものにならないぐらい元気なのではないかと思っています。

子宮がんと原爆症認定

甲状腺は50歳の時に健康診断で甲状腺肥大と診断されました。それから63歳の時に子宮がんが見つかり、平成16年（２００４年）に京都医療センターで手術をしました。実はある年に京都府原爆被災者の会（京友会）の総会に参加していた時、「原爆症の認定をする基準が緩くなったから、もし認定申請してみようと思われる人がいたら申請してみて下さい」と説明されたのです。それを聞いて私は、手術をしていた子宮がんについて申請してみようと思ったのです。ダメで元々のつもりでした。和田クリニックの先生にとても丁寧にアドバイスしてもらい、助けてもらっていろいろな必要書類を揃えて申請しました。そうしたら認定されたのです。私は認定

「使い捨て時代を考える会」のみなさん持ち寄りの自然食のお弁当でお花見（五条あたりの河原で）

「使い捨て時代を考える会」の月ヶ瀬の畑で援農作業

被爆者ということになりました。認定されたのは平成21年（２００９年）４月22日付でしたが、あの時、京都で申請して認定されたのは私だけだったようです。

認定された子宮がんも今はすっかり完治して12年間の経過観察も無事終了し、昨年認定被爆者の方も終えることができました。

今は頭の痛みに悩んでいます。頭にぐーっと抑えつけられるような痛みがあって近くの脳外科で診てもらっているところです。１年前と、さらにもう2年前にも、これまで2回ＭＲＩ検査をしてもらっているのですが、どこも異常ないと言われていて、今度３回目の検査を受けることになります。頭の痛みですから不安でしょうがないのですが、先生からは頚椎（けいつい）から来る痛みではないかと言われていて、少しホッとしているところです。

自然療法などでなんとか健康を回復し維持することはできてきましたが、それでも私の体は本当のところは元気な体ではない、健康体ではないのではないかなあ、と思い続けてきました。

京都原水爆被災者懇談会と永原誠先生

京都原水爆被災者懇談会は、ある年何かのきっかけで一度総会に出席してみようと思って参加しました。その時、世話人代表の永原誠先生のお人柄にすっかり惹かれてしまったのです。とても温かいものを持っておられて、人間味のある方で、私はすっかり尊敬することになりました。それ以来、懇談会の総会には毎年出席するようにしてきました。平成25年（２０１３年）に先生が亡くなられた時、最初は新聞記事で知りました。肝臓が悪いとは言っておられましたが、こんなに早く亡くなられるとは……。とても悲しく思いました。

９月に永原先生を偲ぶ会が催されましたが、私も出席させていただきました。先生が最後に遺された著書『消えた広島　ある一家の体験』は今も大切にさせていただいています。

15

古田　京子（被爆二世）

原爆によって奪われた父と母の幸福

私の両親、父・古田侚啓（ふるたさかひろ）、母・古田ツタエ（旧姓古屋ツタエ）は共に広島での被爆者です。既に父は２０１０年（平成22年）84歳で、母は２００４年（平成16年）72歳で他界しています。父と母、それぞれが書き遺したものを紹介し、被爆によって苦難を余儀なくされた二人の人生を辿ってみたいと思います。そしてその両親から私が受け継いだものを記してみることにいたします。

父・古田侚啓（ふるたさかひろ）の被爆体験

２００６年（平成18年）原爆症認定申請における被爆状況証言（本人記述）

原子爆弾投下される

昭和20年8月6日、原子爆弾が投下された日、私は広島に向かう車中にいました。旧制弘前高等学校理科甲類2年生の私は当時19歳、日立製作所多賀工場に勤務動員で行っていましたが、Ｂ29の爆弾攻撃、艦載機による地上掃射で壊滅的打撃を受け、8月初め大湊海軍工廠に動員先が変更されることになり、2週間強の休暇が与えられたのです。当時私の家族は父、母、弟、姉の4名が、父の仕事（日立製作所仁川工場勤務）の関係で朝鮮に、兄は仕事の関係で九州に、私は入学した学校の所在地である弘前にと3ヶ所に分かれていました。死が間近に迫っていると感じていた私は、広島市に隣接している府中町の本家にある先祖の仏壇と墓にお参りしておきたかったのです。水戸線を経由、東京を南にして関東平野の北側を通って京都に抜ける経路を選びました。

途中、弘前の同窓生の郷里の家に2箇所立ち寄り、岡山に着いたのが8月6日の午後7時～8時でした。そこで旧制第六高校の生徒に会いました。彼は、「今朝広島にアトム・バンが投下された。広島は一発で壊滅したようだ」と言いました。私の乗っていた列車は駅ごとに長時間停車し、向洋(むかいなだ)に着いたのは7日の夕方薄暗くなってからです。ここで下車して徒歩で本家に向かいました。約50分で本家到着。本家の家族構成は、父（陸軍少将、マレー半島で戦死）、長男（早稲田大学学生でマレー半島で戦死）、次男、三男、長女（府中町役場勤務）、次女（学徒動員）、三女という軍国主義時代のありふれたものでした。

8月8日、広島に入る

8日、早起きして祖先の霊に合掌しました。昨夜遅くまで歓談していた家族の方々も起床、激励されて昨夜話題になった樅田さん（広島市銀山町で旅館を経営）、私の母方の祖母である田中ナカさん（広島市稲荷町で一人暮らしをしている）の消息を先ず掴むこととしました。本家→広島駅、徒歩約50分、矢賀駅近くの路上で韓国または北朝鮮と思われる人2名に行方を阻まれ、煙草を請求されました。何もない旨を話して通してもらいました。広島駅から猿猴橋を渡り的場町に出ました。稲荷さんの境内の前で電車が1台横倒しになり、中は貪欲にカスメられたようでガラガラでした。ここからすぐの所に田中ナカさんの住所があります。焼野原のガラク夕ばかりの風景の中に田中ナカさんの住所があるはずでした。尋ねるにも人がいませんでした。焼け跡に座り込んでいる人に尋ねたら、剥げた皮膚をだらりとたらし、苦しそうな表情をしながら返事を返してくれました。尋ねるにも注意が必要でした。石垣に「〇〇部隊××に集合」の貼紙がしてありました。稲荷町から西に向かいました。川がありました。京橋川です。太田川は広島市の北部で7つの川に分かれています。その一つが京橋川です。川下の方で2人の男が話し合っていました。何か情報が掴まれるかもと思い近づきました。

しかし、私と同じ遠方からの部外者で何も知りませんでした。川を渡り川上に向かいました。左側が銀山町（かなやまちょう）のはずです。人家はありません。元の道に出て、再び西に向かいました。福屋百貨店があります。外壁は残っていましたが中は焼かれ破壊されている模様でした。再び西に向かいます。紙屋町です。右が基町、左が革屋町です。少数だが人が動いていました。片付けをしていました。

8月8日から8月13日まで連日、朝早くから夕暮れ時まで、東は比治山下から南は宇品まで、西は己斐（こい）から北は横川まで、徒歩で焼け跡を訪ねてまわりました。人捜しもしました。私の尋ね人の成果の一つは、「田中ナカ」さんの消息が分かり接触ができたことです。田中ナカさんは縁者「太田トキ」さんを訪ねて寄宿していました。その太田トキさん宅は比治山東麓であったため被害を被らなかったのです。もう一つの成果とも言いにくい成果は、「樅田さん」についての消息でした。樅田さんが経営する旅館には江田島出身の女中さんが1人いて、その人は原爆投下後、家人、同僚と離れ離れになり、ひとりぼっちになって里に帰っていました。しかし、

福屋百貨店の原爆碑と（向かい側）現在の福屋

広島が心配でまた様子を見に来たと言って、私が広島市内に行っている留守中に本家に来られたそうなのです。その時は異常でなかった頭髪も12月になって会った時は綺麗に抜けていたそうです。

昭和20年秋、肋膜炎の発症

人捜しも済みました。8月17日には大湊海軍工廠に出頭しなければなりません。当時大阪→弘前間は鈍行で36時間、1昼夜＋1昼の旅だったと記憶しています。8月14日早朝に広島を立ちました。14日、弘前高校の1年先輩の京大学生T氏の下宿に泊まりました。翌朝未明米軍機がチラシを撒きに来ました。日本がポツダム宣言を受諾し無条件降伏したと書いてありました。正午、玉音放送を聴きました。

緊急事態発生です。どうすればよいかと思い、まず弘前高校に行くことにしました。大湊に行く途中に弘前があります。高校は固く門を閉じていました。窓のカーテンは端から端までいっぱいに閉まっていました。面食らいました。はやる心が空を切っている感じがしました。この日から掲示板を時々見に行きました。その内にやっと登校日の掲示が出て、平和な日常を取り戻した感じがしました。

これとともに身体の疲労が時々現れてきました。9月中頃から胸が痛くなりました。10月になると身体を左右に廻すと痛みが強く感じられるようになりました。無理がきかなくなりました。体の踏ん張りがきかなくなりました。11月になり、心配した下宿の小母さんが町医者に往診を頼んでくれました。肋膜炎とのことで、20ccの大きな注射器に半分以上の水を抜きました。医者は安静が第一ですと言って帰っていきました。

年が明け、父、母、姉、弟の4人が仁川から広島へ引き揚げてきたと連絡が入りました。下宿の小母さんにこれ以上迷惑はかけられません。故郷に帰って療養しようかと考えるほど病状は悪くなっていました。帰るにしても40時間に近い旅ができるかが気掛かりではありましたが、なんとか広島に帰り着くことができました。

引き揚げてきた我が家は本家に10分くらいの所でした。早速、府中町きっての内科医Y先生の診察を受けました。結果は同じく肋膜炎でした。また水を抜かれましたが、前回の分の7~8割見当でした。母親の手厚い看病を受けましたが、病状は一進一退。昭和22年の夏、国立西条療養所へ入院しました。その後順調に健康は回復し、昭和23年夏退院しました。３年近く弘前高校を休学していたので復学は諦め、私学の専科に入学しました。その後異常はありません。正確には陳旧性肋膜炎という病気だと教えていただきました。

私の闘病歴

被爆後61年、私は数多くの病気をしてきました。被爆が体力の低下、抵抗力の低下を招いた結果だと思います。被爆後侵された病名と概要を次に記します。

（白血球減少症）

１９７６年の原爆ドックで発見されました。３３００でした。その後特別な処置はせず見守って生活してきました。その日から70歳になるまで受けたドック検診の結果も大体３２００から３４００でした。他人に比べて切り傷、擦り傷の治りが遅いと思われること、病気にかかることが多いと思われること、それは白血球が少ないためではないかと思っています。

（白内障）

２００２年２月14日国立京都病院眼科外来の診察を受けて判明しました。両眼とも視力が相当低下し、このまま放置していては自動車運転免許証の更新がしてもらえないのではないかと恐れたためです。両眼視力で０・７以上が必要です。同年２月22日入院、日を置いて片目ずつ２回に分けて手術を受けました。手術後眼底に異物が飛行するようになりました。また物体が二重に見えるようになりました。手術後４年を経過し、異物の飛行、二重に見えることはなくなりました。視力は手術直後は0・7見えていましたが、1ヶ月経過する頃から悪化し、とても免許更新を申請できる状態ではなくなりました。

（肋膜炎）

肋膜炎については上記詳述の通りなので、ここでは要旨のみ記述します。

1、1945年9月中旬発病

2、安静が唯一の治療手段

3、昭和22年夏、国立西条療養所入院

4、昭和23年夏、同所退院

その後異常はない。陳旧性肋膜炎である。

（腎臓系疾患と腎臓大動脈瘤、頻尿）

頻尿を訴え検査を受けたところ、関西医大男山病院から「左腎臓に大動脈瘤がある。今にも破裂しそうだ、一刻も早く左腎臓の摘出手術をしなさい。頻尿もこの影響と思われる」との診断を受けました。1999年1月11日から4日間と2月10日からの21日間入院して手術を受けました。手術は成功したと聞きました。ただ頻尿は相変わらず続きました。

2000年3月16日エコーの検査を受けました。「膀胱に腫瘍がある、手術する必要かある」と言われました。国立京都病院に転院し、早速膀胱鏡検査をしたところ「腫瘍がある、癌の恐れもある」と診断され、焼き取る手術をすることにしました。2000年5月2日に入院して5月25日退院しました。その後再発しました。さらに再々発もしました。本手術と、再発、再々発の手術関係は次の通りです。

本手術　　入院　2000年5月2日

退院　５月25日
再手術　入院　２００１年５月20日
　　　　退院　６月19日
再々手術　入院　２００２年10月16日
　　　　　退院　11月20日

再々手術後４年になりますが、その後変化はありません。頻尿は同じような状態で続いています。

（尿管結石）

１９６０年に厳しい腹痛で目が覚めました。秋口のことだったと思います。大阪逓信病院で診察を受けた結果、尿管の途中に結石がある、取り除かなければならない、ということになりました。

早速入院して検査や自動排泄のための階段昇降運動をしましたが効果はありませんでした。待つこと20日前後、フランス製の尿管結石掴み取り出し器具が入荷しました。バスケットの網型です。病院長、泌尿器関係医師等多数が見守る中で成功しました。引き出した結石を目隠しを外して見せてもらいました。緑色の金平糖のようなものでした。

１９８９年再発しました。今回は京都逓信病院に入院し、蘇生会病院の結石破砕器具で結石を粉砕することになりました。機具の精度が悪く、12回目の破砕機能実行でやっと成功しました。結石は半分に２分され、一つは尿路を通って外部に排泄され、残り半分は砂状になって排泄されたと言われました。医師の指導をよく守り、再々発しないよう水分の補給に気をつけたいと思います。

（パーキンソン）

２０００年３月17日、近所の医院でパーキンソンと病名を告げられました。左足が震える、涎が出る、１週間分の薬を飲んだ結果の状態を見て判断されたようです。同年5月31日国立京都病院神経科に入院しました。同一症状のある他の疾患の可能性はないかを診て、パーキンソン完治薬は未開発だが、現在使用中の治療薬の最も効果的服用方法、リハビリ方法等を診察、検査するためでした。なお、国立宇多野病院のパーキンソン専門医の診察も入院中ありましたが、外科手術は年齢的体力低下のため不可能とのことでした。発病後6年、当初に比べて随分歩きにくくなりました。重心の移動がうまくいかなくなりました。完治薬が一日も早く開発されることを心から願っています。

（変形性脊椎症）

背中が丸くなったのは何時の日からか。直したいと思ったのは何時のことか。年度末の定年退職を申し出るか悩んでいる時でした。この時56歳でした。現仕事に対する適応性も衰えが出てきました。慎重に考える必要がありました。希望している次の仕事も健康でなければ採用してくれません。その日から腕を前から横に広げる運動と天井に向いて寝ることの2つを始めました。徐々に姿勢は戻りつつありました。2000年3月パーキンソン病の影響を受けたのか、改善のスピードが落ちただけでなく、悪化の状態が出ることもあります。なお、上述の次の職場は希望通り入社できました。

父・古田偏啓は、2006年（平成18年）9月5日、パーキンソン病、腎臓機能障害、白血球減少症の病気について原爆症認定申請をしました。その内腎臓機能障害について、原爆症認定を受けています。

母・古田ツタエの被爆体験

広島県立第二高女創立50周年記念誌『しらうめ』（１９９５年）への寄稿（本人記述）

広島県立第二高女の学徒動員作業中に被爆

第二県女の入学発表の掲示を見に行った時の喜び、風格のある静かな女専の玄関、良い雰囲気の学生生活が懐かしく思い出されます。お掃除の時の西口先生の棒でかたかた廊下をたたきながらの号令の声、きれいな床の足の感触がよみがえります。

私は一・二年生とも東組で、何時も前の席でした。電車通学も作業の日だけで、後は徒歩でした。横川から太田川沿いに寺町の裏を通り、相生橋から今の平和公園を横断し、大手町小学校の前を通り、鷹の橋、御幸橋とよく歩いたものと思います。結婚して広島を離れましたが、被爆前の、通った町名や建物が懐かしく思い出されます。

8月5日、雑魚場町の家屋疎開の作業で、炎天下もくもくと瓦を運び、休憩時間はどんな話をしていたのか思い出せませんが、きっと宿題とか授業の話くらいで真面目な話題だったように思います。

最後に、級長さんのジャンケンで二年東組が翌6日は練兵場の草取りに決まって、どちらがよかったかしらと思ったことが、鮮明に思い出されます。

翌8月6日、東練兵場で作業を終え、一年生と交代して、北西の隅にあった石碑の上の木陰で休憩中で、すぐそばの山の上で竹下さんと武井さんが手旗で交信をし、下でそれを読み取っていました。

一瞬のことで分かりませんが、石碑の上から下に飛ばされ、大木が根こそぎ倒され、砂煙が立ち込めていたように思います。

一年生がシャツに火がついたまま逃げ回っている人、倒れた家から這い出してこられた人等、時間が経つにつれ被害の大きいのに驚くばかりでした。

林先生にしたがって行きましたが、二葉の里の鶴羽根神社の辺りで先生の姿を見失ってしまいました。人の流れに身をまかせ、饒津神社（にぎつじんじゃ）の前まで来ましたが、神社が炎上中で、牛田方面に行く道も閉ざされ茫然としていたところへ、軍属と思われる方が後について来るように言われ、常盤橋の鉄橋に上がりました。上で貨物列車が横転し、人がやっと通れるくらいの狭い枕木の上を渡りました。枕木の端に火がついてくすぶっていたのが印象に残っています。久永さんと、下級生が数人いらっしゃったように思います。

白島（はくしま）を通り、神田橋の下の河原に避難し、夕方周囲の火勢が衰えてから、牛田の堤防を上流に向かい、水源地の辺りで太田川に入り、ちょうど干潮時だったのでしょうか胸のあたりまで水につかって川を渡り、大芝の堤防に上がり、帰宅しました。

その夜は、大芝町の自宅で過ごしました。

自宅は壊れましたが焼失しませんでしたので、以後外出することもなく過ごしました。

8月20日頃と思います。秦さんと一緒に初めて登校しました。焼野原を徒歩で学校に着いてほっとしたことが思い出されます。

現在の饒津神社

私の〝学生時代〟を歩いてくれた娘

家族全員無事で、近所の人に申し訳ないような気持ちだと母が言っていたのが思い出されます。

被爆50年、半世紀が過ぎようとしています。主人も被爆者手帳を持っていますので、そんなに深く考えた事はありませんでしたが、結婚し、京都に住み、地域の人々の意識の中に被爆者への偏見を強く感じます。私も度々の手術で足に障害が残り、病院のお世話になる機会が多いのですが、子どもの結婚問題で悩まれる方が多いようです。

私も、子どもにあまり多く被爆の体験は話していませんでしたが、娘が関千枝子さんの本『広島第二県女・二年西組～原爆で死んだ級友たち』を読み、昭和60年原爆の日に広島を訪れ、慰霊祭にお参りした後、日赤原爆病院を訪れ、専売局を通り、広島第二県女（女子大）まで、徒歩で訪ねてきたことを聞きまして、私たちの苦難多き学生時代を理解してくれたことを嬉しく思っております。

これからの人生、心豊かに過ごしていきたいと思っております。

父の思い出、母の思い出、そして私・古田京子が受け継いだもの

父と母の結婚

私の父は弘前高校への復学を断念した後、京都の同志社大学法学部政治学科に進学しています。同志社を卒業した後、京都で当時の電気通信管理所（後の電電公社）に就職し、定年まで勤めました。

私の母は４男４女の８人兄弟姉妹で、母が一番上となる長女でした。県立第二高女を卒業後は、家事に専念して家族と両親を助けていました。１９５４年（昭和29年）、京都で就職していた父と広島に住む母が縁あって

お見合いをし結婚することになりました。父が28歳、母が22歳の時でした。母にとっては初めての京都の地で新婚生活は始められました。長女の私が１９５５年（昭和30年）、弟が１９６０年（昭和35年）に生まれました。一家の生活は最初はアパート暮らし、その後電電公社の社宅に移り、そして京都府八幡市の住宅へと居を変えていき、私たちもそういう環境の移り変わりの中で育っていきました。

父の闘病歴、闘病生活の様子は上記「原爆症認定申請における被爆状況証言」で紹介しました。そして実は母も大変な病気、健康障害を経験することになります。母は元々若い頃からリュウマチに悩まされてきた人ですが、特に午前中は手の関節が動かない、手に力が入らない症状は年を追ってひどくなっていきました。私がまだ幼い子どもの頃、母が水道の蛇口を自分の力では回せないので、私が椅子の上に上がって手を伸ばして代わりに蛇口をひねるようなことまでしていたほどでした。

母の闘病

母は40代初めの頃から腰が痛い、足が痛む自覚症状を訴えるようになりました。お医者さんにかかってもなかなか原因が分からない、腰の牽引などの処置をいくらしてもよくならない状況が続いていました。私が大学を卒業して中学校の教員になったのが１９７８年（昭和53年）ですが、その2年後の１９８０年（昭和55年）に、やっと母の病気が脊髄の神経腫瘍だと診断されました。腫瘍は良性なのですが、放置するとそれが原因で脊髄機能に様々な障害が発生します。そのため脊髄の神経腫瘍を取り除く手術をすることになりました。母が48歳の時です。しかし、その手術は1回では終わらずその後何回も繰り返すことになりました。最初の手術から3～4年は辛うじて歩行できていたのですけど、次第に装具がなければ歩けなくなり、最後はまったく立てない、歩けない、完全な車椅子生活を余儀なくされることになりました。１９８９年（平成元年）、自宅を大改造して完全バリアフリーの住居に作り変えたことを覚えています。

リウマチと車椅子生活の母、闘病を続けている父と、大変な状況となり、私も教員を辞めて両親のケアに専念しなければならないかと思わざるを得ない時期でした。それでも父も母もお互いを支えあいながら懸命に生きてくれました。また、幸いにも1997年（平成9年）日本でも介護保険制度ができて、家族以外からの援助も得ることができるようになりました。保険でカバーされる以上の介護サービスも利用して、当時の私たち家族の大変な事態をなんとか乗り越えていくことができました。

母は社交的で明るい性格の人でした。体が不自由なため自分では出かけられなくても、お友だちなどをよく自宅に招いて元気に振る舞っていました。自由にならない体は、本当はとても辛く苦しいことだったはずですが、人前ではそうした素振りは一切見せず、決して落ち込んだりした様子も見せずに過ごしてくれました。そのことが私たちにとって救いでもありました。

奪われたささやかな幸福

私には娘が4人います。私の弟には子どもが2人いて、合わせて私の親たちの孫は6人になります。しかし、私の母がその手に孫を抱き上げることができたのは私の長女一人だけ、それも生まれてすぐの頃の一度だけでした。脊髄の神経腫瘍の手術をした母は、間もなく孫を抱き抱えることすらできない体になっていきました。まだ48歳という若さなのに、孫の世話をすることもできない、孫と一緒にお風呂に入ることもできない、孫と遊ぶこともできない、孫を抱き抱えて体いっぱいに柔らかい体と体温を感じることもできない、おばあちゃんとしての楽しみを奪われてしまったのです。とても辛かっただろうなあと思います。親として娘たちの出産や育児を助けたくても助けることが一切できなかった、それも苦しく、悲しいことだったろうと。

母の脊髄の神経腫瘍は原爆による被爆が原因だと私は思っています。脊髄の手術から亡くなるまでの25年間、孫をその手に抱くという母のささやかな、だけどとても凄い幸福が、原爆によって奪われたのだと私は思っています。

母は２００４年(平成16年)７月６日に亡くなりました。72歳でした。母が亡くなるまでは父もそれなりに元気を保っていたのですが、母が亡くなってからは急速に体調を崩すようになっていきました。几帳面に日記なども書き遺していますが、最後の頃はもう何が書いてあるのか文字も読めない状態でした。２０１０年（平成22年）、７月に母の七回忌を終え、その後の10月17日に父は亡くなりました。84歳でした。父も原爆によって体を蝕まれ、原爆症と闘いながらの生涯でした。それでも「妻の七回忌だけは済ませてから」と、父は考えていたのではないかと思えるような最期でした。

2001年（平成13年）頃の父と母

中学教員になって両親の体験を話す

父も母も、私や弟に原爆のこと、被爆のことはごく普通に話してくれていました。ただ、母は私たちに話す時には決まって「この話は人に言うたらいけんよ、外では言いなさんなよ」と言っていました。京都は広島とは違う、原爆に対する無理解、被爆者に対する偏見・差別があるから、という思いが強かったのだと思います。

私たちも原爆、被爆のことについて子どもの頃から強い関心を持っていたり、積極的に関わっていたわけではありません。しかし、私が中学校の教員となり、学校で子どもたちに戦争のこと、平和のことを語らなければならない、何より子どもたちの平和な将来のことを一緒に考えていかなければならないことになりました。私がまだ若手の教員の頃は、夏休み中でも登校日があり、学校全体でも平和教育が取り組まれていました。広島に修学旅行に行くこともあり、そのための事前学習も行われていました。そんな時『はだしのゲン』を観賞するようなこともありましたが、私は私の父や母の体験も話してきました。

関千枝子さんとの出遭い

母は13歳で、県立第二高女の二年生の時に被爆しました。二年生は東組と西組の二組に分かれていて、母は東組でした。8月6日のこの日、東組の生徒たちは爆心地から東方2・5キロの東練兵場で作業をしていました。そして西組は爆心地からほぼ1キロメートルの雑魚場町で建物疎開作業に従事していました。ほとんど爆心直下です。当日作業に動員されていた生徒39人中38人が爆死し、辛うじて生き残られた一人も若くして他界されました。この日たまたま病気などで作業を欠席し、原爆死を免れることになった生徒が7人ありました。その内の一人が関千枝子さんでした。関さんは、40年の後、亡くなった級友たちの遺族や関係者を訪ね歩き、クラス全員の姿を書き著されました。それが『広島第二県女二年西組～原爆で死んだ級友たち～』（関千枝子著、１９８５年、筑摩書房）です。

母も事情が一つ異なっておれば西組の生徒たちと同じ運命に遭っていたのかもしれない。私は衝撃に近い思いでこの本を読みました。そしてそのこともあって、１９８５年（昭和60年）の8月、原爆投下の日に、母が毎日自宅から学校まで通った道程を同じように歩いてみたくなったのです。そうすることで一歩でも一つでも40年前（当時）の母たちに近づけるのではないかとの思いで、母の自宅の大芝町から県立第二高女のあった宇品方面までを歩き通しました。

それからずっと後年になってのことですが、２０１４年（平成26年）、私と私の弟とそして私の長女の３人で東京に住まわれている関千枝子さんを訪問し、直接会ってお話しする機会を持つことができました。『第二県女』の著書を著された時の思い、今の時代や日本をめぐる状況などについて、本当に貴重な、たくさんのお話しを聞かせていただくことになりました。

孫たちが大人になった時平和であることを願って

私は中学の教員でしたから、修学旅行で生徒たちを連れて何度も広島に行きました。でも広島の平和記念資料館の中にはどうしても入ることができなかったのです。引率教員ですから本当は中に入って、それなりの対応をしなければならないのにできませんでした。中に入ってしまうと、父の体験、母の体験が自分の体の中に重なってきて、半分当事者になってしまう、言いようのない怖さに襲われてしまうからでした。８月６日の日のことだけでなく、母がずっと病気で苦しんできたことともかぶってしまうのです。広島でも、長崎でも、そして沖縄でも、語り部をされている人は凄いなあと思ってきました。何度も何度もあの辛い体験を思い起こしながら語れることの凄さです。私は、まだなかなか自分の中で整理できないものがあるのですが、いつかは普通に資料館にも入れるようになりたいと思っています。

私の４人の子どもたちも、もうみんな結婚してそれぞれ家族を作りました。子どもたちがみな独立した際に、あらためてこの後をどのように生きていこうかと考えて、かねてから関心のあった京都「被爆二世・三世の会」に加わらせていただくことにいたしました。子や孫や、その後の世代のためという思いからです。孫たちが大人になった時に世の中が本当に平和であって欲しい。そのことをすごく強く思うようになっているからです。自分に何が、どれだけできるのかは分かりませんけど、そういう思いで「二世・三世の会」の仲間に入れてもらいました。

今、会員のみなさんの活動の様子などをメールや会報で知らせていただき、なんとなく背筋が伸びるような気持ちでいます。

写真は『広島第二県女二年西組〜原爆で死んだ級友たち〜』より
上段が一年西組、下段が一年東組、東組の最前列左から４人目が母の古田ツタエ

16

庄田　政江
（被爆二世）

暁部隊から救護に駆けつけた父

私の父、塩井一雄は21歳で徴兵され、フィリピン派遣の予定で広島の宇品港へ到着しました。しかし、輸送船が途中で次々と撃沈される状況の中、宇品港で待機している間に船舶整備兵となり、金輪島の船舶修理部に配属となりました。

原爆投下直後、金輪島から広島市内に救援・救護で入市して被ばくしました。昭和38年に被爆者手帳を申請し交付されました。

この軍服を着た写真と父が記した手記は広島原爆死没者追悼平和祈念館に寄贈しています。

父・塩井一雄

父　塩井一雄の手記

昭和20年6月頃より米軍戦闘機が毎日のように広島の上空を通過して呉の軍港基地ばかりを爆撃し、広島には一度も襲撃せずに皆が不思議に思っておりましたところ、突如昭和20年8月6日、8時15分頃アメリカ空軍機B29により原子爆弾が広島中心部に投下されました。

その瞬間ピカッと光り、ドカンと大きい音と共に強い爆風で私の身体も横転して何が何だか解らず下向きに伏せておりました。ふと空を見上げると真っ黒の煙がもくもくと吹き上がり燃え続けました。私は火薬庫が爆発したものと思い込んでいましたが、アメリカの新爆弾だと分かりこれで日本は負け戦だと思いました。

私は原爆投下と同時に部隊長の命令により、市内の己斐地区の救護に出動し、各班で川辺にテントを張り野宿することになりました。広島は陸海軍の基地で燃料・食料倉庫なども多く、倉庫の米が炭のように燃え、缶詰がパンパンと音を立てながら燃えていました。広島の中心部4キロ四方は火の海となり10日間余り燃え続きました。

燃え盛る中、まず負傷者の救護に当たりました。負傷者は私の身体にすがりながら、「水を、水をくれ」と叫びながら多くの人が倒れていきました。また、顔や手足のない人、男女の区別もつかず焼けただれた白骨体の余りの無残さに驚きました。部隊数人で遺体を川辺に集め、一列に並べる日が10日余り続きました。

家族の名前を呼びながら探し求める親子の悲しい姿が未だに目に浮かびます。熱さに耐えきれずに川に飛び込んだ人たちの遺体が橋桁に止まり水面に浮かぶ無残な姿を最後に見ながら引き上げる毎日でした。また、引き取り手のない遺体を一定の場所に集め隊員たちで火葬する毎日で、その数500人余りと思います。

着のみ着のまま悲しい日々が4~5日続きました。食べ物は各家の冷蔵庫内の物やにわとりなど探して食べました。死体の整理、道路・家屋の整備など一応終わり、その後原爆のことをピカドンと言うようになりました。

9月20日に部隊は解散し、除隊復員しました。実家では父が「広島で被爆したからもうお前は死んだと思った。よくぞ元気で帰って来た」と泣いて喜んでくれました。今は本当に運が良かったなと感謝しております。

今後は核兵器の廃止・世界人類の平和と安全・戦争犠牲者のご冥福を祈っております。ただ、残念に思うのはその頃の中隊名・班名・戦友の名簿がなく未だに不明のままで残念に思っております。その頃の戦友たちが今はどうしているか分かりませんが、もし分かれば教えてください。お願いします。

現在は子供3人と孫6人で、家内と共に元気で楽しい人生を送っております。今年元気で金婚式を迎えることが出来ました。

父から私 そして子どもたちへ

庄田　政江

私の母方の父（祖父）は福井県三国で塩を扱う廻船問屋の息子として生まれました。しかし明治期の鉄道の普及と塩の専売制度により廃業し、追われるように大阪に移り住み、父子共に造船所で働き始めました。そのため、祖父は進学出来ず、生涯カタカナしか読み書きが出来ませんでした。

その後、祖父は従業員を雇って造船所の下請けをするまでになりました。私の父は縁あって祖父の鉄工所で働き始め造船技術を身につけました。

暁部隊の救護活動

私が子供の頃、繰り返し父から聞いた広島での体験を記します。

1945年8月6日、私の父は暁部隊の船舶兵として広島の金輪島にいました。他の大多数の若者は宇品から船でアジア各地に送られ、後方支援も乏しい中、餓死したり戦闘で亡くなったりしました。兵役に取られたとはいうものの、父は戦うこともないまま毎日防空壕を掘り様々な訓練をして過ごしていました。ドック入りした船を修理するために待機しているのに船が戻ってこないので変だなとは思っても当時は口にすることなど出来ない状況でした。

そして、6日の朝一発の原子爆弾が落とされた瞬間、外に出るなり爆風と共に吹き飛ばされ地面に叩きつけられました。そして何も分からない状況ですぐさま広島市内へ救護に駆けつけました。

市内は一帯が焼け野原で黒焦げの死体が折重なり男女の区別もつかない状態でした。体が小さいから子供だなと分かる程度で炭化した遺体があちこちに転がっていました。水を求めて防火用水槽で息絶えた人たちが重なり、生き延びた人も全身に火傷を負い、あたりには異様な悪臭が漂い地獄絵さながらの恐ろしい光景でした。炎の中から「助けて！」と声が聞こえたら安全な場所に移し助けました。また、焼けずに残った戸板の上に遺体を乗せ指定の場所まで運んで荼毘に付しました。川には熱さに耐えきれず飛び込んで亡くなった無数の遺体が膨れてプカプカ浮いていたので、川に入って岸に並べる作業が続きました。

作業中、父は軍服を着て帽子をかぶり、手袋をはめ、長袖シャツに長ズボンという姿で熱気の中救護活動をしました。この全身を隠す服装とみかんの缶詰や冷蔵庫の物を食べたのが放射線による内部被ばくから多少は身を守ったのかもしれません。米は炭化していて食べることが出来なかったそうです。

あまりにも悲惨な状況だったので父は口に出して説明したくはなかったのでしょう。剥がれた皮膚を手から垂らして歩いていたとか、蛆虫の話は全く聞いていません。いずれにしても、この兵隊の組織的な懸命の働きにより、広島の大混乱と不衛生な状況は軽減されたと私は確信します。

父のいた金輪島の近くの江田島には別の暁部隊があり、全国から集められた15歳から19歳の少年兵が突撃の訓練をしていました。この「水上特攻隊」は極秘のため、連絡の頭文字を取って○の中にレ「マルレ」と呼ばれていました。

原爆投下の6日午後、命令により少年兵たちは訓練をやめ、似島や広島市内に入り、消火と救護に当たりました。

混乱の中でも、少年兵たちは負傷者や遺体から得た名前や情報を現場に残し、部隊にも報告しました。これは後々まで家族が遺体を確認する時大変役に立ったと本に記されています(注1)。時と共に暁部隊の活動も静かに歴史から消えていく運命なのかもしれません。

多重がんに斃れる

父は、広島から大阪に戻り、祖父の鉄工所で働き始め、母と結婚して婿養子となり事業を引き継ぎました。子供の頃何度か華やかな進水式を見に連れて行ってもらった思い出があります。造船が廃れてからは経済復興と共に四日市石油コンビナートやビール工場の配管工事など出張が多くなりました。

昭和37年頃、父がトイレで急に倒れたことがあり、また母がテレビの番組で原爆投下後に救護活動した兵隊たちが放射線による被ばくが原因の癌や白血病で亡くなったという事実を知り、被爆者手帳を申請することにしました。軍隊にいたのと戦後から年数もまだ浅かったので簡単に手帳をもらうことが出来たようです。しかし、50代で胃がん手術、70代で胆嚢がん手術、86歳で肺がんになり最後は手術も出来ず余命1年と言われました。好きなように過ごして良いということで入院から2ヶ月して家に連れて帰り、5日目に急変して2010年10月に亡くなりました。

2011年の原発事故を知らずに亡くなったのはせめてもの慰めかなと思います。実は原発の配管工事の仕事依頼が来たことがあり、温和な父が「俺は被爆者や、いくら工賃が良くてもそんな仕事出来るか」と怒ったことがあったので……高齢なので癌で死んでも当たり前と言われるかもしれませんが、多重がんを患ったことから、私は放射線の後障害が原因だと思っています。

病気と被ばくの因果関係を証明出来ないことが核被害の問題点だと思います。戦後の社会で懸命に働き、真面目に生き抜いた優しい父でした。

二人の子に継がれる父の思い

私は結婚して子供を二人産みましたが、現在まで子供たちが健康なのを有り難く思っています。

二人の子供にはおじいちゃんが被爆者だと教えてきました。そのせいか、映像作家の息子は3・11の原発事故後、放射線被害を訴えるために〝BLIND〟という自主作品を家族や友人の支援で製作し英語の字幕もつけて世に出しました。今も5分間の映像をYou Tubeで見ることができます。原発事故から5年後の東京では防護マスクをつけて外出しなければならなくなると警告を発したのです。そして最後のクレジットには亡くなった父の名前が記してありました。

また、娘は大学卒業後、JICAからガーナに派遣され、学生に日本語や日本文化を教えていました。任期中、友人と協力して広島から写真を取り寄せて何校かで広島原爆展を開き、先生や子供たちに原爆の恐ろしさを説明したようです。

私は子育て中、たまに新聞記事を切り取って子供たちに読ませていました。息子はタイトルの〝BLIND〟をドイツのヴァイツゼッカー元大統領の演説「荒野の40年」から取ったそうです。「過去に目を閉ざす者は結局のところ現在にも盲目となります」。

また娘がJICAを志望した動機の一つは、痩せ細ったアフリカの少女とハゲワシのピューリッツアー賞を受賞した写真と記事を私が見せたことが影響したようです。

子供たちが小学生の頃にはアニメ「はだしのゲン」を見に連れて行きました。燃え盛る炎の下敷きになって弟が死ぬ場面では目頭を押さえて泣いたので、「お母さん大丈夫?」と2人は心配そうな顔をしていました。その後、中沢啓治さんの講演では、「20年間原爆という文字から逃げてきた。が、気が付いたらみんなの記憶から消えかけている。これではいけない、漫画に描いて残さなければと辛い気持ちを振り切って描き始めた。そして原爆投下はその威力と効果を試すための人体実験だったと思う」と言われたのが強烈でした。

投下は月曜の朝8時15分、高度600メートルで市の中心部。最も効果的に威力を発揮したのです。

9月には確かに米国戦略爆撃調査団があらゆる分野の科学的な調査をするために広島に送られてきたことからも否定は出来ないと思います。用意周到にカメラマンは大量のフィルムを携えてやって来て、調査団はデータを収集して行きました。皮肉なことに資料館の写真や映像の多くは米国国立公文書記録から機密指定がはずれたものが返還され展示されているのです。

こうして血の滲むような想いで描かれた名作も、一昨年は保護者の「表現が過激すぎる」という訴えから松江市の学校図書館の本棚から外され物議を醸しました。私も署名しましたが、多くの反対署名が集まり「はだしのゲン」は書棚に戻されました。中沢さんは2012年に体調を崩されて父と同じ肺がんで亡くなられました。(合掌)

もしご存命でこの事態を知ったらどう思われたことでしょう?

国立広島原爆死没者追悼平和祈念館

父が70代の時、私は父が元気な間に二人だけで広島に行こうと思い立ちました。平和資料館を2時間かけてゆっくり見ましたが、中でも暁部隊が警察よりも早く救援に駆けつけたという展示の前で父は当時のことを思い出したのかじっと見つめていました。外の慰霊碑の前では長い間、手を合わせ熱心に拝んでいたのでこの写真を撮りました。

この数年後、原爆死没者追悼平和祈念館が完成しました。父は私の勧めで手記を祈念館に納めていました。私の娘が修学旅行で広島に行く時に、父に頼んで書いてもらった文章をもとにしたようです。私はそれを遺言と思ってずっと大事に保管していました。核兵器の禁止や世界平和など日常では聞いたことのない言葉が書かれていて、父はこんなことを考えていたのだと……それで父が亡くなって少しして私は軍服姿の父の写真と住吉大社で撮った母との結婚式の写真を祈念館に送り死没者としての手続きをしました。

翌年5月私は母と妹とで父の写真を持って祈念館を訪れて、資料を検索してその2枚の写真を確認し、登録済みの前述の手記も読みました。

慰霊碑に手を合わせる父

3・11と平和記念式典への参列

2011年8月6日には家族を代表して記念式典に参加しました。父の名前がリストに加えられる被爆者遺族にとっては厳かな式典です。

式典当日の朝は公園のあちこちで子供たちが花を手渡していて、私も可愛いガールスカウトの子から菊を受け取りました。ただ、ショックだったのは朝早くから沢山の右翼の街宣車が公園を騒々しく走り周っていたので、私はその無神経さに腹が立ち、またそれを放置している現状を情けなく思いました。海外の代表や菅直人首相の列席の下、式典は終わりました。広島市長のメッセージは原発事故の後の割には弱い内容という印象で期待はずれでした。

式典が終わるとすぐに核兵器と原発反対の〝ピースウォーク〟に参加しました。広島と長崎で被爆者は無残な死に方をし、生き残った者も被爆者として差別を受けて暮らしてきたのに、今また原発事故で放射性物質が撒き散らされているなんて私には許しがたいことです。3・11以降、被爆者を父に持った娘として核兵器反対、原発反対の活動をするのが私の使命と感じています。そして、その夜は灯籠流しをして原爆犠牲者の冥福を祈りました。

通訳案内士の仕事を通して

私は父の体験を通じ、いつか広島や長崎の原爆ことを海外の人に説明したいと思っていました。何度も国家試験を受け、やっと40代の子育て中に運良く合格し、簡単な仕事から始めました。

広島や長崎を案内できるようになってからは軍服姿の父と結婚式の写真を見せながら説明するので、殆どの人は熱心に聞いてくださって、中には涙ぐむ女性もおられました。ただ一度だけ、クルーズ船のお客様を案内し原爆ドームを見ながら説明しようとした時、反論されたことがあります。1人のアメリカ人女性が「あなたは私たちの気分を害することばかり話している。そっちが先に攻撃したのでしょう」と言われました。周りの空気が白みましたが、中には私に優しく声をかけ てくれる人もいました。そして全員を資料館内に誘導しました。

1時間後、その女性は資料館からまっすぐ歩いてきて〝I'm sorry, I was wrong.〟とプンとしながらも私に謝ったのです。心の中で「やったあ！」と呟きました。文句あるなら言ってこいと私は強気だったので拍子抜けしました。その日は特に私へのクレームも無かったようです。しばらくして長年の信条や考えを改め、素直に謝った米女性の態度は評価できると思いました。

それにしても観光で広島・長崎・沖縄に寄港してくれる船会社には感謝しています。また、広島を予定に入れてくれる観光客には「父が被爆者なので、皆さんの広島訪問に感謝します。」と一言添えるようにしていました。

米博物館で働いていた方が「33羅漢」と呼ぶ友人達と広島を訪問し、私が被爆体験証言者の方の通訳をした時に情景が浮かんでウッときそうになりました。2人の女性が鼻を噛んでいました。夜にはお好み焼き村で食事し、カラオケで昔の歌を歌った思い出が蘇ります。

長年、被団協の理事長をされてきた坪井直さんは20名足らずのシンガポールの特別学級の先生や子供たちの前で、背中が燃えているのも知らずにおばさんを助けようとしたことなど身振り手振りで熱心に話してくださいました。

坪井直さんと私、平和祈念館にて

もう一人の証言者、松島圭次郎さんは流暢な英語で、最初に戦争でアジア諸国を悲惨な目にあわせて申し訳ないと謝ってから話を始められました。お話が終わるとシンガポールの学生がそばに寄って握手を求め写真を撮ったりするのには嬉しそうに応じておられました。昨年体調を崩されたとの記事を偶然見て心配していましたが、惜しいことに敗血症で11月に亡くなられました。

以前、オランダ人家族を案内した時は、ご主人が大きなキノコ雲の写真を指差して「これはあなたのお父さんがいた島ではないですか?」と教えて下さいました。何度も見ていたはずなのにどうして気がつかなかったのか？　こんなに大きく見えるほど金輪島から爆心地は近かったのだなと改めて思いました。母や妹と訪れた時、このキノコ雲の写真の説明をすると「まあ、こんなに大きく見えたんやね」と驚いていました。

この写真は投下後約15分、8時30分頃、陸軍技術大尉だった小平信彦氏によって撮影されました。米軍が撮影したキノコ雲とは違い、日本人が地上から撮影した生々しい写真です。「原子野からの旅立ち」という本に手記が載っているので取り寄せたところ父と同じ己斐地区へ救護に駆けつけたとあります。何という偶然でしょう。（合掌）※資料館のデータベースで松島さんを検索出来ます。

平和記念資料館の展示の中で松重美人さんが6日午前11時頃に御幸橋で撮った歴史に残る貴重な写真があります。（注2）

軍の報道班だった松重さんは咄嗟にカメラを片手に飛び出し、あまりの悲惨さに撮って良いものか悩みながら、なみだでファイダーがかすむ状態でシャッターを切ったのです。それは橋の西詰にある派出所の前で、二人の警官が一斗缶の油をぶち抜いて火傷の皮膚に塗ってあげている生々しい写真です。

ここに写っているセーラー服の河内光子さんの体験は資料館のデーターベースで検索すれば読むことが出来ます。（注3）

そして、前述の坪井直さんも偶然この場に居合せ座り込んで写っています。

最後に

母と再度死没者平和祈念館を訪れた際、金輪島を検索すると上官や他の兵隊の方の証言がありました。上官の方がビデオで詳細に記憶した当時の状況を話されていたので母と「さすがやね。お父さんとは違うわ」と顔を見合わせました。祈念館が完成した時に父を連れてきて資料を見せてあげればどんなに喜んだことか……金輪島から撮影した小平さんのことも説明してあげていたら……一緒に救護活動した戦友に会いたいと書いている父の手記を読むと本当に悔やまれます。

注1：『原爆供養塔　忘れられた遺骨の70年』文春文庫　堀川恵子
　『暁の宇品　陸軍船舶司令官たちのヒロシマ』講談社　堀川恵子
注2：『なみだのファインダー：広島原爆被災カメラマン松重美人の1945・8・6の記録』ぎょうせい　松重美人
注3：中国新聞ヒロシマ平和メディアセンター：原爆写真を追う　1945―2007年〈5〉御幸橋の惨状

金輪島の慰霊碑の写真と文

御霊安かれ

1945年8月6日、広島に原子爆弾が投下され、街は一瞬のうちに破壊し、熱線に焼かれて跡形もなくなった。

市民は熱線と放射能で即死、又は全身に火傷を負って逃げ惑った。そのうち約500人位が金輪島に運ばれ、暁部隊の方などに助けられ、看護を受けた。負傷者は血だらけで手を握ると皮がつるりとむげ、水をくださいと叫びながら、次々に恐怖と苦悶の中で息絶えたという。同年8月15日、ついに終戦して戦火はやんだ。今日、広島は平和都市として復興し、我々は平和の恩恵を受けているが、この平和は50余年前不幸にして戦火の中に亡くなられた方々の犠牲のうえに築かれたものである。この碑を建てることにより、金輪島で息絶えられた方々の御霊を慰め、共々に平和を守る気持ちを新たにしたいと思う。

2014年　庄田政江　撮影

後記：被爆体験伝承者に挑戦

この文章は２０１５年に通訳案内士の通信誌に掲載した原稿をもとにしています。

この後、可愛い孫もでき、戦争のない平和な日常を送ってほしいと祈る気持ちが強くなりました。同時に被爆一世の訃報を耳にすることも増え、一念発起して核兵器の悲惨さを伝えねばと広島市の被爆体験伝承者募集に応募しました。

研修の中で私は絵本「あの日を、わたしは忘れない」を出版された河野キヨ美さんの体験を伝承することにしました。現在、全ての研修を終え、書き上げた原稿も承認を受け、伝承の実習を3回残すのみとなりました。残念ながらコロナ禍により中断があり、その度延期になっています。研修中にボランティア仲間もでき、あちこち被爆した地を案内してもらったり、意見や情報を交換したりして共に学ばせてもらっています。

また、被爆二世でも健康に恵まれてきた私でしたが、2年前から心臓弁膜症閉鎖不全を患うようになり、近々手術をすることになっています。怖くないと言ったら嘘になりますが、信頼できる病院の優秀な医師に執刀してもらえるので楽観的です。残念ながら実習は元気になって広島に行けるまでお預けです。英語のガイドは引退するので、次には英語の原稿も書いて伝承したいと目標を持っています。

いつか孫の誰かがこの本を読んで思いを繋いでいってくれたらと願っています。

私の伝承原稿ではＩＣＡＮノーベル平和賞授賞式でのサーロー節子さんの「私たちの警告を心に刻みなさい」という強い言葉を引用してこう締め括っています。

広島・長崎が世界に警告を与え続けるためにも、私達日本人こそが心に刻み、永遠に語り継ぎ、キノコ雲の下で何が起こったかを世界に発信して行かねばなりません！

２０２1年8月

17 三谷 祐幸

呉で大空襲に襲われ 広島で原爆に遭う

お話＝2019年3月21日

戦前の広島駅の思い出の一コマ──猿猴橋

昔の広島駅というのは駅前もほんの一握りの広場みたいなもので、まわりに旅籠と言ってもいいぐらいの日本旅館がいくつかありました。私が子どもの頃には猿猴橋(えんこうばし)のたもとに人力車がいましたね。

猿猴橋のたもとから東の方向にJRの山陽線を越えていくと権現様、日光東照宮の分社があります。これは猿猴橋のたもとから一直線の方向になるのですね。昔は、殿様の時代ですが、そのたもとに「下馬」という高札があったのです。広島の殿様が毎月権現様にお参りしなければならなかった。これは幕府に対する忠誠なのですね。馬で来て、馬から降りるところが猿猴橋のたもとだったのです。そこから権現様まで1キロぐらいはあります。一直線に東照宮まで道が続いていたわけです。今は広島駅ができたり、鉄道ができたりして分断されていますけど。昔はああして、殿様が猿猴橋のたもとまで来て馬を下りて、1キロほど歩いてお参りしていたわけです。私らが子どもの頃は猿猴橋の橋柱や欄干の上に、立派な金属製の飾り物が据え付けられていました。とてもいい作りで強く印象に残っています。

一人ひとりに鉄砲が与えられた中学の軍事教練

私は昭和2年（1927年）9月26日生まれですから、原爆が落とされた時は17歳。もう少しで18歳になろうかという時でした。広島高校の2年生でした。当時広島には高等学校があって〝広高〟と呼ばれていましたね。

広島高校に入る前は当時の広島一中（今の国泰寺高校）に、住居のあった広島市の牛田から通っていました。風呂敷包みを横に抱えて、歩いて40分ぐらいはかかりました。あの頃は質実剛健が唱えられていて、子どもはバスや電車には乗せなかった。子どもはみんな歩け歩けですから。中学生は映画館に行ってもいけない、喫茶店に入ってもいけないと。

それと中学生の授業で一番長かったのは軍事教練でした。中学生になると全員にそれぞれ鉄砲が与えられるのです。軍隊でもう使えなくなった鉄砲が山ほどあるのですね。それが全国の中学生以下の生徒に与えられるわけです。入学したら自分の鉄砲というものをもらえるのです。1～2年生の時は村田銃でした。村田銃というのは日本軍が採用した最初の国産銃ですからね。三八式歩兵銃より少し原始的な感じでした。それを一人ひとりがもらって、学校内の兵器庫に預けておくわけです。3年生になったら村田銃から三八式歩兵銃に変わりました。三八銃は村田銃より一回り大きかったですね。ただ実弾を込めて実際に撃つ訓練をしたことは一度もありませんでした。とにかく教練の時間というのはたっぷりとありました。中学生はいつでも兵隊になれるように訓練されていたわけですね。現役の将校が各学校の配属将校になっていまし

現在の猿猴橋（飾り物は2016年に復元）

た。

当時の中学校は5年制なのですけど、4年から上級学校に進める制度もありました。それで私も4年から広島高校に進学したわけです。まあ、制度がそういうものであったというだけで、中にはもちろん秀才もいますけど、私は秀才なんてものじゃなかったのです。運よく入れたという感じでした。

呉海軍工廠と大空襲

広島高校には入れたけれど、昭和20年（1945年）になって、私が2年生になった頃は学校の授業なんかもうないのですよ。授業する時間があったら工場に行って働けという具合で。昭和19年頃は近くの海田（かいた）の工場に行ったりしていました。昭和20年に入ると呉の海軍工廠に行くことになりました。みんな呉の海軍工廠に送られて、私は工廠で旋盤を削っていたわけです。

広島市の皆実町にあった広島高校は全寮制でしたが、呉の工廠も寄宿舎住まいの集団生活でした。呉工廠というのは巨大な工場ですから、宿舎も大きな寄宿舎がたくさんありました。その頃の寄宿舎というのは学校の教室を寝台車のような作りにして3段ベッドで何人もの人が狭い所に寝泊まりすることができるようにしたものでした。

それまで呉でも時々空襲はありました。最初の頃はアメリカの空母の艦載機が来ていました。だからもう近くにアメリカの航空母艦が来ているわけですね。アメリカはもうやりたい放題になっていたのだと思いますよ。艦載機は機銃掃射をバリバリバリバリーとやってくる。あれは遊びのような感じでやっていたと思いますけど、そういう時はみんな防空壕に入っておれば艦載機ならやり過ごせたわけですよ。

そして遂にB29の大編隊による空襲が来ました。呉の場合本格的に大爆撃される時期は遅かったのです。6

月22日だったと憶えていますけど、この日、Ｂ29の編隊が呉に向かっているというので、さすがに恐怖を感じて、みんなで横穴に逃げ込みました。そして、ズィーン、ズィーンという爆弾の音が一時間ぐらいはありました。さすがにＢ29の大編隊による空襲の時には防空壕も木端微塵です。横穴に逃げ込んだお陰でやっとこさ命拾いしたようなものでした。

日本全国の爆撃の中では呉の工廠が一番遅かったのです。それはどうしてなのか疑問でしたけど、その翌日の6月23日に沖縄の総攻撃がありました。呉は一番最後まで残しておいたのでしょうね。呉海軍工廠といったら、呉の海岸が全部工場ですから、巨大な工場なのですけれど、その一時間の攻撃で完全に破壊されてしまいました。もうまったく使い物にならないように。

そういうことで呉の工廠での働き場所がなくなって、みんないったん広島へ帰ることになりました。その後また呉に送られて、広島高校のみんなは空襲の後片付けにとりかかっていました。私は、たまたまＢ29の呉大空襲の一週間か10日前に、旋盤を削っていて、スイッチを入れる時の電気の故障でスパークして、右手を火傷していたのです。それもあって養生していてもいいということになり、広島に残って養生していたのです。ですから大空襲の後の呉のことは知らないのです。

曳火(えいか)高性能爆弾

8月6日、原爆が落とされた時、私は牛田の自宅にいました。牛田というのは爆心地から北東に2・5キロぐらいの距離で、ちょうど二葉山という山の裏側で陰になっています。牛田辺りで建物の中にいた人は火傷もしていないと思います。でも路上にいて直接原爆の光を見た人は牛田でも火傷をしていました。私は幸いその朝家の中にいたので怪我も火傷もしませんでした。でも家の中の建具や襖などは吹っ飛んでいましたから、物凄い爆風、爆撃だったのですね。西側の壁も崩れていました。

私の母親は自宅の縁側の方で掃除をしていましたから、ピカドンを実際に見ています。ただ怪我の方はガラスの破片でちょっと傷ついたぐらいで済みました。父親も家から出かけようとしたところでしたが怪我はしていません。運が良かったのでしょう。私の弟と妹は広島にいましたが、妹の方は女学校の2年生で郊外に疎開していました。弟も広島市内の工場に動員されて働いていました。江波のあたりでしたから爆心地からは距離がありました。母親がちょっとかすり傷をした程度で、私の家族はあっちこっちに散らばっていたり、安全なところにいたりしたので幸いにも全員が助かりました。もう一人私には兄がいますが、彼はこの頃大阪の医者の学校に通っていました。

当時の常識では近所のどっかに大きな爆弾が落ちたとみんなが思いました。だけど、どこにも爆弾が落ちた形跡はない。不思議だなーと思っていました。この爆弾が何だったのか新聞などによる報道もすぐにはありませんでした。やがて2~3日してから新聞を見たら〝曳火(えいか)高性能爆弾〟というふうに書かれていました。それを見て新しい爆弾だというのは分かりました。

呉工廠から帰っていた私は広島の病院に通って治療していました。その病院というのが爆心地、原爆投下直下にあった島病院でした。当時の公式記録によると「原爆は島病院南東側の上空約500メートルで炸裂した」とあります。私は朝の8時過ぎに通院することはなかったのですが、それでもヒヤッとするような体験でした。島病院の院長はちょうどその日は郊外の方に往診に行っていて命拾いしたのだそうです。反対に郊外に疎開していてたまたまその日に広島に帰ってきていて原爆に遭った人もいる。そのあたりは運命ですね。

親戚の人たちを捜して焼け跡の街を歩く

私たちの家族は牛田にいて助かったのですけど、私のところにはたくさんの親戚が広島にあったものですから、それぞれの親戚の家の誰かが被害に遭っていました。亡くなった人もあるし、大火傷で苦しんだ人もいて、どこの親戚を見ても、誰かが亡くなっているか、誰かが大怪我を負っているかでしたね。私も原爆が落とされてから最初の2～3日は、親戚の人を捜しに市内の中心地まで行って歩き回りました。師団司令部に勤めている従兄がいたのでなんとか見つけようとしてあちこち捜しました。

怪我をした人たちのために百貨店の福屋の1階が収容所になっていて、傷ついた人たちがいっぱいよりかたまっていました。私も福屋のあたりには何度も行きました。8月の7日とか8日はあのあたりをウロウロしていたのです。そこで従兄に出逢ったことを憶えていますよ。彼も間もなく亡くなりましたが。

それから親戚の人たちは、温品（ぬくしな）という広島の東の方にある村があって、そこを頼って避難した人たちもありました。火傷して、怪我をして、広島にいたのでは助からないものだから、知人のいる近郊の農家を頼ってみんな避難したわけです。

一番見るのも辛かったのは顔を火傷したおばさんたちでした。当時、広島では建物疎開が盛んに行われていました。家を倒して道を広くしていく、その作業をやるのに主婦が駆り出されていたわけです。比治山の西側のあたりの家は全部主婦が倒したものでした。家にロープを引っかけて、数十人の主婦、奥さんたちが引っ張るわけ

破壊された広島城（広島平和記念資料館所蔵、米国戦略爆撃調査団撮影、米国国立公文書館提供）

です。そういうのが当時の勤労奉仕のやり方だったのです。朝早くからそれをやっていた。

そこに飛行機（Ｂ29）が一機来ました。それまではＢ29と言えば編隊で来てドカーンドカーンとやられていたわけです。ところが8月6日のその朝は一機だけすーっとやってきた。それを奥さんたちは手を休めて見上げた。そういう人たちが顔を火傷したわけです。見上げなかった人は幸いにして耳のあたりを火傷したぐらいで済んでいる。

Ｂ29をずーっと見ていた人は顔全面に火傷しているわけです。光と陰なのですね。光だから白いワイシャツ一つで助かった場合もある。そこは陰になって光が当たっていないわけですね。それぐらいの光なのに熱が高熱なのか不思議ですね。光を受けた者はそこが焼けただれるわけですから。

作業の手を休めてＢ29を見た人は顔一面を火傷しました。その火傷は、火傷したその日は顔が赤くなるだけで済んでいますけど、その後だんだんと化膿してくるわけです。これが見ていてとても気の毒でした。顔全体が化膿して膿んでしまっている。特に女性は気の毒でした。当時は薬がないのですから。それが一ヶ月ぐらいしたら薬がなくても何とか傷は固まっていくのです。広島では傷跡のことを〝きっぽ〟と言っていました。それがミミズがはっているようになるのです。ツルツルのケロイドですね。顔全面ケロイドになった人を見ていると物凄く辛かったですね。一生そういう状態で苦しんだはずなのですから。

西白島あたりからいつも広島城は眺めていました。あの広島城がローソクの灯を消すように吹っ飛んでしまったのも強烈な印象として残っています。広島は焼けただれた人がいっぱいいる、瓦礫の街になっていました。

昭和26年、絵の勉強めざして京都へ

原爆が落とされてから、広島高校の皆実町校舎は使えなくなっていたため、山口県境に近い大竹に校舎が移

されました。卒業まで大竹まで通学することになり、私の広島高校時代は大竹に通った時期の方が長いのです。

私は昭和25年（1950年）まで広島にいて、昭和26年（1951年）に京都に来ました。今私が住んでいるこの家は画家の国盛義篤という当時美大の先生だった人の家だったのです。この国盛義篤という人は私の父親の竹馬の友で、いつも行き来していた人でした。国盛さんが広島に来た時は我が家に泊まり、父親が京都に行く時にはこの家に泊まるなどしていました。私の父親は大野石油というガソリンスタンドの会社を経営していた人です。当時割とよく知られた会社で、その頃はガソリンはまだ貴重なものでもありました。

私は広島高校に通っている頃から絵の勉強をしていました。というのも身近に国盛先生という人がいたわけですから。もう一人京都の有名な絵描きで坪井一男という人がいまして、その人とも親しかったのです。今でも坪井美術館というのが残されていますけど。その二人を頼って昭和26年に京都に出てきたわけです。その時からこの家に住み込むような形で絵の勉強を始めました。内弟子というほどの関係ではなかったのですけど、親戚のおじさんのような感じでしたね。広島高校を卒業して、絵の勉強をするのにちょうどいいというので出てきたわけですよ。

最初の絵の勉強は独学で個人的にみてもらっていましたが、昭和28年（1953年）に関西美術院に行ってから、そこから本格的に絵の勉強を始めることになりました。

若い頃はお寺の僧堂で暮らした時期もありました。最初は天龍寺に行って、次に大徳寺に行って、昭和34年（1959年）から5年間ぐらい僧堂に住んでいました。それまでは座禅のために通っていたのですが、それでは間に合わないからというので住むようにしたわけです。僧堂では食事係をしたこともあります。僧堂というところはとても能率のいいところで、ぼやぼやしていることができないのです。僧堂は座って座禅を組んでいるだけでなく、行動の能率を最高度に要求するところなのです。15人ぐらいの雲水の食事の支度をする場合など、広い台所で、食べる所と流しの場所がかなり離れていますから、一度にやれば済む用事を3度やったら叱られる。まとめて行動しろ、時間を節約しろと。そういうことを強制するところでした。時間を無駄にしないというか。僧堂ほど行動の能率が高いところはないです。そういう生活を雲水と一緒にやっていました。夏は3時に起きて、冬は4時に起きてと。私も若い頃はよく働きました。

若い頃から幸いにも健康上の問題が起きたことはありませんでした。今はもう90歳ですからあちこち体にガタがきていて、あっちもこっちも悪いから体が動かないのですけど。最近は特に足腰が悪くて。

広島も私が最後にいた昭和25年頃というとまだ瓦礫の山でしたね。町の名前は今でも残っていますけど、その後かなり整備されて変わっているから、今、広島に帰っても分からないですよ。どこがどこやら。綺麗になりすぎていて。

これまで原爆の体験を手記にしたことなど一度もありませんでした。人に話したことも一度もありませんでした。今日が初めてですよ。私が広島で見たこと、体験したこと、憶えていることを他人に話すのは。

三谷祐幸さんの肖像画（増田正昭さん制作）

18 本庄美保子

被爆者がやっと話せるあの事を

お話＝2019年5月14日

広島市牛田

私は昭和15年（1940年）4月14日の生まれで、広島市の牛田（うした）というところで大きくなりました。原爆が落とされた時は5歳です。家族は父と母と姉、兄、私の5人でした。父親はその頃兵隊に召集されていて関西にいたらしいのですが詳しいことは知りませんでした。6歳年上の姉は学童疎開していて家にはいませんでした。ですからその時の家には母と3歳年上の兄と私の3人がいたわけです。私の家の周りには親戚の人たちもたくさんいて、同じ地域で一緒に住んでいました。

8月6日の朝

8月6日の朝、私は母から「猫を捨ててきなさい」と言われて、従妹と一緒に饒津（にぎつ）神社の方に向かって歩いていました。地図で見ると爆心地から2キロぐらいの距離のあたりになります。突然の閃光と轟音と爆風に襲われて、気がついた時には、歩いていた道路の傍の魚屋さんの軒が倒れてきてその下敷きになっていました。叔父さん（父親の弟）が駆け付けて来てくれて、軒の下から助け出してくれました。辛うじて一命は取りとめることができたのです。でも身体中怪我をしていて、頭から足先までいろんなところから血が出ていました。目の前が見えなくなるほどでした。その時はとりあえずタオルでしばりあげてもらって出血を止めるぐらいしかできませんでした。

母は家の中にいたのですが、B29が飛んできたので半身を外に乗り出して空を見上げていました。そこに閃光と爆風が襲って、倒れた家の下敷きになってしまいました。隣がお米屋さんで、そこにおじさんがいたのですが、そのおじさんが一生懸命這って外に出ようとしていたので、そのおじさんの足につかまって一緒に外に出たのだそうです。おじさんは「足を放せ、放せ」と言ったらしいのですが、母は絶対に放さなかったそうです。母の体は、家の陰の中になっていた部分は大丈夫でしたが、外に出ていた右手の指先から肩まで大火傷して、全部の皮がズルっとむけてしまっていました。

兄はその日の朝は従弟と一緒に二葉の山の上にある臨時の学校に行く途中でした。B29を見てすぐ山から駆け下りて家に逃げ帰り、どこも怪我などせずに済みました。もっと早い時間から山の上の学校に行っていた人は亡くなった人も多かったと聞いています。

私の家の周りにはたくさんの親戚がありましたので、原爆が落とされてからはみんな一緒になって近くの畑の上にずらっーと板を敷き並べて、その上で生活していました。畑の中にはたくさんの親戚が入れるようにと入口が二つもある大きな防空壕が掘ってあって、雨が降ってきたらその中に入っていました。防空壕の中が暑いと言うと、私を助け出してくれた叔父が川からバケツで水を汲んできて防空壕にかけてくれたりしていました。家の裏には川が流れていて、私たちは「太田川、太田川」と言っていましたが、地図を見ると太田川から分かれた京橋川ですね。川岸には石段がつけられていて、その石段を昇り降りして川に向かっていたのです。

原爆が落とされた時、たくさんの人が山のようになって川まで下りてきて、水を飲んだり、川に浸かったりしていました。近くの鉄橋を渡っていた汽車からは人がバタバタと川に落ちていました。何年か後になって叔母から、あれは人ではなくジャガイモとか農作物だったと聞かされました。私はまだ小さかったので人間が川の中に落ちていたのだと長く思っていました。

大阪へ、そして京都へ

私は原爆に遭った時の打ち所が悪かったのか、しばらくするとお腹がパンパンに腫れあがってきました。叔父がリヤカーに乗せて医者のいる所まで連れて行ってくれたのですが、重症なので手術が必要と言われてしまいました。8月15日終戦になって、父は内地にいたので除隊になってすぐに帰って来ました。そしてすぐに大阪の病院に行って手術をしようと決めてくれたのです。はっきりとした日は憶えていないのですが、8月18日頃にはもう大阪に向かったように思います。大阪へは汽車で向かいました。私は父親に背負われ、汽車の中はいっぱいの人で押しつぶされそうになるので母親が一生懸命ガードしてくれました。この時の大阪行きは姉も兄も一緒で、一家総出でした。大阪に着いて、私は横っ腹を大きく切って膿を出す手術を受けました。毎日毎日ガーゼを入れ替えて治療を続けました。

あの時は家族全員が病院に泊めてもらえて、みんな一緒に病院で生活していたようなものでした。私の体は快方に向かっていきましたが、父が「広島に帰っても焼野原で、草木も生えない」と言って、京都に移り住むことになったのです。三条大宮のあたり、三条商店街の一角に住まいを見つけて、一家5人がみんな揃ってそこ

饒津神社参道の被爆樹木マツ。原爆投下後も2003年まで生き延びた参道のマツ。原爆鎮魂の証として保存されている切株。

で暮らし始めることになりました。昭和20年の秋だったと思います。

　父と母はそこでいろんな商売をやってきました。元々父は広島で薪炭商をやっていたので、京都でも最初は炭屋さんから始めました。それからは製粉精米業、金魚屋、冬は太鼓饅頭屋さん、夏は冷やし飴等々いろんなことをやってきました。私が小学生の頃、先生から「親の職業は何ですか?」と聞かれると、「季節によって違います」などと答えていました。

　京都に来てから3年目の昭和23年（1948年）、私に8歳年下の弟ができました。弟は被爆二世ということになります。

父の早世、苦労した暮らしの日々

　昭和29年（1954年）頃から父親の体調がおかしくなり府立病院に入院しました。そして翌年の昭和30年（1955年）に亡くなりました。肺がんでした。私が15歳、中学2年の時です。父は直接には原爆に遭っていないのですが、原爆が落とされた2日後ぐらいには家族の様子を見に広島の市街地に入っていたのです。亡くなったのが昭和30年ですから、まだ被爆者手帳の制度などもできる前のことでした。

　父親が亡くなってからは母親が女手一つで私たち4人の子どもの生活を支えてくれました。母親の寝ているところを見たことがないほどに、母は働き詰めの毎日でした。

　私は中学卒業した後、父親が亡くなっていたので高校は夜間高校に行きました。昼間は企業組合に勤め、夜は堀川専修高校に通う生活を4年間続けました。自分で学校の費用も出し、ちょっとしかもらえない給料でも家にも入れていました。

　京都では被爆者の人が少なかったせいか、何事にも差別があったように思います。広島の出身と聞いただけで何件も結婚話が断られたりしたと聞いています。本当にいろいろありました。

私の場合は主人となる人がいい人で、私が被爆していることを話すと、そんなこと関係ないと言って何も恐れずに受け容れてくれたのです。主人のお兄さんの方が心配して「どうもないか?」などと言っていましたけど。それでも広島で被爆していることは外ではあまりしゃべりたくはなかったです。結婚は昭和38年（1963年）5月7日、23歳の時でした。

たくさんの病気に見舞われてきた人生

被爆者健康手帳は高校を卒業してすぐの頃に交付してもらっています。母も姉も兄も一緒に手帳の交付を受けました。最初の頃から被爆者健診を受けに行っていたことも憶えています。18歳か19歳の頃、府立医大病院で精密検査のために白血球の検査をされたことがありました。胸から血を抜かれる検査でした。検査を受ける時目隠しされるので何も見えないのですが、医大の学生さんの足音やノートをめくる音が耳に入ってきて、たくさんの学生さんに囲まれて見られている中で検査されているのだということが分かりました。とても情けなくて、涙を流しながら検査を受けたことを今でも忘れることができません。

私は若い頃からたくさんの病気に見舞われ、治療を繰り返してきました。体はもう無茶苦茶と言ってもいいほどです。主なものだけでも、30歳の頃から高血圧の治療を始め、32歳の時に右卵巣のう腫手術、41歳の時には子宮筋腫手術、それから胆のうポリープ手術、56歳で顔面神経麻痺で治療、60歳代には足首や足の指の骨折をして治療、69歳の時には背骨の狭窄症と診断されました。70歳を超えてから胃のポリープ手術（後でがんだったと分かりました）、不整脈だとも診断され、耳は左右両方とも聞こえにくくなりました。病気ではありませんが一昨年にはまた足首骨折の怪我をし、手術を余儀なくされました。

よくここまでやってこれたものだと自分自身で思います。

広島にいる従姉妹から教えられて原爆症の認定も申請しました。70歳の時の胃がんの手術が申請理由です。おかげで原爆症と認定され、2年間だけですが手当を受けることができました。

私の兄は平成13年（2001年）に多臓がんで亡くなっています。62歳でした。私には戦後に生まれた弟がいます。被爆二世ということになるのですが、彼も胃がんとすい臓がんを発症しています。

私は、女、男、男の3人の子どもに恵まれました。幸いにも今はみんな元気でやっていますが、幼い頃は貧血やなんやかやで、どの子にも一人ずつ心配し苦労したものです。

川柳に込めた思い

私の主人は22歳～23歳の若い頃から、父親の背中を追って川柳をやっていました。そのおかげで私や子どもたちまで影響を受けてしまって家族全員で川柳をやっていました。主人は50歳の頃にリウマチを発症して、60歳の定年までだましだましながら仕事に行っていました。やっと定年になってその2年後に、それまで蓄えていた川柳の作品をまとめて、念願の川柳句集を自費出版したのです。本の題名は『かたつむり』です。その中で私と原爆のことを詠んでくれた句が8首ありました。

川柳句集『かたつむり』

被爆者手帳を妻よ卑下する事はない

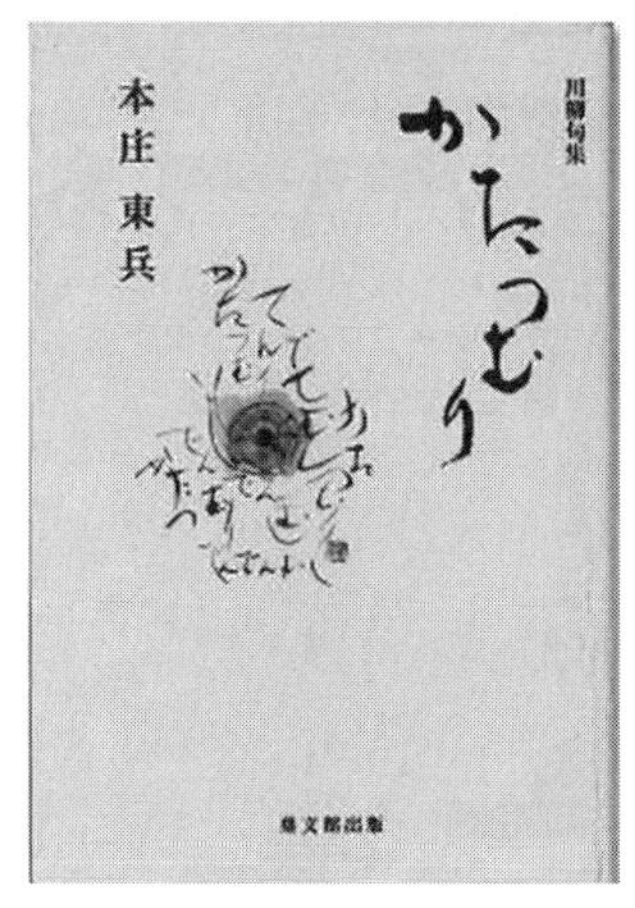

8月6日妻の日記は白いまま
オカッパの記憶あの日の蝉しぐれ
被爆時をしずかに語るまなじりよ
平和とは何かを子らと原爆忌
子らも粛然と8月6日朝
ふる里をヒロシマと書くこみあげる
忘れてはならぬ忘れてしまいたい

主人は26年間もリウマチで苦しみ、入退院を繰り返して、平成23年（2011年）7月17日に亡くなりました。祇園祭の日でした。75歳でした。

主人に教わってきた川柳を私も少しずつ続けています。私の参加している京都番傘川柳会の会報にいつも作品を投稿しているのですが、最近次の2首が採用され掲載されましたので紹介いたします。

語り部が少なくなって原爆忌
被爆者がやっと話せるあの事を

19

切明千枝子

広島第二県女の奪われた命を語り継ぐ

2019年6月24日

2019年6月24日、京都「被爆二世・三世の会」は、「切明千枝子さんの被爆証言を聞く会」を開催しました。本稿はその時の切明さんのお話です。

みなさまこんにちは、ご紹介にあずかりました切明千枝子でございます。

戦争の〝時代〟の申し子

今、宇多さんがお話しして下さったのがここへ座らせていただくことになった諸々のことでございますが、実は私は1929年生まれでございます。1929年という年がどういう年かご存知でしょうか?

近現代史を習うと必ず出てくる年なのですが、世界大恐慌の始まった年なのですね。恐慌というとみなさんご存知のように、物を作り過ぎて売れなくなって、それを作った工場とか売った会社とか、次から次へと倒産する、株券は紙くずになる、失業者は巷に溢れる、そんな大変な時代であったようです。でもまあ私は赤ん坊ですからそれを見て憶えているわけでもなんでもないのですが、でもまあその時の空気を吸って生きた人間であると思っております。

その不景気な不景気な社会をいっぺんに景気をよくする、ひっくり返す大変有効な手段と言うか方法があるのですよ。何だと思われますか。それが戦争なのですよ。戦争が起きますと、もう軍需産業が一気に盛んになるし、男の人たちは兵隊として戦場へ送り込まれる、人手が足りなくなる、もう失業者なんていなくなるのです。失業者どころか働き手が足りなくて、もう女性はもちろん子どもたちまで動員して働かせる、それが戦争なのですね。

私は本当に戦争の申し子かなと思うほど、生まれた時からずっと、2歳か3歳の頃から戦争なのですね。満州事変と言って中国の東北部にあたる所を日本軍が占領したようなことで、満州国などという傀儡の国をでっち上げたりして勝手なことをしておりましたから。中国は気に入りませんよね、日本が勝手に入り込んできて、自分の国を植民地のようにしてしまったのですから。いざこざいざこざが絶えなくて、とうとう日中戦争が起きるのですね。それが私が小学校の2年生の時でした。

軍都広島

広島というところは、たった一発の原爆で街中が壊滅状態になったと言っても過言ではないのです。私の実家と言いますか、生まれて育ったところは、お手元の地図に、タバコ工場と書いてありますが、御幸橋という橋の袂なのですが、その割合近いところに実家がありました。

それから私の通っている学校が県立第二高等女学校という学校です。校舎が壊れはしましたけど、焼けはしなかった地域にございました。当時は私、高等女学校という学校の4年生だったのですけど、今の学年で言うと、学校の制度が違いますので、ちょうど高校1年生にあたる年齢でございました。それでももう原爆の落ちる前の年から、学徒通年動員というのが始まりましてね、高等女学校に入っても、勉強らしい勉強したのは最初の半年ぐらいで、後はもう本当に次から次へいろいろな工場へ働きに行かされておりました。

広島という街はね、地図をご覧になったら分かると思うのですが、太田川という大きな川があって、その川が運んできた土砂が積もり積もってできたデルタなのですね。三角洲なのです。だからちょっと掘ると塩水が出てくる。だからお米はできないし、それから広い平野もありませんし、農産物はできない。わずかにできると言ったら蓮、蓮根を作る。あれは塩気があってもできたのだと思いますけど、私が子どもの頃は、街の中心部は都市でしたけど、ちょっと離れたところはもう一面の蓮田でしたね。

ではなんで広島は大きな産業もないのに繁栄したかと申しますと、これはひとえに戦争のおかげで、この広島の中心部に広島城というお城があったのですが、このお城を中心にあたり一帯に広い、基町という、今も基町という町はそのまま残っていますが、軍隊の巨大な基地があったのですね。5師団11連隊といって、広島の人に言わせると日本一強い軍隊だったというのですが。だからあの、南京大虐殺ってありましたよね、あれにもどうやら関わっている部隊らしいのです。だけど、もう戦場に行って、還ってこられたご老人がまだご存命の頃に、そのことを私尋ねたことがあるのですけど、「さあなあ」と言って、とぼけて、教えてはくれませんでした。だけどどうもあの南京大虐殺にも関わっていたようなのです。

南京という都が陥落した時には、私小学校生だったのですけど、もう広島の街は万歳万歳で溢れかえって、私たち小学生は旗行列といって日ノ丸の旗を持って行列をしてパレードです。広島の街の中を。軍歌を唄いながら。大喜びでそれこそもうお祝いがあったのですね。夜になると今度は提灯行列といって、大人の人が日の丸提灯に灯を入れて、その提灯をもってみんな町内別にチームを組んで集まって、それで万歳万歳です、これも。

そういう賑やかなまるでお祭り騒ぎ、そこで何人死んだかとか、何人虐殺されたとか、そんなことまったく報道もされませんから、知りもしなかったのですが、考えてみたらその南京という都市を攻略するために、どれだけの命が失われたことかと思うと、もう暗然たる思いがするのですけど。そんなことは知ったこっちゃないという感じで万歳万歳のお祭り騒ぎをした記憶がございます。

出征兵士を送った港

宇品という街には陸軍船舶練習部という、陸軍の巨大な輸送部隊がいたのです。陸軍と海軍ってとても仲が悪くて、海軍の軍艦なんかに絶対に陸軍の兵隊なんか乗せませんから、陸軍は陸軍で運輸部というのを作って、それで船舶隊という部隊があって、自分たちで船を都合してきて、兵隊を戦場に送りだす。今は広島港と呼んでいますが、私はこの宇品の港というのは、陸軍の軍港だったと思っています。毎日毎日たくさんの兵隊がね、ここから送り出されていきました。それを万歳万歳と見送るのが私たち小学生の仕事といったらおかしいですが、つとめだったのですね。

兵隊さんたちがたくさん送られていく、その傍らで、宇品の岸壁で兵隊を見送っておりますとね、今は大きな港になっていますけど、1万トン級の船でも横付けできる港になりましたけど、当時はすごい遠浅の港で、大きな船は沖の方に泊まっているのですよ。それに兵隊が岸壁から艀(はしけ)に乗りましたね、艀ってご存知だと思いますけど、底の平らなボートみたいな船です。それを何艘も何艘も連ねて、そこへ重装備をした兵隊がきっちり詰め込まれて、先頭は発動機をつけたポンポン船と呼んでいましたけど、その発動機船が引っ張って沖へ連れていくのですよ、兵隊を。兵隊たちは輸送船に乗るのに梯子で登って行って乗るのですね。

悲しい馬のいななき

たくさんの馬も運ばれていったのです。中国大陸というのは、道路が整備されていないからトラックを持っていってもあまり役に立たなかったらしいのです。大きな都会というのは、今は知りませんよ、今は中国も大きな工業国になっていますから道路も整備されておりますでしょう。でもその頃は道路なんかなくて、街は城壁に囲まれて、その中が都会なのですね。その外は一面の麦畑、コーリャン畑。コーリャンって、丈の高い、私の背丈よりもっと高い、先に穀物のできる植物なのですが、そういう畑が一面に続いていて、トラックはあまり役に立たないというので、たくさんの馬がね、連れて行かれました。当時は騎兵隊もありましたから、兵隊が乗って突っ込んで行くっていう乗馬用の馬と、それから荷物を運ぶ馬と、両方の馬が運ばれて行きました。騎兵隊の馬は格好のいい馬なのですよ。荷物を運ぶ馬は駄馬なのですね。それがたくさんたくさん戦場に運ばれていくのです。

私は動物が大好きでしたからね、兵隊さんより馬のことばっかりが気になって、馬は自分で梯子を登りませんから、みんな艀で沖へ連れていかれて、横付けにされて、腹にバンドを掛けられて、甲板からクレーンが下りてきて、吊りあげられて乗せられるのです。

普段は民間にトラックがなかったものですから、民間でも荷物を運んだりするのは馬車が使われていた時代ですから、馬はとても親しい関係にあったのですね。トラックターミナルではなくて、馬車屋さんと言って馬

六管桟橋の跡碑（広島市南区宇品波止場公園）戦時中、たくさんの兵士と軍事物資がこの桟橋から送られていった。

車のターミナルみたいな所があって、たくさん馬車を持って、馬を何頭も飼って、お引っ越しだと言えばそこに頼みに行く、馬車に荷物を曳いてもらって、馬がパカパカ引っ越し荷物を運んでいく、私もそれで一度引っ越しした憶えがあるのですが。そういう時代でしたから、とっても馬は親しかったのです。

その馬たちが普段は元気よくヒヒーンといななくのですが、船に吊り上げられる馬の鳴き声、もうそれはそれは悲しそうな、哀れな哀れな声を出すのです。だから私は、ああ馬にも自分が動物の本能で危ないところに連れていかれるっていうのが分かったのではないかなと思うのですね。

そういう可哀そうで可哀そうで、馬のために涙を流した記憶がございます。小学校の2年生でした。毎日毎日宇品の岸壁でそういうのを見送って、長い長い戦争でございました。

帰ってこなかった馬、犬、鳩たち

戦争が終わって、広島は壊滅状態になるのですが、宇品の港は焼けませんでした。助かったのです。港の設備もそのまま残ったものですから、今度はたくさんの兵隊が、復員と言って戦場から引き揚げてきた。その時私はもう高等女学校を卒業して女子専門学校という学校に、これも宇品にあるのですが、進学しておりました。学生たちがね、自分たちが幼い時には万歳万歳と言って勢いよく元気よく旗振って見送った兵隊たちが、もうしょぼくれてしょぼくれて、誰のお迎えもなく宇品の港に帰ってくるのが、もう気の毒で気の毒で。そこで学生たちが今度はボランティアで、在外同胞救出学生同盟とかいうなんか偉そうな名前をつけたボランティアグループみたいなものを立ち上げましてね、それで港に迎えに行った記憶もございます。

帰ってくる兵隊たちは、行く時には元気よく勇ましく、「勝ってくるぞと勇ましく」なんて歌もありましたけれど、そんな軍歌を唄いながら行進して出て行った兵隊たちが、もう髭もじゃになって、汗と血にまみれた軍服よれよれになって帰ってくるのが本当にね、お気の毒としかいいようがなかったですね。

広島は焼け野原だけど、まあ宇品は助かったので、たくさんの兵隊が帰って来られた。あの時は宇品だけではなくて、舞鶴とかにも引き揚げてきた方はたくさん上陸されたと聞いていますけれど、宇品にも随分兵隊が帰ってきました。

それを出迎えた時に私がフッと、あの時たくさん送られていった馬はどうしたろうと思ったのですよ。でも馬は一頭も帰ってきませんでした。馬ばかりではないのですよ。宇品から送られていったのは犬、鳩。犬はシェパードが多かったです。軍用犬と呼ばれていて。広島にはありとあらゆる兵科の部隊があって、歩兵、砲兵、機関銃隊と。電信隊というのもあって、それは無線電信とか、それから占領地に電話を引くとか、あらゆる手段で連絡をとるのが専門の部隊なのですが、その部隊は伝書鳩を連れていく、軍用犬という犬を連れていく。その犬は何をしたかと言うと、首輪に通信管をつけて、第一線と後方との連絡に使われる、犬の首に命令書を書いて第一線に送られる、第一線から今度は報告書が詰められて後方の基地に連絡に帰ってくる、弾の中を潜りながら。だから犬たちも命がけで行ったり来たり戦場でこき使われたのだと思います。

伝書鳩も使われて、第一線の報告を後方へするとか、後方から第一線へ鳩が行ったのかそこまでは知りませんが、犬は確実に行ったり来たり行ったり来たりしたみたいです。

だけど復員してくる兵隊さんたち、随分の数の方たちが戻って来られたのですけど、馬は一頭も帰ってきませんでした。

鳩は一羽も帰ってこなかった。犬も一匹も帰ってきませんでした。私は犬や馬や鳩たちがどうなったのだろうと思って、戦後とても気になって、戦線から帰った兵隊だった方にそのことを話して、「どうなったんでしょうかね」と言ったら、みんな言葉を濁して「さあ、なあ」とか言って教えてくれないんですよ。

私の母の弟が、叔父ですが実は軍人でございましてね、陸軍士官学校出の生粋の軍人だったのですけど、その叔父がなんとか無事に帰ってきたものですから、その叔父に「おじちゃん、馬やら鳩やら犬やらいっぱい行ったけど、あれどうなったの。教えてちょうだい」と言ったら、その叔父ははじめは「さあなあ」なんて言っていたのですけど、「実はなあ、戦争に負けたら日本軍も食べるものがのうてなあ」と言うのですよ。

「食べたの？」と言ったら、「まあなあ」と言うのですよ。「だからねえ、涙を飲んで自分たちの愛馬であった軍馬を殺して、肉をもらって生き延びた兵隊がいっぱいおるよ」と教えてくれました。「犬は？」と聞いたら、日本人は犬を食べる習慣はないから、犬は食べなかったと言うのですよ。だけど中国の人は犬を食べるのだそうですね。だから犬を中国の人に譲ってコーリャンだとか麦だとかの食べ物と換えてもらったと言うのですよ。

「鳩は？」と言ったら、「鳩はうまいからなあ。フランス料理では高級料理だからなあ」って言いました。食べたとは言いませんでしたが、鳩も食べられたのだろうと私は思っていますけど。

だからもう戦争というのは人間ばかりか、そういう動物までも犠牲にし、草や木まで根こそぎ焼き払い、生きとし生けるものの命を根こそぎ奪っていくのが戦争だなあと思いますね。

灰燼の街

広島の街も本当に草木も根こそぎ焼けちゃって、75年は草木も生えないなんてね、原爆の後では言われたのです。だけど、どこからか種が飛んできて、鉄道草と言っていましたけど、ヒメムカシヨモギというのが二番目だとか聞きましたけど、北米が原産で、鉄道の荷物に種がついてきて、それがこぼれて鉄道沿線に生えたので鉄道草という名前がついたと聞いていますけど、丈の高い上に白い小さな小菊のような花が咲くのですけど、そういう草がね、戦後間もなくしてから生えてきたのです。草木も生えないと言われたのに草が生えたじゃないと言って喜んだのを憶えております。その草のね、先っちょの方の柔らかいところとか花とかを摘んで、これも食糧のない時には食べましたね。だからもう本当に広島の人たちは焼け野が原で、どうやって生きていこうかと、生き残った人たちは本当に草を食べて生きていきました。

私の学校の生物の先生が教えてくれたのですが、ナという字のつく草は毒ではない、食べられるよ。ヨメナとかナズナとか、そういうナのつく草はね食べられるのだよ、と言われて、そういう草をむしってきてね、お雑炊に入れてそれが三度三度の食事でございましたね。

市役所もやられる、市長さんも亡くなる、県庁は焼かれるで、行政は壊滅ですからね。誰も助けてくれないのですよ。軍隊も壊滅ですし、唯一残ったのがこの宇品港にいた陸軍船舶部隊という部隊だったのです。その兵隊さんが遺体の処理をしてくれたり、それから衛生兵の人が来て火傷の手当の方法を教えてくれたりしたのですけど、それも終戦までです。8月15日が来たら日本陸軍は解散ですからね。船舶隊の兵隊たちもそれぞれの国へ帰っていく。ですから本当に誰も助けてくれなかったですね。もう自分たちでなんとか手当をしてなんとか生きていくしかないという、空白の10年と言われていますけど。戦後は辛かったですね。

生き延びた人たちもたくさんの身内を失ったり、友だちを失ったりで、自分たちだけ生き残ってしまったという後ろめたさにさいなまれて、ああ命が助かってラッキーなんて思った人は一人もいないと思いますよ。みんな「なんで一緒に死なんかったんじゃろうか」「もう一緒に死にたかったよ」とぼやいていました。私もそういう一人で生きている気力もなくしていたのです。

脱毛・出血・紫斑、そして……

私は幸いにも両親が無事で、父親は元宇品に、今は大きなプリンスホテルの建っている近くですけど、そこにあった大きな造船所の技師でした。広島市内の中では一番安全な所にいたのですね。父は無事でした。だけども私や、私の妹も学徒動員で市内の中心部に出ていて、妹は行方が長いこと分からなかったものですから、父親はこの火の中を潜って妹を探すために何日も何日も、放射能のことは知りませんから歩き回って、結局一番安全な所にいた父が白血病になってしまったのです。

白血病も、普通の原爆に関係のない白血病はどちらかと言うと白血球がどんどんどんどん増えていく、天文学的数字に増えていって、がん細胞みたいにどんどんどんどん血液の中の白血球が変形して増えていくのが普通白血病というのだそうです。ところが原爆の白血病は減っていくのです。どんどんどんどん白血球が減っていく。だから白血球減少症という名前が、当時の厚生省からつけられて、白血球減少症というのは＝原爆症ということでございました。

父はその病気にかかって亡くなってしまったのですが、怪我も何もしてないのですよ、一番安全な所にいたのですから。それが白血球減少症ですからね、どれだけここの焼け跡にたくさんの残留放射能があったかということなのですよね。でもそのことは誰も教えてくれないし、報道もされない。戦争が終わって間なしに広島にたくさんのアメリカ兵が進駐してきたのです。でもそのアメリカの兵隊たちも知ってはいたのでしょうけど、そんなことは教えてくれない。報道はもう厳重にプレスコードがかかっていて、地元に中國新聞という新聞社があるのですが、その新聞社の方も取材はしても、報道はできないという時期が、あったようでございます。

ですから、本当に何も知らないから、平気で焼け跡に身内を探したりしながら、みんな歩き回って、それから放射能の後遺症みたいな病気で次から次へと死んでいくのですよ。典型的なのが、まず髪が抜ける、もう束になってバサッと抜けるのです。髪が抜けた後、今度は歯ぐきから血が滲んでくる。あれれと思っていたら、体に紫の斑点、紫斑が出る、そしたらもう末期なのです。その内に今度は血便が出る、そこまで症状がいった人はもうほぼ助からないと言われていましたね。それに原爆症という名前がついたのはまた後のことで、なんだか分からないけど、爆弾が落ちて毒ガスを吸ったのだろうと、吸った毒ガスが体に回ってそういう症状が出るのだろうというのが一般市民の理解でしたね。大分後になって放射能というのがあるのだと聞いて、もうぞーっとしましたけど、放射能ということさえも、市民には知らされていなかった。それを知らないで郡部から身内を探しに来たりして、後で市内に入ってきて、それでまた原爆症になった人も随分あったのです。怪我も何もないのに、ある日突然髪が抜け、ある日突然血便が出て、血便が出るから伝染病の赤痢だと思われたのですね。

だから血便が出た人は赤痢だからうつるから近寄っちゃいけないとか、そんなひどい話になってしまって。

箪笥の引き出しがお棺になった幼い従妹

私の従妹二人が、叔父、叔母と街の中心に住んでいたのですが、叔父、叔母はどこで亡くなったのかも分からないのですが、幼い従妹たちがなんとか無事に火の中を潜って、比治山の近くにあった私の家に辿り着きました。陸軍被服支廠は軍の大きな工場で、兵隊の帽子から靴の先まで軍服を主に作る工場なのですが、そこで何千人という工員さんが勤めていました。私の家はそこの近くだったので、焼けはしなかったのですけど、もう本当に、街の方に住んでいたたくさんの人が、宇品の港の方は焼けていないというので、そこをめざしてたくさんたくさん逃げてきて、私の家にもその従妹たちが逃げてきたのです。そして3日目か4日目に血便が出るようになったのです。そしたら赤痢だということになって、母が、はじめは壊れた私の家の座敷の畳をはがして、他所の畑の中に勝手に入り込んでそこに畳を敷いて、どこかから柱を持ってきて四隅に立てて、テントなどはないですから蚊帳といって、蚊を防ぐために夜吊って寝る夜具があったのですけど、それを外に吊って、その中に従姉妹たちも寝かせて、私たちも一緒にすし詰めになって野宿をしたりしました。

血便が出だしたものだから赤痢だろうと言って、その従姉妹たちをまた別の所に離して、私たちにうつってはいけないから近づくなというのですよね。その従姉妹たちは3日目か4日目には死んでしまったのですけど、せっかく逃げてきたのに。私は仲良しの従妹だったのですけど、その死目にも逢えないで、荼毘に付されてしまったのです。

でも亡くなっても火葬場もなければ何もないのです。だから近くの畑とか野原とかへ、桜土手と言って春には桜が満開になっていっぱい咲き誇る土手があったのですが、そこの土手の並びがずーっと死体焼き場になってしまったのです。母が従妹をこのままでは放っておけないからどうしようかと言って、いろいろ考えて、箪笥の引き出しを抜いて、その引き出しをお棺の代わりにして、従妹も幼いですから小さいので箪笥の引出しに入るのですよ。その和箪笥の引出しに従妹を入れて、両側から大人が抱えて、土手の並びに行って、火葬にしたのですね。

箪笥の引出しに入れた従妹をえっちらおっちら土手に運んで行って、そこに焼け残った家でめちゃめちゃになったお家があったりしたら、空家ですね、そこの窓枠なんかを勝手に外してきて薪代わりにしてそれを積み上げたりして焼いたのです。

とにかく次から次へ死んでいく人が出てきて、人々はもうそれこそまるで人焼き人夫でした。

広島中に溢れたあの臭いを残すことができたら

私の通っていた学校は宇品の港に近かったので焼けませんでした。妹も同じ学校の下級生で通っていたのですが、なかなか帰ってこないから、父が「お前は照子（私の妹の名前）が学校に帰ってくるかもしれないから学校におれ」というものですから、家から離れて泊まり込みみたいにして学校にいたのです。1年生と2年生の下級生たちは、広島の市役所の裏の雑魚場町、昔雑魚場と言って、ブリとかマグロとかの大きな魚ではなくて、小さないわゆる雑魚を取引する市場があった街なのですよ。広島は城下町でしたから、雑魚のある所は雑魚場町、箪笥やいろんな家具を作る所は細工町、猿楽師が住んでいる所は猿楽町と、みんな職業別に住んでいる所が決められていて、町の名前が鍛冶屋さんが住んでいる所は鍛冶屋町とかですね、そういう町名があったのです。今はそういう町はみんななくなって、大手町何丁目とか、そういうように十把一絡げにされて、古い町名はなくなりましたけど。鷹匠が住んでいる所は鷹匠町とか、私の娘が生まれた時はまだ旧町名は残っていて、私の娘は鷹匠町にあった病院で生まれたものですから、出生地が鷹匠町になっています。

そんな旧城下町だったのですが、それが木端微塵にやられてしまって、原爆資料館ができていますが、でも臭いだけは資料として残すことができない。あの臭いを残すことができたら、どんなにひどかったかということが、一目瞭然ではなく、一息吸ってもらったら「うえっ」となるような臭い、それを嗅いでもらうことができたらどんなに悲惨だったかということが分かってもらえると思うのですけど、臭いはとっておくことができない。その臭気といいますか、人や獣が焼けていく臭い、建物が焼ける臭い、草木が焼ける臭い、犬だろうが猫だろうが、馬だろうが、そういうものが焼ける臭い、それが広島市内に満ち満ちたのです。

ハエに襲われる街

そしたらですね、郡部、佐伯郡とか、安佐郡とか、双葉山とか、焼けなかった郊外から、まあ集まってきた集まってきたハエ。こんな大きなハエが広島中を覆ったのです。道を歩こうと思っても、何か木の枝か何かで払いながらでないとハエがたかってくる。死んだ遺体にハエがたかってウジ虫がわくというのは分かりますよね。

広島の中心部の雑魚場町で作業していた下級生たちが宇品の学校まで帰ってきたのが何人かいるのですよ。その子たちの血膿の臭い、それをめがけてハエが飛んでくる。それを払っても払ってもしつこくしつこくハエが来る。窓なんかは壊れていますから防ぎようもない。蚊取り線香もなければ、殺虫剤もないですからもうハエにたかられ放題。そうすると、下級生がたくさん雑魚場町から全身火傷で帰ってきたのですけど。

全身火傷って想像できますでしょうか。火傷すると水膨れになりますよね、痛いです。部分的に火傷してもピリピリ痛いのに、それが全身火傷なんですよ。全身水膨れ。髪の毛は焼けてみんなチリチリ、あの頃は長い髪をそのまま垂らしていてはいけなかったのですよ、作業の邪魔になるからといって。だから長くしたい人は必ず三つ編みにするか、おさげにするか、それとも短くおかっぱに切るか、邪魔にならないような髪にしなければならないとされていたのです。みんなそうしていたのですけど、それがみんなざんばら髪になっちゃって。もう全部逆立っている。一本一本焼け縮れてうおーって立っているのですよ。着ている物も焼けちゃって裸同然。手の先から真っ黒いドロドロの、まるで昆布か若布を水に浸したようなものがぶら下がっているのです。足元にもずるずるずるずる長い昆布か若布のようなものが引きずられているのですよ。なんだろうと思ってみたら、全身火傷で、表皮がペロンと剥ける、その剥けた表皮が、手先に爪があるから、スポッと抜けて落ちてしまわないで、止まってぶら下がっている。手から黒いものをぶら下げて、足には昆布かワカメのようなものを引きずって。

その生徒をご覧になって、もう中年を過ぎた女の先生でしたけど、若い男の先生なんていないのですよ、みんな召集されて戦場に行っていますからね、女の若い先生か、お年を召した先生しかおられない。その女の先生が「これは皮膚だけどどうしようもないわね」と言ってね、私は勇気のある先生だなと思いましたけど、最初の一人をね、ぶら下がっている皮膚を手で千切ってね、棄てられたの。足にずるずる引いている皮膚も千切って棄てられたのですよ。そしたらね、その子は何と言ったと思います？　もう唇も火傷で腫れあがって、うまくものも言えないのだけど、細い細い声でね、「先生ありがとうございます。これでちゃんと歩けるようになりました」そう言ったの。自分で自分の足の皮膚を踏んづけてね、ずるずるですから、それで滑り転びそうになりながら、火の中を帰ってきたのですよ。もうそれは可哀想でね。どう言ったらいいのか、慰めの言葉なんか出やしませんよ。医者もいなければ薬もない。

怪我をしたままの人たちも、しばらく生きていた人たちがおりましたのですけど、その人たちの体に、生きている体に、ハエがいっぱいたかって卵を産んで、体中ウジ虫だらけになるのですよ。生きている体にですよ。痛いから「取って下さい、取って下さい」と言うのですよ。ウジ虫がうごめくのが痛いのですね。さすがに素手ではようとらないから割り箸で一匹一匹取るのですけど、取っても取っても取っても、中から湧いてくるのかと思うぐらい、ぴっちり湧くのですね。両腕のウジ虫を取ってあげて、ああやっと綺麗になったと思ったら、「背中も痛いから見て下さい」と言うので、そーっと起こすと、背中にびっしりウジ虫。取ってあげている途中に息を引き取る子もいるのですよ。それを荼毘に付すのに、遺体は死後硬直が始まってピクとも動かないのですが、ウジ虫は生きているのですよ。動くのですよ。それで荼毘に付すので火をつけて、火が回っていくとね、想像できますか？　ウジ虫のはじける音がするの。ウジ虫が熱で膨らんでパッパッパッという音がしてははじけていくのですよ。その内に内臓に熱がいって、胃とか腸とか、これも破裂音ですね、自転車のタイヤがパンクするような音がするのです。ジリジリジリジリ焼けていって。今考えても地獄でしたね。

比治山橋のたもとで

私たち上級生は工場勤務が多かったですから、割と無事で、何人かは学校まで帰りついたのはいたのですが、私もその一人でした。その日私はタバコ工場に学徒動員で出ていました。朝7時半から工場に行って8時からもう機械を回してタバコの粉まみれになりながら働いていたのですが、朝から晩まで立って働くので、足を痛めて、医務室があるのですけど、内科の先生しかいないので、その内科の先生が「あんたなあ、関節リウマチが起きよる、わしが紹介状書いてあげるから外科の病院に行きんさい」とおっしゃって、紹介状書いてもらって、7月の終わりからこの比治山橋という橋を渡った先にある病院なのですけど、そこへ1週間に1回通っていたのです。ちょうど8月6日は月曜日でね、その病院に行く日だったものですから、タバコ工場の先生に断ってもらって2時間だけ休暇をもらって、病院に行くために、この橋の所まで行っていたのです。

橋を渡ろうと思ったのだけれど、暑い日でね、朝からかんかん照っていて、足は痛いわ、汗は出るわね、そしてまたこの比治山橋が長い橋なのですよ。今もありますけど。その橋を渡るのにね、これは一休みして汗を拭かなきゃ私は渡れないわと思って、きょろきょろどこか陰がないかなあと見てたら、橋の袂に小さな木造の倉庫みたいな建物があって、軒が深くてちょっと陰があったのですね。あっ、あそこに入って汗を拭こうと思って、そこに入った瞬間だったですね。ピカァーっと、何と言ったらいいのか形容のしようのない、昔集合写真などを撮る時に写真屋さんが、あれマグネシゥムですかね、バアッと焚いてましたでしょ、あれをね、何千発も集めてバアッとやったかというような、おひさまが目の前に落ちたような閃光でした。パアッとそれ

現在の比治山橋東詰

が光ってきて、爆心地には背を向けて立っていたのですけど、それでもパァっと目が眩んで、あっと思う間に地面に叩きつけられて、爆風で、それで気を失っちゃったんですよ。

気を失った時間がね、どれぐらいだったのか、ほんの数秒だったのか、もっと長かったのか、それは分かりません。

はっと気がついたら、体の上に重い物がいっぱいのしかかっている。その倉庫みたいな建物が私の上に倒れていた、その下敷きになっちゃったのですね。でも私はその倉庫があったお陰で、熱線をその倉庫が防いでくれた、火傷を負わなかったのです。その代わりその倉庫の、窓があったとは思わないのですけど、天窓かなんかあったのでしょうか、ガラスの破片が、小さなガラスが頭や首筋に立っていたのです。それは後から気がついて、その時は痛くもなんともなかった。

その時は必死になって、倉庫の残骸から抜け出すことができたのですね。もっとしっかりした建物の下敷きになっていたら、圧死していたと思うのですけど、まあなんとか私の力でも抜けて出ることができたのですよ。

対岸から逃げてくる人たち

「助けて下さい！」と一声言ってみたのですけどね、誰も助けには来てくれない。自分ではすぐそこに爆弾が落ちたと思ったのですね。必死になって外へ這い出て、そしたら、さっきまでカンカン照りだったのに、あたりが真っ暗闇。何にも見えないのですよ。えーっと思ってね、わけが分かんなくて、その暗闇の中にしばらく突っ立っていたのですね。後から考えたら、うわーっとあの原子雲が上って大きな柱になって、地上の埃とか土も一緒に巻き上げて、うわーっと高い所まで昇って行って、広がってキノコ雲になっているのですね。だけど私はキノコ雲は見ていない。キノコ雲の柱の中にいたのだろうと思うのですけど。えーっ、真っ暗闇だあと思って、どうしよう、どうしよう、どうしようと暗闇の中でまた茫然自失ですよね。それでぼんやりと突っ立っていたら、しばらくしたら、少しずつ少しずつあたりが明るくなって、周りが見えるようになったのですね。そしたら今歩いてきた道の両側の家がみなぺっしゃんこに潰れている。渡っていこうと思った橋の向こうは、紅蓮の炎と真っ黒い煙。もう大火事になっているのですよ。そこではじめて、自分のそばに爆弾が落ちたのではなかったということを知ったのですね。

橋の向こうはもう真っ黒い煙に包まれてね、チラチラチラチラ炎が見える。橋の向こうから大勢の人が私のいる方に向かって、悲鳴をあげながら逃げてくる。その人たちの着ている物がボォーボォー燃えている、それを消そうともしないで、消す手段もないのですが、消そうともしないで燃えながら逃げてくる、泣きながら逃げてくるのですよ。でも私はそれをどうしてあげることもできない。ただ茫然と見ている。そしたら、橋の南の方、宇品の方は火の手が上がっていませんから、みんなそちらをめざして逃げていくのですよね。私の目の前を燃えながら泣きながらたくさんの人がゾロゾロゾロゾロ逃げていく。

私はどうしよう、どうしようと思ってね、その時はもうタバコ工場に帰ろう、帰れば先生もクラスメイトもいるからと思ってね、それしか頭になくて、帰ろうとするのだけど、今度は道がない。両側の家が潰れちゃって、そこからブスブスブスブス、まだ川の私のいる方は火には包まれてはいなかった、だけど大地震の後みたいに家が潰れているのですね。ところどころでブスッ、ブスッと煙が出ている。対岸はもう火の海ですけど。とにかくタバコ工場に帰らなきゃと、壊れた塀を乗り越えたり、屋根を乗り越えたりしてね、たった15分歩いてきた道を30分も40分もかかって、タバコ工場まで帰りついた。

タバコ工場の禮ちゃんと共に

タバコ工場もまだ焼けてはいなかったのですけど、メチャメチャに壊れていて、もぬけの殻でした。先生もクラスメイトもどっかに避難していないのですよ。またどうしようと思って、タバコ工場の前で突っ立っていたら、工員さんが「あんた学生さんだね」「はい」「早く逃げなさい。倉庫に火がついたら危ないよ、ここにいたら」と言うのです。「みんなどこに行ったのでしょうか?」と聞いたら、「そんなこと知らん」って言うのです。知らないのは道理なのですけど。どうしようと思って、ふっと港の方を見たら、港の方は火が出ていない。学校がある。じゃあ学校に帰ろうと、そう思って、学校に帰りかけたらね、「助けてー」って声がしたのです。ふっと振り向いたら、メチャメチャになった工場の中から一人のクラスメイトが這って出てきた。那須禮子さんというクラスメイトですがね、その子が「助けてー」と言っている。見たら額が割れて血が吹いているのですよ。後から聞いたら気絶して、倒れていたらしいのです。工場の中も真っ暗闇になったのだそうで、そんな暗闇の中をみんなギャーっと言って逃げたから、その禮ちゃんが気絶して倒れているのも、みんな気がつかないで逃げたのですね。あれ気がつけば放ってはおかないで、引きずってでも逃げたと思うのですけど。真っ暗闇になって、何も見えない中を手探りでみんな逃げたというのですよ。

少し暗闇が明るくなった頃に、禮ちゃんも気がついて、這って出るしかない、工場もメチャメチャですから。

タバコ工場（専売公社広島工場）の跡に建つ平和記念碑

這って出てきたところに私がたまたま出くわしたのですね。血を止めてあげなきゃ、どうしようどうしようと思って、血を止めるものはないかと思ってひょっとみたら救急鞄という鞄をさげていた。あの頃はね、空襲で怪我したりしたら自分で自分の手当ができるものを持って歩かなければいけない規則があった。私の母が大事にしていた和服の帯をほどいて、二度と着ることはないといって、その中に帯芯といって固い布地が入っているのですが、それを使って作ってくれた鞄で、こんなに太い肩紐がついていて、ミシンでバックステッチがかけてあったから、私が這って出る時も切れてなかったのですね。防空頭巾といって、座布団を半分折ったような雪国の子どもが被るような綿入れ頭巾があったのですが、それはヘルメット代わりのものですけど、それも肩からかけてたすき十字にして歩いていたのですが、防空頭巾の方は紐が切れてなくなっていました。だけど帯芯で作った救急鞄が助かっていたのに気がついて、それを開けて出して、三角布を折って畳んで血を止めて、タオルもあったのでそれで血だらけの顔を拭いてあげて、血止めをして、そしたらその子が「あんたも怪我してるじゃない」と言うのですよ。

「えー、私も怪我している?」と言ったら、「うん、怪我してる、頭にいっぱいガラスがささっているよ」と言うのですよ。彼女が今度は私の頭にささっているガラスを抜いてくれるのです。そしたら抜いた瞬間、ダラダラーっと血が出るのですよ。顔の方に刺さっていてガラスは自分で無意識の内に抜いていましたけど、頭の方のガラスはあまり痛いとも感じていなかったのです。だけど口の中に何かしょっぱいものが入ってくるのですよ。鏡はないから自分で自分の顔は見えないのですけど、汗が口の中に入ってくるのだと思っていたのですけど、汗もあったのでしょうけど、一緒に血も流れてきて、口の中に入っていたみたいです。それがしょっぱかったのですね。今度はその禮ちゃんという子が私の顔を拭いてくれて、大きいガラスを2~3個抜いてくれましたかね。その後、私の救急袋から、その頃ヨードチンキというものがあって、それをつけるととっても沁みる、臭くて茶色の何とも言えない傷薬だったのですけど、それを小さな瓶に入れて持っていたのが割れてなかったのです。それを彼女がガラスを抜いた後にちょっとつけてくれたりして、赤チンと言って、赤インクみたいな傷薬もあって、それも入れてあったのです。それもつけてくれて応急手当みたいなことしてくれて。小さいガラスは抜けきれないのでそのままにして。

それからどうしようとなって、ひょっと宇品の港の方向見たら火の手は上がっていない。「学校は焼けてないよ」、二人で学校に帰ろう、ということになって、学校まで帰ろうとするのですけど、道がないのです。両側の家が壊れていて、もう屋根瓦の破片やガラスの破片で街中もうガラガラ。でもとにかく学校に行こうとなって、もう必死になって学校までたどり着くことができたのです。

帰ってきた第二県女の下級生たち

禮ちゃんは出血が多いから真っ青い顔になっちゃって、私はもう歩けないから、私はここにいるからあんただけ帰り、と言うのですよね。「そんなわけにはいかんでしょう」と言って、私は身長が1メートル49センチしかなかったのですが、彼女もそれぐらいの身長でチビだったのですが、チビがチビを背負うようにして、とにかく学校まで帰ろうよと言って、帰り着いたのですね。

そして学校は壊れてはいたけど焼けてはいなかった。やれやれと思って、学校に入っていったら校長先生やら何人かのクラスメイトも帰っていて、私たちを見て無事で良かったと言ってくれました。だけど1年生と2年生が連絡がつかないんだよ、と先生がおっしゃって、私には2年生に妹がいたものですから、心配になって、行ってみましょうか?と言ったら、「馬鹿、橋は全部閉鎖されて行かれはしない」「待ってなさいここで、きっと連絡が来るから」とおっしゃってね。

学校でイライラしながら、学校もね、ガチャガチャに壊れていますから片付け片付けしながら待っていたら、もう昼近かったでしょうか、雑魚場町という所に行っていた下級生が一人また一人帰ってき始めたのですよ。みんな手の先から真っ黒いワカメか昆布のようなものをぶら下げ、足にズルズルズルズルそういうものを引きずり、顔は腫れあがり、髪は逆立ち、もう誰が誰だか分からない。私は2年生の子でも東西に2クラスしかなかったし、みんな何組の誰と知っていたのですが、それが分からないのですよ。もう人相が変わっちゃっていて。胸に名札をつけていたのですが、それも焼けちゃって見えない。

でもなんとなく、自分の学校の生徒だということは雰囲気で分かるのですね。「あんた第二県女の生徒?」って聞いたら、「うん」と言うのですよね。で、下級生に肩を貸してあげようと思うのだけれど、うっかり肩を貸して上げたら、全身火傷ですから、皮膚が剥げるのですよ。触れないのですよ。触るとそこが剥けちゃったり、肉に食い込んだりしますからね。どうしようもないから頑張ってね、頑張ってねと言って声で励ましてあげるしかできないのです。

黒いものをズルズル引きずりながら帰って来て、それをご覧になった先生が、皮膚だけどどうしようもないねえ、と言って最初の一人を手で千切ってね、捨てられた。そしたらその子が「先生ありがとう。これで歩けるようになりました」って言うのですよ。もう可哀想と思っている暇もない、後から後からそういう子が帰ってくる。あの頃は女子の学校ですから、お裁縫するための特別室があっ

旧雑魚場町のあった場所を示す記念碑（広島市中区国泰寺町）
この小公園の中に犠牲となった県立第二高女の生徒たちの慰霊碑が建つ

て、「裁縫教室に裁ちばさみがあるから持ってらっしゃい」と言われて、クラスメイトの一人が裁ちばさみを持ってきて、3人目ぐらいからは先生がそのぶら下がっている皮膚を裁ちばさみで切られたのです。

薬もなければお医者さんもいない、「どこへ寝かせましょう」「理科教室に実験用の机があるだろう。あそこをベッド代わりにするから片付けろ」って言われて、物理化学教室という教室でしたけど、ちょうどシングルベッドぐらいの机。壊れて散乱したガラスの実験器具がいっぱいあるのですけど、それを一生懸命掃き出して片付けて、机の上を拭いて、帰ってくる下級生を一人ひとり寝かせていくのですよ。薬もなければ何もない、「先生どうしてあげたらいいでしょう」と言ったら、先生が下級生を見て、「これは火傷のようだから、火傷だけど普通の火傷と全然違うから、油を塗ってあげたら少しは楽になるかもしれない。家庭科の実習室にてんぷら油の残ったのがあると思うから探してきなさい」と言われました。

家庭科の部屋に走っていく、鍋だの釜だの実習室ももうメチャメチャになっているのですけど、そこに潜り込んでいって、戸棚を探ったら、中に、てんぷら油も貴重品ですから、いつ実習に使ったのかも分からない、もう何年も何年も前に使ったようなものしかないのですけど、一升瓶の空き瓶に5本ぐらいありましたかね、真っ黒い菜種油が。それを持ってきて、塗ってあげる。脱脂綿に浸して。

それがせめてもの手当と言えば手当。まだ1年生、2年生ですから、幼いでしょ。「お父ちゃん、お母ちゃん、熱いよ、痛いよ」って泣くのですよ。でもどうしてあげようもない。とにかく、しっかりしてね、頑張ってね、死んじゃ駄目よ、と口で声をかけてあげるぐらいしか、やりようがないのですね。

地獄絵図の方がまだまし

そうこうする内にね、陸軍船舶隊という宇品の港の端っこにいた部隊、ここは無事だったのですが、ここに私より1年下になる3年生が動員で行っていた。そこの動員先に情報が行ったらしくて、ここに衛生兵といって看護婦と同じ資格を持った兵隊がいるのですが、その衛生兵の兵隊さんが火傷の薬をたくさん持って応援に来てくれたのです。もう嬉しかったですね。今度はその人が頼りで、その人の指示で看病するのですけど。たくさんの火傷の薬を持ってきてくれたのだけど、その薬が、亜鉛化でんぷんというでんぷんがあるのですけど、その亜鉛化でんぷんをオイルで溶いたドロドロの真っ白い薬、練り薬というか塗り薬なのです。これを塗ってあげろとおっしゃる。それを脱脂綿に含ませて、ベタベタのズルズルの薬です。それを塗るのですけど、それでなくても誰が誰だか分からないのが、全身火傷の子にその真っ白いのを塗るとみんな石膏像みたいに真っ白くなって、もう何が何やら分からない、誰が誰やら分からない。「口が利けるうちに名前を聞いてメモして貼っておけ」って先生から言われて。「あなたは何組の誰?」と聞いて、でも口が腫れているからはっきりと言えない、何度も何度も聞き返して、鉛筆で名前書いて押しピンで留めておく。

本当に、赤鬼青鬼の描かれている地獄絵図の方がまだましという感じでしたね。本当に可哀想で、お父ちゃん、お母ちゃんと言いながら、苦しんで苦しんで、ふっと、安らかな顔になるのですよ。あっと思ったら心臓が止まっているのです。なんと表現していいか、今思っただけでも身震いがして、涙が出そうになるのですけど、その時は涙も出ませんでしたね。こっちももう人間としての感覚を失っていたのかとも思いますけど。あやっぱりこの人も駄目だったわ、この人も駄目だったわ、という感じですよ。

夏の暑い時だし、遺体をそのままにしておけないから、「こりゃ火葬にせにゃいけんなあ」と先生がおっしゃって。手伝えとおっしゃる。私の怪我なんか怪我の内に入らないのですよ。先生の指図で、校庭の隅を掘って、それがこの絵なのですけど。ちょうど人が一人横たわれるぐらいの穴を掘って、幸か不幸か、木造校舎がメチャメチャ壊れていますから、壁板をひっぺ返したり、窓枠をへし折ったりして、それを薪代わりにして、その上にご遺体を置いて火を放って焼くのですけど、野天ですからね、なかなか、校舎の破片の薪ぐらいでは焼けないのですよ。生焼けになって、困り果てていたら、船舶部隊の兵隊が、遺体を焼くのにお使い下さいと言って一斗缶に真っ黒い油を入れて持ってきてくれた。それをかけたら、ぐーっと火が上がって、やっと荼毘に付すことができたのですけど。

人が焼けるのは私はそれまで見たことなかったですから、最初はね、パンパンパンと自転車がパンクするような音がする。胃袋とか腸とか空気が入っているでしょ、それに熱がいって膨張して内臓が破裂する、その破裂音がパンパンパンとするのですよ。そして手や足が、神経が熱せられると反応を起こしてピュッと上がるのです。私はそんなこと知りませんでしたから、ビックリ仰天して傍にいる先生に向かって「先生、まだ生きてるじゃありませんか！」と言ったのです。先生は「生きてるのじゃない、見るな！」と言われたのです。見るなと言われても、体が金縛りになっちゃって、ガタガタガタガタ震えながら横を向けないのですよ。震えながら震えながら、小一時間、一時間以上かかったかもしれませんが、痩せた体で栄養失調で骨と皮なのですが、それでも骨になるまで、ガタガタガタガタ震えながら一部始終を見てしまったのです。

校庭で友達を焼いた日　1945年8月
切明千枝子さんが描いた被爆絵画（広島平和記念資料館蔵）

焼け落ちて、目の前に遺骨が、本当に綺麗に骨格の標本のように残りましたね。今のように火葬場で焼くとね、高温で焼くから半分ぐらいは灰になってしまいます。だけどあの時はそうではないのですよ。骨格の標本というぐらい、頭蓋骨から小指の先に至るまで綺麗に残るのです。桜の花びらの色をしていましたよ。骨が淡いピンクで。その時になって初めて涙がうわーって出てきて、おいおい泣きながら、骨を拾いました。そしたら、骨を拾うための用紙もないのですよ。その頃はわら半紙というものがあって、そういう紙を先生にもらって、遺骨を拾うのです。紙が破れるのですよ。先生が「全部拾わなくてもいいぞ。喉ぼとけと小指だけ拾え」と言われるのです。喉のところに仏様のような形をした骨があるのですよ。そういう骨があることもその時初めて知ったのですが。喉ぼとけの骨と小指の骨とだけを拾って、後はもうそこに埋めちゃったのです。

家族のもとにも帰れなかった遺骨たち

名前が分かっている人は名前を書いて、亡くなった日付書いて、壊れてはいても女子専門学校の中に私たちの学校の校舎はあったので、私の学校の校舎はもう爆風で傾いで入れなかったのですが、女子専門学校の方の校舎はまだ壊れても残っていました。倒れなかったのです。そこの中の大きな部屋に応接机があって、そこへ遺骨を並べていくのですね。しばらく経つと、もう火が収まってから、お父さん、お母さんがご無事だった方は、お子さんを学校まで探しに来られるのです。そうするともう遺骨になっている。「間に合いませんでしたか」と言って泣かれるのです。それを見るのが辛くて辛くて、「もう私も一緒に死んでしまいたかった」と言いながら、生き残った者が廊下の端っこの方に逃げて、泣いたりもしましたけど。

そうやってご遺族が探しに来られるのはまだ幸せ。何日経っても誰も捜しに来ない。とうとう終戦になって、戦争が終わった。でも誰も来ない。連絡付けようにも家は焼けてしまっていて、ご遺族がいらっしゃるのやら、どこかに疎開でもして生きていらっしゃるものやら、一緒に原爆で焼かれてしまったものやら、それも分からない。ただひたすら待つしかない。長いこと長いこと校長室に引き取る方のない下級生の遺骨が、何人も何人も置かれておりましたね。校長先生もせめてものご供養だとおっしゃって自分の部屋の応接机に遺骨がおいてある。それにお線香をあげられていました。何日経っても何日経っても連絡のない遺骨がありました。結局最後には遺骨の引き取り手のないご遺骨を収容する所では、今平和公園に供養塔と言う饅頭みたいな塚があるのですけど、あそこに引き取り手のない遺骨が納めてあるのですが、それもできるのは随分後のことですから。

それもまだない時にね、慈仙寺さんというお寺さんが爆心地の近くにあったのですけど、その寺はもちろん焼けてしまったのですが、その慈仙寺さんのご住職がご無事だって、自分の寺の焼け跡に帰ってこられて、本当に急ごしらえのバラックのようなものでしたけど、引き取る人のないご遺骨をご供養しますということを始められたのです。最終的にはそこへお納めして、その後にちゃんとした供養塔というのができて、そこの地下に納めるようになったので、最後はそこへ納まったのだと思いますけど。本当に引き取る方のない遺骨も何人も何人もありましたね。今考えると。何とも言えない悲しい思いがしますけど。

下級生たちが学校に帰って来て、次から次へ死んでいった、その骨を拾って、校長室に安置して、そういう日が何日も何日も続きました。

だけどいまだにどこで亡くなったのか、どういう死に方をしたのか、分からないという下級生もいるのです。

広島県立第二高等女学校の碑（現在の県立広島大学キャンパス内）

靖国神社に合祀されてしまった動員学徒

戦争というのは何なのでしょうね。人間の命の尊厳などというものはこっから先もないですね。兵隊はもちろんですけど、一般の国民に至るまでたんなる消耗品だったのでしょうかね、戦争しろと命令した人たちにとっては。命なんてものは虫けら同然だったのかなと思いますね。

昔からね「身を鴻毛の軽きに置く」という言葉があったのですよ。大君のためなら自分の身なんか水鳥の羽根のように軽いものだよ、だから何の値打ちもありはしないのだよ、そうなのですよね。大君のために、国家のために死んでこそ値打ちがあるのだよ、ということなのですよね。それこそ靖国神社に祀られてこそ、という、そういう酷い時代でしたね。

戦争が終わってしばらく経って、たくさんの亡くなった私の同窓生たち、靖国神社に祀って欲しいという運動が起きました、遺族の方から。私たち同窓生は、とんでもない、お国のためにといって殺されたのじゃないの、靖国神社なんかに祀って欲しくないわよ、なんて息巻いたクラスメイトたちもいましたけど、でもご遺族にしてみれば、自分の娘が犬死をしたと思いたくない。お国のために礎になったのだ、平和のための礎だったのだ、そのために靖国神社にちゃんと祀ってもらって、お祭りもしてもらって、全国民から拝んでもらって、それでこそ成仏できるのでしょう、とおっしゃるのですよ、ご遺族の方が。そしたら、さすがに私たちもそれまで止めろとは言えませんでしたね。靖国神社

原爆供養塔（広島平和公園内）

合祀反対なんて声をあげた同窓生もいたのですが、いつのまにかそれもしぼんでしまって。

後から聞いたら、今はどうか知りませんけど、靖国神社に祀られてこそ遺族年金が出たのだそうですね。だから祀られなければまさに犬死なのですよ。お金もからんでいるということが分かって、なんかもうガックリきてしまって、靖国神社合祀反対の声も尻すぼみになってしまいました。それではあんたたちは何してくれるのよ、と言われたら何もできませんからね。だから何ともうまいカラクリになっているのだなあと思いましたね。

今はもう靖国神社に国家は関われなくなって一宗教団体になってしまったようですけど、でもA級戦犯が靖国神社に祀られてから昭和天皇は靖国神社参拝を止められましたね。あれはどういうお気持ちだったのか、私にはよく分かりませんが、天皇にしてみても軍部の高位高官たちに乗せられたというお気持ちはあったのかなあと、勝手に想像してみた時もありましたけど。

世の中の危うさを感じて始めた被爆証言

だけど、私は天皇家がある限りは被差別部落があると思うのですよ。あれは一対のものだから、被差別部落を本当になくすためには、私、ブラックリストに載せられそうですが、天皇家ももう民間に降りて来られないと本当の民主主義の国にはなれないだろうなという気がしています。何も変わっていないのですもの。ただ。軍隊が自衛隊という名前に変わっただけではありませんか。今は安保法も改正されて自衛隊だってアメリカのために海外にでも行かなきゃいけない時が来るかもしれないし、行くことのできる道はもう開かれてしまいましたからね。

なんだかキナ臭い臭いがプンプン臭うのですが、若い方は、戦前をご存じないから、お気づきにならないのだと思うけど、もうキナ臭い臭いがプンプンしていますよ。でもそれに負けてはいけないので、平和というのはみんなで力を尽くして守っていかなきゃいけないものだと思っております。

平和を守るという言葉があるじゃありませんか。平和と言うのはね、座ってたら向こうから来るものじゃないのですよ。今掴んでいる平和をもう必死で自分たちでできる努力をして、力を尽くして、守っていかないと私は逃げて行くと思います。

それが怖いですね。今、もう羽根がはえて逃げる寸前ですからね。それを必死で押えて、飛んでいっちゃ駄目って、ひっつかまえて、ねじ伏せて、押さえつけて、逃がさないようにしないと、私は逃げて行くと思いますよ。戦争が一旦起きると、人間は虫けら同様になってしまうのですから、とにかく一人ひとりがそのことに気づいて、自分たちにできる、ありとあらゆる手段を考えて力を尽くして守っていかないと、私は平和は危ういと思っています。

私が一生懸命になって被爆証言を始めたのも、なんか世の中キナ臭い臭いが漂ってきて、これではまた同じことの繰り返しになるぞという恐ろしさ、それから始まったことなのです。ちゃんと伝えておかないと人間は嫌なことは忘れてしまって、何度でも同じことを繰り返す、というところがありますからね。だからそれを二度とあってはいけない、戦争への道を、完全にシャットアウトしなければいけない。それはやっぱり一人ひとりが自覚して、平和という、目には見えませんけど、それを力を尽くし、一人ひとりの力は小さくても、微力であっても、無力ではありませんから。その微力な力をたくさん集めれば大きな力になると私は思いますから、もう一人ひとりの人に説得してでも戦争駄目だよ、戦争起きそうになったら反対運動起こさなければ駄目だよ、ということをお願いしてまいりたいぐらいの気持ちでいるのです。

被爆二世・三世のみなさんには胸を張って生きて欲しい

ご縁があって今日ここにお集まりいただいて私の話をお聞きくださったみなさまもお考えいただいて、特に被爆二世・三世の方というのは、いろいろご心配もあろうかと思うのですが、でもみんなで力をあわせれば、乗り切れると思いますし、人間の命というのは大事でございます。

被爆者同士が結婚したらね、障害児が生まれるかも分らんから子どもは産まない約束で結婚したのが実は私なのですよ。ところがそれを一人の近所の先生が「あんたら結婚して7年も子を持たんけど、産まんのんか、産めんのんか」とおっしゃったのですよ。実はこうこうでね、二人とも被爆者だし、産まない約束で結婚したのです、と言いましたら、「馬鹿めが」と怒られたのですよ。「何を言ってるのだ。あんたたちの心の中に障害を持った子に対する、障害者に対する差別意識があるんだろう。だから障害児を産んだら怖いと思って産まん約束なんかしやがったんだ」と言われたのですよ。まさにそうですから、私にはグサッと来ました。主人もグサッと来たみたいでした。そして、「命言うのはなあ、障害があろうがなかろうが、どうであろうが、もう値打ちは一緒なんじゃ。それは大事な大事な命なんやから、そんなことで産むの産まんの勝手なことを言うな」と言われて、もう本当に目から鱗と言うか、頭を金づちでぶん殴られたというか、すごい衝撃でしたね。それで間違っていたわ、ということになって、子どもを作るまいという約束は止めました。結婚後8年目にして女の子を授かり、それからまた何年かして男の子を授かり、二人の子どもに恵まれて、それぞれがまた結婚して今孫が5人おります。ひ孫が1人おります。

あの先生の一喝がなかったら、あんたたち生まれていないんだからね、って言うのですよ。それでね、その先生は割とご長命でいらしたのですけど、孫たちにね、あんたたちこの先生の方に足向けて寝てはいけんよ、あの先生のおかげであんたたち生まれたんだからね、って言ったら、ええ、そうなの、って言ってましたけど。

本当に私は、二世・三世の方には特に申し上げたいのですけど、そのことを恐れて命を後に繋ぐことを止めるなんてことは絶対になさらないで欲しいの。もう正々堂々と胸を張って、被爆二世である、三世であることを、何にも恥ずかしいことではないし、引け目に思うこともないし、大きな顔をして堂々と生きて欲しいのですよ。堂々と命を繋いでいって欲しいの。私は「二世・三世の会」の方がね、京都に呼んで下さると聞いてね、このことだけは言っておこうと思って来ました。

人権とか命とか大事に大事になどと言うけれど、でも自分たちが被爆二世・三世であることを恐れて、命を繋いでいくことをね、止めてしまうことなんて、それこそ止めて下さい。正々堂々と、胸を張って、強く、凛として生きて行って欲しいと思っております。もう大威張りで生きて行って欲しいと思うのですよ。

いまだに被爆者差別みたいなものが日本にはあるのですが、私の娘に「お母さんが被爆証言なんかしているから、あんた大きくなって結婚するときに嫁入りの傷になるから、お母さんに被爆証言止めてもらえ、と言う人がいるのだけど、あんたどう思う?」と聞いたら、娘が言いました。「お母さん、私はそんなことで差別してね、結婚は嫌だなんて人のところには絶対に行かないから心配しないで」と、

「切明千枝子さんの被爆証言を聞く会」の様子

そう言いました。「そいじゃ、お母さん証言活動続けてもいいよね」と言うと、「それは是非やって頂戴」と言ってくれたので、もう安心したのですけれど、娘の連れ合いもそれをちゃんと分かってくれて、結婚してくれました。彼は「お義母さん、僕はね、引け目になんて思っていませんよ、誇りに思いこそすれ」と言ってくれたので、堂々と生きてきた甲斐があったかなと思っております。

だけど今も、広島にもね、被爆二世であること、三世であることを隠していらっしゃる方もおられるのですよ。そのことがばれたら困るから、原爆手帳とらない方もいらっしゃる。私はそれは違うと思うのですよ。そのことを引け目に思うというのは、人権を踏みにじっていることになると私は思います。

人間の尊厳さ、命の大事さ、それを思えば思うほど、私は被爆二世・三世の方は胸を張って生きていただきたい、そう思っております。

今日はありがとうございました。

20 森　容香

〝二度と戦争を起こしてはならない〟の思いを込めて

森容香さんは２０１９年６月15日、「ノーモア・ヒバクシャ近畿訴訟全面勝利をめざすつどい」でお話しされました。

広島市楠木町

みなさん、こんにちは。ただいま紹介を受けました枚方市原爆被害者の会会長の森容香と申します。よろしくお願いいいたします。

今から74年前、私は広島の爆心地から1・8キロの楠木町という所で家族と共に被爆しました。当時父親は戦争にとられていまして、その頃は4人きょうだいと母親が残されていました。母親のお腹の中には弟がいました。今、思いますと、そんな子どもが4人も5人もいるような父親を戦争にとるなんて、もうその頃日本は人材も物資も底をついていたのではないかと思います。国民には日本は戦争に強い国なんだと思い込ませて、金目の物はみんな戦争に持っていって、食べる物も十分にないような、みんな戦争のために辛抱して、お国のためお国のためと頑張っていました。

父親が戦争にとられるまでは広島の上空にアメリカの爆撃機Ｂ29が来るようなことはなかったのですけれど、父親が戦争にとられてからはＢ29が広島の上空に来るようになりました。上空に来ると、「空襲警報発令ー」、ウーウーとサイレンが鳴り響き、何をしていても手を止めて防空頭巾をかぶり、防空壕に避難しました。

父が戦争に行ってからはだんだんと生活が変わっていったのを憶えています。夜、電気をつけていた時も光が外に漏れないようにと電気の傘に布をかぶせたり、大切な物を入れておく蔵はほとんどが白壁ですがそれを黒く塗りなさいと言われたりと。そういうことをやっていまして、時々だったＢ29が頻繁に来るようになりました。

その頃は弟も生まれて家族は子ども5人と母と6人の生活になっていました。

頻繁にＢ29が上空に来るので、その度に警報が発令され、防空頭巾をかぶり、防空壕に避難して、2時間とか時間はバラバラでしたけど、Ｂ29が上空からいなくなったら、警報解除の知らせがあり、防空壕から出て、普通の生活に戻ります。

8月6日の朝

そういう生活が続いていたある朝、まだ深夜でしたけど、0時25分、眠っていましたら急に「空襲警報ー」が叫ばれました。飛び起きて、防空頭巾をかぶり、防空壕に避難しました。その時は2時間。何もなく空襲警報は解除となり、防空壕から出て、まだ夜中の2時過ぎですので、私はまた布団に入りました。ところがその日はなんとまた再び「空襲警報発令ー」。午前7時9分です。また飛び起きて防空頭巾をかぶり防空壕に避難しました。

その時は短かったのです。20分ぐらい。Ｂ29が上空を通り過ぎただけだったそうです。解除になり、ほっとしてみんな、朝の7時半ぐらいでしたので、それぞれ仕事に学校にと家から出て行ったのです。私たち家族は朝食中でした。

深夜から2度も警戒警報が発令されたにも関わらず、その次の警報発令はありませんでした。

忘れもしません。8月6日、午前8時15分。突然ピカーっと光ったかと思ったら、ドーンと物凄い音、そして爆風。私たち家族は家屋の下敷きとなり気絶してしまいました。1~2分だったでしょうか、時間は定かではありませんが、ふと気がつくと、あたりは真っ暗でした。瓦礫の下です。その時に大勢の人が即死したり、または家屋の下敷きになっていました。

私たちは不幸中の幸いだったというか、天井の屋根がバターンとは落ちてこなかったのです。一部の台所の所だけに屋根が斜めに落ちてきて、みんな爆風に吹き飛ばされて、その隙間のような所に固まっていました。ふと気がつくと外からの光が入ってくる所があったのです。

そこからまず兄が這い出て、私たちは次々と、中からは母が押し出して、外からは兄が引っ張り出すという形で、引っ張り出されて、助け出されました。

外に出てみると、広島の街は、鉄筋の枠組みだけを残して、壁は飛び散り、家々は全部潰れていました。全滅です。

家屋の外で直爆を受けた人は即死で道に死体がころがっている。全身火傷の人は着ているものもボロボロ。皮膚が垂れ下がり、本当に幽霊のようでした。喉が渇いて「水、水」と言いながらさまよい歩いておられる。家屋の下敷きになって、でもまだ生きている人もたくさんいたのですね、柱の下とかに。「助けてー、助けてー」という声があちらこちらから聞こえてくるのですけども、どうすることもできません。

当時私は5歳です。自分たちが逃げるのがせいいっぱいなのです。母が、朝の8時台はどこの家庭も火を使っている家が多いはず。そこへ天井、屋根が落ちてきたのだから早くこの場を逃げないと、火の手が上がったら逃げられなくなる、ということで、家の近くに大きな太田川という川がありまして、その川べりに大きな竹藪があったのです。そこへまず一時避難しようということで、母が私と私のすぐ上の姉に、「あんたたち二人は今すぐここからその竹藪に向かって行きなさい」と言いました。長女は弟を抱っこして、長男と母が瓦礫の下にもう一回潜り込んで、何か一つでも取り出せるものがあったらということで潜り込んでみたけれど、何一つ取り出せなかった、ということは後から聞きました。

生き地獄

私と姉は泣きながら裸足で歩いて歩いて竹藪まで行きましたけど、道なき道でした。道の上には家が倒れていてふさいだりしているわけです。家が壊れて土埃が舞い上がって、たくさんの人が倒れて、亡くなって、傷ついて、異様な臭いと光景が渦巻いている中でした。8月の炎天下で、裸足ですよ。本当に大変だったのを今でも憶えています。生き地獄を見てきました。

母たちとはバラバラに避難していたので、運が悪かったらそのまま会えなくなっていても不思議ではなかったのです。私と姉は母たちより先に竹藪に向かって歩いていたのですが、竹藪に行ってみると、みんな壊れた家から避難してきた人たちで溢れかえっているのです。ごった返していると言いますか。

そんな中、私と姉は見るも無残な悲惨なものを見て歩きました。親とはぐれて「お母ちゃーん、お母ちゃーん」と泣きながら親を探している子ども。また名前を呼びながらきょうだいをさがしている人。あちこち歩き回っている人。喉が渇いて水を求めて川に飛び込んでそのまま死んでしまう人。顔を突っ込んでそのまま死んでいる人。その上に何人も何人も重なるようにして死んでいる人。

一時避難した竹藪です。そこには薬も食べ物も何もありません。ただ壊れた家から避難してきただけです。

私と姉が歩いていると母たちとバッタリ出会いました。とても不思議なのですけれど、「やあー、良かったわー」、大きな怪我もなく家族6人みんな出会えて「あー、良かった良かった」と喜び合いました。

北へ北へ避難

母はその足ですぐに父方の田舎に行こうということで、そこからまた歩き出しました。父方の田舎は高田郡の八千代町という所で、被爆した場所からはずーっとずーっと北になります。だから私たちは偶然そうなったわけですけれど、爆心地より北へ1・8キロで原爆に遭い、それから北へ北へと避難したわけです。その日の内に広島市から離れました。

ずーっと歩き続けていますと、市内から離れた所では家も無事で、ある小学校では炊き出しもして下さいまして、そこで並んでオニギリをいただき、そのオニギリを食べながらまた歩いて歩いて歩いて行きました。1歳の弟は誰かが抱っこしているのですけれど、5歳の私は誰も抱っこしてくれません。もう自分で歩くしかないのです。母の服の裾を持って泣きながら歩きました。喉が渇くのでその辺の畑のトマトを食べました。もちろん放射能を被っていることなど知らずに食べながら歩きました。

歩いて歩いて一日中歩いて可部あたりまで行ったあたりで夕陽が沈む頃になり、その辺りの集落の方のお世話になりました。それは上からの命令だったのかどうか、「このような者が来たら世話するように」ということになっていたのか、みなさんとても親切にして下さいました。当時は食糧不足でお世話下さった家族もお腹いっぱい食べ

楠木町近くの大芝公園にある原爆慰霊碑

るだけのお米はなかったのです。そんな中で私たちはお世話をいただいて大変ありがたいことだと思いますが、夕ご飯をいただいている時にお茶碗を覗いてみると、顔が映るのです。おもゆです。米粒を数えられるぐらいのお米しか入っていない。それでもお世話下さった方に感謝です。それがあって今があると私は思っています。

一軒のお家（うち）に家族6人がお世話になることはできないので、1歳の弟は母と一緒に一軒のお家、私からは一人ずつ別のお家にお世話になりました。5歳で大変怖い思いをし、その日の夜にまた母と別れて他人様のお家にお世話になるということは非常に心細いものでした。一晩中泣いて過ごしました。

父方の田舎に行くために、車を用意するために、トラックをお願いしたのですが一週間ぐらいかかりました。その間、そこの集落でお世話になりました。やっと車の手配ができて田舎まで送っていただきました。

被爆者に線引きをしてはならない

被爆者にもいろいろありまして、同じ所で被爆しても同じじゃないんですね。10人いたら10人違い、100人いたら100通りの被爆体験があります。私の友だちも原爆ドームのすぐそばを通る電車に乗っていて被爆しました。当時の電車はギューギュー詰め込んで乗っていましたから、その電車はちょうどドームの横を通った時にドーンと落ちて、窓際に乗っていた人たちは即死です。ギューギュー詰めで中に押し込められていた人は助かった。私の友だちも助かった一人ですけれども、その人は舟入という所に親戚があってそちらの方へ避難しました。舟入とか宇品とかは爆心地より南です。爆心地の近くで被爆して、それから南へ南へ避難する途中に黒い雨に遭ったと言っていました　私たちは爆心地から北側の方で1・8キロ、それからまた北へ北へと避難したので、同じ広島で被爆しても黒い雨には遭っていないのです。その日、広島の街は雲一つないすごくいい天気でした。そこへ原爆が落とされて広島の上空に放射能がたくさん混じったキノコ雲ができました。そのキノコ雲がしばらくして黒い雨となって降ったわけです。その時、南の方に南の方に風が吹いていて、南の方の人は黒い雨にたくさん遭いました。

同じ広島市内にいても北と南とで違いましたし、どこにいても体の向き一つで被爆の受け方は全然違います。

3・1ビキニデーに参加した時も思いました。マグロ漁船の第五福竜丸の無線長だった久保山愛吉さんのように半年で亡くなった人もあります。同じ船に乗っていても90歳を超えるまで生きて頑張ってきた人もあります。人それぞれ、またその時の体調にもよると思います。みんな同じではないのです。

なのに国は線引きをします。おかしいのですよ線引きすること自体が。被爆者はみな被爆者ですよ。国の犠牲になった被爆者をなぜ線引きして、ましてや被爆者援護法ができているのにそれに則った認定を下さず、本当に悔しい思いをしています。

二度と戦争を起こしてはならない

私は当時5歳でしたので、またその日の内に母親と一緒に広島を離れていますので、被爆体験と言ってもあまり詳しいことはお話しできませんが、生き地獄を見てきたのは確かです。

二度とこのような戦争を起こしてはならない、という気持ちはずーっと持って今まで生きてきました。今、枚方市の会長をしていますが、出て来れる被爆者は本当に少なくなっているのです。もう被爆者には時間がないのです。早く原爆症認定をみなさんに下して欲しいと思います。

2020年に向かって、「ヒバクシャ国際署名推進大阪の会」というのをつくって頑張っていますが、2020年というともう今年しかないのですね、頑張れるのは。みなさんよろしくお願いいたします。私もまだまだ一生懸命頑張ります。今日はありがとうございました。

21 高木 啓成（さとしげ）

あんたらに、原爆の恐ろしさ、戦争のこと話しておくんや

ここに紹介する文章は、高木啓成さんが次男の高木英孝さんに語られた被爆と戦争の体験です。お話しされたのは2015年12月と2016年4月の2回、1929年（昭和4年）6月10日生まれの高木啓成さんが86歳の時でした。今もご健在です。

家族ときょうだいと少年時代

うちの家（家族）はその頃、父と母と、長男、次男、長女、次女、三男、四男がわし（啓成）、五男、六男の10人家族やった。

この間にまだきょうだいが3人おったが早ように亡くなっていて、生きてるだけで8人のきょうだいやった。

長男も次男もわしのことを物凄く可愛がってくれた。

わしが病気になった時には自転車に乗せて病院まで連れて行ってくれたりしてな。きょうだいでも年が離れていたこともあって。

長男はマレーシアのジョホール水道で（シンガポールのゲバス）で戦死した。陸軍曹長やった。

お父さんは勉強の好きな人でようできたらしい。学校の先生の資格もとったほどでな。

わしら子どもに「勉強せえ、勉強せえ」とは言うとらんかった。でも「勉強するからには、大学まで行け」と言うとった。

お父さんは苦労した人でな。百姓で、田んぼもようけ作ってるのに、人力車夫までやっとった。

山も五つも六つもあった。マツタケのとれる山でみんなが欲しがった山や。あれをお父さんが残してくれてたら、わしらもホンマにもう少し助かったのに。山は売ってしもうとるからな。

わしは勉強よりも牛の顔を見るのが好きな子やった。

小学校を卒業する頃までは毎日牛と会うのを楽しみにしとった。学校から帰ったら、牛の方から喜んで来るぐらいやった。餌をもって牛に「回ってこい」いう合図したら、その通りに回って来とった。

勉強なんか頭からする気はなかった。歴史だけは割と好きやったが。

わしらの子ども時代いうたら剣道やろ、武道やろ。棒切れで叩く、払う、受ける。相撲もな、投げられても投げられてもかかっていかにゃあいけんのや。

今の時代の子どもやったら、可哀そうで、第一、親が許さんわな。今の時代やったら無理やわな。戦争中やからそれができた。今の時代とは比較はできんし、比較もしたらいかん。

その頃は田舎でもコメはそんなに豊富には使えん（食べられん）かった。

うちの家なんかは麦飯、麦とコメと半々ぐらい。じょうごの葉が3割～4割ぐらい入っとった。

山へ行ったら、じょうごの葉があるんや。木を切って、葉っぱを籠に詰めて、背負うて帰って、大きな釜で煮て、あくをとって、干して、それを食糧にしとったんや。

その頃はサツマイモをよう食べたよ。サツマイモはもう嫌言うほど、ぞっとするぐらい。イモは芋づるまで残しておいて食べた。イモの葉っぱももちろん、終戦近くなるとサツマイモも食えんになったな、欲しゅうても。戦争になったらそんなもんよ。

軍の方へどんどんどん持っていかれるからな。日本は中国まで行っとったじゃろ、中国へも食糧をどんどん送っとるやろ、輸送船が沈没されん限りは。だから食糧事情はものすごく大変じゃった。

戦争の話、原爆の話、たくさん憶えとったけど、自然に忘れるわな。

原爆が落とされた時、わしは16（歳）やったんや、あれから70年になるか、今年で。戦後70年が終わったからな、70年も経ったら随分忘れるわ。

いろいろ聞かれても話したくない人もあるわなー。だけども原爆の恐ろしさということは伝えて欲しい。だからあんたらにな、いろんなことを、戦争のことを話しておくんや。

わしらが小学校5～6年生の頃にな、学校の文具売りにロシア人のガッコーさんいう人がおってな、「日本は確実に負けます」と言うとったんよ。

その頃のロシアは日本との友好国や、まさかロシアが裏切るようなことをするとは思いもよらんかったが。

日本とロシアはな、友好条約結んでいて、仲良く戦争しないようにという約束ができとった。絶対ロシアとは戦争せんということになっとった。でも、すでに密かにアメリカのルーズベルトとロシアのスターリンの間に、日本に戦争仕掛けるように約束されとった。だから日本の敗戦はもう決まっとったんや。

ガツコーさんは、戦争を避けるために言うとったんかもしれん。

わしらの時代は「戦争に負ける」言うたら絶対にいかんことやった。

校長先生が川尻の講堂に全員を集めてな、「ロシア人のガッコーさんが日本は戦争に負ける言うとるけど、ハチマキとフンドシを締め直してがんばろー」と言うとった。

川尻のような田舎でも空襲の訓練をしとった。

「空襲ー」と言ったら、とっととっとと川尻の神社まで走って、もっと走れ！と言われて、爆弾が落ちるぞーと言われて。田舎に爆弾が落とされることはなかったと思うけど。

水も手動で、当番で、神社のところでくみ上げて、学校やら、いろんな所で水がいるやろ、交代でしんどい思いをした。

田舎の婦人会でもな、大日本婦人会言うて、村長の奥さんなんかが会長になって、「前へ進め！」「止まれ！」と、教練みたいなこと、全部婦人会でやりよったよ。一億火の玉になって勝たないかんと言って。

わしが一番嫌やったのは、夜、灯りが外に漏れんように、電灯の周りに布を巻いていたことやな、どの家もそうしてたけど。白壁なんかも墨を塗ったりな、爆撃されんように。

高木啓成さんが生まれ育った実家（広島県世羅郡甲山町川尻）

東洋工業のこと

わしは15歳の時、東洋工業に就職することになった。わしらの頃は男手が少ないから、何でもかんでも簡単に採用されたんよ。

わしは東洋工業に就職する時、生まれて初めて汽車に乗ったんよ。一人で三川駅から乗ったんや。あの時、お父さんは全然見送りもしてくれんかった。あの頃はそれで当たり前じゃと思ったよ。

財布も持たされんで、小さいがま口みたいなもの一つで。だけどそれでむしろお金のありがたさが分かったような気がする。お父さんも苦労しとるからなあ。

今の時代やったら、お父さんも東洋工業まで一緒に行って、「うちの息子をよろしく頼みます」と言うわな。あの頃はそんなどころじゃないわな、戦争で。

広島駅に着いて、近くにいる人に、「東洋工業のある『むかいよう』（向洋）へ行くのはどちらでしょうか？」と聞いたんよ。親切な人が「それは『むかいなだ』と言うんですよ」と教えてくれて、乗り場まで誘うてくれちゃったんじゃ。人に聞きもって行くのも一つのためになったんやと思うたよ。

あの頃東洋工業は軍需工場やからな。「米英撃滅、鬼畜米英」と言うとった。

東洋工業は向洋駅からずーっとずーっと長い工場よ。工場の中は行っても行ってもまだ行き着かんほどじゃった。初めて入った時は、どんなとこかいなと思うたな。

地下でドーン、ドーンと音がしよる。作った銃を試射する音かと思ったな。電波探知機とか、何とかたくさん作っとったはずなんや。

東洋工業に入って最初は勉強ばかりやったな。

わしら小学校でローマ字も習ろうとらんじゃろ。東洋工業に入ったら、エンジンのことを覚えるためにな、どうしてもローマ字が必要なんよ。それで、ずーっとローマ字の勉強も教えてもろうたよ。工場に入っても勉強してることの方が多かったな。

わしが一番印象に残っているのは、トイレに入っている時な、今爆弾でも落ちてきたら、トイレの中で死なんならんのじゃな、とトイレに入る度に思うとった。

東洋工業の創立記念日にはな、会社はふんばってようしてくれたよ。紅白の餅も配られて、そりゃあ美味しかった。餅もたくさん、ミカンもたくさん、それと牡蠣飯。お米を従業員に食べさせようにもそれがないので牡蠣。米は戦地に送らにゃあいけんから米がないわけよ。

東洋工業から休みをとって田舎に里帰りする時は、3日なら3日分の大豆何合かを会社から持って帰らせよったよ。割と待遇はよかったよ。

東洋工業では寮長さんがいて、それは軍隊を出たような人や、大先輩やった。けどその人たちがみんな優しかったな。絶対暴力なんか振るわれることはなかった。

原爆が落とされる何ヶ月前か、Ｂ24が飛んできてな。アメリカも命がけや飛行兵は、そりゃあ戦争やから。3機編隊で広島市の上空を飛んできたんや。

宇品には陸軍の船舶部隊、呉には海軍、呉も軍需工場、軍港やったからな。水兵さんがようけおったわ。

低空でグワーッときて、写真撮って、原爆の後でどれだけ効果があったか調べるためだと思うよ。一発バァッと火の手が上がって、飛行機がさけたような音がして、バァーッと墜落した。宇品の部隊が撃ち落としたんや、高射砲で。

「おい、宇品の方に墜落したぞー」と言ってみんな喜んだよ。敵じゃからな。

墜落した敵機のアメリカ兵は捕虜になった。その捕虜さんも原爆で亡くなったと思うよ。

それからまた1ヶ月ぐらいしてから。敵の飛行機が宣伝ビラを、カルタみたいなものを何万枚もバァーッとばら撒いた。それをワシらに読ませようと思ったんじゃろな。

「東京、大阪焼け野原、疎開するなら広島へ」とか書いてあった。

嘘かほんまか知らんがそう書いてあった。

原爆の効果を上げるために書いたのかもしれんけど。

昭和20年（1945年）8月6日

昭和20年8月6日の朝やな。

警戒警報が鳴って、空襲警報になって、それから空襲警報は解除になって、警戒警報も解除になったんで、みんな安心してたな。

朝8時ちょうどに、東洋工業の朝礼が始まるのや。みんな軍隊式や。東洋工業の職場にも陸軍の将校が必ず指導に来とるんや。8時にラジオ体操が始まるんや。

♪晴れたよ富士の嶺……、朝だ夜明けだ輝く希望
日本良い国仰げよ天地、曲げよ伸ばせよ我が腕
振るえよ産業日本の力、起こせよ……。

ラジオ体操が終わったら工場の作業部長が話をしはるわけや。

朝礼が終わったら、「各人、作業配置につけー」、命令やで全部。それで現場の配置につくわけや。

それから5分もせん間に、おかしいなあ、トラックのエンジンのような音が聞こえたんや。そこへ、ピカァーッと、建屋の中で、目の眩むような、夜中に稲妻が走ったような、あれよりもっと強い光が走ったんじゃ。そこへドーンと来たんや、それからグラグラッとなって。帽子は10メートルぐらい飛んどった。

工場の屋根はスレートのような、コンクリートで固めた波板のようなものじゃったけど、全部吹っ飛んでしもうた。

「みんなすぐ避難せよー」という命令があって、何でもかんでもみんな命令やからな。みんなダァーッと門を出て、どんどんどんどん近くの山へ登って逃げたんや。とにかく工場にそのままおったら殺される思うて。

今はその山は潰されてないけど、その頃は向洋の近くに山があったんよ。みんな裸足になってたよ。帽子がどこにいったも分からん、靴のことも考える暇がなかった。

山に上がったら、山の上から広島の街が全部見えるわけよ。火の手があがって広島の街がグワーッと燃えてくるわけや。宇品の方からバァーッと燃えてきよる。どんどんどん火が回ってな。

原爆ちゅうもんを山から見た時には、新聞紙、色紙、銀紙、金紙みたいなものがダァーッと舞ったようで、原爆の雲の中からバンバンバンバンバン無数の紙切れがギラギラ風に乗って吹き飛ばされてきたような感じがしたな。

山には1時間か2時間はいたように思うよ。

それから「もう大丈夫や、敵機も逃げたから、各人現場の配置につくため下山せえ、山から降りい」という命令や。全部命令式やからの。

その時は、こりゃもう現場には帰りたくない思うたな、ほんまは帰ったらまた爆撃機が来るやろ思うたけど命令やからしようがない、みんな帰ったんや。もちろん工場長がいの一番に帰ってたけどな。

山から下りて、東洋工業に帰るまでに見た風景言うたらな、物凄い大勢の人が、顔が大きゅう膨れてな、歩いて逃げていくんじゃ。玉ねぎやトマトの皮をずるーッと剥いたような、着物は焼けとる、みんな。体が焼けて、プワーッとこんな大きな水ぶくれになって、顔見ても誰か分からんぐらいなんじゃ。

みんな焼けるんじゃけぇ、皮膚が、服を着とっても自分で脱がれんのじゃ。顔が腫れて誰かわからんのじゃ、口はしっかり喋れるんじゃが。誰が誰かもう識別できんかった。そんな人がいっぱい、大洲町の方からざぁーっと歩いて来とった。

お祭りの時、人がようけい出て身動きがとれんことがあるが、あんな具合や。

たくさんの人がざぁーっと、広島市内から国道沿いに呉の方に向かってな、ずーっと逃げのびていった。もうほんま、お化けよ、お化けみたいな恰好で。もう地獄、地獄さながらじゃった。

その大勢の人がわしらの東洋工業の中にも入ってきて。一番可哀そうだったのは子どもやな、もう無茶苦茶で。水ぶくれしとるんや。水が溜まってな、ちゃぷんちゃぷんするような。男の子でも女の子でも、着とるものもありゃせんので、焼けてしもうて。子どもは可哀そうやったなー。わしらはどうでもええけど、子どもが可哀そうやった。

原爆は誰かれ区別なく子どもでも苦しませるからな。それを見たら、今度はワシらの番かな、とみんな言うとったよ。火傷だけは嫌じゃなあ思うたよ。

わしらの東洋工業のグラウンドにもずいぶん人が入ってきて、薬はないけぇ、ガーゼに天ぷら油をつけてな、それを貼っとった。その内ガーゼも足らんようになって、油だけになった。

天ぷら油は臭いんじゃ。その時の臭いと、後に家に帰って天ぷら食べる時の臭いが重なってな、1~2年は天ぷら食べるのに抵抗があったよ。

昼前頃には婦人会の人らが出てきて、あの人らも涙ぐみながら。わしらにな「ご苦労様、ご苦労様」言うて。ジャガイモを蒸して、塩をふって。あれはほっぺが死ぬほど美味しかった。あれは今でも忘れんな。あの時のことを考えたら、食べ物は大事にせないかんなと思うてな。

東洋工業には下新さんという軍医さんがいてな。わしらにようご飯も食べさせてくれたいい人じゃった。この下新さんとか、東洋工業に入って2年か3年経った人や、先輩らはみな広島市内の建物疎開作業に行っとったんよ。

わしらみたいな入って1年しかならんものは、幸いにも使いものにならん思われて、建物疎開には行っとらんかった。

建物疎開作業言うたら、空襲で街が全部焼けてしまわんよう、家を解体してしまうことや。京都の五条通りみたいに、あれもそうやな。真夏の作業やからな、肌は焼けるわな。服から焼けるんじゃから。

夕方になって、その人らが帰ってきちゃったら、皮が剥けて、見らりゃあせん顔で、誰が誰か分からんのや。それで防諜番号言うてな、それでやっと分かるほどやった。帰ってきた人らを、みんながガーゼを巻いて天ぷら油つけてあげたよ。

広島の市内に行ってた人らは、自分の〝生きちゃる〟という強い意思で帰ってきた人ばっかりやったと思うが、帰ってはきたものの、おそらくほとんどその後亡くなったと思うよ。

その晩かなんか、ようけいの人が死んだからな。

東洋工業も従業員がようけ死んどるわけや。

原爆が落ちて何日目からやったか忘れたけど、東洋工業のグラウンドに穴を掘ってな、たくさんの薪を集めてきて、油も用意されて、たくさんの亡くなった人を燃やしたんや。

広島市内の死骸を焼かにゃあいかんやろ。亡くなった人の住所の分かっとる人は、その人たちの家族や親戚なんかをよんで、数珠持ってな、その前で焼いたんや。従業員の故郷といっても結構向洋とか海田（かいた）とか近くの人が多かったからな。

どんどんどん焼かんならんのじゃ。臭いんじゃそれが。魚を焼いたような、魚が腐ったような臭い。それを何人も何人も焼かんならんのや。

広島市の方も誰ということなく、亡くなったらもうすぐ処分せなあかんやろ。あれには、ほんまにみんな泣けたな。


それから何日か経って、わしらも東洋工業から出ていくことになったんや。許可が出てな、命令やから。あんだけやられたらもう工場は動かんけえな。みな殺したら日本の損やと思うから、帰したんと思うよ。もう危ないから、従業員を殺したらいかんから。

向洋の駅から広島行の汽車に乗ったけど、広島駅は潰れとるいうことは分からんけえ、途中でな汽車が止まるわけや。

広島駅と向洋駅の中間ぐらいの橋の上か何かやった。こりゃ汽車が動かんけぇ、みんな歩かなしようがない言うてな。みんな芸備線の矢賀まで歩いた。わしらは幸いにもどこも怪我しとらんかったから、矢賀の駅まで歩いたが。長い時間歩いて、もう歩くのはしんどかった。

けが人を広島から三次まで送らにゃあいけんので、矢賀からは汽車が折り返しで動いとったんよ。矢賀で今度は三次行の汽車に乗ってな、三川駅で降りて、川尻のうちの村まで帰ったんや。

矢賀の駅で次に来る汽車を待っとったら、子どもが「お母さん、いつ、どこの親戚に行くの?」ともう意識ももうろうとしながら喋っとった。お母さんも声が出なかったようや。子どもの命はもう持たないようやったが、連れて帰らんわけにはいかんかったんやろな。他の子どもも泣いて泣いて、顔がもう分からんようになって。

矢賀の駅から途中着く駅着く駅で、大日本婦人会の人ら、白い割烹着、あれを着てな。「ご苦労さんでした、ご苦労さんでした」言うて、たくさんの婦人会の人らがむすびを渡してくれた。むすびをもらって、もうほっぺが落ちるほど、涙が出るほど美味しかった。今、喋っていても涙が出るほど、ありがたかった。

三次で福塩線に乗り換えて。備後三川がわしの故郷に一番近い駅や。その駅から歩いて帰ったわけや。

田舎に帰ってからは安心じゃった。敵機が来て爆撃することもなかったから。

その後、息子をいつ殺されるか分からん、こんな危ないところに置いとくわけにはいかんということで、父親が東洋工業へ退職願いを出してくれたんや。普通は簡単にはなかなか辞めさせてくれないから、病気だとか何とか理由をつけてうまくやってくれたのではないか。東洋工業はそれで終わりになった。

戦争は全国のたくさんのお母さんを泣かせた

京都にいた次兄の兄さんは、広島の焼け跡を見てからは、どうしてかわしを可愛がってくれるようになったんよ。

戦争から帰ってきたころの兄さんは怖かったけど、義姉さんと結婚してからはずーっと変わった。目茶苦茶優しゅうなった。もう月とスッポンのように。

まだ広島が焼け野原の頃で、家なんかも全然建っていなかった頃、兄さんはわしを連れて広島の比治山に連れてって、旅館に泊まって、二人でご馳走食べて、美味しかった。

東洋工業前に並ぶほとんど全裸の被爆者の列。山下正人氏作。広島平和記念資料館所蔵

あの時、あまりに怖かったのとショックでな、だいぶ脳を痛めたのか、忘れたこと多いな。月日が経つほど忘れるわ。ましてわしももう今度87（歳）やろ、あと3年したら90（歳）や。

たくさんの子どもが死んどった、怪我もしとった。子どもが可哀そうで。戦争だけは何とかして避けて欲しかった。

わしらの頃は戦争行って「無事に帰ってきてくれ」とは言われんかった、言うたらあかんかった。「死んで帰れと励まされ」。

♪勝ってくるぞと勇ましく誓って故郷（くに）を出たからにゃ

手柄立てずに死なりょうか

進軍ラッパ聞くたびに瞼に浮かぶ母の顔

戦争行ってたくさんの人が死んだけど、死ぬ時はたくさんの人が「お父さん、お母さん」言うて死んどるわけや。「天皇陛下万歳」もたくさん言うとるのやろうけど、みんな「お父さん助けてくれー、お母さん助けてくれー」言うて死んどる。悲しいねー。何とかされなんだかな、と言うことやな。

こういう経験した話をしているとな。泣きとうなって必ず涙が出る。助かったのと、みんな可哀そうなことをしたというのとで。

戦争は、どんなことでもやったらやり返される。またやられたらやり返す。その繰り返しにどうしてもなるからな。

顔がボールのように膨れ、唇もザクロのように裂けて膨れた人々（東洋工業）渡辺美智子氏作。広島平和記念資料館所蔵

聞いたことがあるかもしれんが、曽我兄弟のお父さんが切り殺されて、30年経ってやっと、それでも果たせなんだ。

わしらは何回も読んだけどな。結局、お父さんの仇をとってもまた自分もやられる、またやり返される。二度とああいう戦争はして欲しゅうない。

みんながあんな苦しい怖い思いは、二度と後の人たちに味合わせたくない。

昭和4年頃から戦後すぐの頃までの世代、年のいっている者はみんなひどい目におうとる。敗戦になってやれやれじゃった。「負けましておめでとう」じゃった。

戦争が苦しかったからみんながそういう心じゃった。やれやれ戦争がやっと終わったかという。

これからの時代、戦争になったらこれほど苦しいことになる、ということをみんなに伝えておかんといかん。みんなに戦争だけはしてはいかんということを教えるために。

戦争を起こすのは政府やからな。何が何でも命を大事にするという人が総理になったり、本当に賢い人が総理になったら戦争はしないだろうけど。

日本が早く戦争止めとけば、たくさんの命を失うことはなかった。長男も死ぬことはなかった。

うちだけじゃなくて、ようけい死んどるわな。

全国のお母さんがずいぶんそれで泣かされとる、息子を殺されて。戦争はお母さんを泣かせるんや。

若かりし頃の高木さん

22 斎藤　綾子

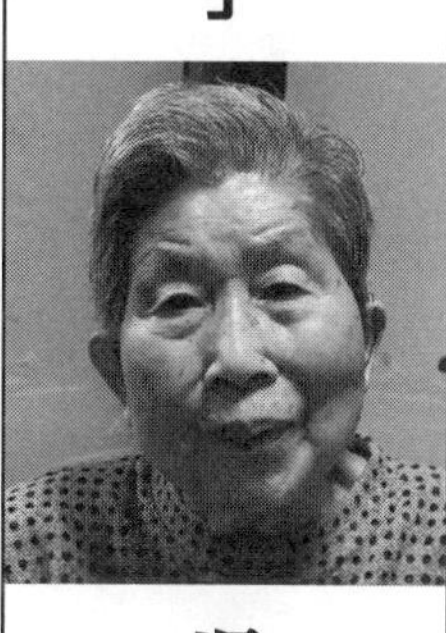

呉海軍工廠（こうしょう）から見た原子雲

2020年3月10日

呉海軍工廠に学徒動員

私の出身は島根県の大田市、松江と浜田の中間ぐらいにある街です。島根県立大田高等女学校の4年生で私が16歳の時（昭和19年10月）、学徒動員で広島県の呉に行くことになりました。島根県の全部の女学生が動員されたらしくて、私たち4年生のクラスも全員で行くことになりました。

生まれて初めて親元を離れて、何も分からないまま、何も知らないまま、言われる通りに行ったわけですよ。私たちの頃はそういう教育を受けていたので、お国のために行って当たり前やと教え込まれているから、いやな顔もせずにみんなで行ったのです。

私たちが動員されたのは呉の海軍工廠です。私はそこの砲熕部（ほうこうぶ）砲架工場という所に勤めることになりました。同じクラスの人でも、弾丸部とか、機械の係とか、いろいろ分かれていました。2交代制で朝8時から午後3時までとか、3時から夜までとかの勤務でした。島根県からみんな揃って行きましたので大人数でした。海軍工廠はとても広くていっぱい工場があって、船もあって、みんなが各部署に分かれて働きました。

寝泊まりは寮です。一クラスが一つの大きな部屋になっていて、階段式の二段ベッドが並んでいて、畳一畳ぐらいの広さに一人が寝るようになっていました。一クラス30人か40人ぐらいだったと思います。

呉に行って最初の頃は敵の空襲とかはほとんどなかったのです。時々あってもそんなひどいことはなかった。それより食べ物がなくてね。栄養失調になって家に帰された友だちとかもありました。具合が悪くなって体調不良でね。どこに行っても食べ物はないのですから。コーリャン飯とか、そばかすの飯とか、ご飯粒を数えるような食事でした。魚とか野菜とかは割とありましたかね。今思うと魚はいろいろあって、それに野菜とかで一汁一菜を食べて、それでなんとかみんな元気を出して頑張っていたんです。

海軍工廠で、私は鉄の板みたいなものを削る仕事をしていました。私らには分からないのですよ。なんでこんなことが役に立つのか。これがどんな役に立つのかなという思いでしたね。変な削り方をして、おしゃかを作ってしまって、組長には何度も怒られてしまいました。それでも必死になってやっていたのですけど、要領がなかなか分からないので、私の仕事が役に立っていたのか、立っていなかったのか分からないままでした。

6月22日呉大空襲

私たちが呉に行った最初の頃にも空襲はありましたけど、爆撃の目的が呉ではなくて、上空を飛んでいるだけでした。警戒警報が鳴って、「豊後水道を北上中」という情報が流れて、空襲警報が出た頃に

海軍呉工廠に学徒動員された頃。左端が斎藤さん

はもう呉の上空を飛んでいましたから、米軍機は早かったのですね。

私たちの寮は、すり鉢状になっている呉の街の一番上、高い所の宮原13丁目という地域にありました。真下が私たちの通う工場です。寮の近くに横穴式の防空壕があって、そこが私たちの避難先でした。空襲警報が出たらすぐに防空頭巾をかぶって、横穴式の防空壕に入って逃げました。外に出ていたら敵の機銃掃射でやられます。機銃掃射で亡くなった人もありました。

空襲が本格的にひどくなってきたのは昭和20年の年が明けてから、3月頃からでした。東京とか、大阪とかめがけてB29が行くようになってから、いつも呉の上空を飛んでいきました。その頃からはもう戦地にいるのと同じような気持ちでしたね。生きては帰れんという感じで。爪やら髪の毛を切って、それを置いていたりしました。

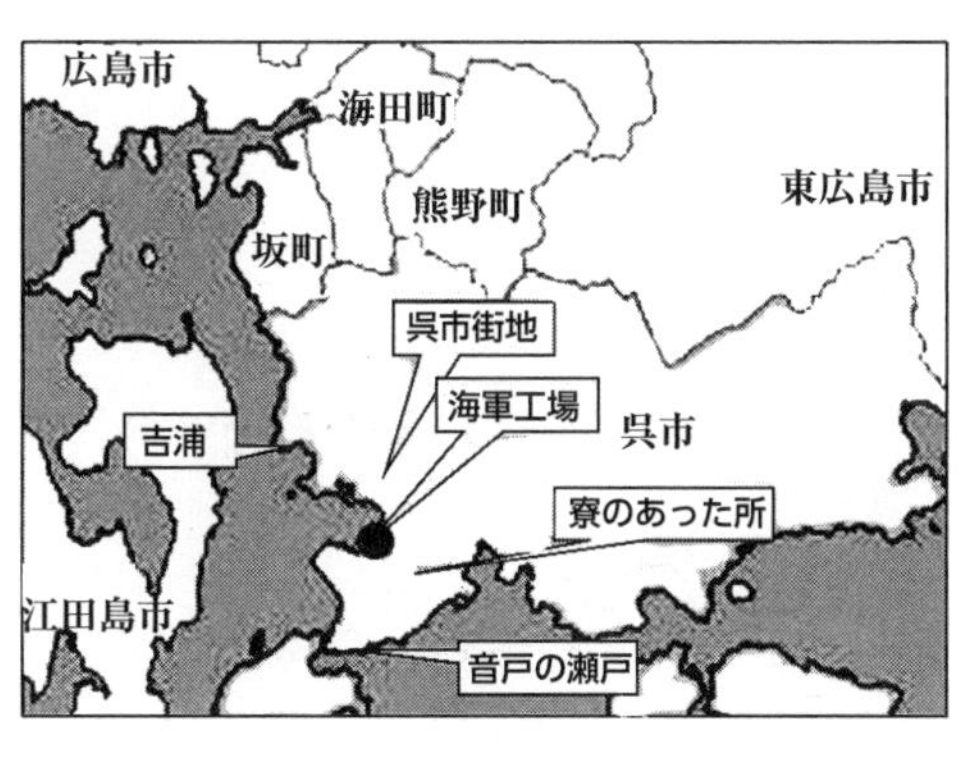

3月からずーっと毎日毎日上空をアメリカ軍の飛行機が飛んでいました。呉の海軍工廠めがけて初めてB29が1トン爆弾を落としたのは6月22日でした。この日は忘れられない日なのです。私らは防空壕に入っていました。目を押さえて、耳を押さえて、座っているのですけど、音が分かるんですわ。爆弾が落ちてくる音が。シューッと音がするんです。あっ、今度はここに落ちてくるっ、という感じで。しっかりと目を押さえ、耳を押さえてしゃがんでいるのですが、シューッと音がして、ドカーンと音がするんです。本当に、次はここに落ちてくる、という感じでした。

別の防空壕に他の学徒の人たちが入っていましたけど、その防空壕は直爆されて、横穴が潰されて、みんな圧死しました。可哀そうなことになりました。

6月22日のその日は、呉の海軍の広い広い施設が、呉の駅から工場の中を電車が走っているほど広い所でしたが、鉄骨の建物全部がやられてしまい、もう無茶苦茶になって、大きな穴が開いていました。爆弾の落ちた所をみんなで恐る恐る中を覗いてみたら、中にやられた人とか、死んだ人とかあって、手やら足やらがぶら下がったままの人もありました。それはとても恐ろしい光景でした。

この日は一日で呉の駅とか、海軍工廠とか、公共の建物は全部やられてしまいました。山手の地域とか普通の民家はまだ残っていましたけど。交代勤務の人たちが寮に帰ってきて、お互い「良かったなあー」と言って喜び合いました。

次の日、仕事に向かうのに、寮から工場に歩いて行くのですけど、その途中に広場みたいな所があって、そこにたくさんの死んだ人が筵(むしろ)をかけられて並べられていました。その傍を通って仕事に行ったりしました。

7月2日再び呉の大空襲で寮を焼け出され

それからも毎日のように空襲はありました。7月2日にもありました。この日はB29ではなくて艦載機でした。もう空いっぱいに艦載機

空襲で壊滅した呉の街（毎日新聞提供）

が飛んできたのですよ。私たちは防空壕に入って、その入り口から見てたんですけど、節分の豆まきみたいに、空いっぱいにパラパラーッと爆弾が落とされてきました。爆弾が落ちたとたん、ボッと家が焼けてしまうんです。呉の市中の普通の民家が全部やられてしまいました。山手の方の民家も。私たちの寮も焼かれました。「ああっ、寮が焼ける」と、目の前で見ていました。

呉の市中には何もなくなってしまいました。私たちも着るものも何もなくなり、着の身着のままになってしまいました。

呉の駅から一つ広島寄りに吉浦という所がありますが、そこに兵隊さんの寮のような施設があって、私たち学徒はそこに行くことになったのです。山の上から呉の街まで下って、街中を歩いて吉浦まで行きました。長い道のりでした。道の両側にある家々はまだ燃えているような所もあり、熱い熱い中をみんなで並んで吉浦の駅まで逃げるようにして行きました。もう死ぬような熱さでしたね。

私たちは着るものも何もなくなっていましたので、学徒は一度帰郷させようということになりました。一旦家に帰らしてもらったのです。それから着替えやいろいろな物を持ってまた吉浦に来たのです。防空頭巾と自分の着替えをカバンの中に詰めて、それを肌身離さずもって行きました。

吉浦に移ってからも空襲はしょっちゅうありました。その時に逃げるのは呉と吉浦との間にある隧道(すいどう)でした。防空壕の代わりにそこに逃げていました。隧道には呉の街から焼け出されて、そこに住んでいるような人もたくさんいました。

吉浦から呉の海軍工廠までは船で通いました。もう工廠もすっからかんで、錆びついているような状態で、そこで一体何をしていたのかはっきりと記憶に残っていません。多分後片付けなどをしていたのだと思います。

8月6日　広島への原爆投下

8月6日は、その日も朝早くから工場に行っていました。

8時15分、物凄い閃光が走って、目が痛くなるほど、目を開けられないほどの光でした。と思っていたら今度はドカーンと物凄い音がして。

その後に、大きな入道雲が出てきて、いっぺん出てきて、それからもう2回も出てきました。私たちはそれを見ていました。呉から広島方向に向かっては障害物が何もないから、距離はあるけど、前は海だけなので。

「広島の火薬庫が爆発したんじゃろか?」

「大きな建物がどうかなったんじゃろか?」

そんな話をしていました。

8月6日の日は工廠から吉浦まで汽車で帰りました。

途中の駅で、広島から焼けて送られてくる人たちと出会いました。髪の毛は焼け、体中が焼け、着る物も引き千切れ、火傷して水を欲しがる人、苦しがっている人、泣き叫ぶ人、そんなたくさんの人たちと出会いました。

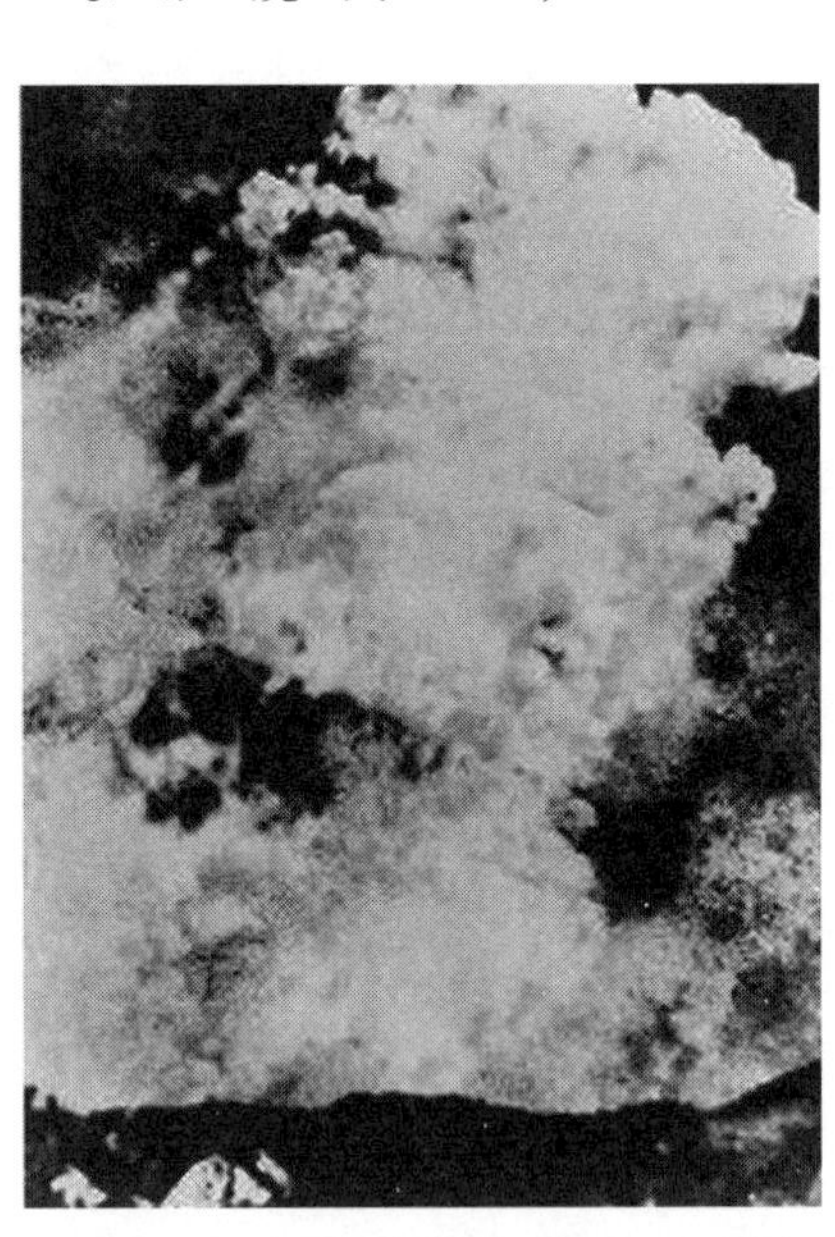

呉市吉浦町(現在若葉町)海軍工廠砲熕部実験部から見た原子雲(撮影/尾木正己　提供/広島平和記念資料館)

終戦、そして帰郷

その後も毎日工場には行っていました。何もすることはないのですけど、船で毎日工場に行きました。

毎日空襲警報、警戒警報と言って、アメリカの飛行機が飛んでいたのに、8月15日は朝からまったく飛行機は飛んでこないし、「えらい今日は静かやなー」と言っていました。

お昼頃にみんな集まりなさい、ということで工場にみんなが集まり、天皇陛下の録音を聞くことになりました。でもよくは聞こえませんでした。大勢の人なので。何をしゃべってはんのか、私らには分かりませんでした。しばらくして「日本は負けたんや」というみんなの話から、はじめて負けたんかーと思いました。

その日、8月15日の夜はとても怖かった思い出があります。兵隊さんがやってきて、「アメリカ兵が来たら何されるか分からん」と言いました。

8月16日にはすぐに、学徒は全員帰郷させるということになり、引率されて広島の駅へ向かうことになりました。広島駅はものすごく混雑していて、汽車の便もなく、その夜は一晩駅で過ごすことになりました。

その時の広島駅の様子はよく憶えていませんけど、広島の街の情景は脳裏に残っています。本当に草一本もなく、青いものは何もありませんでした。周囲の山にも、町にも。街は瓦礫だらけで、焼け野原で、本当に悲惨な光景でした。

広島から島根に帰る列車もたくさんの原爆で負傷された人たちと一緒でした。母校の大田高等女学校も原爆被災者の救護所になっていました。私たちの下級生や一部の同級生たちが被爆者の救護、介抱に当たっていました。被爆者の傷口からウジがわいたりして大変だったと聞かされています。

大田の女学校の同級生で、学徒で一緒に呉に行っていた人ですが、途中で広島の女子専門学校にかわった人がありました。その人は原爆で亡くなりました。

広島から中国山脈を越える汽車に乗って島根県に至り、大田に帰り着きました。

家族は「私はもう帰って来ないのではないか」と心配していました。でも帰ってきたのでとてもビックリしていました。私自身、よう生きて帰れたなあーと思いました。

呉から実家宛には何度もハガキや手紙を出していました。戦争が終わって実家に帰ってみますと、私の送ったハガキや手紙は全部黒塗りされていて何が書いてあるのか分からないほどにされていました。全部検閲に引っかかって、全部消されていたのです。寮からは工場の一帯がよく見えましたので、見たまんま、ありのままを書いていたのですが、それが許されなかったのです。

特攻の学徒動員の人たちを見送る

私が海軍工廠で働いていた時、作っているのは回天という人間魚雷の舵を作っているのだと聞かされたことがあります。一人乗りの魚雷で敵の艦船に突っ込んでいく特攻ですね。その回天に乗り込む人たち、死んでいく人たちと、いろいろ話をして、最後は見送っていきました。その人たちはみんな大学生で、学徒動員だった人たちです。突撃攻撃に出発する時はみんな海軍少尉の位をもらって、回天に乗って突っ込んでいったのです。

あの人たちとは「さよなら」と言って、「頑張って」と言って、手を振って別れたけど、今考えると、どんな気持ちで行かはったんかなーと思いますね。

死んだって、遺骨はない、海の中やしなー。そんなもん一発ぶつかったたって、相手の大きな船にどれだけ傷つけられたもんかなー。今思うたら無茶なことしたもんやなーと思いますね。

特攻隊で飛行機で突っ込む人たちも大変やったと思います。みんな学生でしょう、若いね。そういう「これから出撃します」という人たちをたくさん見送ったんです。その人ら、どういう気持ちで行かはったのか、あの時も、今も思うているんです。死んでも何の形も残らないし。

私の小学生の時の同級生でも予科練に行った人たちがいます。ただその人たちは昭和19年に予科練に入ったので、終戦までに出撃することはありませんでしたけど。私らより年上の人たちの中には予科練に入って、特攻隊で出撃して、死んでいった人がたくさんあると思います。

戦争の悲惨さ——二度とあってはならない

戦争が終わって実家に帰りましたけど、そのまま女学校に行くことはありませんでした。でも卒業証書だけはもらいました。たぶんそのまま女学校卒業の扱いになったのだと思います。

その後は、実家が農家でしたので家の手伝いをし、裁縫、お茶、生け花などの習い事をしていました。昭和25年（1950年）、結婚をし、それを機会に、主人の仕事の関係で京都に住むことになりました。主人が昭和53年に56歳の若さで亡くなり、それからは私一人で二人の娘を育てながら一生懸命やってきました。

被爆者健康手帳の交付を受けられたのは、私が50歳を過ぎてから、随分遅くなってからでした。女学校時代の友だちから教えてもらって、広島への入市の証人にもなってもらって取得することができました。手帳を取得する頃と同時に、甲状腺機能低下症だという診断を受けました。手がふるえるのです。市立病院で検査してもらったりしました。

今、91歳ですけど、腎臓肥大とかいろいろありますけど、どうにかしなければならないところまでは行ってない。スレスレのところにあるみたいで、とにかく気を付けるようにしていたらいいと言われています。

子どもは女の子二人でした。次女の方が私と同じ甲状腺障害の病気で25～26歳の頃、甲状腺機能亢進症と診断されました。汗をかく、ドキドキドキドキする、字が書けないほど手が震える、そして目の玉が飛び出るように眼球が出る、といった症状がありました。10年ほど前からは甲状腺機能低下症に診断が変わっています。そしてその娘の子が、私の孫ですが、また甲状腺機能亢進症になっているのです。

私は戦争が終わってから一度も広島に行ったことがありません。京都から島根県の田舎に帰省する途中広島を通過したことはありますが、じっくり広島の街に行ったことは戦争が終わって以来一度もないのです。生活のために働き続けなくてはならず、その余裕がありませんでした。原爆ドームも観たことがなく、原爆資料館に行ったこともないのです。テレビなどで、今、広島の山に草木が生えていて、立派に街が栄えているのを見ると、夢を見ているみたいです。呉の街にも一度は行ってみたいと思いながら、その機会がありませんでした。小高い山の上にあった工廠の寮から山に沿って歩くと海の見える所に出ます。そこからは眼下に音戸の瀬戸の渦潮が見られました。あの光景はとても懐かしく思えてなりません。

あんな悲惨なこと、二度と味わいたくありません。子どもらにもあんな目に遭わせたくないのです。

23 御手洗由紀子（みたらいゆきこ）

愛児の亡骸を抱いた写真

手記と夫・英親さんの手紙
2020年9月30日　田渕啓子さんのお話

御手洗由紀子さんの被爆体験の手記

2003年（平成15年）、御手洗さん73歳、原爆症認定申請の時にまとめられたもの

広島県立第一高等女学校で被爆

当時私（15歳）の家は広島市の大手町9丁目41番地にありましたが、原爆投下2週間前に父の勤務地であった科学研究所（白島町）に疎開していました。父と弟2人、私の4人家族でした。母はすでに亡くなっていました。

8月6日の朝、私は広島県立第一高等女学校（爆心地から1・5キロ）でいつもの如く校庭で朝礼のため整列していたその時でした。突如閃光が走り、一瞬にして意識を失いました。どのぐらいの時間が過ぎたのか分かりませんが、気がついたら全身の衣服は焼け、裸同然でした。校庭には焼けた生徒の死体が、そこにいた生

徒の7割くらい。生き残った生徒のもがいていた姿が悲惨でした。私は幸いにも最前列にいたため、校舎の陰に位置し直接の被爆から避けられたのでしょう。ですが、70メートルは吹き飛ばされていました。

その時、黒い雨が降ってきて、真夏にもかかわらず浴びた体は寒く、寒く感じ、もう死ぬかと思いました。そんな中、救助に来てくれた先生に助けられました。助かった30人は、広島全市が壊滅し火の海となっている市中をくぐりぬけ、小高い「己斐（こい）」の山に避難しました。その日はそこの土の上で過ごしました。

あくる日私は父を探しに疎開先に向かって、同じ方向の友人6人と一緒に線路沿いに歩きました。もらったおにぎり1個を父にあげようと持って歩いていましたが途中で落としてしまいました。やっと夕方たどりつき、友人と別れました。そのまま父を探しに疎開先周辺を「お父さん！お父さん！」と声を出して探していると、「ゆっこ!ゆっこ！」とかすかな声が聞こえました。その声の方向へ行くと、父は顔、手、体の半分くらい一面ガラスの破片だらけで血だるまでした。誰かが掛け布団をくれたらしく布団で寝かされていました。その1枚の布団の上に、父と崇徳中学校の生徒が一緒に寝ていました。よく見るとその中学生は死んでいました。通っている人が、「このおじさん死んでいる、死んでいる」と言っていましたが、父はか細い声で

広島第一県立高等女学校の跡　慰霊碑　門柱
（広島市中区 平和大通り緑地）

「生きています、死んでいません」と言っていました。

父はその後片目を失明しました。

私は、父を確認した後、2人の弟を探しに行きました。4人が揃ったのは3日目の午後2時頃でした。そこで一ヶ月ほど過ごしました。

毎日カンパンの配給がありましたがとても足りません。私たちは周りの野草、かぼちゃの花、芋づる、芋の葉などを食べました。飲み水は、壊れた一升瓶に破裂していた水道管から水を入れてきて飲みました。

私は物を食べると下痢をし、食べ物が入りませんでした。体も痩せて、痩せてガリガリでした。

一ヶ月後、父の教え子の世話で広島から50キロ離れた中国山系の盆地の庄原に落ち着きました。4畳半の狭い所でした。

その頃でした。頭髪が抜け落ちました。2年間の間に抜けては生え、抜けては生え、3回ぐらい繰り返しました。また、足には紫の斑点が出てきました。10月頃にはその斑点から膿が出てきました。全身の浮腫もあり、食べ物も事欠き、医者もおらず、運命にまかせました。

京大看護学校と看護婦勤務

私は被爆後ずーっと体の調子が思わしくありませんでした。やっとの思いで22歳の時、京大看護学校に入学、卒業後は京大病院に勤めました。しかし体調がすぐれず、貧血の薬を京大病院でもらって飲みながら40歳まで勤めました。その後市立病院に移りましたが、やはり体調がすぐれず53歳で退職しました。この間看護婦らしい仕事はほとんどできませんでした。

私の病歴

以下、私の主な病歴です。

・15歳　被爆後、体がだるく何もできなかった。
・24歳　貧血がひどく京大病院で治療を始める。
・28歳　京大病院、痔の手術（ファイトヘッド）
　　ともかく助かった。

　　（職場の仲間と琵琶湖に出かけ下半身だけつかった。すると肛門に菌が入った）
・31歳　妊娠２ヶ月で流産
・32歳　妊娠４ヶ月で流産
・34歳　妊娠５ヶ月で流産。子どものような子宮と言われた。
・35歳　４回目の妊娠。出産を控え仕事を一年間休んだ。
　　９ヶ月で出産。「おぎゃあ」と一言言った切りすぐに保育器に入れられた。

　　２週間後、新生児黄疸で死亡した。
・36歳　子宮外妊娠。卵巣を取った。足立病院で手術。
　　子どもはもう無理だと言われた。また、あなたの体、「胃も腸も腎臓も子宮も委縮している」と言われた。

　　この頃から異常に体がだるく、吐き気、嘔吐、下痢に悩まされ始める。理由も分からないまま病院へ入院。点滴をしてもらう。

　　桂病院、高槻医大病院、洛陽病院等、病院を転々とした。

・50歳　歯槽骨が腐ってきた。顎の骨を削って歯茎に入れる手術をしたが、結局駄目で入れ歯を入れることができなかった。
　歯がないため、言葉のリハビリに3年もかかった。
・60歳から67歳　7年間、10数回逓信病院で入退院を繰り返した。
・68歳～現在　京大病院で治療中
今診断されている病名は次の通りです。

血行障害と高血圧、膠原病、造血機能障害、骨粗鬆症による脊髄圧迫骨折、不眠症、腎臓病

御手洗由紀子さんから田渕啓子さんに送られた手紙

（京都原水協と京都原水爆被災者懇談会の事務局）

２００６年（平成18年）御手洗さん76歳の時

長らくご無沙汰いたしましてお許し下さいませ。私ごと昨年12月23日、自宅でベッドから落ちて、顔７ヶ所、頭にたん瘤２ヶ所、その上、本日まで歩けませんでした。

本日年賀状を拝見致しまして、今、床より起きて文を書いております。主人が昨年末の〝被爆者を励ますパーティー〟で田渕さんに会えなくて残念だったと申しておりましたが、お葉書にあの日バタバタとしていたと記してあり、本当に申し訳ございませんでした。

　1月4日と5日と京大病院に行ってきました。顔中血だらけなのと歩けないので、主人が病人を乗せる車を手配してくれました。整形外科、消化器と診てもらいました。脊髄骨折した時のA医院での注腸検査で骨折し

て、それから5年目に入り、今は京大の整形で診ていただいています。

毎日過去の楽しかった〝つどい〟を思い出し、感謝しております。私も今年76歳になり、あと3年で80歳になります。主人はあと3年で91歳です。毎日3食、おかゆを作ってもらい、お椀に二分の一は食べれます。先生は100メートル歩けたらあとはタクシーでと申されますので、月4回～7回は京大の7名の先生に診ていただいて生き抜いております。

どうぞ今後もよろしくご指導下さいませ。主人からもよろしく申し上げるようにとのことです。

御手洗由紀子さんから田渕啓子さんに送られた手紙

2007年（平成19年）夏　　御手洗さん77歳の時

残暑お見舞い申し上げます。ご無沙汰しております。相済まなく思いつつ日々は過ぎていき、貴女様はご健康のことと思いつつ私の近況をお知らせしたくなりましたので、筆をとりました。

4年前A医院にて、自分の主人が、注腸の検査が上手だからと、数回女医の奥さんが申され、受けて以来、私の身体はまったく生涯この脊髄骨折による疼痛と共に過ごすこととなりました。

京大病院へ5月に入院しました。右の足がしびれて歩行がやっと。エレベーターで1階まで新聞を取りに行く許可のみで、あとは安静に寝ています。京大の先生に広島の原爆の1・5キロで、土橋で被爆したことを申しても、8人の先生は共々あまり原爆については、心配とか、自分の医学には関係がないご様子です。内科は私がよく下痢をしますし、①消化器科、②腎臓科、③脊髄骨折による整形、④神経内科、⑤糖尿科、⑥血圧が高いので朝夕血圧を計り、BD170／192／とありますし、朝夕の薬が出ています。⑦胸部外科は胸が悪かったので1ヶ月に1回は受診しています。⑧リハビリは7月のMIの結果、週1回京大のリハビリで軽い運動をしていただいており、川端診は中止しておいて下さいと。もし便尿が出なくなったら、京大の手術場において脊髄の手術をと主人に申しておられ、今現在は薬が出ています。手術をした患者は完全には治らないとのことで私も覚悟をしております。

現在、被爆者の健康管理手当は36000円から35000円以下になっており、病気がひどくなっても自分が原爆を受けたのだから仕方ないと思います。貴女様がお休みの時電話しましたら別の男性の方からお見舞金も5000円の方はみんな3000円になりましたと申されました。長年5000円いただいてきたことに感謝いたしております。

主人はA医院にはあのこと以来は行っておりません。テレビでも、他の病院で私と同じ検査で5名はなくなっているようです。京大病院ですらこの前皮膚科の院内感染者が3名出て謝っていました。病気をする人は弱くて、死に至るまで人間は健康でなくてはいけませんね。

京都府庁からは2回ほど原爆の血液検査を申して下さいましたが、私は京大では毎月1回は「血管の出にくい人」という札を検査簔につけられて、30分あたためて血液を採血する状態です。腎臓との関係で昨日までは牛肉、豚肉、牛乳、うなぎなど中止でしたが、今夜から焼き卵を食べてよいという許可が出ましたので、早速卵焼きを作って食べました。

また本日手紙を書きたいと念じましたのは、広島の弟が17日より原爆病院へ入院することになったからです。45年間も開業医にかかっておりましたが、自分の知っているお医者さんが原爆病院にいるからとのことです。京都の人たちはみな無関心ですね、自分が原爆に遭っておられませんし、仕方ありません。広島にいた私たちは一家全員が原爆に遭いましたし、命からがら己斐の山へ火の中を逃げましたので、この世に深く感謝いたします。

暑さ厳しき折、御身お大切に

御手洗由紀子さんの夫・英親さんから寄せられた挨拶状

2007年（平成19年）暮れ

今年もあと少し、時の流れの早さに驚くほどです。

由紀子本人はこの半年で急速に体調の低下を来たし、歩行も困難な状況です。症状は手足関節の痛みと、下痢の連続で体重が40キロを割り、私が3度の食事の世話、週2回平均京大病院通いも私の介護でどうやら切り抜けておる今日この頃です。由紀子には原爆の後遺症のため、原因不明の症状が出て、先生方も首をひねっている実情です。

私自身89歳になり、戦中・戦後を体験して戦争の無意味さ、悲惨さ、基本的人権を抹殺した有様は誰にも増して体験しただけに、命にかけて反対でした。まして原水爆被災などもっての他です。それが戦後60年も経って風化し、自衛という名のもとにまた戦争への道を選んでいる政治に恐ろしさを感じます。どんな理由付けをしても人が人を殺す行為は絶対に許してはいけないのです。

尚、今年の〝被爆者を励ますクリスマス平和パーティー〟には私たちは二人ともとても参加できませんでした。今年もみなさんにお会いしたかったのですが……。

御手洗由紀子さんの思い出

田渕啓子さん（京都原水協・京都原水爆被災者懇談会事務局）のお話

２０２０年9月30日

衝撃の初対面

私が御手洗由紀子さんと初めて出会ったのは１９７５年（昭和50年）、彼女が45歳、私が27歳の時でした。私は７年前から京都原水協と京都原水爆被災者懇談会の事務局に勤めていて、その頃の事務所はまだ旧労働会館（四条寺町下ル）にありました。

ある日、彼女が何か相談したいことがあるというので一人で事務所を訪ねてこられました。ソファに座って話している途中、彼女が急に立ち上がって、「ちょっとこれ見て」と言っていきなりスカートをまくり上げたのです。見せられたのは足のひどいケロイドの跡でした。私もまだ若かったので、いきなり見せられて「ええっ！」という思いでした。「私、こんなんでね、しんどい思いをしてきたんですよ」と足を見せながら話は続けられました。

その時、歯の話もしておられました。歯がもうガクガクになっていて、会話もなかなかしゃべりにくかったようです。「入れ歯も入れられへんねん。歯茎の骨が溶ける病気で歯茎がなくなってて、何もまともには食べられへんし」と言われました。この時は、それ以外にも色々な話を聞かされ

四条寺町下ルにあった旧労働会館

ました。

私にしたら爆発的と言ってもいいほどのショックでした。私より年上とはいえ、まだ45歳という若さで、私の目の前でスカートをめくって、「見てちょうだい!」と言ったあの姿。それほど辛かった、見て欲しかった、聞いて欲しかったのだろうと思います。今も強く強く印象に残っているあの日です。

そのことがあって以来、御手洗さんは毎年〝被爆者を励ますクリスマス平和パーティー〟に参加されるようになりました。いつの頃からか一人ではなく、ご主人と仲良く一緒に参加されるようにもなりました。このパーティーが私と御手洗さんとを繋ぐ貴重な機会となっていきました。

愛児の亡骸を抱いた写真

2003年(平成15年)、この年全国で原爆症認定集団訴訟が始まっていました。闘病を続けていた御手洗さんも認定申請してはどうかと思いお勧めをしました。私も申請手続きのお手伝いをするようになりました。そのために何度かご自宅も訪問することになりました。

何度目かの訪問の時、部屋に飾ってある写真を見せてもらいました。その中の一枚が親子三人で撮った写真でした。由紀子さんのご主人と、由紀子さんが赤ちゃんを抱いた写真でした。大きなサイズの立派な額に入れられた写真でした。撮影されたご夫婦はとても素敵な容姿で、すごくきれいに撮られていて、私はしばらく見とれていました。

今も続く「被爆者を励ますつどい・Xmasパーティー」

その時、由紀子さんが言ったのです。「この子、死んでるんですよ」と。

私は次にかける言葉を見つけることができませんでした。とても大きなショックでした。赤ちゃんもとても死んでいるとは思えなかったのです。

由紀子さんは31歳の時から3回も続けて流産していました。１９６５年（昭和40年）、35歳の時に4回目の妊娠をして、９ヶ月目でしたが出産することができました。しかし、その子は生まれて2週間で亡くなっています。やっと、唯一形のある子として生まれた子です。それを喪うことの辛さはどれほどだったことでしょう。

御手洗さん夫婦は亡骸となった愛児を抱いて大丸百貨店の写真館に走り、写真として遺し、生涯いつも傍らにいるようにしていたのです。

原爆症認定申請は、２００３年の3月7日、再生不良性貧血と皮膚腫瘍を申請疾病として申請しました。しかし書類不備の理由で申請書類は差し戻され、結局は申請自体を取り下げることになっています。その過程では申請書の医師意見書をお願いしたA医院の医師との間に問題があったり、いろいろな事情もあったようです。詳細は不明です。

それから数年後、２０１０年（平成22年）のある日、御手洗さんのご主人から突然の電話がかかってきました。電話は「由紀子が死にました。僕は由紀子を心から愛していました」の一報でした。

御手洗由紀子さん、享年80歳でした。

由紀子さんはいっぱい辛い思いをして生きてきた人です。それでも、こんな男性と巡り会うことができて、それはそれで幸せな人生だったのではないかと思います。

ご主人との交信もそれが最後となりました。

24

中川美智子

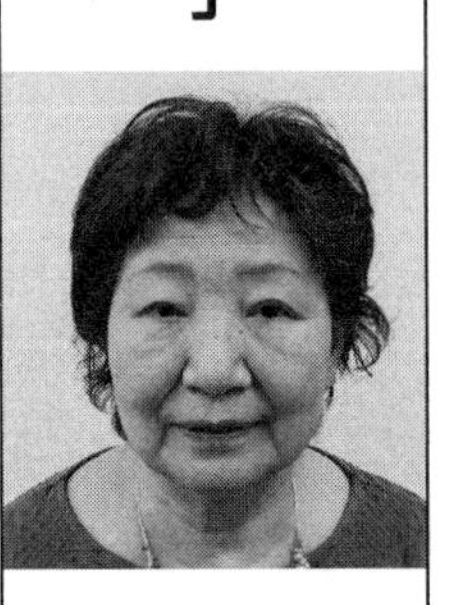

20歳になって知った私の生いたち・被爆の事実

お話＝2020年9月30日

私が生まれたのは昭和19年（1944年）の12月16日です。最初は京都市内の伏見区に住んでいましたが、私が小学校2年生で8歳の時、父親の実家のある精華町に移り住んでいます。物心つく頃から、両親に可愛がられ、一人っ子で、大切に育てられてきたことを憶えていますよ。

ところが、高校を卒業して2年後のこと、私が20歳になった時でした。私を育ててくれた両親は実は養父母であること、実の親が別にいることを初めて知らされたんです。その親は広島にいるとのことでした。実の親が私を養子に出す時、私が20歳になったら本当のことを話す約束になっていたとのことでした。広島にいる父親はその頃はまだ元気だったらしく、私が20歳になってすぐに連絡を寄こしてきたそうです。そして、私に一度会いたいと。

それから間もなく、私の実父のお姉さんという人（私の伯母さん）が京都の伏見に住んでいて、その人に連れられて広島に向かうことになったんですよ。広島に向けて出発する時、京都駅まで一緒に来てくれた養父が、駅で号泣して見送ってくれたんです。その姿は私の脳裏に強烈に焼き付きました。そしてそのことが、その後の私の人生にも大きく影響するようになったんです。

広島に着いて、初めて実の父という人と対面しました。その時、私の兄という人も一緒でした。私にはお兄さんがいることもその時初めて知ったんです。1歳違いの兄でした。この時、実の父や兄がいろいろ話してくれて、それで、私は自分の生い立ちを知ることになったんです。「あんたはこうやった、ああやった」というようにね。

その後も、父や兄以外の人からもいろいろな話を聞かせてもらって、私が京都の養父母のもとで育てられることになったいきさつを知ることになったんです。

原爆の日、生後8ヶ月

私が生まれた所は広島市の基町だったそうです。市内の中心部、原爆の爆心地からすぐの所ですよ。父親は陸軍の軍隊に入っていました。母親は私を産んだ後、産後の肥立ちがよくなくて、広島市の郊外の祇園町にあった池田病院というところに入院していたんだそうです。まだ小さい兄と生まれたばかりの私を誰が面倒みるんか、ということで、祇園からさらに北に向かった広島県安佐郡の上安という所に母の実家があって、兄と私はそこに預けられたんだそうです。そこで母の兄、私の伯父さん夫婦に面倒見てもらっていたんですね。

ある時、入院している母から「赤ん坊の私の顔が見たい」というので、伯父さんの妻（私の義理の伯母さん）が私をおんぶして祇園の池田病院まで連れて行ってくれたんです。それが昭和20年の8月5日だったんです。私が生まれてまだ8ヶ月の時ですね。その日は遅くなったので、祇園に一泊して翌日上安に帰ることにしたんです。翌日の8月6日の朝、伯母さんが私をおんぶして朝ごはんの買い物に出かけた時、原爆の閃光と爆風に襲われているんですよ。ずーっと後になってもらった被爆者手帳を見ると爆心地から4・1キロと書いてありました。伯母さんの話では、あの瞬間、写真を撮った時のように目の前がバァーっと光って、真っ暗になったそうですよ。入院していた母親もベッドごと外に飛ばされた、という話も聞かされています。伯母さんは何が起こったのかさっぱり分からず、とりあえずその日は上安の実家まで帰ったようです。

安佐郡の上安あたりでも、火傷や怪我で傷ついた人たちがいっぱい、行列となって広島から逃げてきていたそうですよ。皮膚なんかを垂れ下げたままの状態でね。伯父さんは、逃げてくる途中で亡くなった人を積み重ねて焼くようなこともしたそうです。

私の実の父親は原爆が落とされた時、どこでどうしていたのか、私が聞かされていないのか、私が忘れたのか、今は何も憶えていないんですよ。ただ、原爆手帳は持ってましたので、広島の市内にいたのか、或いは救援で入市被爆したのか、どっちかだったのだろうと思いますよ。

もともとの基町にあった私の家には、父の父と母（私のお祖父さんとお祖母さん）が2人で住んでいたようです。お祖父さんは近くを流れる太田川に遺体となって浮かんでいたと聞いています。お祖母さんも髪の毛が全部抜けて、真っ白い髪だったのに、次に生えてきた時は真っ黒になって生えてきた、というような話も聞いています。

2歳の時、養父母のもとに

私の実の母は、原爆が落とされた時から2ヶ月経って亡くなっているんです。

私たち兄妹はそれからしばらくは上安の伯父さんの家で面倒見てもらっていたんですけど、伯父さんの家にも子どもたちがいて、何時までもというわけにはいかなかったようです。残された父親が一人で二人の子どもを育てるのは大変だということで、それからの私はあっちこっちと親戚などに預け回されたらしいんです。みんな、どこの家も大変な頃で、なかなか落ち着いて預かってくれるところはなかったようです。最終的には実の父のお姉さん（私の伯母）が京都の伏見に嫁いでいて、そこに預けられたんです。でも、そこも子どもがたくさんいて大変で、その伯母さんの近くに、子どもを欲しがっている人がいるということで、そこにもらわれていったんです。それが私を育ててくれた養父母なんです。私が2歳の時で、養子縁組されたんです。「女の子はどうせ嫁に出さんならんから、欲しいと言わはるところへもろうてもらおう」、それから「子どものいない夫婦のところへもろうてもらうのがこの子にとって一番幸福や」ということだったようです。

私には一緒に育ったきょうだいはいませんでした。養父母には私以外の子どもはなくて、一人っ子で本当に大切に育ててくれたんですよ。

それから20歳になるまで、私はまったく何も知らないまま大きくなっていきました。生い立ちも、もらわれてきたことも、もちろん原爆で被爆していることも。ただ、成長するにつれて何となく、「ひょっとすると本当の親じゃないんじゃないか」と感じてしまうこともちょっとだけはありましたけどね。何となく雰囲気で。でもハッキリとは広島ということも、原爆のことも何も聞かされてこなかったんです。

高校を卒業して就職する時に私の戸籍謄本が必要になり、それを養父母に頼んだんです。ところが両親ともなかなか用意してくれなくて、最後は養母が、私に黙って、直接私の就職先に提出していたんです。きっとあの時は養父母も悩んでいたんだろうと思います。

実父とのこと、兄とのこと

実の父親と初めて会いに広島に向かう時、京都駅で見送ってくれた養父の号泣する姿を見て、それまで大切に育ててくれたことも思って、実父と会った後には、私は「広島の父とは縁を切ろう」と思ったんですよ。実父との付き合いを続ければ、私を本当の娘のようにして育ててくれた養父母に申し訳ないという気持ちがいっぱいだったんです。それに、実父と初めて会った時、正直に言うとあまり感情が高ぶるようなこともなかったんです。何となく「よそのおじさん」という感じでしたね。

実の父には、「おつきあいすることはできません」と書いた手紙を送りました。そして本当に二度と会うことはありませんでした。実父が亡くなった時、広島からは連絡もありませんでした。ですから実父がいつ亡くなったのかも私は知らないんですよ。

実の父との関係は「縁の切れた」状態になっていきましたが、ずっと後になって、兄とは付き合いをするようになったんですよ。

初めて広島を訪問し実父と会った時 1965 年（昭和 40 年、左から２人目が実父、その右が私）

実の父は、母が亡くなってあまり時間を置かずに再婚、後妻さんをもらってるんですね。兄はその後妻さんから随分いじめられたようなんです。後妻さんにも子どもができて、そちらが可愛いから、腹違いの兄は疎ましくていじめは酷かったようです。木に縛り付けられたようなこともあったようです。兄は辛い思いをしながら大きくなっていったんですよ。住む所も広島市内で転々としていたようで、私にも兄の住所が分からなくなってしまう時期があったりもしました。

そんな兄でしたから、たった一人の実の妹である私と会うことはとても嬉しかったようです。私の養父母が亡くなってからですが、兄とは2年に1回は会っていましたね。私の方から広島へ行ったり、向こうから京都へ来てくれたりと。兄が入院してからは広島の病院へ看病にも行きましたよ。兄は2年前に亡くなったんですが、その時は向こうの家族から連絡もあって、お葬式にも行きました。兄は甲状腺がんだったんです。

結婚、二人の子

私は24歳の時に縁あって結婚しました。相手は散髪屋さんでした。結婚する時に私が被爆していることはちゃんと話して、そのことは了解してもらって一緒になっているんですよ。ただ、夫となる人のお姉さんから「そんなん（被爆してること）世間にいうたらいけんよ」などと言われたことはあります。でも、「私はなんにも悪いことしてへんのに」とは思っていましたけどね。

その後、私は息子と娘の二人の子どもに恵まれました。今は孫も2人います。

被爆後57年、被爆者健康手帳を受け取る

広島で実の父親に初めて会った時、私にも申請すれば被爆者健康手帳が交付してもらえることは教えてもらってたんです。でも、私を育ててくれた養父母への気遣いもあって、広島のこととは縁を切ろうと思ってたんです。それに、まだ若かった私は健康そのもので、お医者さんにかかるような心配も全然していませんでした。そんなことで被爆者手帳の申請はせんとこうと思っていたんですよ。

でもずーっとその後になりますが、私を育ててくれた養父が平成11年（1999年）に亡くなったんです。私が54歳の時でした。50歳を超えるようになって、私も健康のことを心配するようになっていました。それで、養父が亡くなったのを機会に手帳のことを養母に相談したんです。養母はこころよく賛成してくれましたよ。

被爆者手帳を申請するには、私が被爆していることを証明してくれる人が必要なんですね。ところが、私が実の父親と初めて会ってからもう35年も経っていて、広島の人たちとその後交流があったわけでもないので、証明してもらえる人がどこにいるのかさっぱり分からなくなっていたんです。広島にも何回か行きましたけど、それでも住所も何も分かりませんでした。広島の役所にも行って聞いたんですけどそれでも分からない。この頃は兄の所在地も分かっていない頃だったんです。

そんな時、唯一の手掛かりじゃないかと思ったのが、原爆が落とされた当時、私たちを預かってくれていた伯父さん夫婦のことだったんですね。あれこれ考えた末に、思い切って、養父母と一緒に住んでいた精華町の役場に相談に行ったんです。精華町の役場では、私の事情を聞いてくれて、いろいろ調べてくれて、その結果、広島の伯父さん夫婦の住所を突き止めてくれたんですよ。伯父さんも、義理の伯母さんも昔の住所の所に、まだ元気で暮らしておられるとのことでした。私は喜んで伯父さん、伯母さんに会いに行きましたよ。生まれたばかりの赤ん坊の頃からですと、50年以上も経っていたんですがね。伯父さん夫婦はきちんと私があの日祇園にいたことを証明してくれました。お陰でやっと被爆者手帳を手にすることができたんです。平成14年（2002年）のことでしたね。

養母は平成16年（2004年）に亡くなり、養父母二人共見送りました。私は幸福だったと思いましたよ。こんなにいい両親に恵まれて。

橋本病と骨粗鬆症

20歳の時、初めて被爆していることを聞かされた時、それについて特に思うことはなかったんですよ。でも、そのうちに病気や怪我をするようになってからは「ああ、これは被爆が原因かな」と思うようになりましたね。

私の今の健康状態は、一つは甲状腺が悪くて、橋本病だと診断されてるんです。もう10年来薬を飲み続けているんです。もう一つは骨が弱いんですね。去年は2回転倒してあばら骨を折ってしまって。今年2月には道を歩いていてふらふらっと来て生垣の岩に体をぶつけてしまって腰の骨を折ったんですよ。2ヶ月も入院したんです。これまでに腰の骨折は3回やってるんですよ。骨粗鬆症だと診断されていて、そのための薬も飲んでいるんですよ。今は重たいものを持ち上げることができなくなっているんです。ただ、甲状腺と骨折以外は特に悪い所はないんですけどね。

私の娘が乳がんになったり、頭に腫瘍ができたりして、被爆二世だからなのかなあと心配しているんです。乳がんの方は治療してから8年経って、完治しています。頭の腫瘍は良性とは言われていましたけど、京大病院で切除手術を受けました。18時間の大手術だったんです。

原水爆被災者懇談会のこと、孫の思い出

私たち夫婦は散髪屋さんをやっていましたけど、その頃のお客さんの中に長崎で被爆された人があったんです。私が被爆者手帳のことを話してたら、その人が京都原水爆被災者懇談会のことを教えてくれたんです。それから懇談会に伺って、いろいろ相談にも乗ってもらいました。京都府庁に手帳の申請をする時には懇談会の田渕さんにも一緒に行ってもらったりしました。それ以来ですね、懇談会とのお付き合いは。

私の孫が小学校の頃、先生が原爆の話をしはった時、孫が「うちのお祖母ちゃんもそうなんや。だからご先祖を大切にせなあかん」と感想を書いたんだそうです。それを読んだ先生が「大人が忘れてることを、今思い出されました」と先生の感想を書かれていたんですよ。今でも憶えていますよ。

25 寺本八重子

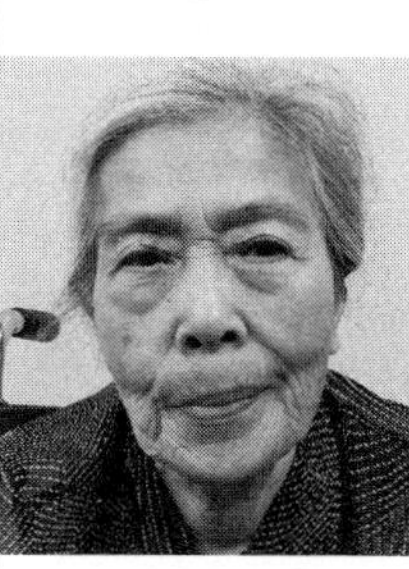

母と妹をかかえて1里半の道のりを避難

2020年9月10日

原爆が落とされた時

私は大正15年（1926年）5月15日の生まれで今年94歳になりますんや。原爆が落ちた時は19歳ですよ。生まれたところは広島の向洋（むかいなだ）駅近くの堀越というところです。東洋工業の大きな工場と日本製鋼所のこれも大きな工場の丁度間ぐらいの所なんですけどね。

原爆が落ちた日、私はたまたま家にいたんですが、お母さんは広島の街の建物疎開作業の勤労奉仕に行ってたんですよ。町内のもんがみんな大勢、道路を広げんならんから言うて、堀越からたくさん行ってたんですよ。私のお姉ちゃんはこの頃もう片付いて（結婚して）いましたけど、嫁ぎ先が同じ町内で、その嫁ぎ先の家の代表ということで、私のお母さんと一緒に建物疎開の作業に行ってたんですよ。

この頃の私の家族は、お父さんとお母さんと、子どもは七人おったんですが、兄はもう戦死していて、姉が嫁いでいて、私が三人目。私の下に四人きょうだいがいて、三人が女、男の子は一人だけでした。私はこの頃日本製鋼所に勤めていて、会計係で給与計算なんかの仕事をしてました。日本製鋼所って室蘭に本社のある大きな会社でしたよ。

原爆が落ちた時、私、最初は飛行機を見たんですよ。「ああ、飛行機が飛んでいるわ」と縁側から見てて、何か落ちるのも見ました。そしたら、突然、ピカーッと光って、ああ恐い！と思って、すぐに影に隠れたんです。お蔭で私は大した火傷も負うていないんです。近所でも、外におった人なんかみんな手足が真っ赤になって、火傷でドロドロになっていましたよ。

家のガラスは全部割れていろんなところにグサグサと突き刺さっていました。外では、大勢の人が「痛いよー、痛いよー」と言いながら逃げて帰ってくるようになりました。

母と姉をかかえて避難

原爆が落ちて少し落ち着いてから、「こりゃ、お母さんやお姉ちゃんはどこへ行っとるんやろなー」と心配になって、一人で探しに行くことにしたんです。探しには出掛けましたけど、どこにいるのかなかなか分かりません。ウロウロと的場町の方まで行って、やっと大正橋のあたりで見つけたんです。お姉ちゃんがお母さんをかかえるようにして、よろよろになりながら歩いていました。こりゃ私が二人を連れて家まで帰らんと野垂れ死にすると思ったから、それからは私一人がお母さんとお姉ちゃんの二人をかかえて堀越まで連れて帰ったんです。1里半（約6キロメートル）ぐらいの距離やったと思います。今考えたら大人を二人もかかえて、ようあんだけの距離を帰ったもんやと思いますよ。そりゃあ必死でしたからね。私は今でも体の大きい方ですけど、あの頃はバレーボールの選手をやってて、鍛えていましたから、そのお蔭ですね。それにあの頃はみんな痩せていましたしねえ。

現在の大正橋西詰（広島市南区）

でもお姉さんは体中火傷していて、その日のうちに亡くなってしまいました。

お父さんはその日、勤め先の日本製鋼所に行っていて、ちょっとぐらいは火傷してました。妹たちも火傷をしながら、それでも家まで帰ってきました。

たった一人の男の子だった弟は、原爆が落ちた時、広島市内の中学校に行ってましたんや。1年生か2年生でしたわ。宇品まで逃げて、そこから御用船みたいな船に乗せてもらって、瀬戸内海を渡って尾道まで行ってましたんや。「もうあかんやろうなあ」と家のもんはみんな言ってたんですが、兵隊さんのトラックに乗せてもらって尾道から帰ってきたんですよ。男の子は一人でしたから、「ああ生きてたんか」「よう生きててくれた」と、お母さんも、みんなも一緒に喜びあいましたよ。

お母さんはそれから1年は生きていましたけど､火傷や怪我から回復することなく亡くなりました。夏の頃は、ハエがいっぱい来て、くさいくさい、原爆で腐ったような臭いのする中で、とてもひどい状態だったことを憶えていますよ。

結婚、生涯を京都で

結婚したのは昭和21年、広島で、私が20歳の時でした。女のきょうだいが下にいっぱい続いてましたので上の方を早よう出さないけん（結婚させないけん）というようなことでしたわ。相手の人は広島の西条の人で、兵隊に出ていて帰ってきた人でした。私の結婚の支度はお母さんが全部やってくれました。その後なんですよ、私の結婚を見届けるようにしてお母さんが亡くなったのは。

結婚した後に、私の夫の妹の主人が京都で商売してはって、京都に来ないかと言われて、それで京都に来たんですよ。それ以来生涯を京都で暮らすことになりました。

被爆者手帳は制度ができてすぐの頃に発行してもらっていますよ。

私は女学校に行ってる頃からバレーボールの選手をしていたんですよ。前衛のセンターで、トスを上げてもらってアタックするのが私の役目でした。あの頃身長も1メートル64センチぐらいあって、女の人としては背の高い方で、体は鍛えられていましたからね。若い頃から運動はよくしていました。だからだと思うんですけど、あんまり病気らしい病気はせんと生きてこれました。原爆の後で体にはいくつも斑点ができていましたけど、そのうちに綺麗に治っていきました。今お医者さんにはかかっていますけど、どこも悪いところはないか時々検査してもらっているぐらいですよ。

ただ、20年前に腰の骨を骨折して、それからちゃんとは歩けんようになったんです。今もずっとコルセットしています。コルセットは何度も変えてきましたよ。時間が経つと体に合わんようになるんですね。コルセットしてなかったら歩けんもんですから、今ではいつも放さないようにしています。

私の主人は肺の病気で70歳で亡くなってしまいました。私の子どもは、長男と長女と二人いるんです。長男は今私と一緒に住んでいて、私の面倒を見てくれているんですわ。長女の方は横浜にいます。息子には「あんたも『二世・三世の会』に入ったら」と言うんですけど、「ええ、ええ（嫌や嫌や）」と言うてますわ。

こんな私の原爆の話、京都に来てから人に話すと、「あんまり話すと自慢気に聞こえるよ」と言われたこともありましてね。でも私は「しゃべりますよ」と言って、思い出してはいろいろおしゃべりしてきましたよ。みんな原爆の恐ろしさは知らんでしょうからね。

私も自分で手記を出したらええなと思いながら、もう90を超えましたからね、もうよう出しませんけどね。

94歳まで長生きさせてもらいましたよ。ようここまで生きてきたと思いますよ、自分でもね。孫もいて、ひ孫も3人ほどいて、時々は横浜から元気な写真送ってくれていますよ。

26

國府幸代（被爆二世）

授乳中被ばく 母を守った兄

お話＝２０２０年10月30日

父と母と兄の被爆

私の父・國府峰雄は１９１３年（大正２年）生まれで、京都府の八木町（当時）出身でした。職業は土木関係の技師でした。満州や北支にも赴任していましたが、１９４２年（昭和17年）からは広島県の呉海軍施設部に土木技師として奉職していました。母の孝は１９２０年（大正９年）生まれで、京都市上京区の出身です。父が呉に赴任した時には母も一緒に呉の街に住んでいました。１９４４年（昭和19年）には長男・明生、私の兄が生まれて一家三人の家族になっていました。京都の八木町にある父の実家では毎年８月７日、親族全員が集まってお墓参りすることが習わしになっていて、この年も前日の８月６日には早朝から一家三人揃って呉を発ち、京都へ向かっていました。

広島駅で呉線から山陽本線へ乗り継ぐため列車を待っていました。とても天気がよく暑い暑い日だったそうです。母は、風通しのいい場所を選んで外に向かって座り、一歳半の赤ちゃんに母乳を飲ませていました。

午前８時15分、ピカッと光って、ドカン！と来ました。一瞬の出来事で何が起こったのか解りませんでした。

すごい光と爆風で、母の身体は焼け焦げ、水膨れで腫れあがりました。気が付くと白い木綿のエプロンから露出している顔から肩、腕、指先まで、真っ赤に腫れ上り、触れるとドロドロと剥がれて、痛くて痛くて皮膚が無くなってしまいそうだったと言っていました。赤ちゃんだった兄も大火傷を負い、皮膚がポンポンと風船のように真っ赤に腫れ上っていました。母は顔や腕に重い火傷を負いましたが、兄を抱え込むように抱いていたお陰で死に至るほどの重傷は免れました。この時父は、駅構内で切符の手配をしていたので原爆の閃光を直接浴びることはありませんでした。それから列車が動くまでの時間、大火傷を負った母と兄は、広島駅近くの広畑町にあった父の知り合いの家で待たせてもらいました。街中の人がみんな火傷を負っていて地獄絵を見ているようでした。

8月6日のそんな大変な中、その日中に鉄道が復旧して、10時間後に1本だけ京都行の列車が動いたのだそうです。まぼろしの列車と呼ばれています。父は京都の母の実家宛に「シンガタバクダンニヤラレ、オオヤケドシテイル。エキマデムカエタノム」と電報を打っています。

家族三人はなんとかまぼろしの列車に乗り込むことができ、広島から京都へ帰り着きました。京都駅に着くと母方の祖父、町会長、近所の男の人たち数人が大八車で迎えに来ていました。とりあえず母の実家近くの菅野医院に担ぎ込まれ、その菅野医院の先生の紹介と同伴で京都府立病院に入院することになりました。「広島で新型爆弾にやられた」と話すとすぐに入院、治療してもらうことができたそうです。

でもその一週間後の8月13日、赤ちゃんだった兄は息を引き取りました。1歳6ヶ月でした。大火傷でポンポンだった赤い皮膚が黒く炭で作った人形みたいになっていました。母は大火傷をして頭から身体や右手にかけて包帯でグルグル巻きにされ、生死をさまよっていました。そんな母に赤ん坊が亡くなったことを話すのはとても残酷過ぎてすぐには知らされなかったそうです。兄が京都府立病院で亡くなったことは母の妊産婦手帳に書かれています。広島で新型爆弾で被爆したことは当時の米穀通帳にも書かれていました。母は後年、「赤ん坊の明生が自分の命と引きかえに私を生かしてくれたんや」と漏らすように語っていました。

母の兄（私の伯父）が近衛兵だった人で、１９４４年（昭和19年）にフィリピンで戦死しています。そういう縁もあったのか、母は京都府立病院では比較的優遇されて治療してもらったようです。病院の地下には軍用の薬がたくさんあって、それらも使ってもらったようです。府立病院を退院してからもずーっと通院し、途中からは京大病院に通っていました。

父と母の闘病

父は原爆で大怪我とか火傷とかはしていないので、見た目には原爆の被害は受けていないように見受けられました。終戦後も呉に何度か行ったりしていたようですが、その後は八木町にある父の実家から南丹病院に入退院を繰り返していました。外見上は何もないのですが、体内への被爆の影響はあったのだと思います。苦しんでいたように思います。怪我をして足を悪くしたこともありましたけど、骨も弱くなっていて、体力もかなり弱っていたようです。土木関係の工事現場などでの仕事もうまく続けられなかったようでした。私が生まれてしばらくして父と母は離婚しています。八木に帰ってからはずっと父の母（私の父方の祖母）に面倒見てもらい、祖母が96歳で他界するまでそんな状態が続いていました。

母の実家は、西陣織の織り屋さんでした。退院してからの母はこの実家の織り屋さんで暮らし続け、織り屋の

結婚した時の父と母

仕事を支えて生きてきました。戦後生まれの私たち姉妹もそこで生まれました。私の一番上の姉が１９４６年（昭和21年）に生まれています。その次の姉は１９４８年（昭和23年）なのですが、その子は死産でした。そして私が１９５０年（昭和25年）の生まれです。

母の火傷跡のケロイドはずーっと治らないままでした。いつも火傷跡に包帯を巻いていました。特に夏場になると火傷の傷口から血や膿がジュルジュルと出てきて、痛くて、痒くてしようがなかったようです。汗と一緒に出てくる感じで、母はものすごく汗かきでした。そのために1ヶ月に1回は京大病院に通院していました。そういうところで同じ被爆者の人たちとも出会って、その人たちと色々お話しするのが一番の楽しみだったようです。

京大病院から放射線の治療器みたいなものを借りてきたこともありました。機器の先にパラボラアンテナみたいなものが付いていて、その先から出てくるコバルトをバチバチとやって、その光を血や膿が出てくる箇所に当てるのです。私がその器具の操作を手伝ったりもしていました。今考えると、結婚した時の父と母はよくないことを平気でやっていたように思います。その他にも京大病院からはマッサージ機とかいろいろな物を借りてきて治療していました。お灸をしたりしていろいろな治療をしていましたがなかなか効き目のあるものはなかったようです。被爆者の会である京友会にも入ってい て、そちらの方の紹介で漢方薬を利用するようにもなり、それは生涯続けていました。

母は厚生労働省から原爆症の認定も受けていました。認定通知書には大きく貧血症と書かれていました。

織り屋の実家で育つ

母の実家の織る織物は上物でしたので、その織物の上に血や膿が落ちたら大変なことになります。そうはならないように織り物の仕事をするのが、母にはとても大変だったようです。

実家の織り屋ではたくさんの職人さんが働いていました。我が家に住み込みで働いている人もたくさんいました。お祖父ちゃん（私の母の父）は若い女の働き手さんを何人も私の実家からお嫁に送り出したのだと言っていました。そんな織り屋でしたので、一家を支えるようになっていった母は、仕事がしんどいとか、えらいとか、とても言っておられなかったのです。余談ですけど、私が生まれた頃はまだ「おいとさん」という大お婆さん（私の曽祖母）が家にはおられて、「鳥羽伏見の戦いの時には、おサムライさんが家に入ってきて、びっくりしたんや」などという話を聞かされたことがあります。そんな家でした。

私が生まれて間もない頃からですから両親の離婚の詳しい事情は知りませんでした。私が物心つく頃には、私の苗字は「宅間」姓になっていました。私にとってお父さんのいない暮らしは当たり前の状態でした。一緒にご飯を食べた記憶もないし、お風呂とかに一緒に入ったこともないのです。母や母方の祖母の手で、生まれた上京区でずーっと大きくなっていきました。小川小学校、上京中学、朱雀高校を卒業しました。

高校を卒業した丁度その頃、八木のお祖母ちゃん（父方の祖母）が亡くなりました。そのため離婚した父が独りになったので母がもう一度父と再婚し、父を引き取って面倒をみることになりました。そのため、私の苗字は再び「國府」に戻ることになりました。

高校を卒業してしばらくはアルバイトの続きで近所の会社に勤めていましたが、間もなく東京に出て就職することになりました。『伊藤忠』という大きな会社でした。東京では独り暮らしでしたけど、あの頃はみんな就職して2～3年したらお嫁に行くのが当たり前でした。3年ほどで父が亡くなり、私も東京での勤めを3年で切り上げて、京都に帰って結婚しました。22歳の時でした。

結婚した翌年、1973年（昭和48年）4月に初めての子どもを授かりました。3600グラムの女の子でしたが、前日まで心臓もちゃんと動いていたのに死産でした。死因は不明のままにされています。あの子のことを思い出すと今でも頭痛が出てきて何も手に着かない状態になります。一度も私の腕に抱かせてもらえず、見せてももらえないまま火葬にされたのです。母乳がいっぱい出て、お布団がびしょびしょになって、バスタオル巻いて、何回も変えて洗濯しても腐ってしまう。悲しくて悲しくて。

その後、１９７４年（昭和49年）に長男が生まれ、１９７６年（昭和51年）には次男が、１９７９年（昭和54年）に長女が生まれ、三人の子宝に恵まれて育ててきました。みんな生まれた時は大きな子で、長男は４０８０グラム、次男が４１２０グラム、長女が４２６０グラムでした。大学病院の研究のためだということで私の胎盤の一部を提供したほどでした。

長男は胆嚢の切除手術などして今も薬を飲み続けています。孫はみんな合わせて七人になります。健康な子もいれば心配な子もいていろいろです。私の長女の夫になる人が34歳という若さで亡くなり、長女は三人の子を持つ母子家庭になりました。今は私の家の近所に住んでいて助け合いながら暮らしているような状態です。

偏頭痛と私の健康

私は中学2年生の頃から偏頭痛に悩まされるようになりました。最初は生理痛だと思っていたのですが、今でものその症状は続いており、ひどい時には動けなくなるほどきつい痛みに襲われることがあります。病院で全部調べてもらったのですが原因が特定できない、分からないままになっています。特に低気圧が近づくとか、カミナリがなる時とかに痛みが来ます。気象状態がよく分かり、そんなことに敏感なのかなあと思っています。

子どもの頃から食事には注意する暮らしが身についていました。母が自分の体調のことを考えて注意していたのでその影響を受けてきました。とりあえず好き嫌いなくいろんな食物を食べるように心がけていました。15種類以上の食べものを食べた方がいいと言われていました。私が小学校5年、6年生の頃からは私が家の食事を作っていました。あの当時はまだみんな釜炊きでした。

小学生の頃はプールもなくてあまり泳げなかったので、中学生になってから水泳部に入り、そのうちにトロフィーをもらうほどになりました。高校には水泳部がなかったので少林寺拳法部に入り、道場にも通って黒帯にまでなりました。

偏頭痛のこと以外は健康に恵まれてこられたのだと思っています。母がずーっと漢方薬を服用していたので、その影響で私もずっと漢方薬のお世話になってきました。そのお陰かどうかわかりませんが、70歳の今になっても仕事ができることに感謝しています。

父母と兄の遺品寄贈と平和への祈り

父が亡くなったのは60歳の時でした。1972年（昭和47年）で、私が22歳、東京にいる時でした。母は87歳で亡くなりました。2005年（平成17年）で、私が55歳の時です。原爆に遭っていることを思えば長生きしてくれたなあと思っています。父と母と、そして1歳6ヶ月で幼い命を奪われた兄の遺品を2011年（平成23年）、広島市の原爆資料館に寄贈しました。寄贈したのは両親と兄の家族3人が被爆した証拠4点と写真です。兄の明生ちゃんの写真、母の妊産婦手帳、母の「原子爆弾症」の診断書、父の「原子爆弾症」の診断書です。「生と死が紙一重の時代だったことを多くの人に感じ取ってほしい」という思いからでした。2013年（平成25年）に行わ

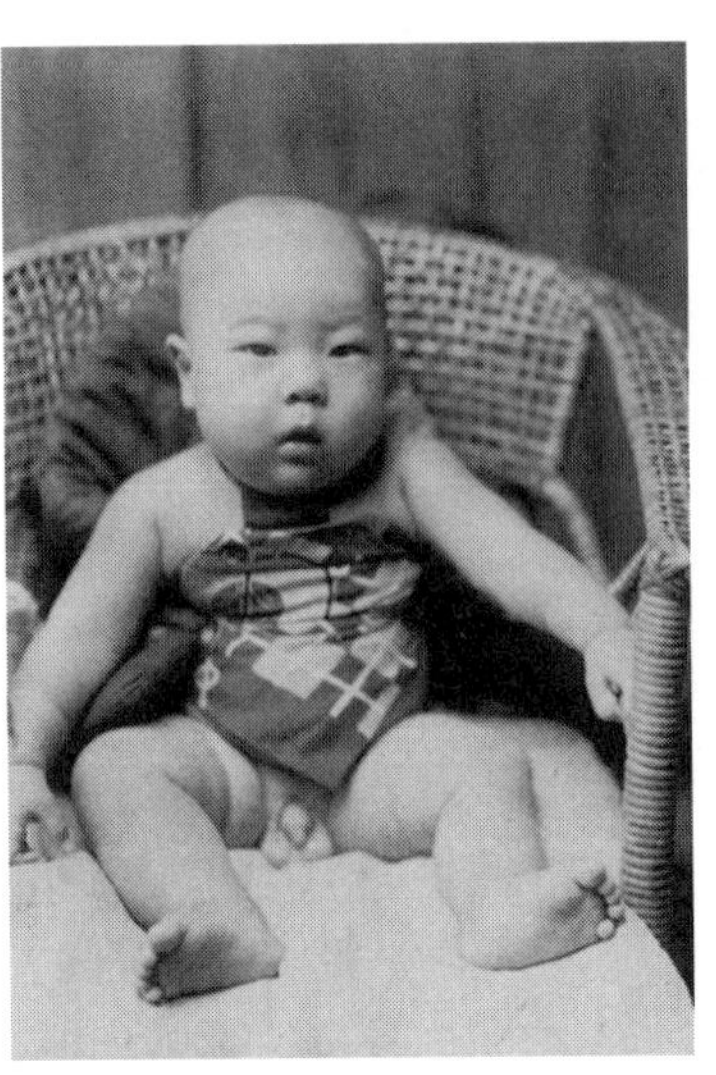

兄・明生（はるお）ちゃんの遺影

1945年撮影

れた原爆資料館の「新着資料展」では三人の遺品も展示されました。

その前の２０１０年（平成22年）には国立広島原爆死没者追悼平和祈念館に三人の死没者登録も行っています。

私は今年70歳になりました。人生を振り返ると色々なことが次から次へとありましたが、自分なりに一つ一つ乗り越えて、ポジティブに今を生きてきたと思います。私は宮沢賢治の『雨ニモマケズ』の詩がとても好きです。小学校の時、教科書で知りました。今でも時々辛い時、頭の中で繰り返します。

「一番ツライ時こそ一番大切なとき」、ウォルト・ディズニーの言葉です。また、「生きることは呼吸することではない。行動することだ」、ジャン・ジャック・ルソーの言葉です。

「Imaging all the people living life in peace」（すべての人が平和に暮らしているのを想像してみて）、オノ・ヨーコです。彼女は言います。「例えば３００人で平和を祈っても世界は変えられない。でもその願いをそれぞれがさらに３００人に伝えたとしたら？　そうやって想いがつながっていけば地球を平和の祈りで包むことだってできるのです。核兵器をなくして世界平和を祈ります」。

私はこれまで独りでがんばってきていたように思っていましたが、北区の新婦人の会に入ったり、「北区九条の会」に入会させてもらっている中で、京都に「被爆二世・三世の会」があることを教えてもらいました。そして、一昨年（２０１９年）６月に入会することができました。

同じ被爆二世・三世の人たちと勉強しあったり、近況などを交流しあったり、時には助け合ったりと、こういう「会」があって、そこの一員として活動できるようになって、本当に良かったと思っています。

27 佐伯　俊昭

5日間だけの遅すぎた原爆症認定

2005年5月20日　原爆症認定集団訴訟の記録から

佐伯俊昭さんは65歳の時喉頭がんを発症し、全摘手術。原爆被爆が原因であり原爆症認定申請するが厚生労働省は却下処分。5年後原爆症認定集団訴訟に参加して提訴。発声機能を失っていた佐伯さんは3時間を超える本人尋問をすべて筆談で答えぬく。一審勝訴。控訴審の途中で国は被爆者と世論に押されて原爆症認定審査基準を緩和。佐伯さんも遂に原爆症認定を勝ち取ることができた。しかしそれはこの世を去る5日前のこと。佐伯さんにとって命と引きかえの原爆症認定となった。裁判の資料と被爆者のたたかいを綴った傍聴記から、佐伯さんの被爆体験と原爆に負けなかった人生を紹介します。

2005年5月20日・大阪地裁　原爆症認定訴訟本人尋問の記録から

広島商業中学の校庭で被爆―全身火傷

私は1933年（昭和8年）1月24日生まれです。1945年（昭和20年）、広島で原爆に遭った時は12歳、広島商業中学校の1年生でした。

あの日の朝は、学校の校庭にいました。学徒動員で建物疎開作業に行くため、校庭で整列していた時でした。ずっと後になって自分で調べたのですが、爆心地からの距離は1・7キロほどでした。学校は比治山橋の東詰めの近くにありました。1961年（昭和36年）に私は被爆者健康手帳の交付を受けていますが、その時、手帳には被爆距離2・0キロと書かれていました。これは私がそう言ったのではなく、県庁の職員の人が最初からそう書き込んでいたのです。手帳をもらった時には距離のことなんかあまり気にもしていませんでした。

＊　＊　＊　＊

原爆が落とされた時、マグネシウムをたいたような白昼光の、強烈な光を浴びました。次の瞬間、花火が爆発したような大音響に襲われ、それから物凄い爆風です。爆風で私は吹っ飛ばされてしまいました。木造2階建ての校舎が倒れてきて私はその下敷きになったのです。倒れた校舎の下から必死になって瓦礫を取り除き、なんとか脱出することができました。そして学校の裏山になる比治山に避難したのです。

その日の私の服装は、上はランニング一枚、下は半ズボンにゲートルを巻いていました。避難してから少し落ち着いてみると、着ていたランニングやズボン、ゲートルから露出していた体の部分は全部火傷していました。顔も右半分は火傷、手も右手全体が火傷していました。肩のところから指の先までです。火傷したところは皮膚が焼けただれてぶら下がっていました。足もズボンとゲートルの間から出ていた膝の部分が火傷していました。今でも全身にケロイドが残っています。

避難した比治山ではずっと屋外にいました。比治山には大勢の人が避難していました。比治山にいる時に雨に打たれたのも覚えています。

＊　＊　＊　＊

私の家は広島市の中水主町にありました。今の平和公園から南方向です。原爆が落とされた時、自宅には母親と妹の二人がいました。私は夕方、薄暗くなってきた頃、比治山を降りて、家に帰るつもりで歩き始めました。歩いたのはいつも通学で歩いている経路でした。歩いている周囲の状況は悲惨なものでした。建物は全部倒れて、火事で燃えていました。人もたくさん倒れていました。道路の周りに何十人という焼死体が転がっていました。生きていながら瀕死の状態の人もたくさんありました。歩く途中、火事の熱でとにかく熱かったことを覚えています。あまりの熱さにとうとう家までは辿り着くことができませんでした。家までもう少しという所でしたが、明治橋を渡ったすぐのあたりで立ち往生してしまいました。しかたなく歩いてきた経路をまた逆戻りして日赤病院まで行きました。

日赤病院は玄関前も、病院の中も、人の入る余地がないぐらい、大勢の人でいっぱいでした。ひどいけがや火傷を負った人々であふれかえっていました。悪臭と小便のにおいが強烈だったことも覚えています。その夜はとうとう一睡もできませんでした。

現在の明治橋東詰北側にある原爆慰霊碑

火傷の激痛とひどい倦怠感

翌日の8月7日、私はもう一度自宅へと向かいました。しかし自宅は完全に燃え尽きていました。残っていたのは瓦礫だけでした。後になって分かったことですが、母親と妹は自宅で爆死していました。それからその日は学校に帰ることにしました。途中、のどが渇いて、焼け跡の破れた水道管から出ていた水を飲みました。何度も何度も飲みました。学校に戻ってみると、学校から南方向にあった専売公社に救援センターができたと聞きましたので、そこに治療を受けに行きました。

それから更に、私の友人を探しに雑魚場町付近まで行きました。小学校の時の友人です。数日前に友人は雑魚場町付近に建物疎開作業に行くと聞いていたからです。しかし雑魚場町一帯も燃え尽きていて瓦礫しかありませんでした。友人と会うこともできませんでした。やむを得ないので私はその日もう一度学校に戻ることにしました。

＊＊＊＊＊

それからの私は、体中の怪我と火傷のために全身の痛みが激しく、ほとんど寝たきりのような状態になってしまいました。気力をふりしぼって辛うじて歩けたのはトイレと食事の配給を受ける時だけでした。火傷した箇所の治療といっても、それは油を塗るだけでした。体の露出している部分に物が当たったりすると激痛が走りました。火傷の痛みに加えて、体がとにかくだるくてしょうがない症状にも襲われてきました。そのために寝たきりの状態が何日も続きました。

私の家族は空襲でばらばらになった時には、広島市郊外の可部というところにある二宮さんという家に避難することになっていました。学校の校庭で体を動かせない状態になっているので、誰かが迎えに来てくれると思っていました。子どもを探しに来た父親と似ているような姿の人を見つけては、「お父さん」と呼びかけたり、叫んだりしていました。そんなことを繰り返しながら、父親が探しに来てくれないか、迎えに来てくれないかと待ち続けていました。

８月10日頃になって、突然父親が迎えに来てくれました。私は大八車に乗せられて、父親含めて大人四人がかりで横川駅まで運ばれました。運ばれていく途中、現在の原爆ドーム跡で休憩をとりました。当時の産業奨励館です。一帯も完全な焼け野原でした。横川駅まで着き、そこからは車で可部の二宮さんの家まで運ばれました。

＊＊＊＊＊

初期に発症した原爆症の数々

二宮さんの家には８月16日まで、約一週間いました。その後は可部にあった陸軍病院に入院することになりました。とにかく火傷の化膿がひどくて、それの治療のために入院したのです。

入院はしましたけど、化膿は止まらず、まったく治りませんでした。このため、入院して一ヶ月ほど経った頃、医師から右腕の切断を勧められたこともありました。入院中はまったくの寝たきり状態で、トイレにも自分一人ではいけない状態になっていました。

可部の陸軍病院にはその年（昭和20年）の10月末まで入院していました。退院した後も寝たきり状態はずっと変わらず、そんな状態が翌年（昭和21年）の５月頃まで続きました。

＊＊＊＊＊

火傷以外には、被爆してからは歯茎から出血することもありました。初めて歯茎からの出血に気付いたのは

被爆中心地辺りの風景（米軍撮影、広島平和記念資料館提供）

陸軍病院に入院してからです。左手で口を拭いたり、うがいをしていて血が混じっているのに気付いたのです。出血が多い時も少ない時もありましたけど、約1年ぐらいは続きました。

被爆した直後には激しい下痢にも襲われました。最初は、水のような下痢でした。それが1週間ぐらい続いて、その後は軟便となり、お腹が悪い状態が続きました。半年ぐらいは続いたと思います。

体を動かすことができないのは火傷の激痛だけではなく、ひどい倦怠感に襲われたことも原因でした。この倦怠感はその後もずっと続き、今に至るもその症状は変わりません。私は小学生の頃は学校も無欠席で元気な子どもだったのですが、被爆を境に私の体はとんでもなく健康を損なうことになってしまいました。

原爆ぶらぶら病とたたかい続け、最後は喉頭がんを発症

戦後、学校制度が変って6・3・3制となり、広島商業中学校はなくなり、私は三原中学へ編入学しました。その後、高校へ進学、大学へと進学しました。大学卒業後証券会社に就職し、1963年（昭和38年）まで勤めました。昭和38年に会社が合併してなくなり、その後は自動車会社のディーラーに25年間勤めるなどしてきました。最終的に仕事を退職したのは1998年（平成10年）、65歳の時です。

会社勤務をしていた頃も倦怠感に襲われ続け、体の疲れがひどく、仕事が長続きしない状態が続いていました。何度も何度も休憩をとりながらでないと仕事を続けられませんでした。40歳頃に肝炎や糖尿も患いました。

40歳を超える頃から体のだるさ、疲れは年を追うごとにひどくなり、10年ほど前からは、週1回の点滴、3年ほど前からは毎日点滴を必要とするほどになりました。点滴をしなかったら極度の疲れを感じて、食欲もなくなってしまうほどでした。

＊　＊　＊　＊　＊

１９９８年（平成10年）、私は喉頭腫瘍を発症しました。７月から３ヶ月間放射線治療を行いました。その年の11月には原爆症認定申請も行っています。放射線治療で一度は治ったと思ったのですが、退院後、再発しているのが見つかり、今度は腫瘍の摘出手術をせざるを得なくなりました。翌年の１９９９年（平成11年）５月、喉頭の全摘手術を行いました。腫瘍以外にも左側のリンパ節も摘出しています。手術後は現在、３ヶ月に１回の割合で定期的に通院も続けています。

＊　＊　＊　＊　＊

以上が私の被爆した時の状況と、戦後の健康障害の履歴、そして喉頭がん発症と治療、手術の経緯です。最後に裁判官に言っておきたいこととして次のように申し述べます。

被爆60年過ぎても、私のような人々が他にも大勢いることを聞きます。戦争は罪悪ですが、（そのことは）裁判官には分かっています。正当な判決をお願いします。

『〈原爆症裁判傍聴日誌〉にんげんをかえせ』より　長谷川千秋／著（かもがわ出版）

がんばった！　筆談で３時間３分の本人尋問—２００５年

２００５年（平成17年）５月20日、大阪地裁。ここでも、原爆症認定申請を却下された被爆者たちが、国を相手に、体を張ってたたかっていた。「戦後の自ら受けた苦しみを国に認めさせることにより、自分たちと同じ苦しみを世界中の誰にも再び味あわせることのないように願って、核兵器のない世界をつくる礎となろうとする」（原告告訴状から）強い意志に基づくたたかいだ。

前回から個別原告の証拠調べに入った近畿の裁判は、第13回のこの日、２０２号法廷で、大阪市の佐伯俊昭さん（72）と兵庫県篠山市の深谷日出子さん（78）＝いずれも広島の被爆者＝に対する尋問が行われた。

本人尋問は1人約1時間半（原告側主尋問、被告側反対尋問、裁判官尋問合わせ）の割り振りとされてきたが、この日の一人目、佐伯さんは、午前から昼食休憩をはさんで午後に及ぶ異例の長さとなった。佐伯さんは1999年、喉頭腫瘍摘出手術を行った結果、発声が不能となり、筆談で尋問に答えることになったからだ。

午前10時30分、開廷。宣誓書代読の後、原告側弁護団から大槻倫子弁護士が質問に立つ。証言台の前に座った佐伯さんの横には中森俊久弁護士がつく。「あなたは認定申請時の健康診断個人票には『爆心地から2キロで被爆』とあったが、今回の申し立てで1・7キロとしたのは、地図で分かったからか？」と大槻弁護士。佐伯さん

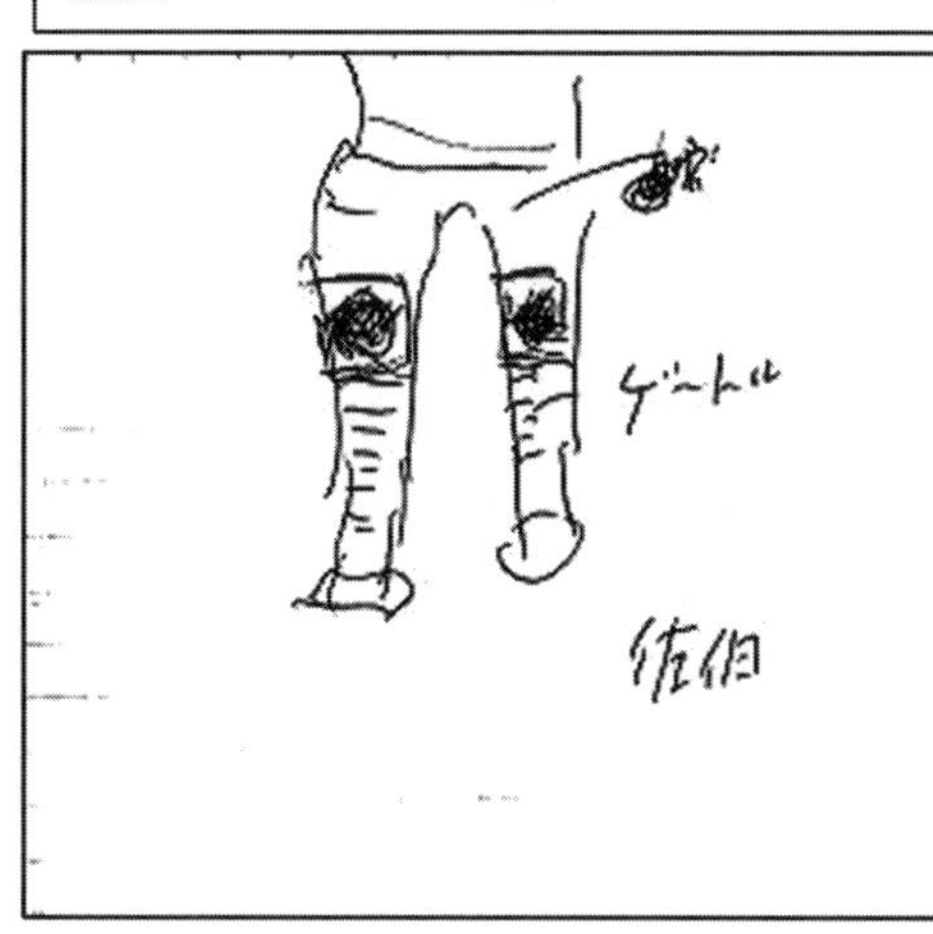

3時間をこえた佐伯さんの筆談

がうなずきながらメモにペンを走らせる。「はい、そうです」と中森弁護士がメモの答えを読み上げる。「原爆投下の瞬間はどんなだったか?」。こうなると、質問は短くても、佐伯さんは具体的に答えるために、必死にメモしていかなくてはならない。中森弁護士が書き上げられる前から少しずつ読んでいく。「……目が、マグネシウムをたくような白昼光だった。……次の瞬間、……花火が爆発したような……大音響が発生しました」。被告側代理人が、どんなメモをしているのか、様子をさぐるように佐伯さんのそばに近寄ってのぞきこむ。

当時12歳、比治山橋近くにあった県立広島商業学校の中学一年生だった佐伯さんは、家屋撤去の勤労奉仕に出かけるため、校庭に整列したとき、被爆した。全身に火傷を負い、皮膚がだらりと垂れ下がったこと、ケロイドが今も残っていること、爆心地により近い自宅にいた母と妹の被爆死、父も県庁で被爆、全身にガラス片を浴び、後に原爆症の認定患者になったが、急性白血病で亡くなったこと……。被爆の事実を答えていくだけで1時間かかった。両弁護士が役割を交代して、被爆後の体調の変化を中心にさらに筆談が続き、午後零時8分、昼食休憩に。

＊＊＊＊

午後1時半、再開。被告国側の反対尋問がこまごまとした事実関係を主に約40分。さらに原告側弁護士の補充質問と、田中健治裁判官の尋問があり、終了は2時55分。午前の部と合わせ

一審勝訴の日 2006年5月12日 右から2人目が佐伯さん

ると3時間3分にも及ぶ筆談での質疑応答だった。佐伯さんはその間、一瞬たりとも気を抜くことがなかった。午前の部で説明した体の火傷に関連して、田中裁判官との間で「被爆当日は、上はランニング一枚だったのか、下は?」「ズボンとゲートルを巻いていた。火傷の跡があります」などのやり取りがあり、西川知一郎裁判長が「ズボンにゲートルの絵が書けますか」と尋ねたとき、読み上げられた佐伯さんの答えに、傍聴席がどよめいた。「裁判長の許可があれば、上半身、裸になりましょうか」。西川裁判長は「それは結構です」と制したが、佐伯さんは文字通り、ケロイド姿をさらして体中で話したかったに違いない。裁判長に言われてズボンとゲートルの絵も懸命に書いた。筆談に追いやられることになった喉頭腫瘍の原因となる事情は、まさに被爆以外に考えられない(起因性)と、佐伯さんは原爆症認定を求めているのである。

弁護士に促されて、裁判官への締めくくりのひと言。「被爆60年過ぎても、私のような人々が他にも大勢いる。戦争は罪悪だが、裁判官は分かっています。正当な判決をお願いします」。

続いて、深谷さんへの尋問があって、この日は午後4時37分、閉廷。

「筆談」の佐伯さんに認定書。でも遅すぎた ― 2008年

「原爆にあい、戦後を必死に生きて原爆が原因の病気にかかり、命の宣告を受けてから国を相手に裁判を起こす。原爆を許すことの出来ない人生をかけた裁判を起こす気力はいかばかりだったろうか。人生の最後の5日間にたたかいは間に合ったのかどうか。前のめりの素晴らしい人生、原爆に負けなかった人生を学ばせてもらったおもいがします。ありがとうございます。安らかにお眠り下さい」(京都原爆訴訟支援ネットのホームページ「掲示板」に寄せられた市民の声から)

厚生労働省の新しい基準に基づく審査で原爆症と認定され、4月11日、入院先の病院で認定書を受け取った

原爆症認定集団訴訟・近畿の第一陣9人の1人、佐伯俊昭さん（75）＝大阪市＝が、16日朝、亡くなった。「5日間だけの『認定』 間に合った でも遅すぎた」（毎日新聞4月17日付朝刊社会面）など新聞に大きく報じられた。

佐伯さんは12歳のとき、広島の爆心地から約1・7キロの中学校に建物撤去作業のため登校、校庭で整列中に被爆。吹き飛ばされて倒壊した校舎の下敷きとなった。長い被爆人生の始まりだった。様々な病に襲われ、1999年には喉頭がんで全摘手術を受け、発声できなくなった。98年に原爆症認定申請したが、99年に却下され、異議申し立ても通らず、2003年、集団訴訟のたたかいに参加したのだった。

大阪地裁の法廷では「筆談」で3時間以上も尋問に応じ、毎日放送（MBS）のドキュメンタリー番組はじめケロイドの裸をテレビカメラにさらして被爆の実相を訴えてきた。2006年5月、大阪地裁で全面勝訴。なのに国の不当な控訴でたたかいは続いていた。今年に入って喉頭がんが再発、体調が急速に悪化し、認定証書交付も集中治療室でだった。これまで佐伯さんを支え、励まし続けてきた京都原水協事務局の被爆者相談員、田渕啓子さんは、認定交付の翌日、原告団長代行の広島の

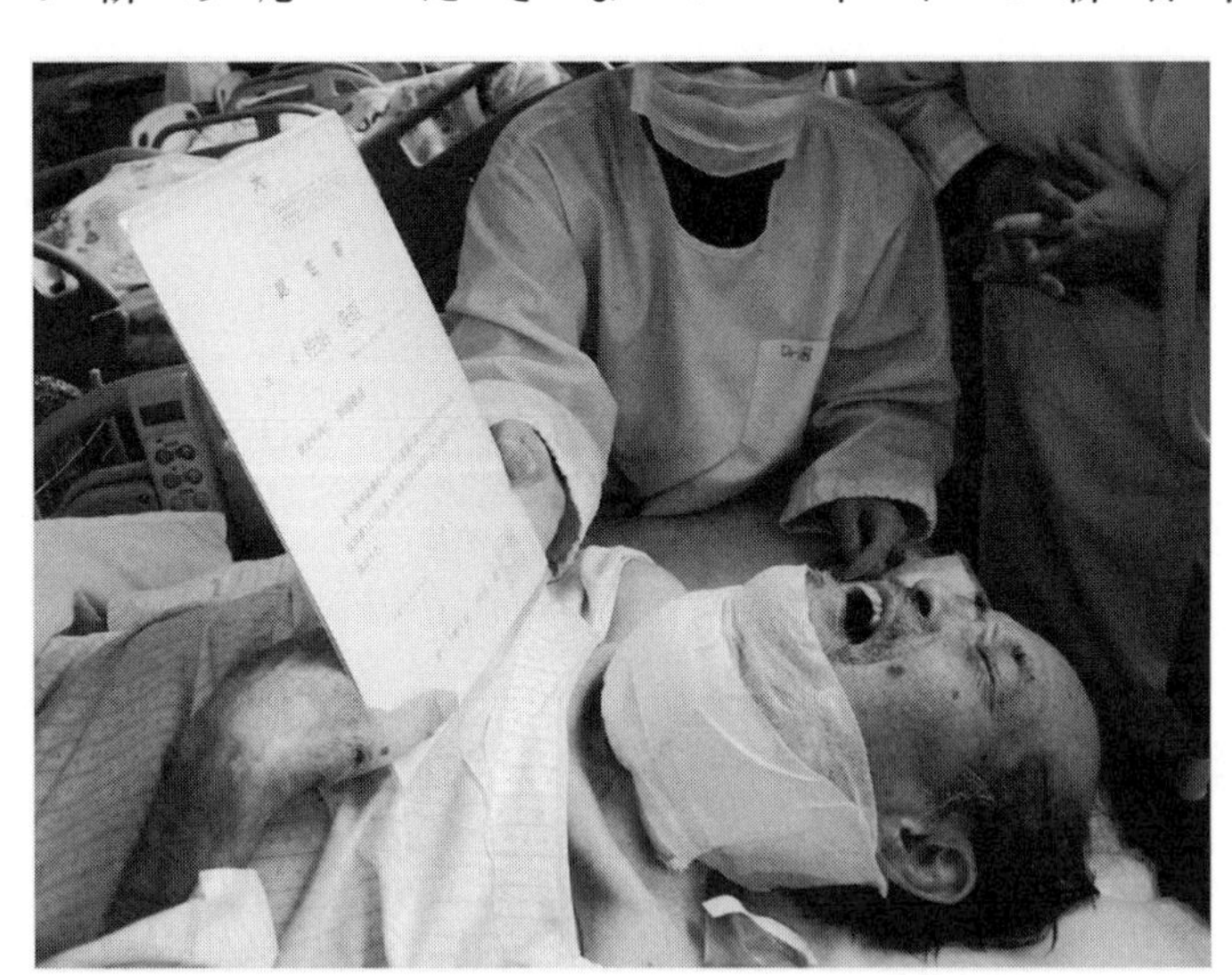

病床の佐伯俊明さんに手渡された、命とひきかきえの原爆症認定証書
2008年4月12日

被爆者、木村民子さん（71）＝大阪市＝と一緒に病院にかけつけた。佐伯さんは寝たまま、しかし両手でしっかりと認定書を持った。田渕さんが「よかったね。おめでとう」と声をかけると、開いた両目から涙が流れ、体中を震わせたという。

佐伯さんにとって、まさに命と引きかえの原爆症認定だった。

厚生労働省は4月7日、疾病・障害認定審査会原子爆弾被爆者医療分科会の部会で、新認定基準に基づく初審査を行い、全国の集団訴訟原告16人を含む63人を原爆症と認定した。佐伯さんはこの中の一人だった。日本被団協と集団訴訟の原告、弁護団は同9日、厚労省との協議の中で、①これまでの被爆者切り捨て行政を反省し、被爆者に謝罪せよ。②原告全員の原爆症を認定せよ。③訴訟遂行に要した費用を解決金として支払え――と3点の具体的要求を出した。

同省は、これに直接答えぬまま、同21日、引き続き審査会を開き、集団訴訟原告32人を含む86人を原爆症と認定した。新基準による認定者はこれで原告48人を含む１４９人となり、昨年度の認定数１２８人を一ヶ月で上回った。

たしかに一歩前進である。だが、厚労省の今のやり方には、血の通った行政の姿勢がまるで感じられない。これまでの認定制度の誤りに対する反省の弁も、被爆者への謝罪の言葉もないからだ。忘れもしない。昨年12月12日、大阪高裁での近畿訴訟控訴審最終弁論で、被告国側代理人は「原告らはほとんど被曝していない」と繰り返し、「原因確率」に基づく審査方法に固執、「これ以上何が問題なのでしょうか」とまで開き直っていたのである。しかし、全国で繰り広げた３０５人の原告たちの命をかけた訴えが司法と世論を動かし、「原因確率」論は破たん、それを前提にした新たな審査方法となったのだ。「間違っていました。すみませんでした」とまず原告たちに頭を下げるのが最低限の常識というものではないか。

近畿訴訟の第一陣では、佐伯さんと同じ初審査で、広島の被爆者、井上正巳さん（77）＝兵庫県川西市＝が皮膚がんで原爆症と認定されたが、兵庫県から認定書が4月14日、配達証明郵便で送られてきただけだった。続いて原告団長代行の木村民子さんの胃がんが原爆症と認定されたが、これも大阪府から4月25日午後、電話で連絡があり、翌日、認定書が速達で郵送されてきたのだった。

井上さんも、木村さんも、素直には喜べない。「全員でないので心苦しい」と井上さん。木村さんも言う。「とても複雑な気持ちで受け取った。うれしいことはうれしいが、飛び跳ねるような気持ではない。まだ、他の仲間たちが認定されていないから」。思えば近畿訴訟の原告たちは、裁判で「勝つ人と負ける人がでたらどうしよう」と不安を抱きながらたたかってきた。それだけに大阪地裁で「全員勝訴」の喜びはひとしおだった。だが、厚労省は、原告たちに新たな「線引き」で再びつらい思いを強いつつあるのだ。305人の集団訴訟原告のうち3分の1程度は認定されない恐れがあるとされる新審査基準そのものが抱えた欠陥がそうさせているのである。

（以降　略）

28 村林　敏子

はるかな山の上に見た原子雲

お話＝2021年2月27日

山の上に昇った異様な雲

私の生まれ育ったのは広島県の高田郡甲田町の甲立（こうたち）というところです。今は町村合併で広島県安芸高田市の一部になっています。広島市から県北部の三次方面に至る、現在のJR芸備線に沿った地域で、爆心地の広島市からは直線で45キロぐらいの距離になります。原爆が落とされた時、私は5歳、四人きょうだいの長女でした。お父ちゃんとお母ちゃんがいて、私の下に弟二人、一番下に妹がいました。

昭和20年（1945年）8月6日の、その日の朝、お父ちゃんとお母ちゃんとは牛の世話してたんやね。そこへピカッと光って、それから山の方を見たら、ムクムクムクムクって黒い雲が沸き上がって。「いやぁ、何やあれは?」とお父ちゃんが言うて、お母ちゃんもびっくりして「なんやなー?」と。

それからしばらくして、どれくらい時間が経ってたか憶えていないけど、汽車で、芸備線の旅客車やったか、貨物車やったかはっきり憶えてないけど、それに乗せられた人たちがたくさん降ろされてきたんです。甲立の

駅に。その人らをお父ちゃんが荷車に乗せて運んでたの憶えてるんですよ。

甲立小学校の講堂やったと思います。そこに、汽車で運ばれてきた人たちがいっぱい寝かされてはったんです。薬もないから寝かされているだけでしたね。子どもだった私の目にはすごくたくさんの人やったように見えました。血の流れている人や、服がボロボロの人やら。壁にもたれているだけの人やら。とにかくすごくたくさんの人が怪我して来はったと思いました。みんな真っ黒い顔やし、血は出ているし、服はボロボロやし、なんかとても恐かったのだけは憶えてますわ。とにかく恐い。気の毒やとか、可哀想とか、そんなこと思う余裕もなかったですね。

私はお母ちゃんについて行って、お母ちゃんたちが怪我や火傷した人たちを介抱してあげるのを見ていました。みんな地域婦人会からの動員だったように思います。お母ちゃんが箸で、怪我した人の傷口からうじ虫を取ってあげてるんですよ。それを見てて、何とかしてあげられんのかなー、と思ってましたわ。何とかしてあげられんのかなー、とは思うんですけど、それ以上のことは頭が回りませんでしたね。

母に連れられて行ったのは2回程でしたかね。それからは私もついて行くとは言わなかったし、母もついて来いとも言わなかったし。その人たちがそれからどうなっていったのかは、最後は私にも分かっていないんですよ。とにかく、恐いなあーと思ったことだけは今でも頭に残ってて、ほんまにすごく恐かったんです。

髪の毛の抜けた同級生たち

昭和22年に私は小学校に上がりました。同じ学級には、髪の毛の抜けた子とか、丸坊主ではないけど髪の毛が少なくなっている子たちがいて、可哀相やなあと思ってましたね。詳しいことは聞いてないけど、広島で被爆して、お父さんの実家かお母さんの実家が甲立にあって、それでこちらに引っ越ししてきたんやと思います。

その子たちとは学校を卒業するまでずーっと一緒でしたね。

でも先生はその子たちのことや原爆のことについて何の説明もしませんでしたね。どうしてだったのか分かりませんけど。同級生の人たちとも原爆や被爆の話をしたことはありませんでしたね。不思議なくらい。親からそんな話するんじゃないと止められていたわけでもないし、先生もそんな話したことない。すっごく熱心な社会の先生いはったんやけど、原爆の話はされなかったですね。なんでやろね。

私の親も原爆のことは話しませんでしたね。特にお父ちゃんはほんまに無口な人で、何も言わん人でしたから。私たちきょうだいの間でも話したことはなかったんですよ。

新日本婦人の会と、中井あい先生との出逢い

その後の私は、甲立中学校、向原高校を卒業して、18歳の時、知り合いを訪ねて京都へ出てきて就職しました。それからはずーっと京都で働き、暮らしてきました。結婚して、出産して、と。結婚する時、相手の夫となる人からも、その家族の人たちからも、原爆の話は何も聞かれませんでしたね。私が広島の出身で、そういう体験していたにも関わらず。

それから新日本婦人の会というのを知って、会に入って、それからですよ、原爆のことやら、核兵器のことやら勉強を始め出したのは。だいぶ遅くからだったんですよ、20歳代の後半から30歳代の初めの頃からですから。いろいろなことに興味を持つようになって、「ああ、原爆って、大変なことやったんやなあ」と思うようになっていったんです。

私が新日本婦人の会に入って、6・9行動やら平和行進とかを知ったのは、中井あい先生という方がおられて、その人からの影響がとても大きかったんです。丹波橋に住んでおられて、その先生がずーっと平和運動やっ

ておられて、私も「先生は偉いなあー」と思ってきました。私たちが平和行進歩くのがしんどいなあと思うような時でも、先生は率先して行動されてました。そんな人でしたね。

日頃、私にできることというのは、ちょっとしかできないのですけど、6・9の日の行動だけはということで署名行動を、ずっーとそれだけは続けてきました。いつも近鉄の大久保駅に立って、何人かの人たちと一緒にやっています。

新婦人に入っていろいろ活動していく中で、私も5歳の時に体験した、怪我や火傷した人たちのことを思い出していったんです。被爆者手帳のこともお母ちゃんに相談しました。でももう保証人になってくれる人も亡くなっておられるからできない、ということになりました。お母ちゃんは、「もっと早よう言ってやればよかったなあ」と後悔してましたけどね。手帳はお父ちゃんもお母ちゃんも持っていたんですよ。

先頭中央が中井あい先生

お母ちゃんの平和行進

私のすぐ下の弟が町会議員をやっていて、ある年、平和行進を歩く人が、島根県から広島に向かうコースの途中で、私の実家（弟の自宅）に一泊されたことがあるんですよ。そんな話をしている時、お母ちゃんが「私も歩いているよ」と言ってきたんです。私は、うわーっと思って、お母ちゃんは偉いなあと思って。原水協のことやら平和のことやらあまり知らへんのやけど、ただ「歩いているよ」「ええことやな」と言って。その時、お母ちゃんがそんなことに参加しているのを初めて知ったんです。甲立からどのあたりまで歩いていたのか知りませんけど、私は嬉しくてしようがありませんでした。

お母ちゃんは１０４歳になって、今でもまだ元気なんですよ。病気で入院したのは肺炎か何かで一回あったきりでした。今は弟夫婦がみてくれています。お父ちゃんも一度胃潰瘍で入院しただけで、90歳代まで生きてくれました。私のきょうだいは、下の弟が胃がんになって、全摘手術したんですが間に合わず、60歳代で亡くなっています。他のきょうだいはみんな元気にやっています。私も膝の痛みがあって整体に行く程度で、お陰様で元気に過ごしています。

甲立で亡くなった人たちに思いを馳せる

幼い頃からのこと思い出していると、とても気になっていることがあるんです。甲立の駅に運び込まれてきた人たちの、全員の名前や住所など分かっていたのだろうかと。シベリア抑留や、満州や沖縄で犠牲になられた人たちの遺骨の話を聞くことがありますけど、原爆に遭って私の田舎なんかに運ばれてきたまま亡くなった人たちの遺骨の話は聞いたことがないんですよね。私が知らないだけかもしれませんけど。亡くなられた人の中には名前も住所も分からない、そういう人もたくさんおられたのではないだろうかと思うんですよ。名前や住所を尋ねることもできないような人もあっただろうし、聞かれても答えることもできないような人もあっただろうしね。そういう人たちの遺骨は、その後どうなっているんですかね。気の毒やなと思いますけど。

それから、なんでいまだにこんなにたくさんの核兵器があるのかな、ということも思いますね。競争みたいにしてどんどんどん増やしてきて。あんなことにお金使うんやったら、今、コロナが大変やけど、どれだけの人が助かるのかなと思ってね。ほんまにええ加減にせいや、と言いたいですよ。食べる物もないとか、そんな人もたくさんいるのにね。

29

米澤　重人

原爆に遭ってること言えなかった

お話＝2021年4月27日

8月6日の朝

私が生まれたのは昭和10年（1935年）6月12日なんです。原爆が落とされた時は10歳やね。小学校4年生の時でしたよ。あの頃は国民学校言うてましたけど、広島の舟入小学校に通ってたんです。8月6日の朝は朝礼やってて、みんなで校庭に並んでたんです。私らは丁度校舎の陰になるところにいたんですよ。

突然、私らの後ろの方からピカーっと光って、ドーンと来たんですわ。それで大慌てで校舎の中に入ろうとしたんですけどね。ところが校舎の中は爆風でガラスや板やらがごった返しになってて、とても入ることなんてできんのですわ。それでこれはアカンというので外へ出て、学校の塀を乗り超えて、帰るつもりで家の方へ向かったんです。

家に帰ってみると、自分の家ももうグチャグチャになってるんですわ。うちは軍隊に納めるお菓子の工場やってたんですけどね。原爆の頃はもう軍隊に納めることもなくなってて、家の半分が工場になってつながってたんですけど、柱なんか全部取り外されてたんですわ。だから、家の中はがらんどうになってたんですよ。

私の家族は、親父とお袋と私が長男で、二つ下の妹の暉子（てるこ）と、その下にもう一人4歳の妹の彈子（ただこ）と5人家族やったんです。その日は、父親は江波という所にあった軍事工場に行ってて、お袋は4歳の妹を連れて、街中の建物疎開作業の手伝いに行ってたんですよ。二つ下の妹は私と同じ舟入の小学校に行ってました。

学校から家に帰る途中、半分潰れてしまった家や、大きな通りに、女の子やら男の子やら、手を怪我している人、大火傷している人がいっぱいいるのを見ましたよ。近くに畑があって、そのど真ん中に小屋があったんですけど、全然火の気も何もない所なのに、突然火がついて燃え出したりね。

私は家には帰り着いたけど、子どもですから何をしていいのか分からず、とにかく家で待ってたんですよ。そんな時、表へ出て、空見たら、真っ黒い雲がずーっと昇っていくのも見ましたよ。それで雨が降るのかなと思って、雨が降ったら火事の火は消えるんやろな、などと思ったりもしてましたね。

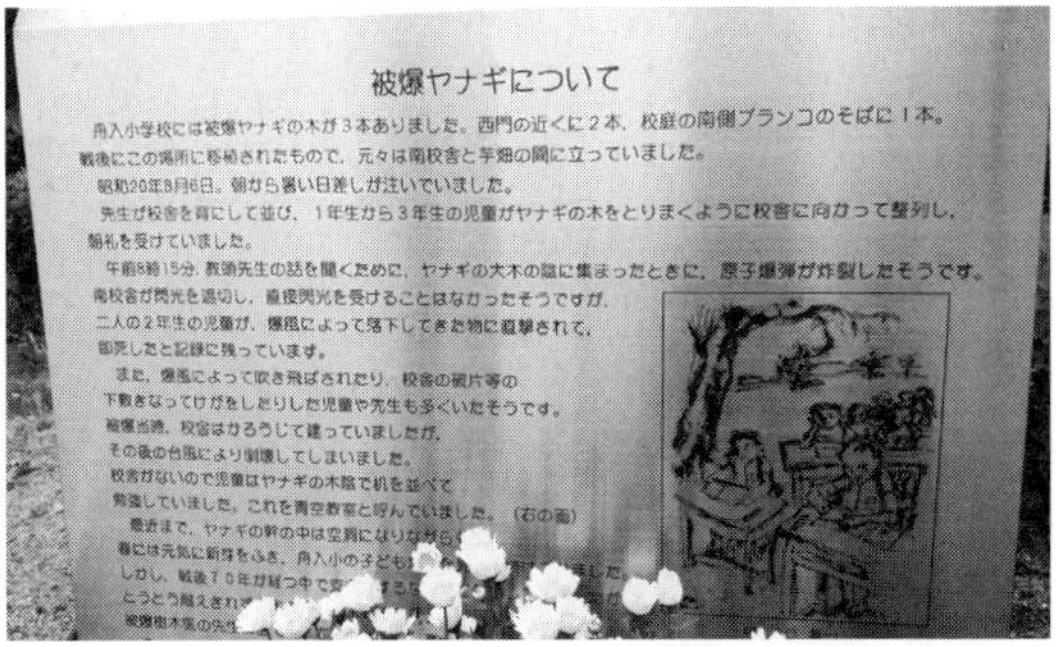

お腹空いたなと思ってたら、オニギリなんか配ってくれる人がいて、兵隊さんやったと思いますけど。それをもらって食べたことも覚えてますよ。

その内に親父が帰ってきました。小学校に行ってた妹も帰ってきました。でも4つの妹を連れて行ってたお袋はなかなか帰ってこなかったんですわ。

話が前後しますけど、あの頃『あの旗を撃て』という映画をやったんですわ。子ども同士の約束でその日はその映画を観に行くことにしてたんですけど、なんかの事情で行けなかったんです。私はそれで助かったんですわ。映画観に行ってたらもうお終いでしたよ。

舟入小学校の被爆ヤナギについての説明板

お袋と4歳の妹をうしない、京都へ

夜になってお袋はヨレヨレの瀕死の状態で帰ってきました。でも4歳の妹は一緒じゃなかったんです。お袋に連れられて建物疎開の作業の現場に行っていた妹の彌子は、その時作業場近くの保育所みたいな所へ預けられてたらしいんですよ。ですから直爆の爆死だったと思います。

お袋はそれから1週間か10日後に、学校の救護所みたいな所へ入れてもらったんですけど、大怪我していて大火傷もしてましたから、「もうもたんやろな」と言われてました。救護所の他の人見たら、傷口にはみんなウジが湧いていて、治療するするどころじゃなかったですね。お袋はそこでまもなく亡くなって、私らはお骨をもらいに行ったんですよ。

親父のお兄さん（私の伯父さん）の本宅が広島の街中にあったので、そこへ行ったこともありますわ。伯父さんの家もやっぱしすっかり燃えてて、みんな防空壕に入ってましたけど、そこから食べる物を少しだけもらって帰ったこともありますね。街は全部焼け野原でしたわ。

街中を歩いていると、防火用水の蓋の上に、真っ黒になった人が死んでるんですよ。川べりを覗いたら、遺体がボンボンに膨れ上がって、そんな遺体が何体も何体も浮かんでましたよ。それからまた別の日には、電車が骨組だけ残して燃えてしまっているのも見ました。その電車の天井裏見たら真っ黒になったブツがあるんですよ。よう見たらそれが全部ハエでしたんや。夏場やさかい、臭いかなんかで寄ってきたんやと思います。

原爆が落とされて何日か経って、親父が掘っ立て小屋みたいなものこしらえて、やっと寒さをしのぐだけのようなものでしたけど、そこでしばらくは暮らしてましたね。その頃もとにかく食べるものがなくて、手に入らないので苦労しましたわ。何とかせなあかんいうことで、私らの小屋の向かい側に女学校があったんですけど。そのころの学校のグラウンドはみんなイモが植えてあって、もう食うもんがないから、昼間っからそれを掘りに行ったりして、そんなことしながら命を長らえたんですよ。

その年（昭和20年）の11月に、広島から京都へ引っ越したんです。親父の弟さん（私の別の叔父さん）が京都の大石橋に住んでて、私ら一家を「京都に来い」と呼んでくれたんですわ。九条通の唐橋に叔父さんの工場があって、そこが空いていたんでそこに住むことになったんですわ。親父と私と妹の暉子と三人一緒にね。

京都では原爆に遭ってること言えなかった

小学校4年生の時に京都に来て、それからそのままずーっと今日まで京都に住んで、すっかり京都の人間になってしまったんですわ。京都に来てからは、原爆に遭ってること誰にも言わんようにしてきましたな。京都に来てから最初の1～2年ぐらいですかね、子どもの頃、広島に行ったことあるのは。お袋と妹の墓参りやったと思いますよ。広島に行く時も、京都に帰って来る時も、汽車はいっぱいの人で、ぶら下がるようにして帰ってきたのを覚えていますよ。

被爆者手帳とるのは全部親父がやってくれたんですよ。交付日が昭和32年（1957年）10月4日になっているから、私が22歳の時やね。昭和32年やから、手帳の制度ができてからすぐの頃、早かったということやね。この手帳も長く親父が保管してて、私らほとんど使うこともなかったですわ。お陰様で若い頃は大した病気もしなかったしね。

私らが京都に来て4～5年経ってからかな、親父は再婚してね。それからは継母になるその人とも一緒に暮らし

米澤さんが今も大切に保管している75年前の被爆証明書

てたんですよ。義理の母になるその人はクリスチャンでね、その影響で親父もクリスチャンになったんですよ。三条河原町の教会の所属になってましたわ。だけど、私と妹はそのクリスチャンになるのが嫌でね。何度も誘われましたけど、どうしても好きになれんで、絶対にクリスチャンにはならんかったんですわ。

親父は71歳で亡くなりました。心臓が悪かったんですが、最後は心臓よりも脳溢血やったね。

子ども、孫、ひ孫たちに囲まれて

私らが結婚したのは昭和35年（1960年）ですよ。私が25歳の時やね。私は板金の仕事をずーっとやってきました。子どもは娘と息子の二人できて、二人とも近くに住んでるんですわ。孫は全部で4人いて、ひ孫も2人いるんですよ。孫の一人だけは遠くにいますけど、後はみんな近くに住んでて、いつでも来てくれるのが、何よりの楽しみで、安心でもありますわ。

それから、お袋と下の妹のお墓は、親父が京都に持ってきて西本願寺さんに預けてたんですけど、それから後になって、妹の暉子と私ら夫婦で、こちら（右京区の嵯峨）にお墓を建てたんですよ。

私の体の方は今のところまあまあですね。血圧が高いだけですね。もう4~5年前になりますが、大腸のリンパ腺を切る手術をしたんですよ。検便で血が混じってるということで、最初はがんかと思ったんですけど、検査してみたらリンパ腺やったんですわ。それを10センチほど切って。自覚症状みたいなのは全然なかったんやけど、人間ドックでひっかかってね。それからもっと前には脳梗塞もやって、10日ほど入院したこともありますけど。

こんな話するのほんまは好きやないんですわ。娘にも話しておらんのですわ。京都に来てからは広島に行く気も、帰る気もなくて。私の子どもが「連れてってやろうか」言うてくれるんやが、「いやや、行きとうない」言うてるんですよ。あんなこともう思い出したくもないですから。

30
吉田 妙子（被爆二世）

三佐尾高行さんのこと

2021年5月15日／記

１９９０年1月21日、一人の被爆者が急逝しました。50歳の若さ、急性心不全でした。彼の名前は三佐尾高行さん、１９６４年にできた京都原水爆被災者懇談会の最初の事務局長でした。

創立当時の被爆者懇談会

私と三佐尾さんとの出会いは、１９６９年、私が大学1回生のとき、学園祭で「原爆パネル展」をするため、先輩に連れられて、当時、高島屋の裏にあった労働会館にパネルを借りに行った時でした。「私の父も広島で被爆しています」というと、「それなら被爆者懇談会に入らないか」と誘われました。そして、学生時代の4年間、「懇談会のつどい」に親御さんに連れられて来る子どもたちの遊び相手

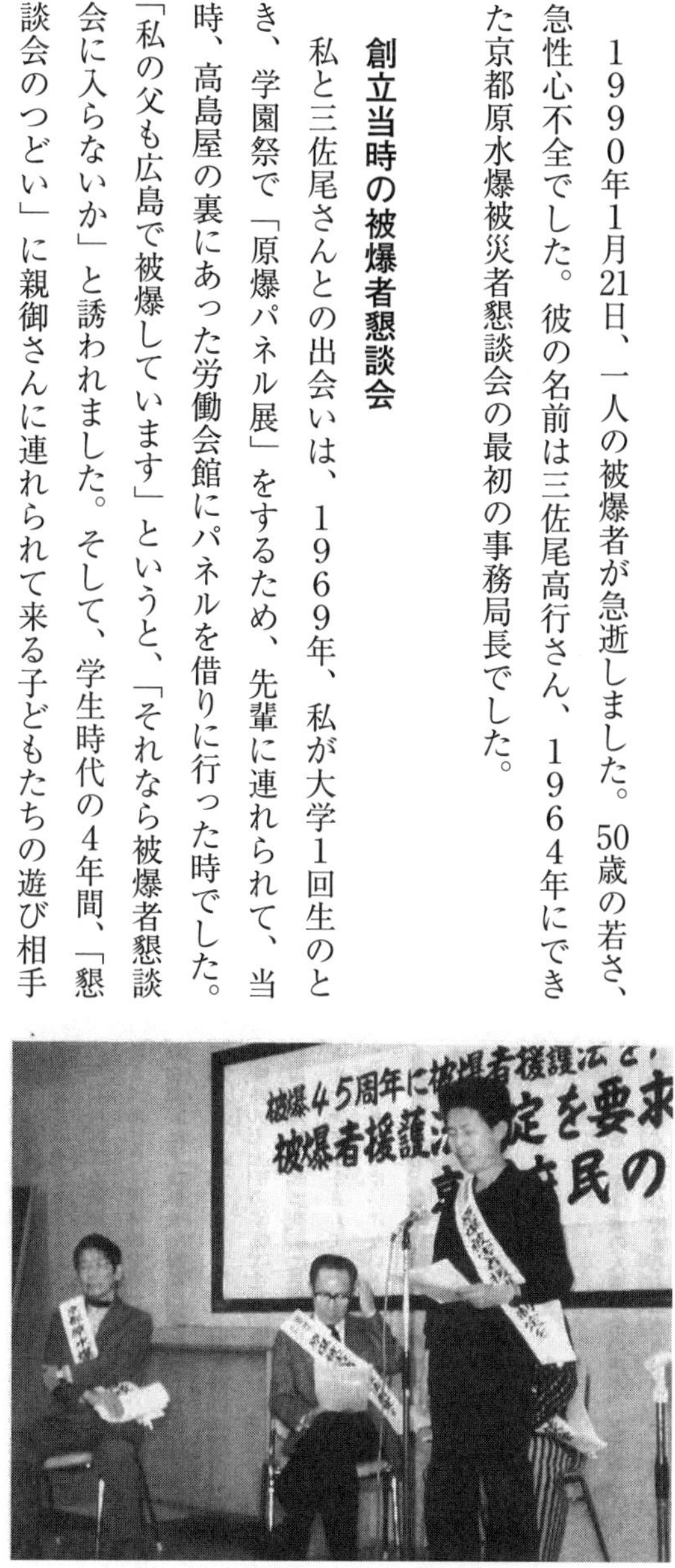

在りし日の三佐尾高行さん（1989年）

になったり、そのころから広島や東京で開催されていた二世交流会に参加したりしていました。
50年も前のことです。当時、懇談会に集まられる被爆者のみなさんは、30代、40代が中心ではなかったでしょうか？　だからこそ、「働き盛りのはずなのに、しんどくて思うように働けない」「収入が少ない上に、医療費などがかかり、生活が苦しい」「子どもたちの将来も心配」……そのような切実な思いが、激しい言葉となって京都府や京都市の担当者にぶつけられました。「懇談会のつどい」の会場が、まるで団体交渉のような雰囲気だったのを覚えています。代表の故永原誠さん（立命館大学教授）は、そんな被爆者の気持ちに寄りそいながら、いつも諭すように府や市の担当者に実情を説いておられました。

当時の「懇談会のつどい」は、原水協理事長の細井友晋さん（立本寺管長）、理事の福岡精道さん（清水寺教学部長）のお力添えがあったのでしょう、清水寺や聖護院、光明寺など京都の有名寺院を会場に、年1回から2回、まる一日、ひらかれていました。民医連のスタッフによる健康相談コーナーもありました。蜷川京都府知事が会場にあいさつに来られるなど、京都府、京都市が被爆地広島、長崎から遠く離れているにもかかわらず、真剣に被爆者施策にとりくんでいたように思います。健康診断、公営住宅の優先入居、市バスの割引、人間ドックの実施など、一つひとつが交渉の中で実現していったのが当時の懇談会のニュースでわかります。

この懇談会ニュースをまとめていたのが、三佐尾高行さんでした。懇談会創立に尽力され、世話人として熱心に活動されたお母さん（故三佐尾こまさん）を助け、１９７３年からは事務局長として、被爆者の相談活動や署名・募金活動、被爆体験の語り部などにかかわってこられました。切実な要求にもとづく府・市交渉、その成果を知らせるニュースの発行……そんな懇談会の地道な活動が、被爆者のみなさんの心をつかみ、結束を強めていったように思います。当時原水協の事務局長をしておられた西沢昭三さんが彼をしっかりフォローされていました。西沢さんの「ミサオ君」「ミサオ君」と言っておられた声が今も耳に残っています。

病気とたたかう一生

彼は、1939年5月、広島市翠町に生まれています。

「よく晴れた雲一つない日でした。6歳のとき、爆心地から2・3キロの地点で被爆しました。家の前で遊んでいたときです。ピカッと光り、いやな臭いのする土煙が一面に空から降ってきました。爆風で飛ばされたのでしょう、どれぐらいたったか、気がついたときは、3軒ほど先の家の防空壕でした。顔が真っ黒で、火傷で皮ふが指先から垂れ下がった人、人……。ガラスなどの破片で怪我をし、血だらけの人、全裸に近い状態で避難する人の行列が夕方まで続きました。それを防空壕から見ていました。爆心地の近くに叔父を捜しに祖母と行きました。一面焼け野原となった市街地、川には全裸で茶褐色、そしてパンパンにふくれ、これが人間の姿か、と思われるような無残な姿、満潮時には波打ち際に、川一面にわたって、悪臭をたてて、漂っていました。……」（『京の語り部』から）

彼は、小さいときから心臓が悪く、さまざまな病気をかかえ、お母さんの手厚い庇護のもと、大きくなったと聞いています。コーヒーやカメラ、焼き物、絵画などに造詣が深く、優雅な趣味をもっておられましたが、何か寂しいところがある人でした。満身創痍の身体、病気とのたたかいが、青春時代や働き盛りの頃の彼に、家庭をもつという普通の生活をさせなかったのでは……。一発の原爆が一人の人間の人生を変えた、三佐尾さんのことを思い出すといつもそんなことを思います。

34歳で京都原水爆被災者懇談会の事務局長になってからも、35歳と45歳のとき、2回の心臓の大手術をうけました。休職しながらも、また復帰する、そういう健康状態でした。当時、彼が事務所に来たり来なかったりの日があり、「なまくらな人やなあ」という印象を持った人さえいたくらいです。非常にプライドが高く、自分からしんどいなんて、口がさけても言わない人でしたから、今から思うと他人にはわからない、大変な状態の日もあったのではないかと推測します。

被爆者懇談会ニュースの綴りをお借りし、三佐尾さんの言葉、生の声がないかと読み返してみたのですが、毎回の総会や「つどい」、府・市との交渉、アンケート結果などが、彼らしく、きっちりまとめて書かれているのですが、彼自身の思いを吐露したようなものは、次の数行しか見つかりませんでした。

１９８８年9月30日の被爆者懇談会ニュース、№93の最後にこうありました。

「全快して以来、体力の続くかぎり、毎年平和行進に参加しようと決意してから3度目の平和行進。綾部から京都市まで、7月2日から9日までの1週間、事務局長の三佐尾が参加しました。出発の日には、綾部在住の被爆者が激励に来て下さり、本当にうれしい出発でした」

実際に、彼は、2回目の大手術のあと、47歳から亡くなる前の年、50歳の夏まで4年間連続で、暑い夏の京都府内平和行進の通し行進者になっていました。

そして、亡くなる4日前からは連日、「非核の政府を求め

京都原水爆被災者懇談会世話人会が蜷川知事に出馬要請（1973年10月1日）

る京都の会総会」や「被爆45周年に被爆者援護法を実現する京都の会結成総会」に参加、1月20日には「被爆45周年被爆者援護法実現全国決起集会」に日帰りで出席するため、4人の会員とともに広島を訪れています。

被爆者援護法実現へ、命をかけて

いっしょに集会に参加した故丸岡文麿さんによると、当日のようすはこうでした。

「広島駅のホームに下りた時、彼は胸を押さえて立ったままだった。声をかけたら『胸が苦しい』と息を吐き、顔から血が引いていった。『無理だ。このまま引き返そう』と言ったら『一緒に来た人たちに迷惑をかけるから黙っていてほしい』とあえぎながら言った。10歩歩いては立ち止まり、また10歩歩いては立ち止まりながら、平和公園の国際会議場に着いた。大会の3時間、1200人で盛り上がった会場を、彼は静かにニッコリ眺めていた。彼の横顔は満足感に溢れていて、やっぱり会場まで来てよかったと思った。帰りの汽車で並んで座って『今年は忙しくなるな。語り部をどんどんやっていこう』と話し合った。京都駅に着いた時には、もはや歩ける状態ではなかった。彼は『迷惑をかけるので、皆に帰るよう言って欲しい』と言い、救急車を呼ぼうとしたが、『やめてくれ』と、40分かかって改札を出た。『家に帰る』という彼を怒鳴りつけ、迎えに来ていた妻の車で病院に連れて行った。病院の玄関を入る時、歩けない彼の冷たい手首を握ったら、脈拍が途切れているのを感じた。診察室のベッドに横たわる彼は、『今日はほんとうにありがとうございました。助かりました。奥さんによろしく』と言って手を振って別れたが、翌日の夜、彼の死去の報を受けた」

人に隠して無理を重ねていた三佐尾さんの心中には、被爆45年を迎えて、今年こそ援護法を制定させたいという強い決意があったに違いありません。当時のことを永原誠さんは、「あのとき、彼は、前の年に参議院で被爆者援護法が可決されたことをずいぶん喜んでいて、衆議院で通れば実現する展望ができてきた。今度は援護法を可決する衆議院を誕生させたい、来たるべき総選挙が決戦場だと胸をはずませていた」とおっしゃっていました。いつもクールであまり心のうちを表さない三佐尾さんが、被爆者の、そして自分や家族の長年の悲願を何としても実らせようと、文字通り、命をかけて「被爆45周年被爆者援護法実現全国決起集会」に参加された、そう思うと胸がしめつけられます。

今年1月22日、遂に「核兵器禁止条約」が発効しました。核保有国が参加しなくても、この条約の発効で、核兵器は国際法に違反する「非人道的兵器」としての烙印を押され、核兵器を持つことを正当化できなくなる時代が来ました。

私は、唯一の戦争被爆国である日本政府がこの条約に背を向けていることを本当に情けなく思っています。日本政府に条約に署名・批准することを求める新しい署名運動がスタートしていますが、いちばんの近道は、核兵器禁止条約に参加する政府を一日も早く実現すること、そうですよね、三佐尾さん。

三佐尾さんが事務局長時代の懇談会ニュース

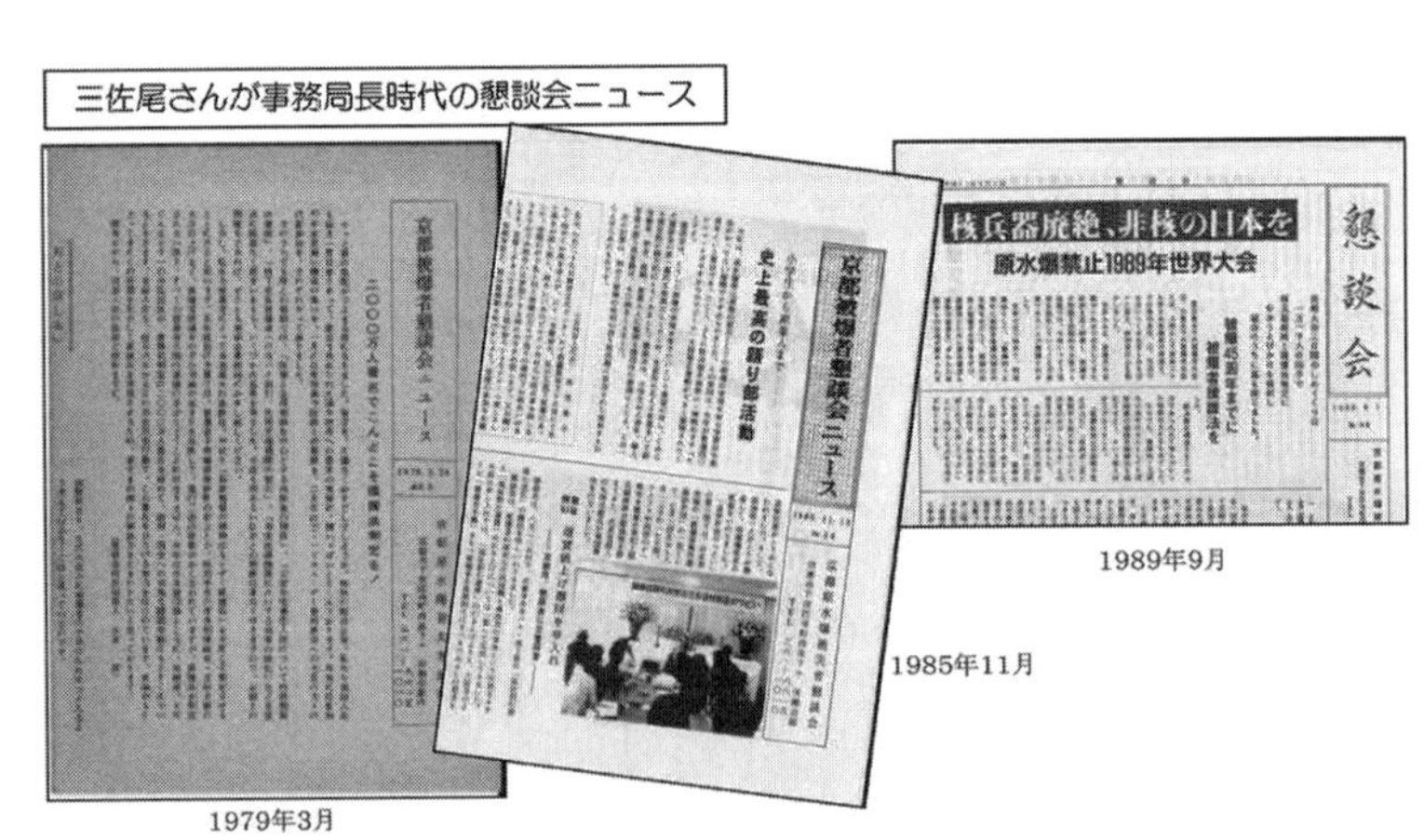

1979年3月
1985年11月
1989年9月

31

庄林二三雄

手記 あのいまわしい日から24年

１９６７年11月４日／記

昭和20年（１９４５年）８月６日（月）の朝は雲ひとつない青空だった。

当時19歳の若さではちきれるばかりの私は、呉線の延着で午前8時に広島駅に到着したため、学校（現広島大工学部）のことが気になってならなかった。８時始まりの講義に遅れることは、配属将校にうらまれることであり、当時の学生にとっては生涯浮かばれないことにもつながるおそれがあったからだ。長い長い市内電車の行列へ割り込んで学校前（当時電鉄前といった）で飛び降りた私は、２階の教室へ息せき切って入った。すでに数学の講義が始まっていた。だが、幸いなことに教授はまだみえていない。助手が公式を黒板いっぱいに書き並べていた。空いた席に着くと風呂敷を解いた。ノートに３つほど公式をうつした。

その時である。

窓の横を走っている電線のガイシがあちこちで青白い光を発してスパークしている。学生の中から「なんだろう」というざわめきが起こった。そ

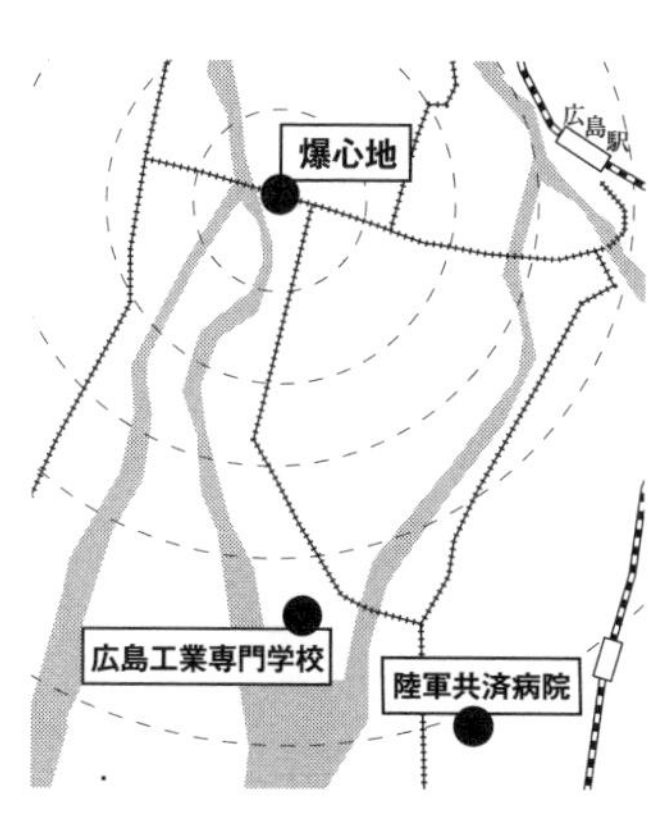

れから2、3秒ほどたってからではなかろうか。今までの小さなスパークの光がみるみる一つの大きな光になって、目をあいておれない明るさになった。

「漏電だ!」

という絶叫が起こった。全員立ち上がった。と同時に、あたりは真っ暗な闇となり、私は体中にしびれるような感覚を覚えたまま、椅子にくずれおれた。しばらくは、どこからも声が聞こえない。全くの静寂である。今のことが夢のようだ。もしかすると悪い夢でもみているのではないだろうかと思えてならなかった。

それから何分ほどたったただろう。次第に明るくなって視界が開け始めた。天井がない。黒板がない。三列ほど先から教室の床が落ちている。どうも変だ。背中に手をやってなんとはなしにその手をみると、真っ赤な血が流れている。

「爆弾が落ちた!」

と、やけくそのような叫びが聞こえる。反射的に立ち上がった。2階のくずれたところに倒れかかっている丸太を伝わって下へおりた。友達の顔があちこちで見え始めたが、誰もが顔中真っ赤でみわけがつかない。校門の近くまで出て自分の足を見ると、左の太モモのところに直径5糎ほどの大きな穴がポカンと口を開いて血をふいている。思わずその場に座り込んだ私は、それから100日あまり二度と立つことはできなかった。私たちの校舎の陰で難を免れた3年生が負傷者の救助に来た。タンカに乗せられた私は、初めての経験で呆然としていた。

校門を出たとたん黒山のようなハダカ人間の行列を見た。着ているものはほとんど焼けつくしている。ところどころにボロギレのようなものがついていて、歩くたびに風にゆれている。皮膚は破れてタレ下がっている。その下からロース肉のような人肉がのぞいている。しかも、みんな口々にわけのわからぬことを叫びながら、押しあって歩いている。私の経験から想像できない光景である。先ほど目にしたビル街はどこにもない。道端には赤ん坊がノドをヒクヒクさせながらケイレンしている。腹は破れて腸がハミ出している。その側の母親はすでに絶命している。こんな光景ばかりの中を病院にたどりついた私は、庭の一隅に放り出された。

「水が飲みたい！」

「お母さん！　兵隊さん！　助けて！」という泣き声で、耳をおおいたいほどだ。

足の自由な人は水道管の破裂したところで水をガブ飲みしたが、5分ほどすると体中がムクみはじめる。

「お母さん！　先生！」

と、うわ言を口ばしり出すと、間もなくノドボトケが大きく動いて臨終である。あっけない人間の一生である。これは珍しい光景ではない。その夜遅く病院の大部屋に入ることができたが、以後一ヶ月たって病院を出る時には、30人ほどいた患者で生き残っていた人は私ともう一人だけだった。来る日も来る日もうわ言と臨終ばかりである。


やがて運命の日、8月15日がやってきた。病室でこのことを聞いた私は、体中がケイレンした。その時のイキドオリは今でも私の奥深くねむっているはずだ。

「我々は、何のために生命を賭してまで聖戦（?）完遂のために生き続けてきたのだろう」。泣けて泣けてならなかった。

幸い全快した私は10月から復学し、次第に心の平静さを取り戻していった。一年たって再び8月6日がやってきた。私の左足は残ったガラスのため、再び切開手術をしなければならなかった。病床でラジオが聞こえてくる。

「広島のギセイ者は、平和のため尊いギセイとして天にめされました……」

私はむしょうに腹が立った。尊いギセイにはちがいないが、生存者の救済を放置したまま、天にお祈りするだけのキレイごとに腹が立ってならなかったのだ。讃美歌であの罪悪が救われたりしてたまるものか……。

そして、40年。再び左肩に残ったガラスの破片を切開したが、その時の私の気持ちは以前ほど激しく波立たなかった。

今では、ほとんど平静にこのことを語れるようになった。だが些細なことでも大騒ぎされる現在の世相の中で、被爆者に対する救援措置だけは一向進展しないことには静かな怒りがこみあげてくる。なにが「福祉国家」だ!! 口先だけの政治家のスローガンはもう聞きあきた。

被爆体験をもたない人々の傍観者的態度には絶望せざるをえない。ところが昨夜（昭和42年・1967年11月3日）、「明治節復活論」という番組を毎日テレビでみて、再び憤りがこみ上げてきた。明治節をなつかしみ、教育勅語が朗読される。朝日テレビに切りかえると「明治節から文化の日」という番組で街頭録音が流されていた。老人は天皇政治を懐かしみ、若い人は無関心でなければ、戦争にあこがれている。私は思わずガクゼンとした。見せかけの平和がどれほどこわいものであるかを痛感した。

忘れることのできないあの原爆の悲惨さを経験しなかった人の無責任な発言として聞きのがせるだろうか。しかも経験したからでは遅いのだ。日本人なら何人（なんぴと）でもあのおそろしさから目をそらすべきではない。我々の今後の生き方は、そこから再出発すべきではないだろうか。

生年月日：昭和2年（1927年）7月25日
死没年月日：平成19年（2007年）8月29日
被爆の場所：広島市千田町3丁目　爆心地から1・5キロメートル

被爆直後の行動：8月6日、陸軍共済病院へ収容され、以後100日間入院するも完治せず、疎開先岡山県神田に向かう。
被爆当時の外傷・熱傷の状況：ガラス破片で全身60ヶ所傷つき、連日、破片摘出するも、10年以上経過し、左腕にガラス破片を発見し、京都第2日赤で摘出
被爆当時の急性症状：出血過多で瀕死の状態が1週間ほど続く
過去の健康状態：顎下腺炎、白内障、脚筋肉痛、高血圧、一過性脳虚内発作（急性脳梗塞）、慢性蓄膿症
被爆者健康手帳交付年月日：昭和38年（1963年）7月30日

なるべく思い出さないようにしている。敗戦前の混乱時とはいえ、あまりにも悲惨であった。当時若かったので何とか一命をとりとめたが、今だったら死は必至であったろう。

両親が岡山県の田舎（疎開地、岡山市の空襲で家が焼けて仮住まい）から看病のため出てきてくれ、病院の医師、看護婦の方々の協力もあって、九死に一生を得たが、その後、数年間は不明の病気に悩まされ続けた。国の助成とてまったくなく、敗戦後の混乱の中で、売り食いを続けながら、両親が私を支えてくれたことは忘れられない。

私の親友も即死だった。前々日（土曜）に東洋劇場で一緒に映画を観た仲である。たしか、大映の『東海水滸伝』であった。学校（当時、広島工業専門学校、今の広島大学工学部）が再開した時に病院（当時、陸軍共済病院）を訪れたが、当時お世話になった人々は誰もいなかった。

すべては過去の悪夢としかいいようがない。それも思い出したくない過去である。この年齢まで生きのび、しかも現在、大学教授として勤めている私など、当時の私には予想もできないもの……。

それにしても、国は何も支援の手を差しのべてはくれなかったものだ。敗戦なるがゆえのことだろうが、今頃になって今更何をしようというのだろうかと、うらみごとでも言いたくなる。大国の核実験につけても、「力は正義である」という大国のエゴイズムの前に無力な日本政府に、一種の絶望感さえ生まれてくる。だからといって、私個人にもそれを止める何の力もない。被爆者は老齢化して死んでいく。そして原爆体験は急速に風化していく

（平成7年・1995年　被爆者実態調査に寄せられた体験記）

父（庄林二三雄）を語る

奥田美智子（被爆二世）

お話＝2021年5月12日

赤貧のくらしから

父が生まれたのは岡山県の苫田郡（とまたぐん）という所なのですが、原爆に遭った頃は呉にいて、呉に長く住んでいたようなのです。私の父の父（私のお祖父ちゃん）の代、岡山県で小間物屋の商売をしていたらしいのですが、その商売がうまくいかなくなって、家族全員で呉に移り住んでいるのです。あの頃、日本中が戦争でぐちゃぐちゃになっていて、そのドサクサに紛れるようにして、呉に行けば、海軍工廠にでも仕事を見つけられるのではないか、何とかなるやろ、という感じのようでした。呉に逃げ込んだようなものなのですね。呉での頃のこと、父はあまり話したがらなかったのですが、赤貧洗うが如しで、本当に貧しく、極貧の暮らしだったようです。そのことを父はコンプレックスに思っていたらしいです。「今晩食べるものがない、というのは本当の貧困だ」などと言っていたのを記憶しています。

父は長男で、その下に二人の妹がいて、一番下に弟という4人きょうだいだったのですが、中の2人の妹は呉で亡くなっているのです。一人は生まれてすぐに、もう一人も生まれて1歳か2歳の時に。2人はお地蔵さんにしてもらっていて、それを今も私が預かっています。

そんな貧しい中でも父は呉の三津田中学に進学して、その後、広島工業専門学校に入学しているのですね。広島工業専門学校って、今の広島大学工学部の前身なのです。よくそんなことができたと思います。日清戦争のことを知っているような時代の人なのですが、お祖父ちゃんもお祖母ちゃんも旧制中学や女学校を出ているような人で、プライドだけは高い人やったようです。お茶の葉が買えない、お米もない、という中でも、とにかく教育だけはしなければだめ、ということで父は相当無理をして進学させてもらっていたようです。

呉で暮らしていた頃のことは、それ以上は何も話してくれなかったですね。父と結婚した母も聞かされていなかったようです。

1945年頃の父とお祖母ちゃん

父は広島工業専門学校にいた時に原爆に遭ったのですが、その様子は父が書き遺した手記に著されています。手記の中で、父は呉から呉線で広島の学校に通学してきたとあり、同じ手記の中で、岡山県の田舎から両親が看病に来てくれたとも書いています。このあたりの関係はよく分かりません。終戦間近の頃、お祖父ちゃんお祖母ちゃんはすでに元の岡山県に帰っていて、父だけが一人呉に残って広島の工業専門学校に通っていたのかもしれません。

学生結婚・京都府職員から研究者へ

父は広島工業専門学校を卒業して、その後、京都大学に入学しています。文学部の哲学で、西田幾多郎に憧れて、などと言っていました。京都の吉田山が登場する黒澤明の映画『わが青春に悔いなし』（1946年公開）を観て影響を受けたとも言ってました。入学したのは昭和22年（1947年）で、その頃はまだ京都帝国大学でしたが、卒業したのは昭和28年（1953年）ですから、6～7年かかっているのです。文学部の哲学では食っていけない、経済学部やったら飯が食える、ということで転部もしています。

結婚は大学在学中にしているのです。昭和23年（1948年）で、学生結婚です。父が学生アルバイトで小学校の当直をしていて、その同じ小学校で先生をしていたのが母でした。京都市の明倫小学校やったそうです。父と母が結婚する時、父が広島で被爆していることは意外にもまったく問題にされなかったのだそうです。それよりも赤貧の方がよほど気になっていたとか。

それから私が生まれたのが昭和33年（1958年）で、父が31歳の時でした。

父は昭和28年（1953年）に京大を卒業して就職しているのですが、最初は金融機関志望でした。ところがあの頃の金融機関は、志望者の身辺調査みたいなものがとても厳しくされていて、家庭環境までいろいろ調べられたそうです。その頃はお祖父ちゃんとお祖母ちゃんは離婚していて、赤貧の育ちでもあったことが原因だったようで、どこの銀行もダメでした。このことについて父はとても嫌な経験をしています。

1945年、広島工業専門学校の復興の資金集めに遊説して歩いた頃、友人たちと（前列左から2人目が父）

最終的には京都府庁に職を得て、そこで長く務めることになっています。京都府では部長クラスの幹部になって当時の蜷川府政を支えていました。その蜷川府政から林田府政に変わり、突然左遷される身になったのです。それを機会に府庁を退職することになりました。その時、懇意にしてもらっていた京都信用金庫の理事長さんのお世話で、京都地域経済研究所という研究所が設立され、その研究所の所長をやりながら大学の非常勤講師もやるという研究者の道に入っていきました。

立命館大学の非常勤講師を皮切りに、大阪経済法科大学、岐阜歯科大学、いろいろな大学に勤めています。専門は中小企業論と経営学でした。大阪国際大学が創立されるときには創立メンバーの一人にもなり、名誉教授職もいただき、ここが研究者として最後の大学になっています。

身体からガラス片・父の被爆体験を知る

父が私に話してくれた被爆体験のことは、大体手記に書き遺しているようなことです。その一つひとつが断片的に、ポロポロといろいろな機会に聞かされてきました。一緒に広島に連れて行ってもらったとか、そういうことは一度もないのです。ただ広島カープのことは好きでしたね。テレビで野球中継観て一人で盛り上がったり、甲子園の高校野球でも広島県の代表校を一生懸命応援したりとか。

父に広島訛りがあったのかどうかよく思い出せませんけど、私が京都「被爆二世・三世の会」に入って、同じ会員の米重節男さんと初めて話した時、「いやー、この人は!」と、ビックリ。父というより、父方のお祖母ちゃんと一緒や、とつくづく思いました、言葉と訛りが。以来、米重さんの広島訛りというのは、すごく私の哀愁を誘うものになりました。昔の記憶を蘇らせてくれるような。

父が原爆に遭って被爆していることは、私は小さい頃から知っていました。だから自分が被爆の二世であることも。

父の身体からガラス片が出てきて、それを取り出すのに父と一緒にお医者さんに行ったこともありました。近所の外科の開業医さんに行って、そこへ私も一緒について行って、出てきたガラス片を「これや」と見せられて。大き目の爪切りで切り取った爪ぐらいの大きさでした。私が小学生の頃ですから、父が原爆に遭ってもう20年以上経っていたわけですが、その頃になって、体に痛みが出てきて症状が出てくるのですよ。それでレントゲン撮ってみたら何かあるということになり、それから分かるみたいなのです。出てきたガラス片を私が見せられたのは一度だけでしたけど、それまでにも同じようなことは何度もあったようでした。

私を育ててくれた『家族討論会の時間』

父はとにかく家庭を大事にする人でした。子煩悩でもあったと思います。父と母と私の3人家族でしたけど、少なくとも週に1回、月に数回は、3人一緒に1時間、2時間と食後にしゃべる、話し合う時間というのがありました。何についてしゃべるかというと、原爆について話し合ったことはありませんでしたけど、今の政治について、蜷川京都府政についてとか、いろいろ聞かされました。知事選挙についてとか、市長選挙についてとか、日教組のこととかも。母も教職員組合のことについて話したりと、がんがんがん3人でしゃべっていましたね。私が小学校の高学年の頃からですけど、私もがんばって話についていきました。

京都大学が近くて、学生運動も激しい頃でしたから、「今日は○○君のお父さんが角材で殴られてコブができた」などという話が出ると、それも家族の中で「そもそもそれは……」という話になっていました。テレビを観ながら話をするようなことはなく、テレビを観る時は3人揃って観る、しゃべる時はテレビは消す、というように徹底していました。

こうして父は世の中のことをよくしゃべってくれて、「こんな話をただで聞けて2人は幸せだ」などと言っていました。そういう話の中に、戦争中のことや、自分たちはとても貧しかったこととかが一緒に入ってきていて、自分はもっと大変だったのだと話していました。

ＮＨＫの大河ドラマも3人一緒に熱心に観ました。そしてドラマの評価をしたり、役者の演技についしてしゃべったりね。この人はうまいとか、この人は下手とか、あのセリフはどうのこうのと。時代考証についてもすごくうるさくて。

また映画がとても好きな人でした。その趣味が高じて『京都映画産業論』（１９９４年・啓文社）という本を出版するまでになったのです。あれは父の近隣の友人である池上惇さんから論文として提出してみてはと奨めていただいたものなのです。平成7年（１９９５年）に、父はその論文提出で学位を得ているのです。

バケツに溜まった鼻血

私が幼い頃から見ていた父は、健康のことではごく普通の健康状態のように見えていました。お酒はまったく飲めなかったし、タバコも吸わなかったし、糖尿もなく、健康そのもの。ただ血圧は高かったみたいで、よく太ってはいました。食べることは好きでしたね。

そんな父でしたが、私が小学生の頃、大量の鼻血を出していたのは憶えています。普通の鼻血ではないのです。ブリキのバケツにすごい量の鼻血を出していて、バケツいっぱいまでとはいかないけど、底の方にかなりの量の鼻血が溜まるほどでした。畳の上で、バケツにかがみこんで、一時間ぐらいずーっとそうやっている。そんなことが何度もありました。母はそれを見てもあまり気にするようでもなく、「あ、また出てる」「その内止まるでしょ」という感じでした。鼻血のことは私の脳裏にしっかりと焼き付いている情景です。子どもの頃は「お父さん、どうしてなんだろう」と見ていましたけど、今にして思えば、放射能による被ばくの影響だったのだろうなと思います。

脳梗塞から7年の闘病を経て

父は73歳の時、まだ大学の研究者として現役の時でしたが、突然倒れたのです。脳梗塞でした。倒れると言ってもバタッとひっくりかえるようなものではなく。その日の朝、出勤前の自宅で、ワイシャツを着て、ネクタイ締めて、これからスーツを着ようとする途中でした。座ったままの状態で、急に動けなくなっていて、目線が合わなくなっていて、小刻みに痙攣していたのです。もう何もしゃべれなくなっていて、小さく震えていました。「これはおかしい」、「どうしたの？」と聞いても答えられない。その瞬間、私は「ああーっ、来てしまった」と直感しました。実は父の脳梗塞はその時が3回目で、最も大きいのが来たな、と思いました。

学位を得た日（1995年3月23日）の父と母

父は身長178センチ、体重が100キロ近い体躯でしたので、2階の部屋から救急隊の人3〜4人がかりで助け出してもらい、担ぎ込まれるようにして京大病院に入院して行きました。

京大病院に入院してからは、しっかりと治療とリハビリに専念すれば少しは歩けるぐらいにはなるだろうと期待していました。ところが入院中に腎臓に細菌が付着して、腎臓摘出手術を余儀なくされてしまったのです。その結果、まったくの寝たきり状態になり、自分で動くこともできなくなってしまったのです。

それから1年後に病院は退院するのですが、その時には要介護5の状態になっていて、その状態が固定したまま最後の6年間を自宅で過ごすことになったのです。父を介護する母は大変でした。そして私も大変でした。

自宅に帰ってから民医連のみなさんにとてもよくしていただいたのです。あの頃第二中央病院と言っていた病院の、ケアマネジャーさんや、かかりつけのお医者さんや、スタッフのみなさんにとてもお世話になりました。門祐輔先生が担当医となられて、うちに往診に来てもらった時期もありました。母は、「もう民医連のお医者さんで、それでどうしようもなくなったら、もうそれでいいわ」と言っていました。私もそれでいいと思っていました。高度な医療を受けるとか、延命措置を取るとかではなくて。

父が亡くなったのは平成19年（2007年）8月29日です。80歳でした。

3年後の平成24年（2012年）に母も亡くなりました。84歳でした。母も民医連で亡くなっているのです。


父はいわゆる被爆者運動とか、被爆者団体の役員になるとかはしていませんでした。それでも京都原水爆被災者懇談会とは縁があって、京友会（京都府原爆被災者の会）の会員にもなっていました。

父が倒れてから亡くなるまでの7年の間、今、京都原水爆被災者懇談会や京都原水協に勤めておられる田渕啓子さんが毎年のようにひざ掛けを持って私たちの家を訪ねて下さり、「庄林さん、どうされてますか?」と声をかけて下さいました。「これ（ひざ掛け）持ってきてくれはってなあ」といつも母から聞かされていました。後々、私が原水爆被災者懇談会の事務所に顔を出すようになった時、『被爆者をはげますクリスマス平和パーティー』のために用意されているひざ掛けを目にして、「ああ、これやったのか」と、初めてひざ掛けのことを理解したことがありました。母もすごく感謝していました。

父のことを忘れないために「二世・三世の会」へ入会

2012年（平成24年）に京都「被爆二世・三世の会」が誕生する時、そのことを知らせる新聞記事を見て、「あ、そういうことやってる人たちがいるんだ」と、なんとなく新鮮なものを感じました。それで設立総会の行われる会場の京都教育文化センターに行ってみたのです。父も亡くなっていて、でもこのままプッンと切れてしまうのもさみしい気持ちもして、父の影を追い求めるような感じで「二世・三世の会」の扉を叩いたような気がします。「二世・三世の会」に入ってから、いろいろな人たちと出会い、特に米重さんに対しては、年齢は全然違いますが、父の面影のようなものを感じています。米重さんの広島弁に親しみを感じます。

父が亡くなった翌年、京都府からの連絡で京都の被爆者の遺族を代表して広島市の慰霊式典に参列することになりました。その時、広島大学からも大学の慰霊祭への案内が母に来ていて、私が代わりに両方参列することにしたのです。その時からほぼ毎年、8月6日に行われる広島大学の慰霊祭に参列するようにしてきました。「二世・三世の会」に入ってからはさらに原水禁世界大会のことも知るようになり、そこでの分科会などに参加する機会も兼ねて、夏には広島に行くようになってきたのです。

子どもの頃から家族とたくさん話してきたお陰で、今広島の街に行った時、土地の名前など聞くと父の話に出ていた地名がふつふつと頭の中に蘇ってくるのです。「センダマチ」などと聞くと、「ああ父もセンダマチと言っていたな」とか。「エビスチョウと言ってな」とか、「ノボリチョウ」とかね。初めていく所でも懐かしくその地名を思い出すことが多くて、自分が生まれたり育ったりした所でもないのに、いつも何か発見があるような気持ちがしていました。広島の街を走る路面電車の音も大好きです。そこにかつては京都の街を走っていた市電が京都市交通局のマークをつけたまま自然に広島の街にとけ込んでいて、私をとても嬉しい気持ちにさせてくれます。

32

米重　節男（被爆二世）

母・米重フジヨの被爆体験
半焼けで、もがく馬にハエがたかって真っ黒に

1．母の被爆体験の聞き取り

母米重フジヨは1925年（大正14年）9月1日生まれで、2018年（平成30年）1月8日に没しました。満92歳の誕生日を迎えた直後に、脳幹梗塞を発症して、意識不明状態のままその生涯を終えました。

原爆投下後、宇品に住んでいた姉が被爆し、その看護に行って入市被爆しました。

その体験については次のものからまとめました。

①2017年1月に本人から聞き取った話。
②遺品カセットテープに、偶然録音されていた原爆の当時の話。
③広島県への開示請求で得た「被爆者健康手帳交付申請書」の記載内容。
④私がそれまでに聞いていた断片的な話。

2．8月6日と当時の母の状況

広島医療生協から被爆体験の依頼があり、三滝の軍工場で被爆した人との8月6日の体験の会話です。

（母）体験談をまあ話して欲しいと言うてよ。青年じゃげな。二世の者じゃないか？可部のあこのお寺へえっとえっとボロがいっぱいいっぱい欄干に打ちかけてありょうたよ。ありゃ原爆でやられた者が着とったものだろよ。

（友人）トラックで連れて来たら、ホンで死んだ人を根野谷川の河原で。

（母）焼いたん？

（友人）わしは、はあ焼く所へは行かんかのじゃが、うちの兄弟は知っとるよ。お母さんとつろうての。おかあさん、毎日一生懸命、てご（手伝い）しに行ってた。真っ赤にやけたのをこうして見とって。隣のも戻って来ちゃった。

（母）町で直接おうての、ついそのねきの方におっただろうが。話してやってや。

（友人）しゃべってて、見たんじゃけうちら。ピカっと光ってドーンというての。どうしたんじゃろと思うて、続けて見たんじゃけェ。はーんと雲が上がってのォ。遠くに行かされるけェいうて、ほかの所に勤めていたのを辞めてから。あんとこに勤めてりゃあ、徴用がかかって遠くへ行かされるでいうて。辞めてからあっちへ行け言うて、軍工場なんじゃけ。軍工場いうてもあっちへ行きょうったんよ。三滝へ。かようちゃあ行きょうったんよ。軍工場でドンドン作りょったよの。どんぐりの粉の団子、草団子。売りに来るんじゃけ。3時頃に腹が減るけ、はよ買わにゃみてる（無くなる）で言うて、我先に買ようちゃったで。あぁ言うこともあった。

（母）まあそれを行って、話してあげてや。わしでもうちにおってドンいうたけ、

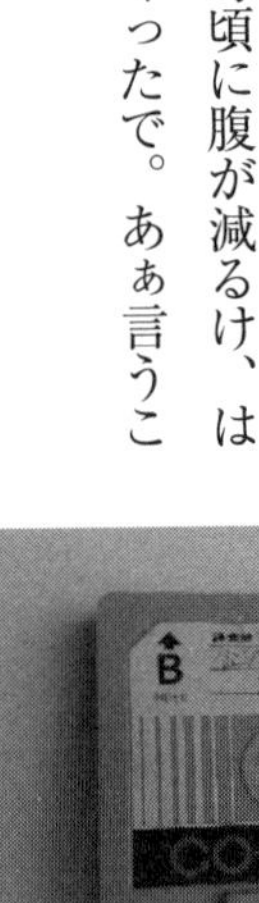

被爆の会話が偶然に記録されていた録音テープ

ありゃどうしたんかの言うて、障子がバリバリいうたのは知っとるんよ。障子がバリバリいうたがどうしたかの言うて、外を見ても何事もありゃせんのよ。ほいたらあっちの方で『今の音は何じゃったかの』『なんかロクなものじゃないで』という事だけ言うて、すぐ隣の『竹藪に行こう竹藪に』言うてじゃが、『何しに。今行ったいうても音がした後じゃけ、つまりゃらせんよ』。ほじゃが、わしらは田舎じゃけェ、言うてもまあ何しても楽なことで。

母の実家は、高田郡根野村下根（現在は安芸高田市八千代町下根・広島市から約30キロ）の農家でした。当時は、父親の傳道花吉と2人で暮らしていました。長男の繁は1938年（昭和13年）5月に中国江蘇省鐵佛寺近辺で戦死しました。次兄の章も、海軍に徴兵され戦艦扶桑に乗り組んだ後に、この頃は本土決戦に向けて首都防衛で首都圏にいました。母親フサノは1940年（昭和15年）に病気で亡くなっていました。

1945年（昭和20年）になってから、下根には海軍飛行場が急造され、1期工事が終わって練習機が飛びだしていました。飛行場の端が家のすぐ横に来て2期工事が進行中でした。立ち退きとなる計画でしたが、戦争が終わったので助かったのでした。親戚筋の家では、8月6日朝は家でご飯を食べていたが、8月15日には立ち退いて別の所にいた記憶があると話されています。

その状況で、夜になると若い兵隊や軍関係者が「腹が減った」と言っては家に出入りし、母は彼らに食べさせていたと話していました。19歳の娘が一人しかいない家ですから、若い兵隊が出入りしていたというのもうなずけます。

このような毎日だったので、「戦争は負けるで」と母が傳道の本家のおじいさんに言ったことがあり、「大ごとになる。めったなことを言うな」と叱られたことがありました。

この飛行場は、広島市と松江市をつなぐ幹線道路を使ったもので、現在の国道54号線です。この道を拡幅して滑走路にし、道路周辺の家を立ち退かせて、急造した飛行場でした。その工事には、県内の各地域から人々が動員されていました。そのため、隣の道路に面した本家の傳道は、海軍の事務所になっていて、海軍関係者が常駐していました。道路の沖（向かい）に見える山の上には、海軍の通信施設がありました。8月6日の夕方までには、広島市が空襲されたことは、手旗信号で知らされていたようです。

3．姉の被爆と救援に行く

すでに結婚していた姉の駄阿（だあ）花子（当時33歳）は、広島市宇品9丁目（当時の町名）に住んでいました。それで「広島が空襲された言うても、宇品は市の中心から遠いけェ、大したことはないじゃろう」と、父親とも話していました。ところが、8月9日になって海軍陸戦隊の人が本家に来て、駄阿花子は原爆でケガをしているので、助けに来てくれと様子を伝えに来ました。

「そりゃ、大ごとじゃ」となり、父親・叔母などと相談して、父の指示で、母フジヨを助けに行かせることにしました。元々、盆には姉のところに行く予定だったので、日を繰り上げて行くことになりました。

8月10日早朝に歩いて下根から安佐郡可部（あさかべ）町の可部駅まで行き、そこから可部線で広島市内に入りました。可部線は、終点の横川駅の一つ手前の三滝駅までしか走りませんでした。そこからは徒歩で、可部街道を三篠（みささ）、横川と南下し、横川橋から寺町東側の川沿いに本願寺別院、空鞘神社、左官町、相生橋、中島本町、紙屋町、白神社、広島市役所、鷹野橋、広電本社前、御幸橋を渡って、宇品9丁目の姉の家にたどり着きました。

私が小学生時分に聞いたのは「可部駅の近くの寺や神社で、逃げて来た被爆者が収容されていて、ケガや火傷のひどい姿の人があふれていた。建物の欄干などにボロがえっとかけてあった。臭いにおいがしていた」という話でした。

宇品に行く途中で、「空鞘神社の出口にトタン板がかぶせてあり、動くので何じゃろうか思うて、トタンを上げてみると、馬が半焼けになって、生きてもがいており、真っ黒にハエがたかっていたので、ビックリして立ち退いた。市内の道は片付けられていて、意外な気がした」と語っています。

宇品の姉の家や周辺の家は、倒壊はしていないが、爆風で建具や屋根などが壊れていましたが住むことはできました。外から家の中が丸見えの状態でした。

「宇品の家に行って姉を見たときは、顔、手足は焼けただれており、お化けかと思うほどで、誰かわからんかった」姉は、国泰寺付近で建物疎開作業に動員されて被爆しました。船で金輪島に収容されたのちに、宇品の家に戻っていました。その時は知らなかったそうですが、宇品の陸軍運輸部（暁部隊の総元締め）に勤めていた姉の夫も、同じ島に運ばれていたと分かりました。

8月6日の建物疎開作業は隣の人が出る番だったのですが、その人は山県郡の田舎に帰るから、代わってと頼まれて疎開作業に行きました。

可部の町を流れる現在の根野谷川。亡くなった被爆者が河原（場所は不明）で焼かれていた。

4．米を運んで下根と宇品を数往復

母は、姉の看病をして宇品で過ごしました。配給されたコメが青カビだらけで食べられないので、5日ごとに下根に帰っては、米・キュウリ・トマト・野菜などを背負って、途中の電鉄本社で休んでは行き来しました。それで爆心地を通って南北に、広島市内を横川から宇品まで、9月27日に引き上げるまで8回以上は往復したことになります。その間の9月1日に20歳の誕生日を迎えました。

宇品にいた時に「大雨が降ったことがあり、太田川が大水であふれて道が河原になっていた。起きてみたらクドまで水が来ていて、道が川になって金魚が泳いでいてびっくりした」と話していました。（枕崎台風の時ではないかと思われます）

姉の容体が落ち着いたので、下根から迎えに来てもらい、9月27日朝早くに、大八車を引いて下根に帰りました。大八車に姉を乗せて帰るのですが、道中では車輪に巻いてある金輪が、舗装されていない道の凸凹に当たり、姉が痛がるので休み休みして車を引いて帰りました。それで、下根の家に帰り着いたのは、夕方になっていました。途中には安佐郡と高田郡の境付近に、上根峠という200メートル以上の標高差がある坂道があります。戦時中に、付け替え拡幅されたので、母もその工事に動員されてモッコを担いで働いたと話していました。約3キロのつづら折りになった急な坂道を、姉を乗せた大八車を引いて上がりました。坂を上りきると分水嶺になっており、坂の下側は太田川水系で瀬戸内海へ、坂の上からは北側に江の川水系で、日本海に流れが変わる所です。その先に飛行場が作られていました。

姉は、被爆から1ヶ月したころからちょこちょこ熱が出ることがありました。また、髪を梳くとガサッと抜けて丸坊主になりました。のちに甥の私にも「髪が抜けて、ふうが悪うて外にも出られんかった」と話してくれました。

下根の家で養生したのちに、夫のつてで山口県小野田に避難しました。夫の駄阿清太郎は1951年（昭和26年）に48歳で亡くなり、姉は下根の駄阿の家で農業をしながら暮らしていました。2000年（平成12年）2月に87

歳で亡くなりました。

５．戦後の生活

戦争が終わって間もなく、兄の章は海軍から復員して来ました。母は、幸いにも、被爆の影響らしきことは現れず、１９４７年（昭和22年）に山を越えた東隣の志屋村志路（しじ）の米重次郎と結婚しました。彼は指物大工でしたが、１９３９年（昭和14年）甲種合格で、陸軍第39師団の師団通信隊員で中国戦線に派遣され、揚子江から北側の地を転戦しています。敗戦となって現地解散となり、部隊から離れて一般人として、１９４６年（昭和21年）10月に博多港に引き揚げました。

傳道の家へしばしば立ち寄っていた次郎の兄・哲二が、父の傳道花吉と話をまとめ、フジヨと結婚することになりました。次郎とは顔も知らず、志路に嫁入りして初めて顔を見たのです。下根から志路までは歩いて山越えしましたが、九州の叔父さんからお祝いにもらった桐の下駄をはいて行ったので、下駄がいっぺんでダメになったと嘆いていました。

その後、安佐郡三入（みいり）村下町屋（しもまちや）の谷原（たにはら）という家に間借りをして移り、そこで長男の節男（私）が生まれました。１年後、１９５０年（昭和25年）に安佐郡祇園町に土地を借りて、大工の仕事を終わった後に一人で家を建てました。そこに転居して、長女の千津子、次男の秋男が生まれます。

秋男は、生後半年で森永ヒ素ミルク中毒だと国鉄の広島鉄道病院で診断され、そこの紹介を受けて県病院（県立広島病院）に2ヶ月ほど入院しました。その間、節男は父のすぐ上の姉の家に、千津子は母の実家に預けられて、半年くらい一家がばらばらで暮らすことになりました。

母は良く働き、外に出るのも好きで、好奇心のある性格でした。いろいろな仕事につきました。子が小さいときは、ボール紙を箱に組み、外側に仕上げの紙を貼って箱を作る内職をしました。近所に、内職の卸手配をする女性がいて、その人から箱作りの仕事以外にも、内職をもらって収入を得ていました。その人も被爆者で、1962年に原爆病院に入院して気がふれて亡くなりました。死後にABCCが解剖をさせてくれと言って来たと、母は後年に語っていました。

子どもが小学生になってからは、近所の鉄工所、木材チップ工場、ゴム加工工場、鉄工所（2社）など会社の定年まで勤めました。その一方で、中国新聞の集金の仕事を続け、85歳頃過ぎまでしていました。仕事のため、原付バイクの免許を取り80歳位まで乗っていました。鉄工所では溶接免許も取得していました。

父傳道花吉と宮島で撮影。昭和21年9月、21歳の時。被爆の1年後、結婚する前。

6. 健康と病気

1959年頃（昭和34年）製材所で、手を鋸に巻き込まれ、甲の部分に大きなケガをしています。

1968年（昭和43年）夏には夫婦で次々と入院しました。先に夫・次郎が、原因不明の病気で県病院に入院、退院したのと入れ替わりで、母は過労で肝臓が悪くなり2ヶ月ほど同病院に入院しました。

60歳を越えてから、腰が抜けて立てないことが何回かありました。歯は総入れ歯になりました。70歳頃に突発性難聴となり、呉の国立病院に通院しました。80歳頃に耳の聞こえが悪くなり、病院で診てもらいましたが、医師は年相応ですからねェと言っていました。

7．被爆者手帳の申請

1965年（昭和40年）に旧特別被爆者健康手帳が、入市被爆者にも適用される改正があり、申請をしました。しかし、被爆後3日以内の要件に1日足りず、認められませんでした。この頃に、設立されて間もない広島医療生協が、被爆者相談を地域でしていて、それで手帳のことなどでつながりができたようです。

この被爆者手帳申請に関しては、録音テープのやり取りにも残されていました。

「聞く方は、わきゃァ分からんのじゃけェ、かまわせんよ。わしが言うことよのぉ。原爆手帳を申請した時に、保健所の若い者がのお、『あんた、ここをこのように渡っちゃいけんよ。こういうことはあるまい』言うたもんじゃけェ、『この人らはもう、わけもわからん者が皆いちいち見たようなことを言うのォ』とわしは思うたけ。知ったげなことを言うても、知りゃぁせんのじゃけェ。そんで『書き直して来い』言うもんじゃけ、家に帰って書き直したんじゃけェ。

若い者はわかりゃせんのじゃけェ。ウソを言うたってもひとつもわからんのじゃけェ。幽霊じゃないが現場を見てなきゃわかりゃせんのじゃけェ」

細かい経緯はわかりませんが、被爆者健康手帳の交付を受けて、死ぬ最後までそのお世話になりました。

8．医療生協で

医療生協に加入してからは、組合員活動に参加していました。被爆体験を話してほしいとの要請もあった時は、直爆でないのでという想いもあったようで、直爆の被爆者に振っていたことが、残されていた会話の録音から推察されます。

医療生協の組合員活動では、機関紙の配布者や組合員サークルの活動をしていました。布草履作りなどでは、娘時代から草履作りしていたので、教えたりもしていました。医療生協のつながりで新婦人や年金者組合、共産党の人たちにも広がっていきました。

地域の老人会でもグランドゴルフを楽しみにしていて、毎週練習だ、大会だと、行っていました。２００３年に夫が亡くなったあとは、誘われて共産党にも入りました。

9. 広島から鳥取へ

祇園の家は、数回の増改築をしていましたが、借地のため地主から土地を買い取るか、更地にして戻してくれという申し入れが何回かありました。

２０１３年に、どうでも決断してくれとの話がありました。家族で相談して、家は処分して、土地を返却しました。母は、原爆養護ホームに入ると言いましたが、数年待ちですぐに入れません。丁度その時に、孫から勤務している鳥取市の施設が入れると、話がありました。それで急遽、長女がいる鳥取に移ることにしました。話が急に決まったので、バタバタと10日余りで祇園を引き払い、鳥取市内の施設に移

2017年5月　西本願寺飛雲閣にて（娘の萩原千津子と）

りました。

88歳の誕生日を迎える直前でした。88年間暮らした広島から、また63年間生活した祇園の家から、知らない地に移り、最初は慣れるのに苦労したようです。しかし娘や孫がごく近くにいることから、電話や行き来も頻繁にしばしば会えるので、娘を頼りに安心して暮らしました。

鳥取で4年目の２０１７年9月に娘と孫・ひ孫らと92歳の誕生祝をしてほどなく、脳幹梗塞を発し、意識不明となり回復することなく、２０１８年1月8日に生涯を閉じました。

10．死後のこと

亡くなったあと、思ってもなかったことが続きました。

その年２０１８年の広島市原爆死没者慰霊式・平和祈念式に鳥取県の遺族代表として参加することができました。驚いたことには、さらに全国の遺族代表の一人として花輪を供える役目があたり、娘の千津子が遺族としてその任につきました。広島や京都で生涯を終えていたら、出来なかったことだと思います。

さらに２０１９年に所属していた広島市の共産党支部から、解放運動無名戦士合葬の推薦をする旨の連絡をもらいました。母のような無名の人を、記録にとどめることは意味があると思い、広島県の追悼会と、東京での追悼会に出席しました。

母の死後のことは、本人は知る由もないことで、生前には思いもしていなかったでしょう。寺に行けば、安芸門徒として熱心に通っていた話がでます。良い置き土産を残してくれたと感謝します。

（完）

母の体験から引き継ぐこと

1．母の体験をまとめて

京都「被爆二世・三世の会」において被爆者の体験を記録に残そうという呼びかけは、早くからありました。このことの重要性は、最初は余り認識していませんでした。広島では子どもの頃から、隣近所に多くの被爆者がいて、普通のことでした。ただ、「ピカにおうた」という程度で、被爆の状況の詳しい話は聞いたことはありませんでした。

京都「被爆二世・三世の会」で話し合うと、親の被爆について詳しい話どころか、被爆したこと自体を知らないという事実があることも知りました。そういえば、自分も話は聞いたとはいっても、折に触れて断片的な話しか聞いてなかったなぁ。改めてきちんと聞いておく必要があると思い始めたのは、「会」の提起からかなりたってからです。母の体験は、姉を助けに行って連れ帰った程度の話で、最初の被爆手帳も申請却下になったと聞いていたので、記録するようなこともない、の認識でした。

しかし、実際に被爆体験の聞きとりをして、多くの体験記録を読んでみると、それまでの認識が変わりました。

2014年にウィーンであった国際会議に参加し、ウィーン大学で学生に二世として話す機会がありました。被爆者を英語では「A-bomb survivor」と訳すと知りました。それを聞いて、ああそうかと納得しました。被爆者は生き残りだから、被爆後の生きざまも含めての記録が大事なのだと、理解しました。

それで母の話をきちんと聞こうと思いながら、時間ばかりがたちました。資料も調べる必要がありました。ようやく聞くことができたのは、母が意識不明になる8ヶ月前でした。

すでに91歳となり、76年も過ぎた昔のことですから、「はぁ忘れたよぅ」というのを、子どもの頃に聞いていた話をしながら、聞き取りました。

すると、いくつか違う話になっている点もありましたが、それまで私が認識していたことと、全然違う体験が語られました。

姉を助けに宇品に行ったことは知っていましたが、米や野菜を運んで何回も通っていたこと。宇品には1ヶ月以上滞在したこと。姉を連れ帰った時の様子などは初めて聞きました。

中には食い違いもありました。姉が運ばれた島は、昔に聞いたのは、金輪島と断定していました。最後の聞き取りでは似島と言っています。また、姉が被爆した場所も、以前には「電車の中で原爆におうたようじゃ」と言っていたのですが、最後の話では国泰寺の近辺と言っています。ケガの様子も、母の話からは余りわかりませんでしたが、県から取り寄せた被爆者手帳申請の記録には書かれていました。

実家に連れ帰った日は、２０１７年1月の話では9月の始めごろだったと言っていました。ただ、大水で金魚が泳いでいたというのは、いつの時か疑問でした。県や市の記録や他の人の手記などから、8月末から9月初めには雨の日が続いていたとわかりましたが、大水の話はありません。被爆手帳申請書には9月26日までいたとありますので、枕崎台風だろうと思われます。

私が小学生の時に、吉島刑務所の横を母と二人で通ったことがあり、ここの塀に被爆者がいっぱいもたれていたと言っていました。これは申請書の道順では通らないのです。会話テープに出てくる、保健所の職員が「通った道が違うだろう」と言ったので、書き直したというのは、この辺のことではないかと思います。

私は追体験のため、宇品から下根まで実際に歩いてみました。70歳も越えてからの歩きですから、時間もかかり1日では終わりませんでした。それからすると、今よりも状況が悪い中で、舗装もされていない道を、大八車を引いて歩いた大変さを実感しました。

2．母の想い

母は原爆に反対とか、何か運動の先頭に立って活動したわけではありません。ただ、広島市内の惨状や逃げて来た被爆者を目にしていたわけですから、心に思うことはあったと思われます。

広島医療生協が発行した被爆体験記「ピカに灼かれて」、新婦人広島県本部の「木の葉のように焼かれて」、安佐郡内の同人誌、中国新聞の年鑑や原爆特集誌など、60年代からの多くの資料が残されています。今になって振り返ってみると、原爆に反対する気持ちは強かったのだと思います。これらの資料は、二世の活動をするうえで、大変役立っています。金銭や不動産などの遺産はありませんでしたが、貴重な置き土産で引き継いで役立たせています。

1966年頃だったと思いますが、原爆ドームを壊すか、残すかで市民の大きな議論になったことがあります。この時、父は「あんな汚らしいい物は、壊したら良い」と言っていましたが、母は「残さんといけんょ」と言っていた覚えがあります。そこにも被爆者としての想いがあったのだろうなと思います。

1941年（昭和16年）にアメリカと戦争が始まった時に、日本がハワイ真珠湾を攻撃しました。その時に2人乗りの特殊潜航艇5隻が突入し、乗員9人が戦死し、九軍神として国民に宣伝されました。その内の一人に、広島県山県郡出身者があり、母は青年団で歩いてその家まで行った時、なぜ10人でなく9人なのか不思議だったと話していました。戦争に負けると言って、おじいさんに怒られたという話も、母の性格の共通点があるように思えます。

下根の飛行場では、滋賀県や岐阜県などから来た人が多かったとも語っていました。調べたところ、京都府峰山の海軍航空隊から派遣された部隊だったことがわかりました。

この工事には、多くの人が動員されています。京都被爆二世・三世の会の庄田政江さんが伝承する被爆者の河野きよみさんの話に、8月6日「朝早く両親が飛行場をつくる作業に出かけた」との話は、下根の飛行場だと思われます。

広島に原爆が落とされて、多くの人が死んだことを私が初めて知ったのは、1958年（昭和33年）に復興博覧会が開かれ、原爆資料館を見学した時です。

ソ連の人工衛星、マジックハンドの操作、放射線照射による利用など、記憶に残っていることが多くあります。その時見た、被爆者人形の怖かったことや、髪の毛の抜けた少女や体中ヤケドした人、影が映った石の写真、溶けたガラス瓶や瓦、曲がった鉄橋の欄干などが展示してありました。家に帰って、母に見たことを話したところ、自分の体験を話してくれました。その頃、宮島の厳島神社に神馬として、被爆馬が飼われていて新聞に載りました。原爆で半焼けになった馬がいたと言っていました。空鞘神社の馬のことがそれだったのだろうと思います。

また、長崎の原爆は広島よりも強力だったが、天気が悪くて被害が小さかったと言っていた記憶があります。

3．被爆二世を意識して

私は被爆二世の活動で、被爆者の話や苦労などを聞き、改めて母が被爆したことの影響を自覚するようになりました。とりわけ健康問題は自身のことで、他の人が代わるわけにはいかないとことだと、思い至りました。健康に関しては、母の被爆が関係するのではないかと思うこともあり、そのことを通して被爆二世という自覚が強まりました。

最近になって、アメリカは被爆者の遺伝的影響がないこと、原爆の放射線の影響はないことにするために、調査や研究をしているという事実が知られるようになっています。そのことからも、被爆者の子・孫など子孫のことを、正面から社会問題にしていくのが、二世・三世と自覚した者の務めだと行きつきました。

被爆者は三度被爆する。最初は原爆の投下で、二度目はそれが原爆だったと知った時、三度目は被爆者運動で被爆者を自覚して、と言われています。被爆二世も同じように、被爆者の子として生まれた時、親が被爆者だとわかった時、被爆二世運動に加わった時と、自覚するのだと思います。


（2021年9月17日記）

33

圓光寺オマールさんの会

早川 幸生

被爆南方特別留学生
サイド・オマールさんを訪ねる旅

広島文理科大学の制服、制帽姿のオマールさん（写真提供　中村千重子さん）

出会いは地域学習「地域たんけん」

左京にある修学院離宮の里山近く、京都市修学院小学校に着任した年（1990年）の初秋でした。学校では創立70周年記念誌「修学院子ども風土記（修学院校区の副読本）」もあり、それらを使って全学年で地域学習に取り組み始めていました。全教育活動と教科を限定せずに、地域素材の教材化を模索していました。

6年生は1学期、校区歴史散歩を企画しました。お父さんもお母さんも参加する「歴史たんけん」です。「こどもたちが地域探検をしているのなら、お父さんやお母さんもまけずにたんけんを……」と、PTAのよびかけで「校区めぐり」が計画されました。家族の参加を求める声もあがり、児童や教職員も参加自由になりました。当日参加も含めると70～80人の一行で始まりました。行き先は「金福寺・詩仙堂・圓光寺・曼殊院・鷺ノ森神社」などでした。

オマールさんのお墓発見

「金福寺」「詩仙堂」と地域めぐりは進み、次は「圓光寺」です。坂を少し下り細い道を北に進むと圓光寺というお寺の入り口に着きました。他のお寺には入ったことがある人がいたのですが、ここでは皆足が止まりました。

「ここは知らんなあ。初めてです」

「私もこの間、無料拝観のお礼に行ったのが初めてです。徳川家康が建てはったとか」

門をくぐり石段を上がると、京都の町がよく見えます。学校も見えています。大文字の送り火の「妙法」や「船形」「左大文字」が見えます。修学院小学校も見えています。

まっかなモミジの庭と本堂の前で、古賀慶信住職の話が始まりました。

「エー、この寺は曹洞宗南禅寺派の瑞厳山圓光寺と言い、創建は江戸時代初期、伏見に徳川家康が足利学校の伏見分校圓光寺をたて……」

「当寺には、幕末期に活躍した村山孝女の墓があることで有名かもしれませんが、その他にヒバクナンポウトクベツリュウガクセイのサイド・オマールさんのお墓があります。このサイド・オマールさんは……」

「今なんていわはった」「?・?・?」

一瞬のできごとでしたが、カタカナでささーっとメモし、ふたりのお墓を見学しに行きました。植え込みのある、一つだけ形の違うお墓には、英語の文字と9・3・1945という数字が読み取れとれました。

サイド・オマールさんのお墓
（京都市左京区　圓光寺）

次の年に広島修学旅行の実施を切望していた学校関係者や保護者は、内心「ひょっとしたら、とんでもない話を聞いたのかも?」と思ったのでした。帰り際に見学のお礼と共に「来年の修学旅行は広島行きを計画しています。また、被爆ナンポウトクベツリュウガクセイのサイド・オマールさんのことを教えて下さい」と古賀慶信住職に再訪のお願いをして、曼殊院に向かいました。オマールさんのお墓発見!

『わが心のヒロシマ』を見て

ＰＴＡ主催の「校区めぐり」の数日後、圓光寺を訪れました。広島修学旅行をより身近なものにするため、修学院と広島を繋ぐ「地域素材」を探していたことなどを、住職に話しました。話が済むと資料を提示されました。ＮＨＫ広島支局制作の『わが心のヒロシマ』と毎年9月に行われている「オマールさんの慰霊祭」に参加されている方の名簿でした。家に持ち帰り、早速ビデオと名簿を見ました。驚いたことにこの番組は、１９８８年に放送された『夏服の少女たち』というアニメ動画と同じ年にＮＨＫ広島支局が制作したこと。また、戦争末期大東亜共栄圏を創るため日本政府、東条英機首相が日本国初の国費留学生制度としての「南方特別留学生」という制度を作り、１９４３年~１９４５年（昭和18~20年）に１期・２期合計２０５名の東南アジアの青年たちを、半強制的に留学させていたのです。

その中の一人、マレーシアの留学生であったサイド・オマールさんが広島で被爆し、終戦後帰国のため東京に行く途中、京都で急変し京都大学病院で死亡したことが、当時の動画や現地取材と証言で分かりやすく展開されていたのです。先日みんなで行った寺の境内や、お墓が写り、京都在住の当時治療に当たった京大病院の医師も写っていました。

名簿には、『わが心のヒロシマ』に登場されている人や、全国からの参加者が多いこと、広島大学から「学問研究の先輩」として「南方特別留学生」を位置づけし毎年学長代理としての墓参があることなどでした。そのうえ、オマールさんに実際にあった京都在住の方が数人おられることも驚きでした。

特に、立命館大学文学部教授の永原誠先生もあり、以前から面識もあるので京都で「南方特別留学生」やサイド・オマールさんのことが聞けるのではと、期待が膨らみました。

学年会議で校長先生を交えて視聴し、児童と保護者にも機会を設け観てもらうことになり、後に実施できました。一気に広島修学旅行の期待と取り組みの具体化が進みました。

圓光寺に行って

ビデオ『わが心のヒロシマ』を見て、圓光寺に行きました。予想通り児童の関心と真剣さ、そして臨場感は目を見張るものでした。

「ここやここや。ビデオと一緒やな」

「これがオマールさんのお墓か」

「オマールさんの体の骨がそのままやて」

「お墓になんてかいてあるの?」などなど。

住職が来られるあいだ、お墓の周りの児童は口々に自分の想いを、語り始めました。番組の質の高さと、目の前の墓の存在の大きさでした。

古賀住職の登場で更にテンションが上がりました。一言一言メモする子、墓のスケッチをする子と色々ですが、下を向く子は誰もいません。佐賀県の中学校の社会科の教師であった住職の声は良く通り、子どもたちの「知りたい」「聞きたい」心に響き渡ります。

「オマールさんの故郷、マレーシアはイスラム教の国です。これがイスラム教のお墓です」

「日本の仏教のように骨は焼きません。死んで24時間以内に白布に包み地面に埋めます。ですから今も、ここに体の骨が全部埋められています。イスラム教の聖地のメッカの方、顔を少し西に向けて今も横たわっています。こちらが頭、そしてそちらが足ですね」

「石碑には、アルザコフの息子のサイド・オマール。マレーシア生まれ。1945年、9月、3日。19歳で死亡。という意味のことが彫られています」

墓前の武者小路実篤の碑の説明もありました。

住職の説明の後、もう一度お墓の周りを廻りました。一人一人感想や疑問を言っています。

「マレーシアの人やったんか」

「なんで、日本に来てはったんやろう」

「京都で亡くなったて言わはったけど何処？」

「なんの病気やろう。被爆て怪我かな」

「ヒロシマのどこで被爆しはったんやろ」

「どこで、誰とどんな生活してはったん？」

児童のつぶやきの中に、次の課題と「オマールさんを訪ねる旅」のルートが見えたような気がしたのは、僕だけではなかったようです。

手紙作戦開始

5年生の3学期、修学旅行の実行委員会ができました。今までの実行委員会とは違う顔ぶれと人数でした。実行委員の希望が多く、各学級で人数を絞るのに苦労し、立候補した児童が自分は何がしたいのか発表したクラスもありました。これから実行委員会で、何をどんな方法で取り組むのか、話し合いました。

「オマールさんに会った人に手紙をだそう!」

「この間見たビデオの登場人物の名前わかる?」

「先生に名簿の住所おしえてもらおう」等々

事前にわたしたち教職員が、6年間3度の修学旅行で手紙送付の承諾を得た合計20人の方に、手紙を書きおくったのでした。返信の極一部ですが、紹介します。お読み下さい。

「お墓について話しましょう」 園部宏子さん

お墓を建立するまでの苦労は、第一は、オマールさんの家族の許可を得ることでした。その結果、イスラム教式のお墓ならかまわないとのことで、主人は再三、神戸の領事館や教会の牧師さんを訪ねました。第二にお墓を決めることです。夫はたまたま市役所の文化財担当でいまして、圓光寺の尼さんにお話しましたら、即刻提供して下さったわけです。石碑を嵯峨の石寅さんという人が準備して下さったのですが、その間の交渉、大日山墓地の骨の発掘、民政局の改葬手続などは特に大変だったようです。

そして、昭和36年、オマールさんの命日の9月3日に墓地を移しました。暑い日で、息子も友達2人を連れて一緒に手伝いました

苦労して建ててよかったと思った時は、昭和39年、オマールさんの義弟が来日、40年にはアジス博士、平成3年大阪万国花博覧会には妹のアジス・アザーさんが来られたことです。涙を浮かべて、「アリガトウ、アリガトウ」と再三言われました。家族の来日によってマレーシアと日本の国際親善の架け橋の一端となったと喜びはひとしお

でした。

来日前のオマールさんを知っていますよ　福田吉穂さん

私は昭和16年3月京都帝国大学医学部を卒業し、12月には陸軍軍医中尉となりました。そしてマレーシアのジョホールバルにある第94兵站病院に勤務しました。オマール君はそのジョホールのサルタン（日本でいえば殿様）の親戚の一人でした。昭和17年にお母さんの学校の人たちが病院見学にきました。その中に妹さんも一緒でした。そのことがきっかけでオマール君が病院に来るようになりました。以来オマール君は、私の部屋へよく遊びにくるようになりました。

オマール君はその時16歳。背が高くすらりとしており、顔は面長、鼻は長く、色は白く、なかなかの美男子でした。非常にほがらかで頭の良い人で、その当時もう日本語をかなり上手にしゃべりました。マレーシアの風俗習慣の話や、マレーシアの昔話などをよくしてくれました。その中に「いなばの白うさぎ」とほとんど同じ話があるのに驚きました。

日本の歌もよく知っており、「荒城の月」「やしの実」「よいまち草」などは、大へん気に入っているようでした。そのうち太平洋戦争でガダルカナル攻略がうまくいかず死傷者が多発するので、私共の病院はラバウルに行くことになり、あるスコールのものすごい夕方オマール君の所へお別れに行きました。お母さんは、涙を流して見送ってくれました。オマール君は10歳ちがいでしたが、落ち着いて堂々としていたのを覚えています。

（福田吉穂軍医と16歳のオマール君が出会ったジョホールバルの第94兵站病院は、現在も当時の場所で建物もほぼそのまま、Ｂｅｓａｒ病院として運営されています。元はイギリス軍の病院です。）

私は日本語を教えました　上遠野寛子さん

お手紙をありがとうございました。

オマールさんは背が高く、肌の色は白く目は澄んでいて、東南アジア系の少年とは思えない少年でした。私は日本語教師です。

宿舎には32名の留学生がいました。違った国の学生たちのなかでオマールさんは、だれからも信用されていたのです。それは、オマールさんが国の違いに関係なく、相手を信じたからでしょう。自分に厳しく人に対していたわりを持つ努力をした人でした。人にいやな顔を見せることもなく、不平を言うこともしなかったと思います。自分の意見を持ち、人の話もちゃんと聞く少年でした。その頃（昭和18年、19年）は日本にとって大変な時期でしたが、その学生生活のなかで、さわやかな生き方の印象を残してくれたオマールさんのことを紹介します。

京都でゆっくりお話ししましょう。

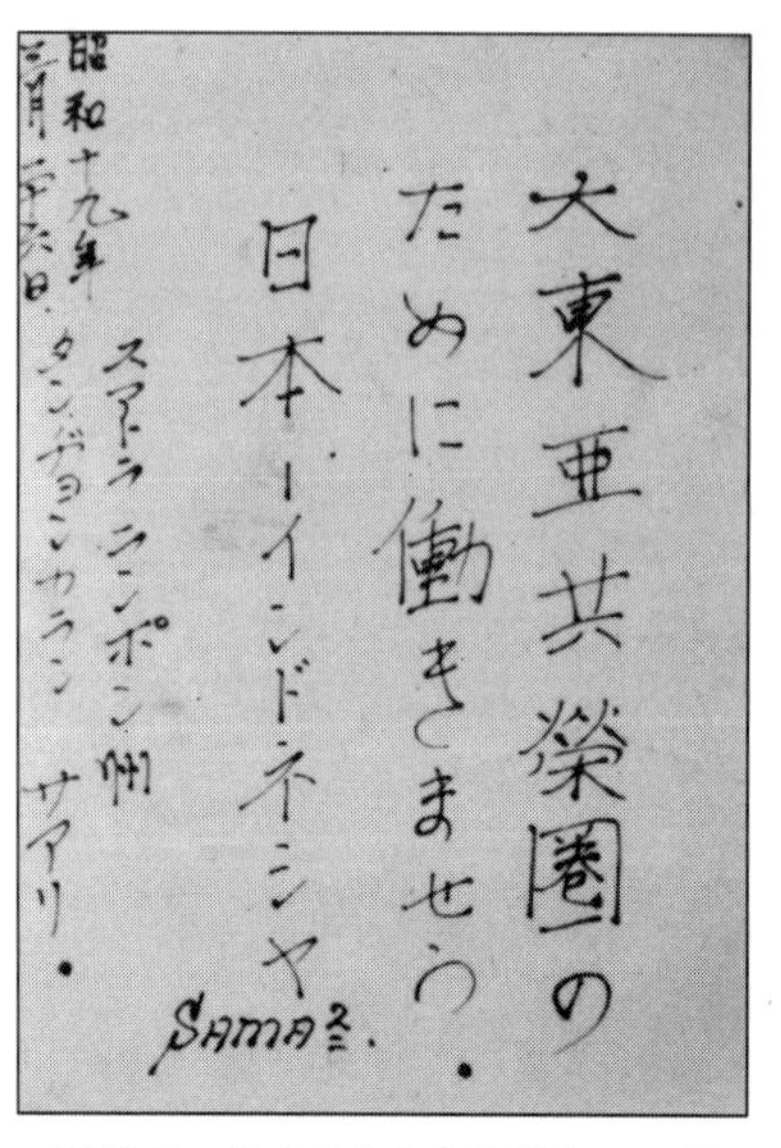

大東亜共榮圏のために働きませう。

日本ーインドネシヤ

SAMAさ.

昭和十九年三月廿六日　スマトラ　ランポン州　タンジョンカラン　サアリ・

留学生の教え子から上遠野さんに届いたハガキ

という手紙と、上遠野さんが執筆された『東南アジアの弟達』という本を送ってこられました。オマールさんを始め、南方特別留学生の写真や手紙などが沢山載った本で驚きました。この手紙の通り、その後本当に上遠野さんが修学院小学校に来られました。

圓光寺で実行委員会の児童と上遠野さんの座談会の様子も紹介します。

児童Q「日本語だけを、教えられたのですか」

上遠野A「いいえ、違います。当時は戦争中で、大東亜省という役所ができていたんですが、そこの方から、東南アジアの学生が来るのだけれど、一緒に住んで日本語を教えると同時に、日本の〝大和だましい〟というか、日本の心みたいなものを、少しでも早く教えて下さい、ということで、頼まれました」
児童Q「オマールさんは、日本が好きでしたか」
上遠野A「ええ、あの人は日本が好きだったと思います。戦時中の疎開先でオマールの死を聞いた時、本当に残念で、とてもくやしい思いがしました」
今度は上遠野さんから実行委員に質問です。
上遠野Q「オマールさんの、どういうところに、興味をもちましたか」
児童A「自分が、ケガをしているのに、他の人に自分のことを何も言わず、他の人を救ったり、手伝ったからすごいと思う」
児童A「自分のことより、他のケガをした人をかばったので、本当にやさしい人やったと思う」
児童A「人を大切にする人だと思う」
児童A「自分もケガをしているのに、20キロメートル以上もはなれた所への、引っ越しを手伝って、すごい人だと思う」
児童A「オマールさんは、勉強もできたみたいだけど、みんなを助けたりもしたから、心の広い人だと思う」
（上遠野さんは、児童の一言一言にうなずいてくださっていました）

京大病院でオマールさんを診察しました　濱島義博さん

サイド・オマールさんはのどの扁桃腺が痛いということで、京大病院の耳鼻咽喉科に来ました。初めて診察した時は、見たところは元気そうでしたが、診察でもう危篤直前の大変悪い状態でした。

しかしオマールさんは、京大病院に入院された原爆症第一号の患者であったのと、その頃は戦後の大混乱の中、京大病院の先生の中で誰一人としてそれまでに原爆症患者さんを見たことがありません。それよりも原爆症という名前すら知らなかった状態でした。だからどういう治療をしたらよいのか、お薬もなければ大変困りました。

そこで京大病院の主だった専門の先生と色々相談した結果、輸血しか方法がないということになって、しかも緊急を要するというので私の血液を輸血したのです。幸いに、わたしの血液とオマールさんの血液がピッタリ合ったためオマールさんは非常によくなったのです。よし私の血で治るかもと考え毎朝晩と大量の輸血をしたのです。

オマールさんの状態が少し良くなった時、思い切って尋ねました。

「日本にさえ来ていなかったらこんな苦しい目にあわなくてすんだのに。君は日本人を恨んでいないか?」

「先生は、毎日僕に血を分けて下さっているでしょう。先生と僕は兄弟です。僕の体の半分はもう日本人です。ドクター、夕焼け小焼けを歌ってくれますか」と言って、手を握り離しませんでした。

亡くなった時は本当に残念でした。医者として無力感で一杯でした。原子爆弾は本当に恐ろしい兵器です。惜しい人を救えませんでした。忘れられない人でした。オマールさんも看病にあたった南方特別留学生の色々な国の留学生も本当に仲が良く、医師も看護師もみんな感心していました。素晴らしい人々でした。

オマールさんと濱島先生（修学院小学校の児童たちが制作した絵本より）

みなさんは本当に良い、生きた学習をしています。オマールさんを忘れないで下さい。

児童文学者　山本真理子さんの手紙

お手紙ありがとうございました。

お送りいただきましたオマールさんの記事に胸が熱くなりました。でも皆さんが、オマールさんのことを学習して下さったことで、オマールさんの死はむだではなくなりました。皆さんに、原爆の非人間性（人間らしくない行為）や平和の尊さを感じとってもらえたからです。

遠い外国で、お父さんお母さん、妹さんにも会えないでオマールさんが、どんな気持ちでなくなられたかを、思いやって下さったのが尊いのです。人間は自分のことだけでなく、他人のことを思いやることができることが尊いのですよ。他人の痛み、悲しみを考えたら、殺し合いなんてできませんよね。戦争は殺し合いなんです。どんな理由があっても、一番大きな犯罪です。

広島へ、修学旅行に行って下さるのですね。ありがとうございます。行かれたら、あの町の土には、20万あまりの人の血が流され、肉や皮が溶けていることを感じてきて下さい。

では質問にお答えしましょう。

児童Q「どうして、広島を書くの」

山本A「死んだ人は、もうなにも話すことができないのです。核戦争の最初の犠牲者にかわって、その人たちといっしょにけがをして血を流した私が、あの時のようすを、あとから生まれてくる人たちに、伝えたいからです。もう、同じあやまちをくりかえしてほしくないのです」

児童Q「どんなことを思って書いているの」

山本Ａ「ひとのいのちは、とても大切なものです。自分のいのちが大切なように、他人のいのちも同じように大切なのですよ。人と人は仲よく、たすけあって生きていくもの。世界中の人間が、仲よくしてほしい。戦争は、けっしてかっこよくないこと、わかってほしいなあ。それを祈って書いています」

児童Ｑ「戦後、一番困ったのは」

山本Ａ「家がなくて、おまけにものもなく9月には台風が来て困りました。防空壕、いなかの物置、牛小屋などに、大勢の人が着るものもなく、食べるものもなく、傷だらけで住んでいましたよ」

（中略）

8月6日の夜。あの、太田川の土手や川原で、息もたえだえの人たちが、

「おかあさーん」

「みず……みず」

「いたいよう」

「さむいよう」

と、よわよわしくつぶやいていたのを、忘れることができません。

広島へ行かれましたら、どうか、私のお話しを思いだして下さい。あの日、お母さんにもあえず、死んでいった人たちにおまいりして、「もうけっして、戦争はしません」と誓ってくださいね。どうも、長い手紙を読んでいただいて、ありがとうございました」

オマールさんと一緒に野宿をしました　栗原明子さん

原子爆弾が投下された次の日の8月7日～14日までの8日間、広島文理科大学（広大）校庭で、一緒に野宿し

た南方特別留学生の名前と国名は次の通りです。

サイド・オマールさん（マライ）
アディル・サガラさん（スマトラ）
ムフマド・タルミジさん（ジャワ）
フギラン・ユソフさん（北ボルネオ）
アブドール・ラザックさん（マライ）
ハッサン・ラハヤさん（スマトラ）
アリツィン・ベイさん（スマトラ）

この他にも二人おられましたが、ニック・ユソフさん（マライ）は、火の中に向かって行き死亡されました。広島市佐伯区五日市にお墓があります。ムスカルナ・サラトラネガラさん（スマトラ）は病気入院中でした。だからこの二人は野宿に入っておられません。

中国から来られた留学生は、朱定裕さんと薫永増さんです。

日本人では、前川リヨさん・繁子さん・幸子さん・時子さん（興南寮持主）の4名は、8月10日頃に親戚の牛田の家に行かれたと思います。他に佐々木千重子さん（現在中村姓）とお母様、千賀さん、高橋明子（現在栗原姓）と母兼子。お母さんたちは、8日から野宿に加わりました。以上17名が校庭及び理学部教室の一部で野宿をしました。これは、学校の特別の計らいだったので一般の被害者の方々は誰もいらっしゃいませんでした。

それでは質問に答えましょう。

広島文理科大学構内で野宿（修学院小学校児童たちが制作した絵本より）

（児童の質問は次のような事項でした。
質問１「野宿生活の間は何を食べていましたか」
質問２「戦後、一番苦労したことは何ですか」
質問３「留学生と別れてからの生活の苦労は」
質問４「野宿していて一番気になったことは」
質問５「オマールさんの病気が分かった時、どんな気持ちになられましたか」
一番最後の質問に対する答えの紹介です。
栗原Ａ「広大の野宿生活の後半くらいから熱がありました。私の母が自分のハンカチで額を冷やしてあげていました。自分があんなにひどい火傷をしていることは何も話されませんでしたし、誰も知りませんでした。とてもガマン強い人なのですね。前川家の引っ越しをだまって大八車を引いて手伝ったり、又疎開先の可部町までお見舞いに行ったりしています。往復30キロはあります。
オマールさんが、東京に行かれる途中の京都で亡くなられたのを知ったのは、ラザックさんが東京国際学友会目黒寮から手紙を下さり、その中に書いてあったからです。とても信じられませんでした。原爆症のことが何一つ分かっていなかったことも、オマールさんを死にいたらしめた原因の一つかもしれませんね。オマールさんに血液をあげ、看取って下さった濱島先生やその他の人々が、献身的に看病して下さったことが唯一の救いです。
せめて、ご家族に見守られての最期だったらと思うと残念でたまりません。民族を問わず、お互いに協力して、共に野宿生活したということを一生忘れることはできません。わずかな食糧をみんなで分け合って食べたこと。私達を勇気づけ、なぐさめて下さった留学生たち。本当ならば、日本人の私達がなぐさめ励ましてあげなければいけませんのに、全く反対でした。

今も心より感謝しています。戦争さえなかったらと今でも思います。戦争は絶対に反対です。

ぼくたちは、きのこ雲の下にいた　永原誠さん　（直接会ってインタビュー）

（5組の実行委員会の人は、オマールさんたちが広島にいる時住んでいた興南寮で、お父さんが、寮の責任者としてお世話をしていらっしゃった、立命館大学の永原誠先生に手紙を書きました。その後永原先生からお電話があって、「直接会って、お話ししたいので、大学の平和ミュージアムへ来てくれませんか」とのことで、実行委員の児童は永原先生に会いに、立命館大学に行きました。

その時のインタビューの様子です。

永原Ａ「お手紙いただいてありがとう。直接会って、僕の話を聞いてもらって、ぼくのわかることがあったら、お答えした方が良くわかるのではないかと思ってきていただきました。

最初に、ぼくの体験をかんたんにお話します。ぼくの名前は永原といいます。広島で被爆体験をしました。被爆した時は、17歳で高校2年生でした。ぼくは広島生まれで家族は7人でした。そのうちの4人（お父さん、お母さん、一番上の妹と一番下の妹）が原爆で死にました。被爆した所は爆心から2・5キロメートル（広島高等学校構内）で、家は1・1キロメートルの所でした。（家は全焼で、何一つ残らなかった。）

オマールさんは、だいたいぼくと同じ年でした。高校ではなくて広島文理科大学（現在の広島大学）の学生で、マレーシアの人でした。ぼくのお父さんは、オマールさんや他の留学生の人たちが住んでいた興南寮の学監（寮の先生）をしていました。だから、ぼくのお父さんは親しかったし、ぼくもオマールさんをよく知っています。というのは、ぼくのお父さんは、ずっと寮に寝泊まりしていたので、週に一度くらい、生活に必要なものを持って行くのが、ぼくの仕事でした。それで時々顔をあわせては、当時は物がなくて、お腹をへらしていたので、互いに、「腹へったなあ」なんて言ってました。

児童Q「オマールさんは広島大学で、何の勉強をしていたのですか?」

永原A「それは覚えていないのです。教育学と言って、学校の制度や組織を勉強する学科にいたのではないか、と言われています」

児童Q「興南寮での思い出は何ですか」

永原A「興南寮は東南アジアの留学生の寮で、15~16人の留学生が一緒に寝泊まりしていました。大きな民家で、二階建てでした。ここの留学生は、日本から南の方の国(マレーシア、インドネシア、フィリピン、ビルマ等)から来ていたので、とてもみんな陽気でした。歌や音楽が大好きで、民族楽器を弾きながら歌ったり、踊って賑やかにしていました。「ラ・サ・サヤンゲ」という歌をよく歌っていましたし、ぼくも教えてもらいました」

児童Q「先生の体験は、どんなものでしたか」

永原A「8月6日8時15分には、高校の校庭で朝礼をしていました。でも学生の数は少なくて、17人くらいでした。他の学生200人くらいは、呉の工場に、大砲の弾をつくりに、寝泊まりで行っていたのでいませんでした。

爆発した瞬間は後ろから光が差し、空や木や目の前の壁が、黄色や緑や桃色のように、何とも言えない色に染まりました。何が起こったのか分からないので、地面に伏せました。次は後から台風の様な爆風が来ました。幸いなことに、ぼくたちの後ろに木造の二階建ての校舎があったので、直接熱線や爆風を受けず、ほとんどの人が、けがもしませんでした。でも大量の放射線をみんな浴びました。目には見えませんが、大変恐ろしいものです。しばらくしてから、防空ごうにみんなで入りました。

10分ほどして外に出ると、空はよく晴れていました。一人の友人が、「上を見てみい」というので見上げると、きのこ雲がぼくたちの頭の上に、もくもくと入道雲のように、広がって来ました。ちょうどきのこ雲を真下から見たことになります。ふしぎなことは、真白な雲の中に、紫、桃色、黄色などの光がポッポッとついたり消えたりしていたことです。

ぼくのお父さんは、留学生のニック・ユソフさんと大学に行く途中で被爆し、熱傷を負った後、原爆の熱によって起きた火事にあって、焼け死にました。この平和ミュージアムで皆さんが見た、ベルトのバックルだけが、ただ一つの形見です。うつ伏せにたおれていたので、お腹の下になって焼けなかったようです。手や足、頭は全部、灰になってしまいました。妹ののぶ子は女学校1年生（12歳）でした。国の命令で大きな道を造るために家屋疎開に動員されて、被爆し死にました。当時の広島に住んでいた中学生や女学生（1年生・2年生、約７０００人）の殆んどが、町の中心で作業をしていて死んでいます。君たちより、一つ年上で死んだのですよ。

児童Q「平和や原爆のことで、小学生として勉強できることあれば教えて下さい」

永原A「一つ目は、原爆が落とされたまでの戦争の話を聞くことです。日本はそれまでに15年間戦争をしています。当時のことを知っておられるおじいさん、おばあさん、またその人たちにお話を聞いたことのある、お父さんお母さんからお話を聞くことから始めてください。

二つ目は、戦争はなぜ起こるのか、また始まったら、なぜすぐに終わらないのか等、戦争の起こるわけや、しくみを、先生やみんなと一緒に、子ども向けに書いた本などがあるので、読むなどして考えてください。今、ぼくが君たちに言いたいことは、これだけです。修学旅行で広島に行ったら広島の街をしっかり見てきて下さい。原爆で何一つ無くなった街が、現在のような大きなにぎやかな街に復活したのは、日本の国が戦後はずっと戦争をしないで、平和を守り続けたからです。

今日は、遠い所をありがとう。気をつけて、修学旅行に行って下さいね」

（永原誠先生は、永らく京都原水爆被災者懇談会の代表世話人をされていました。依頼されて京都の学校で体

験等を話されました）

興南寮前の折り鶴集会　児童作文……興南寮跡「折り鶴集会」

「ここが、オマールさんのいた寮の跡か。もっとなにかあると思ってたのに」と思った。そこには、タイルで作った、東南アジアの地図だけでした。

「折り鶴集会で、誓いの言葉や、歌を唄いました。集会が終わったとき、ぼくはいいことをしたような気持ちになりました。なんでかというと、オマールさんにお礼をしたように思ったからです」

「誓いの言葉や歌が、オマールさんに本当に聞こえたらいいのに」ぼくは、思いました。

花岡俊男さんのお話

みなさんよく来てくれました。広島は、どんなですか。長い旅でつかれましたか。しばらく時間をかしてください。今、紹介がありましたように、わたしは南方特別留学生の方達と、非常に仲良くしておりました。ここが留学生がおりました跡地なのですが、わたしの家もつい近くにありましたし、彼らが学んだ文理科大も、わたしが通っていました研究室の関係から、近所付き合いも学校自体でもしていました。そのような関係からオマール君とは非常に仲が良かったのです。（中略）

オマール君は広島に来た2年目も広島文理科大学に進学した5人の学生の内の一人です。ですからここで原爆を受けたのは、新入生の4人を加えた9人の学生でした。その中で、マレーシアのオマール君とニック・ユソフ君が原爆のため亡くなったのです。

原爆が投下された時、オマール君は寮の中におりました。そしてこの辺りの川の中は、死人やけが人でいっぱいで、埋め尽くされているような状態でした。オマールさんは寮生の被爆後の状況を大学へ連絡しに行き、大学の指示を受けて寮に帰り、寮の消火活動をはじめ、日本人の救助活動をいろいろしたわけです。

戦争中に日本軍がジャワを占領したとか、フィリピンのマニラを占領した時に、その土地に、それぞれの土地でそこの王族とか、大臣とか大統領とかのそこの偉い人の子どもさんを、日本に連れてきたのです。そして「日本で勉強させて偉い人にしてやる」、そして大東亜共栄圏を守ろうということで、連れてきたのです。自分の子弟が日本にいることで、日本にはむかえない。日本軍の言いなりになるというふうなことが、作戦的に考えられたわけです。だから留学生としては、非常に、お気の毒だったわけです。

しかし、15歳から20歳までの、皆さんより少し年上だけの留学生は、一生懸命勉強しました。特にオマール君は、日本語が非常に上手だったんですね。（中略）

オマール君たちが広島に来た頃は、食べる物が十分ではありませんでした。夜は灯火管制のため、真っ暗な中でじっと時を過ごすという、非常に重苦しい毎日を送っていたわけですが、かれらは明るくふるまいました。ここの土手に夜は出てきて、「ラ・サ・サヤンゲ」の歌を歌ったり、フィリピンあたりでは、「ラフィズサヨ」という歌を唄ったり、お互いに民族のその国々の歌をうたいながら踊りもして、一生懸命に明るくつとめた留学生でした。むしろ、わたしたちが留学生に励まされ、なぐさめられた格好でした。実際には、逆でなければならないのです。異国の地に、お父さん、お母さんと別れて、若い子ども、少年が来てるわけですから、わたしたち日本人がなぐ

現在の興南寮跡の記念碑（広島市中区　元安川東岸）

さめてあげなければいけないのに、逆の立場でした。わたしはその気持ちを非常に嬉しく思いました。先ほどから、オマール君のことを思い出しながら、涙がでるようなうれしさと、胸がつかえるような気持ちでいっぱいです。(中略)

ここにある興南寮の跡も、なぜ作ったのかと言いますと、かれらや家族が広島に来た時に、なにもないとね。「かれらの思い出になる学校も、寮の跡もなにもないというのではいけない」ということでつくったのです。みなさんもおわかりのように、このタイルには、東南アジアの地図を表してあるわけです。

「ここは、ぼくの国だ」

「ここが、ぼくの国だ」

といえるように、表している地図なので、今度は国名をいれておこうとおもっています。

以上のことからみなさんに、南方特別留学生の方々が、非常に勇気のある、心豊かな清潔で立派な学生であったということを、ぜひ伝えたいと思います。

来年は広島に留学生が来て、ちょうど50年になります。南方特別留学生の方と家族の人を、広島に招待することを計画し発表しました。オマールさんを知った人がたくさん来られますので、ぜひ京都によってみんなでオマールさんのお墓に参りたいと思っています。もしよかったら、圓光寺のほうでぜひお会いしたいと思っています。

それではみなさん、元気で思い出多い、いい旅にして下さいね。ぜひまた、京都でお会いしたいと思っています。

(この年から4年後の戦後50年の年に、日本政府の招きでお元気であった105名の南方特別留学生が来日しました。1995年の8月7日、花岡さんは約束通り修学院小と圓光寺に数人の留学生を連れて来て下さいました)

「見て下さい。オマールさんの写真です」　中村千重子さん

皆さんこんにちは。みなさんの学校はとても素敵な場所にあるのですね。昨年6月に、初めてオマールさんのお墓にお参りしました。そして日本人の人たちが、はるかマレーシアからこられた（今では飛行機で一飛びですが、戦争中オマールさん達は、日本海軍の駆逐艦に乗って何日もかかって、魚雷をくぐりぬけながら来られたから、私は遠い所という気持ちが今でも消えません）オマールさんのお墓にまいったりお花をささげたりして、本当によかったなあと思っています。（中略）

オマールさんに初めて会ったときは、背の高いやさしい感じのする人でした。言葉は日本語が上手でしたから、お話は普通にできました。オマールさんとお話して感じたことは、日本のことを責めることはなく、今つらいことを考え合って切りぬけて行く、そういうふうに感じました。でも自分の考えはきちんと持っていて、求められたら必ず話す人でした。

特に感心したのは、老人や女性、小さな子どもたちや弱い立場の人には、とてもやさしかったことです。そんなオマールさんを見て、留学生はみんな親切でした。被爆後の広大での野宿では、行方不明のわたしたちの肉親捜しを一緒にしてくれたり、疲れてかえったら、「千重子どうだった。明日またさがそう」と声掛けしてくれました。5人の留学生は率先して係を作り、私や母たちの食べ物もどこかから（配給や炊き出し、学校の畑等）持ってきてくれました。本当に感謝でした。

オマールさんは胸にヤケドをしながら、そのような様子は全く見られなくてドラムかんを探してきて、お風呂をわかして入ったりしている姿が忘れられません。オマールさんは自分の考えをはっきり持った人で、お別れの時「日本はこの様になったけれど、きっと立ち直るでしょう。（私はそれを信じることはできませんでしたが）わたしもマレーシアに帰って国のために働きます。きっとまた広島にみんなに会いに来ます」と約束されました。

おわかれにオマールさんは数枚の写真をくださいました。こんど広島でお会いした時にお話しし、お見せしますね。（この年の修学旅行の時、興南寮の平和集会に栗原明子さんと証言してくださった中村さんは、約束通りオ

マールさんの写真を持って来てくださいました）

全校で取り組む修学旅行「プラスワン」

修学院小学校の修学旅行「オマールさんを訪ねる旅」は少しずつ全校の、児童会ぐるみの行事になっていきました。

５年生の二学期に圓光寺に行き、住職さんからオマールさんのお墓についてお話を聞くことから始まります。４月が修学旅行であったので、５年生の三学期には事前の調べ学習や、手紙を出すなどの活動を始めました。春休みには各班で、旅行のしおりの清書をするという、毎年の日程でした。

広島の興南寮前での平和集会で使うパネルの、折り鶴は全校の人に頼んで折ってもらいました。例えば毎年虹の中に「友情」や「未来」、「平和」、「仲間」などを折り鶴を貼って創るのですが、出発までに完成したパネルを全校児童に紹介し見てもらうのでした。そして全校で歌を唄うのでした。それに今年の取り組みを紹介するのでした。

以上のことを見ている低・中学年の児童は、５年生になったらああいうことが始まり、６年生はああいうことをするのだという、自分なりの高学年観をもったようでした。

マレーシアからの留学生３人組（左／ユソフさん、中／オマールさん、右／ラザックさん）　写真提供　中村千重子さん

そして毎年の高学年の取り組み「プラス1」を児童も教職員も楽しみにしたのでした。ちなみに修学院小学校の「プラス1」は、初年度は「交流カード作りとカード渡し」。次年度は「絵本作り」と「ミニ絵本渡し」、「オマールさんを訪ねる旅」の大型紙芝居。3年目は学習発表会で「オマールさん」の劇と歌「希望をのせて」の発表。4年目は「50年ぶりの同窓会」。1991年8月7日「修小にようこそ留学生の皆さん」、オマールさんのお友達を招いて交流会等。以上が修学旅行の各学年の「プラス1」です。

結果、歌「希望をのせて」は全校生が覚え、30年以上経った今も、歌うことができます。そして児童を通し保護者の人も歌えます。

ようこそ修小へ・オマールさんのお友だち　1995年8月7日「50年ぶりの同窓会」「南方特別留学生と修小児童の交流会」実現

1995年は「戦後50年」として、テレビや新聞で取り上げられており、南方特別留学生のことに注目があるかもと、修学旅行の時に広島の証言を毎年して下さる花岡さんに、留学生の来日の可能性の有無を尋ねました。「可能性は大いにあります。広島市でも数年前から計画もあり、ひょっとしたら国からも要請があるかもと情報があり、楽しみです」とのことでした。思いきって頼んでみました。「その時留学生仲間の方の京都訪問は、無理ですか。圓光寺のオマールさんの墓参と、修学院小学校の訪問と児童との交流はどうですか」「日程的に余裕と調整さえつけば、私は是非実現したいし、留学生達も希望するでしょう」

可能性があることがわかり、その後も花岡氏と連絡を取り合い、圓光寺や京都大学国際交流会館、京都市教職員組合や修学院小学校PTAの理解と協力をもって、8月7日の墓参と修学院小児童との交流が実現したのです。

修学院小学校の体育館の檀上には、「ようこそ修小へ　オマールさんのお友達」の横断幕。6年生全員と教職員が迎えます。広島の興南寮跡に記念碑を建て、平和集会で毎年証言をして下さる花岡さんが先導して、南方特別留学生で広島大学での滞在経験のある4人の元留学生と、広島大学教職員、永原誠先生及び留学生の随行員や関係者など総勢16名の入場でした。

実行委員の司会で進みます。

プログラム

1　お迎えのことば

2　絵本「オマールさんを訪ねる旅」発表

　歌「青い空は」合唱

3　留学生と皆さんへ絵本の贈呈

4　留学生の皆さんからスピーチ（その間に色紙にサインと一言）

5　記念撮影（参加者全員で）

6　留学生の皆さん退場

会場には、広島ＲＣＣのテレビカメラと取材記者も来られ、後日『50年ぶりの同窓会』という番組でＴＢＳ系で全国放送されました。

これは、時の政府が自民党から社会・村山政権下に移り、外務省が戦時中の２０５名のうちの１０５名を探し出し、東京に招いたのでした。広島留学の経験を持つ10人程の留学生は、原爆投下の8月6日に広島の平和記念式典にも出席し、京都に来たのでした。村山政権下で、戦争の加害を顧みる政治体制であったからと言われています。

ラザックさんのスピーチ

交流集会では、児童が手渡した絵本を手に、児童の発表を聞く留学生の目に涙が光ります。スピーチにたった、アブドール・ラザックさんの頬には涙が流れ、言葉が出ませんでした。

書いてくださったサイン入り色紙には、「われわれ、南方特別留学生のように、一生懸命勉強してください」や、「日本の未来はあなた達の手の中にある」、「オマールさんのことを永遠に伝えて下さい」等と書かれていました。永原誠先生からは、「オマールさんの墓守りありがとう。いつまでもつづけてあげてください。オマールさんが忘れられない限り、日本には平和が守られているように思えます」という言葉を書いてくださって、みんなで考えました。

大坪住職さんからのお誘い　「圓光寺オマールさんの会」結成

修学院小学校に勤務し、地域学習で圓光寺の「オマールさんのお墓」に出会って、32年目です。最初にお世話いただいたのは、古賀慶信住職でした。修学院小学校の広島修学旅行は、阪神淡路大震災のため新幹線不通などにより、行き先を変更せざるを得ませんでした。その間もオマールさんの法要は、圓光寺にイスラム式の現在の墓碑を建立した園部家により２００８年まで実施されてきましたが、それ以降は次の大坪慶寛住職により、命日に供養されてきました。修学院小学校の広島修学旅行も２０１４年頃に再開し、６年児童は事前学習として圓光寺を訪れ大坪住職にオマールさんと墓について話を聞いていました。

２０１７年の秋に、圓光寺大坪住職から電話がかかってきました。大坪住職は従来から「被爆南方特別留学生のオマールさんのことを、悲惨な過去の出来事にするのではなく、若い人たちにつないでいくことが必要で、オマールさんの墓を学校や地域で語り継ぐ、市民の会などつくりませんか」という内容でした。「最近の世の中のきな臭さも気になるんです」

全く同感の思いでした。広島行修学旅行を再開した修学院小に協力し応援したい気持ちが大きかったので、大坪住職のお誘いは、本当に有難かったです。
圓光寺に会の事務局を置くことも、定例の事務局会議を寺の大広間ですることも構わないとのことでした。条件はそろっています。修学院小学校の教職員仲間や保護者、南方特別留学生に関心のある方やマスコミ、広島や京都の平和運動や活動の先輩や教職員組合等に相談し、市民団体「圓光寺に眠る被爆南方特別留学生サイド・オマールさんを語り継ぐ会」（通称・圓光寺オマールさんの会）の準備会を結成しました。

そして２０１９年8月20日に結成式とオマールさんの足跡を紹介する展示会のオープニング集会が持たれました。冒頭の挨拶で、「平和のありがたさや、命の尊さが希薄になっているが、その大切さを将来に繋げていくことが必要ではないか」という大坪住職の言葉が参加者の共感を得ました。9月3日の法要までの展示会参加者は、延べ５００人にのぼり、法要にも約80人の参加がありました。

戦後75年に当たる２０２０年には、新型コロナ禍の中、人数制限をしつつ10月20日に会主催の「オマールさんの足跡を辿る旅ＩＮ京都」を実施しました。制限人数一杯の参加者で、広島大留学直前の約1ヶ月滞在した三条小橋の「吉岡旅館」や、京大病院で亡くなった後、多くの人の協力でイスラム教の教えに従って埋葬された、京都市営の大日山墓地など5ヶ所を一日かけて辿りました。

とくに、オマールさんが京大病院で亡くなった後、「二十四時間以内日没までに大地に葬る」というイスラムの教えに従うべく、墓地を必死に捜す京大留学

「圓光寺オマールさんの会」結成のつどい（2019年8月20日）

生の願いに応え奔走した、日本基督教団北白川教会の奥田成孝牧師を知る方の証言を聴くことができました。北白川教会も訪れ、奥田牧師の写真や日記も拝見したのです。オマールさんの最初の埋葬地は京都市営大日山（だいにちざん）墓地です。

核兵器禁止条約発効の２０２１年も新型コロナ禍の下、「第40回京都平和のための戦争展」に参加し、展示とＤＶＤ上映、大型紙芝居の読み聞かせをしました。

９月３日の法要に約30人が参加し、広島市立大学のヌルハイザル・アザム氏がイスラム式の祈りと、マレーシアへ法要の様子を初めてライブ配信をすることができました。

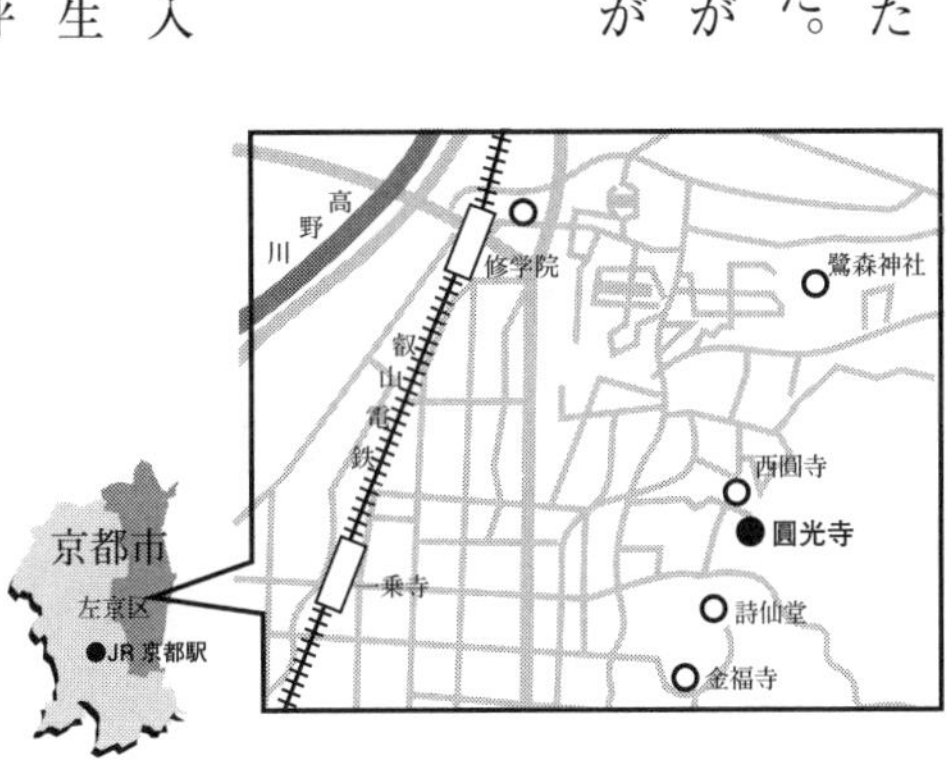

瑞巌山　圓光寺
京都市左京区一乗寺小谷町13

「南方特別留学生」について

最後に「南方特別留学生」について簡単に記します。

東条内閣が外務省の反対を押し切って設立した「大東亜省」が留学生の受け入れにあたり１９４３年（昭和18年）に第一期生１０４人と、１９４４年の二期生１０１人がいたといわれ、この一期、二期の青年たちが「南方特別留学生」と呼ばれたそうです。

出身階層は、王族の子弟（オマールさんは、ジョホール州のサルタンの一族）や、当時の東南アジア軍政下の現地政府高官の子弟などで、最年少は15歳、年長でも20歳過ぎであったそうです。東京の国際学友会日本語学校で日本語を半年ほど勉強した後、全国の学校へ別れていったそうです。

合計２０５名の内、オマールさんとユソフさんを含む４名が日本で死亡し、帰国できませんでした。

（了）

ナガサキ編

1 山本イソ子

やっとたどりついた今の幸福

お話＝2017年4月7日

私は昭和2年（1927年）4月15日の生まれで、今年90歳になります。長崎県の壱岐で生まれ、育ちました。小学校の高等科を卒業した後、地元の裁縫学校に2年ほど通いました。でもあの頃は裁縫学校と言っても草履を作ったり、長刀の稽古をさせられたりばかりで、ほとんど裁縫を習うようなことはありませんでした。昭和18年の4月に挺身隊となって動員され、長崎市・浦上の三菱兵器大橋工場で働くことになりました。学校を卒業してまだ1週間しか経っていない、16歳の時でした。あの時、同じ壱岐から一緒に挺身隊に行ったのは10人ぐらいだったと思います。

私たち挺身隊というのは、普通の工員さんよりちょっと格が上というような扱いでした。でも工場でやっていたことは、小さな金属を一つずつやすりで削って、マイクロで測って、検査を受けて、というようなことばかりの繰り返しでした。何か精密機械の部品のような物を作らされていたらしいのですが、何を作っているのかは最後まで一切教えられませんでした。

私たちは爆心地から1・8キロメートルほど北の住吉町にあった三菱兵器住吉女子寮に住まわされていました。住吉寮と大橋工場との間はかなりの距離でしたが、私たちは毎日歩いて通いました。工場と寮との間を行ったり来たりするだけの毎日です。工場と寮との間にうどん屋さんが一軒だけありました。でも行ってみたら売り切れになっていることもよくありました。

大橋工場に配属されて2年以上になりましたが、長崎の街中にはほとんど行ったことがありません。ですから長崎のことは何も知らずじまいでした。空襲を警戒して上司の人が私たちをできるだけ外出させないようにしていたせいもありました。青春時代というようなものではなく、ただただ無我夢中に働くだけの毎日でした。そして挙句に戦争に負けたのです。

私が長崎の住吉女子寮にいる頃、血を吐いて市民病院に2ヶ月ほど入院したことがあります。肺結核でした。とても心細くて毎晩毎晩泣いていたことを思い出します。

私が長崎に来た少し後に、私の父も徴用で引っ張られて長崎に来ました。父は元々は壱岐で漁師をしていたのですが、長崎に来て三菱の造船所で働かされていました。

父は月に1～2度、浦上の工場にいる私を訪ねて来てくれました。いつもコッペパンを持ってきてくれて、一緒に食べました。そういう時だけがゆっくりと親子で顔を合わせて話のできる時でした。私は6人兄弟姉妹でしたが、私の実の母と父の間にできた子は長女の私一人だけで、後の5人はみんな二人目の母の子でした。そんなことから父は私のことがとても可愛かったのだと思います。

昭和20年（1945年）8月9日、長崎に原爆が落とされた時、私は18歳でした。私たちは工場の中で仕事をしていました。あの時のことはもうよく憶えていないのですが、とにかく落ちた時にはすぐに机の下に潜り込んで、しばらくして近くにあった工場内の防空壕に避難させられました。その時の私は足にちょっとした傷を負っただけで、幸いにも大きな怪我や火傷をすることはありませんでした。でもあの時の恐怖は大変なもので、壱岐から一緒に来た者同士が寄り集まって、「死ぬ時は一緒に死のうね」と言い合ったりしていました。

父はあの日、船の上で作業をしていて原爆の光を浴びたと言っていました。その後、浦上の私のいる工場まで探しに来てくれたりしました。

戦争が終わって、工場も閉鎖になって、遠くから来ている人から順に帰れということになりました。故郷の壱岐にいる母は私にとって二人目の母親だったような事情もあったので、私は壱岐には帰らず、そのまま友だちを頼って福岡に行きました。福岡で『おたふくわた』というお布団の会社で働くことになりました。そこでは布団の縫製の担当をしていました。

昭和25年（1950年）、私が23歳の時に結婚することになりました。相手は親の決めた人で、それまで一度も言葉を交わしたこともないような人との結婚でした。当時は炭鉱産業が盛んな頃で夫となる人も神戸から来て炭鉱の仕事をしている人でした。

結婚して福岡県の宇美町で暮らすことになりました。私は一組の布団と行李一つだけを持って嫁いだのです。結婚の時、夫には私が被爆していることは内緒にしていました。結婚した翌年の昭和26年（1951年）に長女が生まれ、さらに2年後の昭和28年（1953年）に次女が生まれています。

宇美町では5年ほど暮らしていて、その後、長崎の香焼に少しだけいて、さらに今度は対馬に移り住みました。そこでも夫はずーっと炭鉱の仕事をしていました。長男は昭和31年、対馬

三菱兵器製作所住吉寮の被災写真
小川虎彦氏・撮影 長崎原爆資料館所蔵

で暮らしている時に生まれています。息子が小学校1年生になってから、私も保育所の給食の仕事などをして働きに出るようになりました。

対馬には20年ばかり暮らしていたことになります。

私の父は昭和29年（１９５４年）に亡くなりました。体中に紫の斑点ができたままの最期でした。まだ原爆手帳などない頃の時代でした。

やがて炭鉱産業が斜陽期を迎え、私たちもその影響を受けることになり、夫の知り合いの人の紹介で京都に移り住むことになったのです。京都に来たのが昭和48年（１９７３年）でした。夫は京都で、それまでの炭鉱の仕事の経験を生かして、ボーリングや地質調査を行う会社に勤めました。

新しい土地に馴れないせいもあったのか、私は京都に来てから入退院を繰り返しました。胃潰瘍で吐血したことも、リウマチで苦しんだことも、脳出血も経験しました。病名がはっきり分からず、日赤病院で精密検査するために入院したことも度々ありました。

京都に来てもう40年以上、今はすっかり京都の人になってしまいました。食べる物もなく、いろんな物がない中で、苦労をしながら子どもを3人も育ててきました。子どもを育ててきた苦労の思い出は、原爆を体験したことと共に一生忘れることができません。

夫は４年前の平成25年（２０１３年）に亡くなりました。92歳でした。長い間炭鉱の仕事をしてきた人ですから肺を悪くしているのではないかと心配しましたが、本人は結局最後まで一度も検査を受けることはしませんでした。

私が原爆に遭っているので、娘や息子たちのことでいろんな心配もしてきました。でも、長女が「強く産んでくれてありがとう」と言ってくれたことがあり、あの時ほど嬉しく思ったり、ほっとしたことはありませんでした。

私もこの頃はどうにか元気を取り戻し、少しは自分も幸せだなあと思えるようになってきました。苦労したけど今は幸福です。幸福の時間の方が短かったですけど。

嬉しかったことは、昔長崎で同じ工場にいた人たちがたどりたどって京都の私の家まで訪ねてきてくれた時のことです。もう何年も前のことですけど。どんなに嬉しかったことか。いろんな話に耽りました。それ以来文通したり、電話で話したりしてきましたが、二度と原爆がないようにと祈らずにはおられません。

亡くなっていった人たちの冥福をお祈りすると共に、私たちは少しでも長生きして毎日を健康に注意して有意義に過ごそうと思っています。

2 尾畑 正勝

平和のために核兵器廃絶を訴え続けてきた

お話＝２０１７年11月６日

戦乱に明け暮れた時代

私は大正６年（１９１７年）の生まれで、今年（２０１７年）の12月15日で満１００歳になります。私が育った昭和の初期は戦乱に明け暮れた時代でした。昭和６年の満州事変から始まり、翌年の上海事変、昭和12年７月に始まった日中事変から第二次世界大戦となり、昭和20年（１９４５年）８月15日まで戦争が続いたのです。

私は飽浦（あくのうら）尋常高等小学校（現在の長崎市立飽浦小学校）を卒業して、経理学校に１年ほど通い、昭和９年（１９３４年）、16歳の時に三菱造船所で働き始めました。私の父が同じ職場で働いていたので、その勧めによるものでした。

満州の軍隊生活

三菱造船所で４年働いた後、昭和13年（１９３８年）、20歳になった時に徴兵検査で甲種合格しました。その年の秋に、長崎市の職員から「翌年の３月16日に奉天満州リ部隊に入隊すべし」と書いた文書を受け取りました。そして３月９日までに広島の西練兵場に集合するよう命令が届いたのです。汽車で広島に向かい、広島からは輸送船に二晩揺られて旧満州（現在の中国東北部）の大連に行き、そこからは貨物列車に雑魚寝して奉天（現在の瀋陽）に着きました。

私の配属先は奉天独立守備隊第一大隊第四中隊でした。敬礼の仕方、駆け足、実弾射撃などの基礎訓練が繰り返され、「敬礼が悪い」などと言ってよく怒られたり叩かれたりしました。東北地方から一年先に入隊していた自分よりも若い「先輩兵」から、「お前たちは九州男児って威張るな」と、八つ当たりされたものです。

奉天の独立守備歩兵第一大隊の頃

その後、関東軍無線教育隊で研修を受け、モールス信号の打ち方、暗号の組み立て・解読などを学びました。無線教育隊で半年ほど過ごした後、昭和14年12月にいったん元の部隊に戻り、半月もせずにまた別の部隊に通信兵として派遣されました。そこは日本側が「匪賊」と呼んでいた抗日ゲリラを討伐するための部隊でした。1個中隊を二つに分けて、50～60人で、現地の警察隊と一緒に山中を捜し回りました。しかし実際に「匪賊」と遭遇したことはありませんでした。

軍隊の行動を除くと旧満州での生活はなかなかいいものでした。南満州鉄道はただで乗れるし、床屋に行ったら耳垢まで取ってくれるしと。馬賊こそ見たことはありませんでしたが、編んだ髪を背中に垂らした現地の男性はよく見かけました。最初の部隊にいる時一度だけ戦闘がありましたが危険な目に遭うほどのことはありませんでした。

そんな満州での生活を続けていたのですが、両親から日本に帰れとしきりに手紙が来てしぶしぶ長崎に戻ることになりました。

あの当時、日本が負けるなんて誰も思っていませんでしたよ。ですが、結果的に私は戻ってよかったのです。

三菱造船幸町工場

昭和17年（1942年）5月に帰国し、また元の職場の三菱造船所に勤めることになりました。あの頃は仕事が終わった後、好きな映画を観に行くのがとても楽しみでした。銀幕には勇ましい戦争ものがたくさん映し出されていました。ただ、それも昭和18年頃までです。戦況が厳しくなってくると、残業や徹夜が増えてきて、定時で帰れることなどはほとんどなくなっていきました。

昭和17年の秋に勤め先が三菱造船の幸町工場に変わりました。幸町工場は爆心地から1・5キロほどの距離の所です。ここでは兵器の部品作りが主な仕事でした。当時はまだ米軍の空襲はなく、兵器産業に携わる私たちの作業も順調に進んでいました。しかし、仕事量が多くなって、毎日が徹夜や夜勤交代ばかり、そうしないとこなせないほどの仕事の量になっていました。

昭和19年（1944年）からは人手不足を補うため旧制の各専門学校、中学校、女学校からたくさんの生徒たちが学徒報国隊としてやって来ました。その年の終わり頃には強制連行された朝鮮の人たちも40～50人ほどやって来ました。

私が勤めていた幸町工場の一角には俘虜収容所がありましたが、そこにどれくらいの人たちがいたのかは知りませんでした。

この頃、米は配給制でしたけど、ほとんど手には入りませんでした。日本語の話せる朝鮮人の一人がよく話しかけてきました。「戦争が終わったら、朝鮮に帰って、おいしい朝鮮米を腹いっぱい食べたい」と言っていたのを印象深く覚えています。

その内、次第に食べ物がなくなり、衣類がなくなり、履物もなくなっていきました。靴もなくなったので、どうしようもなくて、私たちは工場でも下駄履きで仕事をするようになっていきました。

私は母の実家の畑を借りて、春はジャガイモ、秋はサツマイモを育てていました。おかげでそれほどひもじい思いをすることはありませんでした。昼飯は弁当持参でしたが、残業の時には食事が出ました。大豆の搾りかすが混ぜられたご飯に、おかずが1品か2品ついているだけのものでした。

戦況の悪化とともに

初めの頃は日本の戦況もよかったのですが、だんだんと資材不足と物資不足とで工業生産の遅れが目立つようになっていきました。米軍が攻勢に転じるようになると、南太平洋にある日本の島々は次々と占領され、それを基地とされて、昭和20年（１９４５年）に入ると東京、大阪、名古屋、福岡などの工業地帯が空襲を受けるようになりました。各都市が空襲を受けていても、長崎は米軍機が西方向の山の上を素通りして北進していきました。

間もなくすると大村の航空廠が爆撃を受けて、炸裂する音がわずかですが聞こえてきたりするようになりました。そしてそんなことが度々続くようになりました。

昭和20年4月には遂に長崎市も空襲を受け、多数の死傷者を出しました。6月には沖縄が占領されました。7月の末には三菱造船所幸町工場の裏手を流れる浦上川にも爆弾が落とされました。その時一帯は黒煙でしばらくは何も見えないほどで、煙が消えると、川にはたくさんの魚が浮いていました。その魚を船で捕ろうとする人もいて、怖さよりもひもじさが勝っていたような時代でした。

この頃から「いよいよ長崎もやられるばいなあ」と思うようになりました。私の家は三菱の工場に近いので家族のことをいつも心配するようになっていました。

8月9日午前11時2分

8月8日には、私たちの間にも「広島が一発の爆弾で全滅した」との噂が入ってきました。原子爆弾だとはもちろん誰も知りません。私は7年前、兵役で満州に行く途中広島に立ち寄っています。長崎とは違って平野が広がり、大きな街並みだった印象が残っていました。あの広島が「一発で全滅するごたっ（全滅するような）爆弾があるもんか」と、とても信じることはできませんでした。

この原子爆弾が翌9日、長崎に投下されようとは誰が予想したでしょうか。

その日、8月9日はいつものように出勤していました。同僚の工員と「今日も空襲があっとやろか」「警報が鳴るやろか」と話しながら、いつものように艦艇のプロペラの穴開け作業をしていました。しばらくして警戒警報の長いサイレンが鳴り響きました。警戒警報は空襲警報に変わって、報国隊と女子挺身隊は工場外の井樋の口の小高い丘に掘ってある防空壕に避難しました。私は「どがんしようか」と迷いましたけど、工場に残ることにしました。

しかしいつまでたっても敵機は来ません。やがて空襲警報は解除され、11時頃になって、「あと1時間したら昼休みたい」とふかしたジャガイモの弁当を楽しみにしながら、また作業を続けていました。

11時を過ぎた時、突然、東の方がピカッと光りました。目の前が青っ白くなるものすごい閃光でした。とっさには、九州電力の変電所の事故かと思いました。しかしあまりの光の強さに「なんか、大変なことが起きたばい」と思い、とっさに地面に伏せました。直後にドーンとにぶい音が響いて、工場のスレート屋根や壁が砕け、粉々になってばらばらと私の頭、背中、足の上に落ちてきました。瞬間、「このまま死ぬんじゃないか」と思いました。同時に、妻や生後間もない長女のことが気になりました。「家は大丈夫やろか」と。

防空壕の被災者たち

1分ぐらい経って、起き上ってみると、工場の屋根はすっかりなくなっていて、空が丸見えでした。壁もなくなっていました。工場の外も丸見えで、周囲の家々はみんな吹き飛んでなくなっていました。工場のモーター音も止まって、あたりはやけに静かでした。

しばらくそのままにしていましたが、立ち上がっていいのか、そのままでいた方がいいのか迷いました。また次の攻撃があるかもしれないと不安な気持ちになって、起き上ってゆっくりと周囲を見渡しました。今まで近くで仕事をしていた仲間は一人も見えません。工場の屋根、外壁のトタンはみな吹き飛ばされて、ただ鉄柱と器械だけが残って、小さな工具類があちこちに飛び散っていました。

このままここにいてはまた後が危ないと思い、早く外の防空壕に行こうとしました。するとどこにいたのか富永さんという工員が私を見つけて、「早く外に行こう」と言ってくれました。その人と一緒に外に向かって駆け出しました。スレート瓦とか小さな何か分からないものが地面いっぱいに飛び散っていました。その上、私たちが履いているのは靴ではなく手作りの下駄です。なかなか思うようには走れませんでした。外に出る時に見た、工場の正門近くの総合事務所や守衛室の木造家屋などはぺしゃんこにつぶれていました。

防空壕に着いてみると、もういっぱいの人が避難して来ていて、中は真っ暗でした。奥の方でうめき声がし、私が入ろうとすると痛い痛いと叫ぶ声がします。暗いので、どんな人がいるのか分かりませんでしたが、大怪我、大火傷の人たちばかりのようでした。うめき声が、あちこちの防空壕から聞こえていました。

防空壕に着いて一番先に気づいたのは同じ工場の同年の江口君と、2歳年上の中山さんでした。この二人は警戒警報発令と共に学徒報国隊を連れて防空壕に来ていたのです。警報は出たけど空襲はなかったので、しかもあまりに暑いので上半身裸のまま外に出ていました。そこへ原爆を受けたものですから、チリ紙のような薄い皮膚がぺろっとむけて垂れ下がっていました。皮膚の下の牛肉の赤身のような肉がむき出しになっているのです。顔、身体一面に、露出した部分は腫れ上がっていました。彼が私に「俺は、どうかなっとらんか」と尋ねてくるのですが、私もどう言っていいのやら困りました。「えらい体の腫れとっねえ」と言ってやるのがやっとでした。その後この二人は、2~3日後に亡くなったと聞きました。

一瞬にして浦上地域一帯は一面の焼け野原となったのですから、私たちは何をどうすればいいのか戸惑うばかりで、ただうろうろするばかりでした。そうしていると誰言うとなく、怪我をした人は大学病院に行けということになって、何人かで行きかけました。ところが、先の方から大学病院も燃えているぞと言ってきましたので、また元の所をうろうろするばかりでした。

この防空壕の目の前に三菱病院の分院がありました。勤務する外科医の福田先生も来合わせていて、まだ火は出ていなかったので、3、4人の人たちと薬を取りに行きました。中身もよく分らぬまま手当たり次第に薬を取ってきました。その薬もすぐになくなり、もう一度行こうとしましたが、瞬く間に火が燃え広がるようになり、結局二度とは行くことができませんでした。

幸町工場には鋳物工場があって、長崎刑務所から何十人かの

銭座国民学校付近上空から三菱造船幸町工場方面を望む。(米軍撮影:長崎原爆資料館所蔵)

囚人が来て仕事をしていました。その囚人の多くも原爆のため亡くなりました。井樋の口の聖徳寺上り口の所で、看守が原爆で大怪我をしていました。囚人の方は怪我もなく元気だったので看守の看病をしていました。あのどさくさでの中で、囚人は逃げようと思えば逃げられたのでしょうけど、看守はうわ言のように逃げるなよ、逃げるなよと何回も言っていたそうです。

その近くでは、倒れずに残った電柱が瞬く間に燃え出し、周りも火の手が強くなっていきました。

浦上川を渡り切って家にたどり着く

このままここにいては火災が燃え広がって自宅に帰れなくなります。私の家の近くの三菱の飽の浦寮から通っていた少年工が「寮に帰りたい」と言い出したので、同じ方向だし、一緒に飽の浦方向に向かうことにしました。もう一人も加わって3人一緒になって、半壊した兵器工場の中を走り抜け裏手の浦上川に出ました。ちょうど干潮だったので、製材所のいかだの上に乗って浦上川を渡りました。

くすぶっている箇所を飛び越えながら竹の久保に渡り切り、稲佐の商店街を通って稲佐公園に出ました。このあたりも家とか建物はつぶれていました。太陽の熱と、瓦の焼けた熱で足がとても熱く小走りで通り抜けました。稲佐山の中腹から飽の浦の上の方に出て、途中で2人と別れて、私はやっと我が家に帰り着きました。

家についてほっとしたら、背中がひどく痛みました。腰のあたりに切り傷がありましたが、他に怪我はあり

三菱造船幸町工場（米軍撮影：長崎原爆資料館所蔵）

ませんでした。奇跡的に軽傷で済んでいたのです。

私が家に帰るまでは、浦上は全滅だから、もし私が今夜帰らなかったら「明日は探しに行かんばよ」と母が私の妻に話していたそうです。妻に湯で背中を洗ってもらったのですが、怪我をしているので背中がひりひりしてたまりませんでした。

我が家は四間ほどある家でしたが、その内の一間の床が落ち、東と北向きの方角はガラスが全部吹き飛ばされていました。

私が家に帰り着いた後、浦上方面では何かが大音響とともに爆発していました。

身近な人たちの安否

翌日の早朝、母は大橋にいる母の妹（私の叔母）一家のことが心配になり、福田にいる義妹と一緒に出かけていきました。大橋は爆心地近くですから叔母の家は棟続きの馬小屋と共に倒壊し、焼けてしまって何も残っていなかったと言っていました。でも叔母たちは子どもたちを連れて岩屋山の近くに避難して無事でした。家に取り残されていた者が使用人と共に7、8人ほど亡くなったと言っていました。商売用だった馬も多数焼け死んでいたそうです。

8月の末頃になって私も叔母の家があった一帯を見に行きました。その頃は浦上地区より北はほとんどが田畑でした。今とは随分状況が違って人家は少ないところでした。だから広島に落とされた原爆より長崎の方が威力は強かったのに、被害は長崎の方が少なかったのです。そういうことを長崎の人でも知らない人がいるんですね。

私のすぐ下の妹は三菱電機に勤めていて、原爆が落とされた日は家に帰ってきませんでした。みんな心配しましたが、翌日帰ってきて無事を喜び合いました。

当時の私の家族は、私の両親、私と妻、それに私のまだ零歳の長女、そして私の妹3人と弟の9人でした。その内私の父は広島の三菱造船所に転勤していました。8月6日、広島で原爆に遭ったのですが、工場からは離れた寮にいて無事でした。私の弟は軍隊で南方方面に行っていました。ですから長崎の我が家に残っていたのは私も含めて7人で、男は私一人でした。その家族は、私が怪我をしたぐらいで皆無事でした。私の怪我もたいしたことなく日が経つにつれて良くなっていきました。

同じ職場に同じ年の永田君という人がいましたが、夜勤明けで現在の岩見町あたりの家に帰って寝ていたところに原爆を受け死んだと聞きました。私の家の向かいのご主人は、私と同じ幸町工場で女子挺身隊を指導していて被爆し、その日は帰らず、3日ほどして帰ってこられました。怪我をした女子挺身隊の人を諫早方面まで連れて行ったり、救護活動をされていたそうです。見たところどこも悪くない様子でしたが、その後病気になられ、奥さんの実家がある佐賀県の鹿島に養生に行って、その地で亡くなられました。

私の家の下の方にあった御厨さんという家のご主人は浜口町にあった三菱青年学校の指導員をしておられた人ですが、どこで原爆に遭い、どこで亡くなったのかいまだに分からないままになっています。

私は、まだ戦争は続くだろうと考え、家に帰った翌日から自宅近くで防空壕を掘り始めました。8月15日、その日も汗を流しながら防空壕を掘っていた私に見知らぬ男性が声をかけてきました。「戦争はもう終わったですよ」と。思わず聞き返しました。「どっちが勝ったんですか」。男性は、「もちろん、日本が負けたんですよ」と答えました。私は「まだ日本が勝つかもわからん」と思っていたのです。もうがっかりでしたね。

数日後、自治会長から「アメリカ軍が来て、女子どもはどうなるかわからんから避難させろ」と言われました。私は妻と零歳の長女を連れて、妻の親戚のある森山町（現・諫早市）まで歩いて避難しました。

平和運動、語り部の活動にとりくむ

戦後私は三菱造船所で労働組合活動にのめりこみました。一つの課の400人くらいの職場の組合の責任者になっていて、賃金アップを求めるデモなどではいつも先頭に立ってきました。そのことが原因で、昭和25年（1950年）に突然クビを言い渡され、解雇されてしまいました。母親からはボロクソに言われました。父親は三菱造船の内情をよく知っていましたから何も言いませんでした。私は何も悪いことはしとらん、人を困らせるようなこともしとらん、という強い気持ちがありましたので何も悪びれることはありませんでした。

ただその後は苦労の連続でした。漁船に乗ったり、鉄工所に勤めたりして家族の生活を支えていきました。

昭和56年（1981年）、64歳になった時に仕事を辞めました。そしてその年から平和運動に本格的に関わるようになりました。よその国が核実験をすると、その度に平和公園での座り込みなどにも加わってきました。

私が原爆に遭ったのは27歳の時です。あの年の夏のことを覚えている限り、自分こそが伝えなければならない。そういう思いで語り部も今日まで続けてきました。長崎を訪れる修学旅行生やいろんな人たちに体験を語ってきました。日中は被爆地巡りをし、夜は宿泊先のホテルや旅館に赴いて原爆や平和のことを話してきました。

あの時、幸町工場周辺の防空壕近くをさまよっていた人たちは、はたしてどれだけの人が生き残ったのでしょ

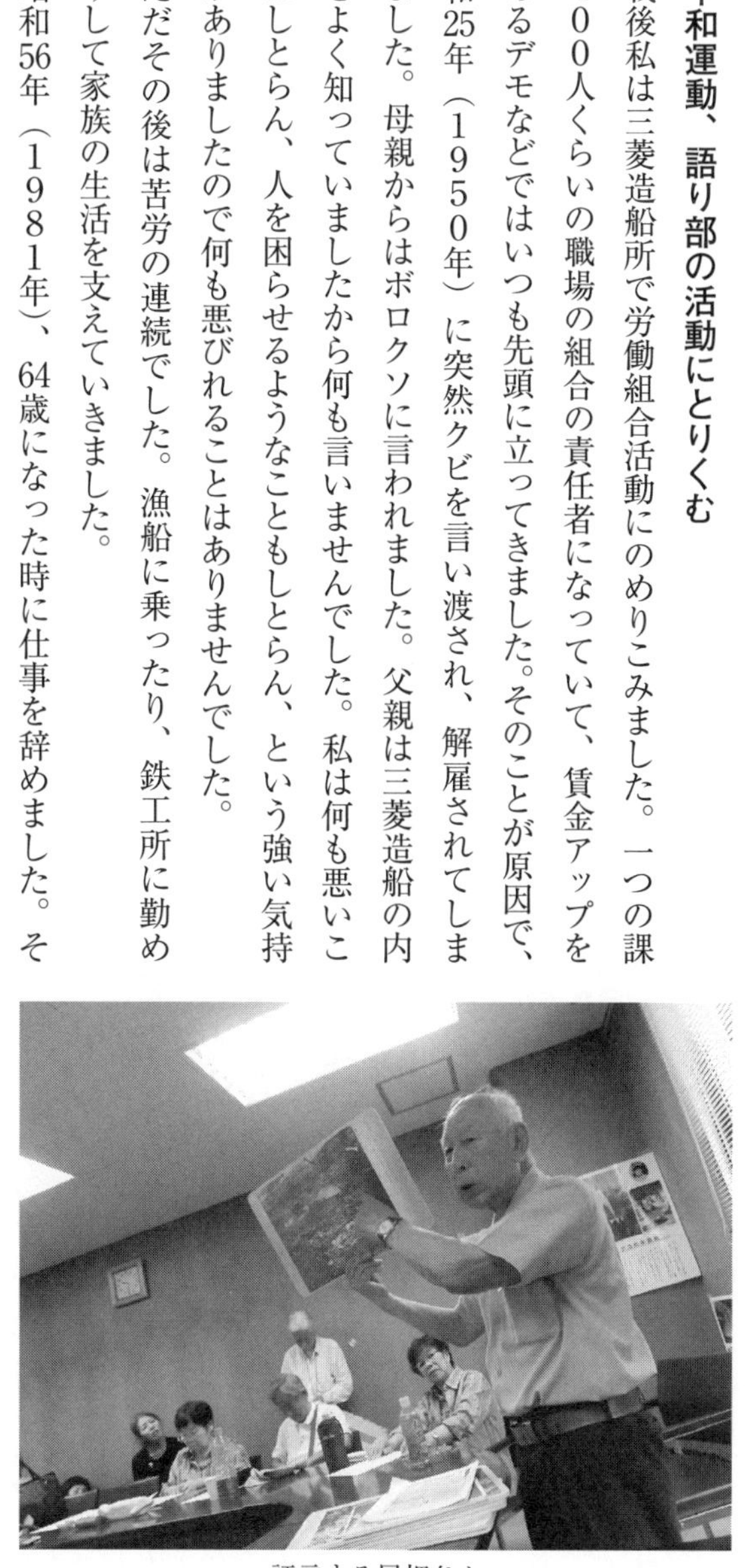

証言する尾畑さん

うか。長い年月の経った今、長崎の街は当時の惨状を見ることができないほど復興し発展していますが、今なお原爆後遺症のために毎年多くの被爆者が亡くなっています。長崎では昭和20年末までに7万4千人、広島では14万人の人々が亡くなったと聞きました。

被爆者もだんだんと年を取り高齢化しています。語り部の運動をしている人の年齢を見ても高齢の方々ばかりです。比較的若い被爆者はほとんど運動に参加しておりませんし、やがては被爆者は一人もいなくなります。生ある内にまだまだ若い人たちに原爆の実相を語り、平和の尊さを後世へ伝えていきたいと思います。そうして、日本だけではなく全世界の人々と共に核兵器のない平和な世界を作るために努力を続けていきたいと思っています。

今年、ＩＣＡＮ（核兵器廃絶国際キャンペーン）にノーベル平和賞が贈られることになりました。とても嬉しかったです。そして、今まで私たちのやってきた平和運動が、ほんの一部の核保有国を除いて、世界に認められたのだと思いました。

ノーベル平和賞のことも励みにして、これからもずっと平和運動を続けていくつもりです。

3 木之下フジノ

長崎は私の白衣生活の原点

お話＝2018年12月16日

弟に背中を押されて

私は昭和2年（1927年）10月15日生まれで、今年91歳になります。原爆が落とされた時、私は17歳、三菱長崎造船所の病院の看護学校の2年生でした。あの当時の、看護学校で一緒だったクラスメイトはもうみんな亡くなってしまって、今は私一人。看護学校の生徒たちがどんな体験をしたか、そのことを話せるのも私だけになってしまいました。

私の父は軍人でしたが、私が5歳か6歳の頃に既に亡くなっていました。残された母が一人で私たち7人の兄弟姉妹を育てて暮らしていました。ただ、長兄は士官学校の学生の時に病死していて、私が看護学校に行く頃にはもういませんでした。次兄は兵隊としてニューギニアの戦地に出兵し、終戦後も還ってくることはありませんでした。最近になって分かったことですが、次兄はあの漫画家の水木しげるさんと同じ部隊にいたようなのです。三兄は特攻隊員として霞ケ浦飛行場にいましたが、出撃する前に終戦となり無事還ってくることができました。四兄も通信兵となって宇都宮にいましたが、彼も戦争が終わって無事帰還することができました。その下が私で、私の下には旧制の県立瓊浦（けいほ）中学校に行っている弟と、市立高等女学校生の妹がいました。

左から母、母の兄（伯父）、長兄、父

私の弟は木之下登と言いまして、同じ京都に住んでいて、2年前に亡くなったのですが、彼も長崎で悲惨な被爆体験をした一人です。弟は当時学徒動員で三菱兵器製作所に通っていましたが、8月9日は昼夜二交代制勤務の非番の日になっていて飽の浦町の自宅で待機していました。そのお陰で一命を取り留めることができました。この日学校に登校していた級友や工場に動員されていた人たちはほとんど亡くなり、瓊浦中学の学生と教職員は全校で400有余人が犠牲となりました。たまたま生き残ることになった弟は、生涯、原爆の悲惨さを語り、二度とあの悲劇を繰り返してはならないと訴えてきました。犠牲となった級友たちのために、生き残ることのできた弟が果たさなければならない使命だと思い続けてきたのです。

その弟が亡くなる直前、私に向かって「あんた、何してんのや?」と言ったのです。それは、同じ長崎で、同じように被爆して、どうしてそのことをみんなに語り伝えようとしないのか、という問い詰めるような、最期の言葉でした。そのことがあって、私も、少しでも語り伝える機会があるのなら、私の体験してきたことをお話ししようと思うようになったわけです。

三菱造船病院看護学校での実習中に閃光

8月9日の朝、私たちは造船所のドックの近くの工場内の診療所にいました。まだ看護学生でしたが本院から外に出て、実習のために診療所に赴いていたのです。実習とか勉強とかいっても、あの頃は毎日が空襲警報、空襲警報、避難、避難の繰り返しで、逃げたり、隠れたり、また出て行ったりと、なかなか落ち着いて勉強できるような状況ではありませんでした。

8月9日の朝11時過ぎ、原爆が落とされた瞬間は、一瞬、何がどうなったのか分かりませんでした。何か周りの全体がぶゎーっとなっただけです。気がついたら私は窓ガラスのようなものの下になっていました。隣にいたはずの先輩の3年生の人はどこにもいない。しばらくして、先輩は歩哨兵の入る箱のような建物のそばまで吹き飛ばされていて、その下になっているのを見つけました。

それから、私たちの実習を担当されていた医師の先生から、「この中で一番大丈夫そうなのは木之下くんだから、本院まで伝令で走りなさい」と言われました。実習中だった私たち看護学生はみんな無事であることを伝えるためです。三菱造船所の中にはレールが敷かれていてその上を小さな汽車が走っているような、そんなとても広い工場です。それに長崎の街中が大変なことになっていて、あっちもこっちも煙が上がっているような状態でしたから、そんな中を一人で伝令として走るなんて本当は嫌でした。それでも仕方ない。私は頭に日赤の十字のついたハチマキをし、モンペ姿で、海岸に沿って「伝令、伝令」と大声を出して、泣きながら、ひた走りに走りました。対岸はもうメラメラと燃え上がっていました。街並みの上空には黒々とした異様な雲がむくむくと立ち昇っていました。トンネルを3つほど越えないと着くことができないほどの距離でした。

本院に着いてみると本院はもうガラガラでした。本院の人たちは医師も職員も、患者もみんな本院の防空壕に入っていました。私もまだ半分子どものような年齢でしたから、本院に辿り着いた途端に涙が出てきて泣いてしまいました。そこに本院のお医者さんが出てきて、その日は本院に合流するように言われました。

母と妹

母はこの日、田舎に食糧を求めて出かけていましたが、午後4時頃、よれよれになって家まで帰ってきたようです。妹の方は学校で負傷し、憲兵隊の所で保護されているという知らせが夕方になって我が家に届けられました。母は、私のことを心配してあちこち探し回り、私のいる本院の防空壕まで探しに来てくれました。妹の消息もその時母から聞かされました。そこで私と三菱電機に勤めていた従兄弟の二人で保護されている妹を迎えに行くことになりました。妹が保護されていた場所は6キロも離れた西山の水源地近くでした。妹は破壊された校舎の2階から飛び降りて、顎や右脚に怪我を負い、たくさんのガラス片を浴びて、火傷もしていました。その日の夜は長崎の街は燃え上がっていました。その上に、アメリカ軍の飛行機が照明弾を投下してそこら中がパァー、パァーと明るく光っていました。私たちはその夜はとても自宅まで帰ることはできず、防空壕で一夜を明かしました。

翌日10日の朝早く我が家に向かいました。家に向かうには浦上川にかかる稲佐橋を渡らなければならないのですが、この時とても橋の上を歩いて渡れるような状況ではなく、仕方なく川の中に入って川底を歩くしかありませんでした。稲佐橋のあたりは川と海とが一緒になっているところで、潮が満ちている時は死体が川いっぱい浮いていていました。潮が引くのを待って、私の胸のあたりまでの水位になってから、従兄弟が私の手を引っ張っ

三菱病院浦上分院（小川虎彦氏撮影：長崎原爆資料館所蔵）

て、妹を背中に背負って、ようやく川を渡りました。夜が白々と明ける頃でした。

稲佐橋の近くに大洋漁業という会社の工場がありました。イワシを缶詰めにしたトマトサーディンを製造している工場でしたが、原爆の火災でたくさんの缶詰めがはじけて、ポーンポーンと空に飛んでいました。その缶詰めを、行方不明になった子どもたちを探し回っているはずの親たちが争って拾っている有り様でした。そんな情景が、何故か強く記憶に残っているのです。

泣きながらやった救護活動

三菱長崎造船所の病院は本院に看護学校があって、長崎市内のあちこちの三菱関係の工場や事業所に診療所を持っていましたが、これらの診療所もほとんどが破壊されてしまいました。長崎医科大学も原爆にやられてしまい、医学部もそこにあった看護学校もなくなっていました。そこで、私たち看護学校の生徒も、1年生を除いて2年~3年生は全員が集められて、長崎市内の被災した現場の中に入って看護をやることになりました。看護学生4~5人ずつで一つの班を作って、それぞれに担当医師がついて、市内の診療所に救援と看護に向かったのです。三菱兵器工場の後とか、浦上天主堂の下とか、あちこちの診療所を回っていきました。看護といっても、私たちはまだ勉強中の身でしたから、よく分からないこともたくさんあったのですけれど。

どこの収容所や救護所でも、原爆にやられたたくさんの人がそこら中に並べられていて、兵隊さんがまだ生きている人、もう亡くなっている人と分けていくのです。私たちはそのまだ生きている人たちを何とかしてあげたいという一心で看護をやりました。

一斗缶の中に亜鉛化でんぷんを入れて、それをよくかき混ぜて、火傷の背中にずーっと塗って歩いたり、負傷者の傷口にはウジ虫が湧くのですが、それを箒のような刷毛で掃くように取ったり。一つひとつ取っていたのではとても間に合わないのです。その時怪我や火傷をしている人たちは、ひーひーといって泣きました。痛いものですから。

こちらでは寝かせられたまま亡くなっていく人がある、あちらでは「水くれー、水くれー」と言って呻く人がいる。私たちの班は、今でも覚えていますが、深堀先生と言う産婦人科の開業のお医者さんが一緒に治療にあたっておられました。その先生からは「水やったらすぐ死ぬぞー」と言われていました。でももうすぐ死ぬのは分かっているものですから、そばにある水道管の壊れた所から水をすくってきて飲ませてあげました。先輩が横目で見ていて、叱られたりもしましたけど、どうせ亡くなるのは分かっているのだから、水をあげないのはとても可哀想だと思ったのです。

体が焼けただれた人は裸になってしまっている人が多かったです。その頃の建物のカーテンは防空のために黒色にされていて、焼け残ったカーテンを引きちぎってきて、まるで褌のようにして被災者の体にとりあえず巻いてあげたりもしました。

自分の足を引っ張る人がいるので、どうしたのかと見てみると、男の子が「お母ちゃん、お母ちゃん」と泣いています。見たらそばに息絶えた女の人が倒れていました。こんな時、私たちはどうしたらいいのか分かりませんでした。そうしたら一緒に救護しているお医者さんから「木之下くん、ある程度心に区切りをつけないと、一人ひとり聞いていたら先に進めないよ」と言われました。先生の言われる通りなのですが、なかなか容易に気持ちを切り替えることはできませんでした。

新興善国民学校救護所（小川虎彦氏撮影：長崎原爆資料館所蔵）

私たちと同じような年頃の人も次々と亡くなっていきました。私たちはそれを見ながら、泣きながら看護をしていました。最初の頃は悲しくて泣きながらやっていましたが、それでもこれが今の現状やと思うと、次第に冷静さも取り戻していきました。

食事は兵隊さんの持ってきてくれた豆ごはんのオニギリをかじりながら、水を飲んで喉を潤していました。一日の看護が終わると家に帰れる日もありましたけど、帰れない日もあり、そんな時は屋外で流れ星を見ながら泣く泣く眠りにつくこともありました。遺体となった人の横になって一緒に寝ることもしばしばでした。

そのような看護活動が1週間ほど続きました。その内に長崎市内の小学校が臨時の救護所として整えられていき、たくさんの被災者が収容されていきました。亡くなった人たちが学校の教室や廊下にずらーっと並べられている情景なども頭の中にはっきりと残っていて、今でも忘れることができません。

私はその後の長い人生を最後まで看護師として勤めることになりました。17歳の時の、たくさんの被爆者の看護に携わった体験が私の原点となり、生涯白衣を着て人々に尽くすことになったのだと思っています。

戦争が終わって

原爆が落とされた時、私の家には母と私と弟と妹の4人暮らしでした。戦争が終わって2人の兄が帰ってきて家族は6人となり、2人の兄それぞれが結婚して家を出ていくまでは6人の暮らしが続きました。父のいない家族でしたが、3番目の兄が父代わりになって三菱造船で働きながら私たち家族をよく支えてくれたと思います。

それでも暮らしは大変で、母も随分苦労をしました。母の実家が田舎の農家なので野菜や食べ物はいろいろ助けてもらっていましたが、それでも足りず、家に残されている着物などを持ち出して買い出しに行き、お米などに換えていました。ある時、母について買い出しにいったことがあります。その日はどういうわけか我が家にあった水牛の角を持ち出して、一軒一軒訪問して頼み込んでお金に換えようとしましたが、結局どこでも売れずに持ち帰ることになりました。母が可哀想で、私も悲しくて、泣きながら帰ったことを憶えています。

京都へ

被爆してからしばらくは体のだるさや不調が続いていました。体調が戻ってから、私は保健婦の資格をとり、伯父さんが小学校の教務をやっていた関係から、長崎市の磨屋（とぎや）小学校の養護教諭として勤めることになりました。学校の先生になったわけです。2年間、小学校の養護室で子どもたちの相手をしたり、お産の先生の代わりに1年生、2年生の子どもたちの受け持ちなどをしました。

宇多野診療所の頃

そして昭和23年（1948年）、21歳の時に私は思い切って京都に行くことにしたのです。母は悲しみましたけど、私も若かったので、いろいろ考えてのことでした。私の母方の親戚がお寺でしたから、小さい頃からよくお寺に遊びに行っていました。その影響からだと思うのですが仏像などを観るのが大好きで、どうしても京都に行ってたくさんのお寺、たくさんの仏像に触れて見たかったのです。もう一つは、あの頃私に縁談が持ち上がっていて、それから逃げたかった思いもありました。京都では、私が信頼していた先生が京都大学の研究室におられたので、その先生を頼って行き、しばらくはその先生の下で助手のようなことをしていました。

その後、本気で勉強するならきちんとした国立の病院に就職して勉強しなさいという助言をいただきました。幸いにも当時の国立宇多野療養所（現在の国立宇多野病院）の面接を受けて合格し、昭和26年（1951年）からそこで仕事をすることになりました。宇多野診療所（後の宇多野病院）にはその後長く勤めることになりました。

被爆者としての検査

三菱造船病院の看護学校にいた当時、主に教えを受けたのは堤先生という方でした。この先生は自分の意思で、自分の教え子たちのために、一人ひとりの原爆投下時の体験や行動を記録して書類にし、それをそれぞれの進路先に対して送り届け、検査を受けさせるよう依頼されていました。私が宇多野診療所に来た時、宇多野診療所には広島で同じように被爆された岡先生と言われる方がおられました。この岡先生との出会いがあって、私に京大病院で検査を受けるよう指示していただきました。検査の結果、白血球や赤血球が少ないと診断され、白血球は2000もないと言われました。

私は原爆によって怪我や火傷はほとんどしていませんでした。また被爆直後にたくさんの人たちが発症した下痢や高熱、脱毛といった放射能被ばくの急性症状も経験していませんでした。しかし京大病院での検査結果から血液などに異常のあることが分かり、その後も検査は一年間続けることになりました。その内の3ヶ月間、一升瓶でおしっこを採って京大病院に運んで調べてもらったりもしました。とても辛い時でした。

まだまだ被爆者に対する援護制度などない頃でしたが、京都の地では、原爆の影響を受けていると認められた最初の頃の一人ではなかったかと思います。今から思えば、原因がはっきり分からないままに体がしんどい日もありました。それでもまだ若かったので、特に気に留めることもなく乗り越えることができていたのだと思います。

看護師としての人生

昭和35年（1960年）、私に看護の幹部講習会を受講する機会が訪れました。当時としては看護婦として最高の勉強の機会だったと思います。京都からは国立病院、第一日赤、そして宇多野から私の3人が選ばれ、全国から53人集められた講習会でした。東京の看護協会に詰めて、1ヶ月間、徹底した勉強をすることができました。講習会では日野原重明先生の講義などもあり、あの時の教えがずっと後々まで生きていきました。この幹部講習を受けた人たちが、全国に帰って、それぞれの所で看護婦を指導していくわけです。そのお陰で、看護婦を指導する立場の資格を持つことができました。身分も厚生技官というものになっていました。国立ですから看護婦であっても技官なのですね。

厚生省の職員として昇級試験を受けた時の思い出があります。初めて昇級試験を受けた時に論文筆記もあったのですが、私は「ベトナム戦争について」と題した論文を書いてしまいました。自分が長崎の被爆者であること、兄たちが戦死もしていて戦争のつらい体験をしていること、そういう思いが強くて、そして当時ベトナム戦争が大きな問題になっている時でもありました。看護のこととは直接関係しないベトナム戦争のことを書きましたので、その時はひどく怒られ、試験は不合格になりました。でも2回目はちゃんとした論文を書いて合格しています。

その後宇多野病院を退職してからも、いくつかの病院や職場を経験してきました。宇多野病院の後は、国立ではないけれど準公務員の人たちのためにあった鞍馬口病院の要請を受けて看護の仕事をしました。鞍馬口病院にも看護学校があって、全国から看護師になるための勉強をする人たちが来ており、そういう人たちのための仕事でした。あの頃は鞍馬口病院では労働組合の活動がとても強くて、退勤時間にはどんなに患者さんが残されていてもみんな引き揚げてしまうのです。そのため役職の人たちだけが残って患者さんの世話をしなければなりませんでした。そんな思い出もあります。昭和42年か43年頃のことですね。

それから武田病院でも仕事をしました。私にとって初めての民間の病院でした。そこでも准看学校があって、そこの実習生のための仕事でした。さらにその後は伏見区にある久野病院に勤めて、そこで定年を迎えました。定年になってやれやれと思っていたのですが、京都府の厚生労働部から嘱託として来てくれないかということになり、週3日ですが、京都府下の各病院の看護職員の雇用関係の実態を調査して記録する仕事をやることになりました。実際に通勤した所は西陣の職業安定所でした。看護師ではなく公務員としての事務仕事はどうしてもなじめなくて、その頃からコンピューターが導入されるようになって、それも分からなくて、2年ほどで退職しています。

その後再び久野病院で総婦長として4年間仕事をし、最後は縁あって修学院病院で、一週間に一日勤務という顧問ではありましたが、看護部長を勤めあげることになりました。この年になるまで自分でも本当によくやってきたと思います。

若い看護師さんたちに伝えたいこと

私は若い看護師さんたちに常々言ってきたことがあります。

看護にもいろいろあります。みなさんは今の進んだ看護というものを勉強していて、器械や薬やどんどん新しいものを使うようになっています。しかし、看護の「看」という文字は「手と目」で形作られています。「手で触り、目で見る」という意味です。そのようにして人を護るのです。その文字に込められた意味をよく考えるようにして欲しいのです。今は新しい器械を使った診察や治療、看護がどんどん進められていますが、昔の私たちは、原爆が落とされた時も、自分も一緒に血だらけになりながら、患者の人たちに直接触れて、自分の目で見て、涙を流しながら、なんとか命永らえるよう、健康な体を取り戻せるよう祈りながら、手を尽くしてきたのです。時代は変わっても、器械や技術は進歩しても、看護の一番大切な精神、心はいつまでも変わらない。そのことを忘れないで欲しいのです。

命ある限り、被爆体験と平和を訴え続けていきたい

白衣の生活を長く続けてくることはできましたが、私の体が万全であったわけではありません。平成10年（1998年）、71歳の時、脊柱管狭窄症と診断されて2回も手術を受けました。平成20年（2008年）、81歳の時には大腸がんを発症し、この時も摘出手術を行いました。その他にも様々な病気を抱え、今も治療や経過観察を続けている状態です。脊柱管狭窄症は完治せず、今も体の中にボルトが2本入ったままとなり、一生取り出すことはできなくなっています。そのため右足は半マヒとなり、補装具をつけないと立つことも、歩くこともできません。身体障害者3級の認定を受けているのです。

今一人暮らしですが、一人では食事も作れない、掃除や洗濯などの家事もできない、お風呂にも入れません。それでも介護保険の介護認定は「要介護1」です。介護保険サービスを利用してヘルパーさんに来てもらっていますが、介護保険で利用できるサービスの範囲ではとてもまともな暮らしなどできないのです。

被爆者援護法による介護手当の申請もしたいと予定していますが、なんとか高齢の被爆者がしっかりと暮らし続けていけるよう援護制度の充実が必要だと痛感しています。そしてできる限り生き抜いて、被爆の体験を若い人々に語り続け、核のない本当に平和な世界をこの目で見たいと願っています。

4 土肥（どひ）恵美子

3人の息子を奪われた父の悲しみ

お話＝2019年1月28日

私たちの家族と村松村戸根への疎開

私の家族は父と母と3人の兄と姉と、そして一番下の私と7人の家族でした。父が三菱造船の技師をしていましたので、元々は造船所に近い水の浦町に住んでいました。ところが、造船所はアメリカ軍から空襲されるので危ない、ということで、長崎市街地の北の方になる松山町に引っ越しをしていました。松山町ですから爆心地です。運が悪いと言いますか、安全のためと思って引っ越したのに、後から思うと一番被害の大きいところに住むようにしていたわけです。

私は昭和11年（1936年）8月2日生まれです。原爆が落とされた時9歳で、国民学校2年生でした。姉は私より一つ年上の10歳、兄たちは上から長男が17歳、二男が16歳、三番目の兄が15歳という年子の連続でした。昭和20年（1945年）の年に、母と二番目の兄と私の3人が腸チフスに罹ってしまい3人とも入院しました。母はその腸チフスのために亡くなってしまいました。私がまだ入院している間のことでした。

二番目の兄と私の二人が退院してから、長崎の街全体も危ないということで、私と姉だけは亡くなった母の実家のある田舎に疎開することになりました。母の実家というのは当時の長崎県西彼杵(そのぎ)郡村松村の戸根というところです。今は市町村合併が繰り返されて長崎市琴海戸根町という地名に変わっているようです。長崎の中心地から30キロぐらいはあるのではないでしょうか。私たち姉妹は父に連れられて母の実家の田舎に向かいました。長崎に原爆が落とされる2日前のことですから8月7日ということになります。汽車に揺られて、船にも乗って、そして歩いてたどり着いたような記憶があります。大浦湾に面した海端の村でした。

父が私たち姉妹を連れて長崎の街を離れている時、松山町の自宅には3人の兄たちが残っていました。そして、母が亡くなってまだ日も浅かったので、自宅には「女中さん」に来てもらって、食事のことなど毎日のお世話をしてもらっていました。

消えた3人の兄

8月9日、原爆が落とされた時、戸根の村にいても物凄い音がしたことをよく憶えています。強い光も浴びました。私たちも慌てて飯台の下に潜り込みました。長崎の街方向に黒い異様な雲が昇っていったのも憶えています。

それからすぐに、父は松山町に残してきた兄たちのことが心配になって、急いで長崎に向かいました。歩き通して向かったと思います。しかし、長崎の市街地に入ろうとすると、大勢の逃げてくる人たちに遭遇しました。みんなから「街中には入れない、行けない」と言われて、行く手を阻まれてしまいました。街中にはまだ火の手があり、逃げてくる人、倒れている人、もう亡くなった人の死体がいっぱいに入り乱れており、一体何がどうなっているのかさっぱり分からない状態でした。父はその日は市街地に足を踏み入れることを諦めて、いったんは私たちの待つ母の実家に帰ってきました。

それから2日後、今度は父は私たちの従兄弟にあたる人を連れて再び長崎の街に向かいました。松山町一帯を中心に探し回りましたが、みんな燃え尽きていて何も分からない状態でした。それでも父は、「我が家は角から1軒目か2軒目だったからだいたいこの辺りだろう」と見当をつけて、何かないかと必死になって探しました。すると、父が兄たちに買ってあげた時計が一つ見つかりました。それから自転車のハンドルのような物も出てきました。見つかった物は結局たったのそれだけでした。兄たちの遺骨も何も分からないままになってしまいました。

その後すぐに、私たちも長崎に行き、街の様子や自宅のあった跡の場所などを見てまわりました。とにかく一面の焼け野原で何もなくなっていました。焼けたものがそのまま転がっているような状態で、まだ所々煙が上がっていたような記憶も残っています。そんな状態ですから、長くはおれずにすぐに田舎にとんぼ返りしたように思います。私の被爆者健康手帳は2号被爆、つまり入市被爆となっていますが、入市日は8月12日と書かれています。ですから割と早い時期に一度は自宅跡に行っていたのだと思います。

父の悲しみ

戦争が終わって、その後1年間ぐらいはそのまま村松村の戸根

松山町踏切付近（石田 壽氏撮影：長崎原爆資料館所蔵）

にある母の実家に住み続けました。その間は学校も地元の小学校にお世話になりました。それから後に、父が長崎市内に借家を見つけ、長崎に帰ってそこで暮らすことになりました。元住んでいた松山町ではなく別の町でした。小学校は伊良林小学校、中学は桜馬場中学校、高校は長崎県立東高校に通いました。姉の方は長崎商業高校に行っています。

私がまだ小学校3年生の時、母が亡くなってからそれほど年月の経っていない時でしたが、父は再婚し、私たちは2度目の母を迎えることになりました。私たちがまだ小さかったので、子育ては大変なんだからと言って、田舎の人たちがよってたかって世話をして、あっと言う間に父に再婚させたような感じでした。ずーっと後年になって父は、「どうでもよかったのに」と言っていましたけど。

それからは、父と二度目の母とそして私たち姉妹の4人での暮らしが始まりました。

原爆によって一瞬にして3人の息子の命を奪われたことは、父にとってとても大きな衝撃となっていました。そして、やり場のない憤り悲しみが何時までも何時までも父の心の中に残されていきました。父は元は三菱造船の中でも優秀な技師で、有名な人でもあったらしいのですが、息子たちを失ってからの生活は見るに耐えられないほど荒れていきました。酒びたりの毎日になっていきました。「天皇陛下の所へ行って腹切って死んでやる！」などと喚き散らしたり、3人の息子をなくして「何の役にもたたん娘たちだけが残ってしまった」と呻いたり、そういうことを何度も何度も繰り返していました。「実の母親が生きていたら、3人の息子を奪われてきっと気が狂っていただろう」などとも言っていました。

そういう父のいる家に帰るのが私は嫌で嫌でしょうがありませんでした。父が酔いつぶれていると、私は夜中に眠ることもできず、こっそりと家の外の軒下に出て泣きながら一夜を過ごすこともしばしばでした。

父は、最後まで原爆で殺された息子たちのことを嘆き続けながら逝った生涯でした。高血圧がひどくて65歳で亡くなりました。父のことは最後まで姉がみてくれました。

大村病院看護学校、そして京都へ

荒れた父のこと、それから2度目の母にもどうしてもなじめなくて、そんな家族の中で、私はもう家を出たくて出たくてしようがなく、一日も早く家とは切り離されたところで暮らしたいと思うようになっていました。

高校卒業と同時に、最初は修道院に入ろうかと思いました。ところがあの頃修道院に入るのには最初に50万円必要だと言われてしまい、そんなお金はとてもないので諦めざるを得ませんでした。しょうがないので、今度は一番お金のかからない所をと思って、看護学校に行こうと思いました。もうほとんどの学校が受験申し込みを締め切っていましたが、国立大村病院の看護学校だけがまだぎりぎり間に合うことが分かり、大急ぎで申し込みをしました。もう郵便では間に合わないので、その日が願書の締切日だという日に長崎から汽車に乗って1時間ほどかけて直接提出しに行きました。試験の結果、合格者は30人だけでしたが、運よく私もその中に入っていて、まぐれで入ることができたのではないかと思いました。何故だかその時の318番という受験番号だけは今でも忘れずに正確に憶えているのです。よほど嬉しい出来事だったのだろうなと思います。

大村病院は国立ですから、当時教材代は要らない、全寮制で寮費もかかりませんでした。寮生活を始めるにあたっても、親には何一つ買って欲しいとは言えませんでした。布団も家からは送ってもらえないので、宿舎の寮長さんに借りて過ごすことから始めました。この時から私の本当に自立した生活が始まったのだと思っています。

国立大村病院の看護学校は修業年限3年でした。私は卒業と同時に思い切って、長崎を離れて京都で就職しようと思いました。この時初めて父親から親身になって心配してもらったような気がしました。京都は盆地なので冬は冷え込んで大変だし、そうでなくてもお前はか細い子なのに、と物凄く心配してくれたのです。実際その頃までの私は細い細い子で、虚弱体質みたいな子だったのです。

それでも父親の心配を振り切るようにして私は京都に向かいました。昭和33年（1958年）でした。京都では当時の国立宇多野療養所（現在の国立宇多野病院）に就職することが決まっていました。そしてその年看護師の国家試験も合格することができました。

西陣で暮らしてきた半世紀

京都で働き始めて5年後の昭和38年（1963年）、27歳の時に結婚しました。最初は夫と2人でのアパート暮らしでした。結婚して2年ほど経ってから最初の子ども（長男）ができました。この時、出産のために5日間ほど入院したのですが、さあ退院という時に、アパートに帰るのではなく、いきなり夫の実家に連れて行かれ、夫の実家の方に帰らされたのです。私には何の相談もなく、アパートから実家の方に全部の家財道具の引っ越しも済まされていたのです。夫の実家は京都市内の上京区、今の住まいです。

この時から私にとっては凄まじい日常生活が始まることになりました。夫の実家には、夫の両親だけでなく、私の小姑にあたる夫の2人の弟と妹も一緒にいて、私たち夫婦と我が子も加えると全部で8人の所帯となりま

大村病院看護学校の頃（前列右端が私）

した。この所帯の主婦をいきなり私が担うことになり、三度三度の食事はもちろん、あらゆる雑用をこなしていくことになりました。

夫の仕事は西陣織の紋意匠の仕事でした。今はコンピューター化されてしまいましたが。まだ昔の織機がそのまま残されていていているような自宅で、西陣織に関わる様々な仕事の人たちが出入りする中で、西陣織の機音(はたおと)を聞きながらの暮らしでした。家事一切をとりしきり、夫の仕事を手伝い、子育てもしながら、夫と一緒に懸命に生きてきました。53年に及ぶ歳月でしたが、夫は平成28年（２０１６年）に亡くなりました。76歳でした。

花園大学保健室に定年までの10年間勤めました。毎年大学の行事の座禅（写真）にも参加していました。

被爆者健康手帳、姉、子や孫たちのこと

比較的若い頃の私は腎盂炎とか腎臓病とかの診断をされて、お医者さんに掛かることもよくありました。切迫流産も経験しています。40度からの熱を発症することなどもありましたが、今は落ち着いた状態です。

被爆者手帳は、長崎で結婚していた姉が先に取得していました。後になって姉から「あんたも手帳とっておいた方がいいよ」と言われて、私は京都で手帳の申請をすることになりました。まだ親戚の従兄弟たちも元気でいて、私の被爆を証明してくれる人もたくさんありました。そのお陰で手帳はとてもスムーズに取得することができたと思っています。手帳の交付年月日が何時だったのかはっきりとは覚えていないのですが、私が京都に来てかなりの

年月が経ってからのことです。以前の被爆者健康手帳は年限が来ると新しいものに更新して切り替えていましたから、今持っている手帳には最初の交付年月日が書いてないんですね。初めて京都市の市バス・地下鉄の運賃割引票をもらった日付と、福祉乗車証をもらった時の日付だけは残っているのですけど。

私には長男と長女の二人の子があってどちらも元気にやっています。そして孫は息子の方に1人、娘の方に2人いて合わせて3人、孫たちも元気に育っています。

姉（左）と二人で

ずっと長崎で暮らしていた姉ですが、姉の夫は40歳の若さで亡くなりました。その時姉は34歳、まだ5歳と3歳の小さな子どもを残したままでした。すでに父親も亡くなり、継母も他界していましたので、京都に来て、私たちと近いところで暮らしてはと誘ったのです。その3年後に姉も京都に来ることになり、今は同じ京都市内でデイサービスにお世話になりながら暮らしています。

私たち二人の姉妹を残して生まれ育った家も家族もみんななくなってしまいました。私の旧姓である熊代家のお墓だけが長崎の水の浦町に残されていて、今も継母の子たちが大切にお世話をしてくれています。私も時折は父や母、兄たちのために手を合わせに長崎に帰ることがあります。たいていは京都からの日帰りですけど。

5 關（せき） 桂子

原爆の閃光と私の家族たち

お話＝2019年5月21日

東山手洋風住宅群

私は小学校6年生の時に、今は長崎の観光スポットにもなっている、大浦の東山手洋風住宅群の中の一つの住宅に引っ越してきました。結婚するまでそこで家族と一緒に過ごしたのです。付近にオランダ坂などがあり、今は修学旅行の子どもたちがたくさん見学に来ている一帯です。当時は人々の住む一般の住宅でした。今は国の重要建造文化財として観光施設にされています。

私の家族は、お祖母ちゃん（父の母）、両親、私と妹の5人家族でした。父はこの頃、香焼島にあった川南造船所の艤装工場の工場長をしていました。母は専業主婦で家にいました。

三菱造船所女子挺身隊で働いていて被爆

私は長崎市立高等女学校を卒業したのですが、在学中から勤労奉仕で三菱重工の長崎造船所に行っていました。15歳で卒業して、それから福岡にある薬学部に行きたかったのですが、戦争がひどくなり父親から反対されて、女子専門学校の活水女学校なら行ってもいいと言われて英文科に入りました。ところが、戦争中ですから英語を教える外国の先生がみんな帰国してしまって、英文科はなくなってしまいました。敵国語は話してはいけないという頃でした。

それで、これからどうしようかという時に、だんだんと戦争がひどくなってきて、そのまま家にいたら徴用で工場にひっぱられてしまう、自分の好きな所には行けない、というような状況になってきました。

その頃、私の友だちの同級生や女学校の卒業生たちはみんな学校の先生になっていました。その頃の学校の先生の給料が1ヶ月33円でした。市役所や官公庁も33円でした。でも三菱の造船所は37円だったのです。それに毎日朝出勤して、夜2時間ほど残業すると給料が90円ほどにもなります。それに夜食としてパンの配給もあると聞いて、三菱の挺身隊に入ったのです。私が勤めたのは三菱造船の立神(たてがみ)造船所でした。直接大波止から立神まで船が出ていてそれに乗って通っていました。

挺身隊に入って2年目、私が17歳の時に原爆に遭いました。

この日、私は建物の2階の検査課の事務にいました。11時にブーンと飛行機の音がして、隣にいた友人と窓を開けて空を見上げたら2機飛んでいました。空襲警報は鳴っていなかったので、「あれ友軍機だよね」と言って席に戻った途端、ピカーっと光ったのです。視界が全部オレンジ色になりました。2分ほどしたら、ドカーンと、聞いたこともない、何かが割れるような音がして、それがウワーッときて、それと同時に机やら椅子やらひっくり返って、窓ガラスが割れました。

防空訓練の隊長さんが「退避ーっ」と叫んで、私たちは防空頭巾被って、救急袋持って、防空壕になっているトンネルの方に向かいました。トンネルの防空壕に行くまでに5分くらいかかります。屋外にいた人はみんな血だらけになっていて、地獄みたいな感じです。顔がプルンとピンク色になっていて、皮膚の皮がぶら下がっている。そういう人たちがウァーウァーと大きな声を出して逃げてきます。動けない人はその辺にころがっていました。

何が一体どうなったのか分からない、自分自身の身体もどうなっているのか分からない、とにかく防空壕に入らないとだめと思って駆け込み、そして4時間ぐらいは防空壕に入っていました。防空壕に入ってから気がつきましたけど、口の中はガラスの破片がいっぱいでした。小さな、砂みたいなガラス片です。でもどこも大きな怪我はしていませんでした。

4時30分頃になって、「船が出るからみんな帰れー」と言われて、怪我している人でも動ける人はみんな船に乗って大波止まで渡りました。大波止から私の家までは普通なら歩いて30分ほどなのですが、この時は3時間もかかりました。帰る途中何度も空襲警報が鳴って、その度に防空壕に入りました。防空壕に入ってみると血だらけの人がいっぱいでした。

家に帰り着いたのは夜7時を過ぎていました。それからまた「避難！」と言われて、「防空壕では駄目や、山に逃げろ！」と言われて、とにかく山に逃げようということで、海星中学というのがあるのですが、そのもっと上に山があって、そこまで逃げました。山の上には3時間ぐらいいました。山の上から見ると、ガスタンクなどがグワーッと倒れたり、ビルが壊れている光景などが目に入ってきました。

その後また家に帰って、防空壕に入って、15日頃までそこで生活していました。終戦は防空壕の中で迎えました。

私の家族たち

私の妹は3歳年下で当時女学校の2年生でした。その頃は三菱兵器の工場が浦上にあってそこに勤労奉仕で行っていたのですが、その日はたまたま同級生たちと工場をさぼろうと相談して途中から自宅に戻っていました。

原爆が落ちた瞬間は家の中のトイレに入っていました。三菱兵器に行っていた人たちはみんな亡くなっていて、妹たちだけが命拾いをしていました。

原爆が落とされた時、家は瓦が飛んでガラス窓が割れたりしましたが、それ以上の被害はありませんでした。お祖母ちゃんもすぐに自宅の防空壕に入って、怪我などを負うことはありませんでした。お祖母ちゃんが玄関の石段の所で「鈴子さーん（母の名前）！　頭の上から爆弾が落ちてきたー！」と叫びながら防空壕に転がり込むように入ってきた、とか、トイレに入っていた妹もモンペをよく上げないまま走って防空壕に入ってきた、とか、戦後よく言われていました。

私の父は、原爆が落とされた時、香焼（こうやぎ）の工場にいましたが、その日の内に家に帰ってきました。ただ、工場の職工さんたちの家族が長崎の市内のあちこちにいましたので、その安否を確かめるために市内を何日も何日も探し回りました。父は1971年（昭和46年）に食道がんで亡くなっています。74歳でした。

原爆が落とされてから3日目、宮崎の油津や鹿児島から三菱造船の挺身隊に来ている人たちを探してくれと言われて、ずーっと長崎の市内を探して歩きました。鹿児島や宮崎から来ていた挺身隊の人たちは工場の寮にいて原爆で行方が分からなくなっていたのです。病院はほとんどやられていて、市内の学校などが臨時の救護所になっていました。そういう所を探し回りました。とにかく真夏ですから、人間の体の火傷したところにウジ虫がいっぱい湧いていて、それが強烈な思い出として脳裏に残っています。小型のエビのアミという食べ物がありますが、それから小さな白魚とか、これがウジ虫とよく似ていて、私は大人になってもずーっとこういうものは食べることができませんでした。

鹿児島や宮崎から来ていた人たちは、被爆した所から直接郷里に帰っていた人たちもいて、幸いにもみんな元気であることが後日確認されました。

結婚、下関へ

戦争が終わって、私たちは三菱ではもう仕事ができなくなりました。私は元々洋裁が好きでしたので、自宅にいて和服の着物を洋服に縫いかえるようなことをしていました。食糧難だったので田舎の方の服を縫ってあげて、その代として米やイモ、野菜などをいただいていました。それから大連で洋裁学校をしていた親戚の叔母さんが引き揚げてきて、私は叔母さんのところで一から洋裁を教えてもらうことになりました。弟子入りしたようなものです。そして2年後にはその叔母さんが長崎で洋裁学校を起ち上げられ、私もそこで教えることになったのです。長崎ドレスメーカー女学院という洋裁学校でした。

25歳の時、1953年（昭和28年）に結婚しました。私は1928年（昭和3年）生まれ、主人は1918年（大正7年）生まれですから10歳年上の人がお相手でした。主人も元々は三菱造船の人でしたが、21歳で航空兵として出征し、3年を経て帰還したのだそうです。人間魚雷の設計をするために戦地から帰ったのだそうです。戦後の三菱では給料が少なく、熊本にいた両親は家が丸焼けになり、一緒に住んでいたのです。それで、結婚した頃は地方のマスコミの会社に勤めていました。

ところがその会社が倒産して、私の父の世話で再び三菱造船の、今度は下関の事業所に就職することになりました。私が28歳、最初の子が4歳の時でした。この時初めて長崎を離れて、下関に移り住むことになりました。以来下関に住み続け、家も下関に建てて落ち着くことになりました。

長崎では周りはみんな被爆者みたいなものでしたからほとんど気に掛けることはありませんでしたが、下関では事情が違いました。本当は被爆しているのに〝自分は被爆者じゃない〟という人も多かったのです。私たちの住む町内にも同じ被爆をされた方がありましたが、被爆の後遺症が出ることを恐れて、娘さんたちの結婚に差し障りがあるからと言ってずーっと隠し通しておられました。

私の主人は原爆投下の時には三菱造船の飽の浦の造船所にいて被爆しています。１９８１年（昭和56年）に63歳で亡くなりました。突然心臓発作を発症して５日目に亡くなりました。

主人には妹さんがいて、私よりは３歳年上でした。小倉でラジオの放送局に勤めていましたが、その内に長崎の放送局に変わっていて被爆しました。原爆が落とされたのが放送局のすぐ近くだったので大変な目に遭っています。６年ほどは生きましたが亡くなりました。髪の毛が全部バサバサバサバサと抜け落ちて、枕もといっぱいに髪の毛が溜まっていました。枕もとに私を呼んで、「兄さんのこと頼むわね」と言って亡くなっていったのです。まるで遺言のようでした。私はそれで結婚を決心したようなものなのです。親戚はみんな反対していましたから、妹さんの一言がなかったら結婚していなかったかもしれません。

被爆者健康手帳は１９５７年（昭和32年）に取得しています。手帳の制度ができてすぐの時ですが、主人のお父さん、私のお姑さんが、関係している親族全員の手帳をまとめてとってくれました。健康管理手当の給付を受けるようになったのは１９７６年（昭和51年）からです。

京都に来て、私も何かしないといけないと

私たち夫婦は３人の子どもに恵まれました。長男、次男、長女の順です。長男が京都にいて今、私と一緒に住んでいます。次男と長女たちは今も下関にいます。

長男は立命館大学を経て、それからずーっと京都で仕事をしておりました。もう47年ぐらいになります。その長男によばれて、孫の面倒をみてくれと言われて、２００５年（平成17年）に京都に来て、長男の家族と一緒に住むようになったのです。もう14年前になりますね。３年前から京都生協に加入して生協の利用を始める

ようになりました。その生協を通じて〝被爆者をはげますクリスマス平和パーティー〟が催されているのを知ったのです。それまでそんなこと全然知りませんでした。「こんなことをやっておられるのだ」と思って、それからクリスマスパーティーにお邪魔するようになりました。それから私も何かしないといけないなあと思うようになって、今年の5月に市役所前のゼスト御池で行われていた〝ヒバクシャと話す原爆展〟に行ったのです。

下関にいる頃から、被爆体験を手記にして書くよう何度も勧められていました。書き始めようとはするのですが、途中から当時のことが鮮明に頭の中に浮かんできて、あの惨状を思い出すとどうしても書き進めることができませんでした。特に被爆してから20年～30年間ぐらいはどうしても駄目でしたね。でも下関では「被爆者の会」に入り、原爆記念日には長崎に行ったり、広島に行ったりしていました。〝ノーモア・原爆〟の平和行進に参加したりもしていました。

立神造船所のドックに行っていた挺身隊の仲間たちとは戦後も会うようにはしていましたが、今はみんな亡くなってしまいました。女学校の同窓生だった人たちも半分以上は亡くなってしまいました。

実は私は三菱に勤めていたというだけで長く行方不明者扱いになっていたのです。最初の頃の女学校の卒業生名簿には行方不明者ということで名前が載っていなかったのです。

年を重ねてきての病気

若い頃は私もいろいろな仕事に頑張ってきました。自分の家で洋裁をしたり、洋裁学校の先生もしました。ずっと後にはヤクルトや保険の外交の仕事などもしてきました。健康には自信がありました。ところが年を重ねてきて、心臓を患ってきました。最初狭心症だと言われて入院し、それから心臓肥大だと診断されました。それ以来何度も入退院を繰り返してきました。

一昨年には難病のクローン病もあると診断されました。この病気は原因がまだ分からないらしいのですが、日本人では18万人いるといわれているそうです。

昨年は急に血圧が上がって、上が２１０、下が１１０にもなってパブテスト病院まで救急搬送されたこともあります。今も血圧の薬は放せない状態が続いています。

私の家のお墓は長崎の飽の浦にあります。父も母もそこに埋葬されています。ですから私も時々は長崎に帰って手を合わせるようにしています。

私たち家族が過ごしていた東山手洋風住宅
（一番手前の住宅・現在の様子）

私たちが住んでいた洋風住宅の前で

住宅の中には、被爆時の建物内の物や日用品などが展示されていました。

6 三山 正弘

聞いてほしい事があります

手記＝2020年1月10日

広島市楠木町

涼しい風が通る座敷でウチワを揺らしながら……

「もう、あれから何年経ったやろか」

「そうねえ、もう15〜16年経つかねえ、昨日のことのような気がするけど……。忘れ切らんねえ」

母と祖母の何気ない言葉から始まった会話。

高校生になった頃、近くでそれとなく聞いた、たった一度の母からの原爆被爆当時の話です。

1945年（昭和20年）8月9日午前11時2分、真夏の雲の間からの閃光と爆発音、それに伴う放射性熱線と強力な爆風により、24万市民の3分の1にあたる7万4千人が命を落としました。

「ちょうど次の長崎駅前で降りんばいかんと思った瞬間、目の前で写真のフラッシュを焚かれたような光がピカッと射して走っとった満員の電車が急に止まったもんね。立っていたので足で支えられず、他のお客さんにも押されて、一番下になってしもうた」

私をお腹に宿していた母のとっさの行動であったかもしれません。

「ほとんど同時に頭を押し潰すような爆発音とホコリや煙で暫く動かれんやった。どのくらいの時間が過ぎたか分からんけど、倒れこんだお客さんの上の方から、電車が燃えるぞ！と声が上がり、どげんして電車の外に出られたか分からんやった」

国鉄職員の父と結婚して間もない母は、官舎に住む先輩職員の奥様達との交流で、爆心地から数百メートルの大橋を訪ね、父の弁当を届けるために中町の自宅へ戻る途中のことでした。

「電車を降りたら、人がいっぱい倒れとって、真っ直ぐ歩けんやった。倒れたり、たぶん亡くなっている人たちを跨ぐように歩いたとさ。

右側に長崎駅の構内が見えたけど、お父さんの弁当を作らなきゃ……という一心で、とにかく家に向かった。周りの家の屋根や壁が煎餅みたいにめくれあがって、間借りしていた理髪店の2階へ上がろうにも、階段が斜めにずれて登り難かった」

被爆した八千代町電停から自宅までの約1キロくらいの道のりが、はるかに遠く、長く感じられ、壊れかけた家々が踊っているように面白い格好に見えたと話していました。

「家の中も足の踏み場もないくらいに散らかっていて、弁当を作ろうにも水は出ず、火も使えんので、有り合わせの物でおにぎりを作って長崎駅へ向こうた。何が起こったとか分からんで、駅の構内から北の方向は赤黒い煙や炎でいっぱいやった。そこで酷か空襲があったことがやっと分かった。お父さんの安否を聞いても、駅舎自体も被害に負うており、職員さんやお客さんも怪我をしとって混乱しとったので、勝手知った構内を自分で探し回ったとよ」

当時の長崎駅辺りから北側は爆心地に近くなり、三菱造船所や軍需工場もたくさんあり、攻撃の目標になって壊滅状態であったようです。私が居眠りでもしていたのだろう、それからの出来事がハッキリ思い出せない。

母が父と再会するにはそれほど時間はかからなかった。多分、駅や医療関係の場所に収容されて、そこへ母が訪ね当てたことのようでした。結婚当時の母には頼れる知り合いも少なく、市民全体が各々被害に遭っており、お互いに大変な状況でした。

「被爆当時は広い構内を歩いていたとやろね、半そで開襟シャツで制帽を被っていたので、陰になる部分以外、顔と首、両手までが火傷やった。赤くただれ、出血もしていたけど、取り敢えず火傷用膏薬を塗られ、白塗りした歌舞伎役者のように真っ白な顔と、包帯でグルグル巻きにしてあった。とにかく生きてはいたので、父の実家へ連れて行こうとリアカーに乗せて長崎を後にした」

酒に酔って赤くなった時の父は、首から上と顔面がブツブツしたケロイドが浮き立っていたのを思い出します。

「長崎から爆心地を通り過ぎていく途中、官舎のあった大橋地区は、家という家がつぶれ、燃えて焚火の後のごたった。

道路の端や橋の下の浦上川には沢山の死体がそのままの状態で放ったらかしやった。あの時、もう少し話が弾んで帰るのが遅かったら、自分も生きてはおらんやった。放置されている人たちに可哀そうだったけど、周りを見回す余裕もなく、とにかくお父さんを約30キロくらい離れた実家のある亀岳村（現在西海市西彼町）まで連れて行くことしか考えられんやった」

長崎駅前広場。中央はプラットホーム、左手にあった駅舎は全焼した。（小川虎彦氏撮影：長崎原爆資料館所蔵）

「途中の町では親切な人たちに膏薬や包帯を替えてもらい、2日くらいかけて時津という大村湾内の港まで行き、実家の近くまで行く渡船に便乗させてもらい、炎天下の残りの道を再びリアカーに乗せた父に日傘を差して、ようやく実家に着いた」

「義父や義妹は、長崎に強い新型爆弾が落とされ、市内は全滅状態だったと聞いていたのでもう生きておらんと生存を諦めとったらしかった。まさか生きて帰って来るとは……とみんなで大泣きしたとよ」

以後、私は兄弟姉妹5人と大きな変化もなく普通の生活を送り、おそらく家族の中では「原子爆弾」という言葉さえ忘れかけていました。

父が60歳、母が64歳で白血病で世を去ってから、社会の出来事にも関心が高まる中、被爆体験者が年々少なくなり、被爆者の本当の声が聞かれなくなりつつあることが分かりました。

核の傘の下という間違った平和感に浸り、一時的には平和を取り戻したような世界でしたが、一方では核弾頭の保有数を競い合い、さらに新しい、小型でより強力な核弾頭が開発されています。

長崎市の3日前に原子爆弾を投下された広島市での14万人と合わせ、22万人の命が失われた忌まわしい出来事、日本だけが持つ悲惨な、そして二度と起こしてはならない経験です。

電車大橋終点付近 手前は大橋終点の引込線と線路。強烈な爆風により線路が枕木からはずれている。一番奥に見える線路は国鉄長崎本線（左、長崎駅～右、道ノ尾駅方面に至る）。中央の煙突は雲仙耐火煉瓦工場の折れた煙突。（林重男氏撮影：長崎原爆資料館所蔵）

今、地球上には約1万4千発の核弾頭が保有されています。

単純計算では、これで30億人以上の命が瞬時に奪われることになります。例えれば、中国・インド・アメリカ合衆国（2018年版）の3大人口多数国が、ポンと消えてなくなることと同じです。

決して二度と同じ不幸を招かないために、穏やかな毎日を過ごせるために、核弾頭廃絶の遅滞は見過ごすことはできません。

母から被爆体験を聞いた夏の夜の静かな時間、こんな幸福な時間がいつまでも続くようにと願いを込めて、語り継ぐことは続けていきたいと思います。

先日来日されたフランシスコ・ローマ教皇のスピーチには『核弾頭を保有しながら核廃絶を訴えるのは、偽善者の言葉である』とありました。

全くその通りです。核弾頭を廃絶することは、小さな地球を核のない平和な星として守るために、所有国が最初に為すべきことです。

最近読んだ著書の中にあった感銘した言葉を紹介します。

お釈迦様の国、インドに伝わる話だ。

ある夏、日照りが続き、水不足が起きた。畑に引く水がな

寄贈者・吉山昭子　長崎原爆資料館所蔵（平成14年度、NHK、長崎新聞社などと共催して募集した「被爆者が描く原爆の絵」作品）

ければ農作物が育たない。隣り合う二つの村では水の争奪戦が起き、いよいよ戦争に入ろうとしていた。それを知ったお釈迦様は、それぞれの村の村長を呼び、「なぜ戦うのか」と尋ねた。

「水が無いからです」

水が無いとなぜ困るのか

「水が無いと農作物ができません」

農作物ができないと、なぜ困るのか。

「農作物がないと、村人の食べ物がなくなります」

食べ物がなくなると、なぜ困るのか。

「食べ物がなければ、村人は死んでしまいます」

そこでお釈迦様は、二人の村長に問うた。

「村人を生かすために、お前たちは殺し合いをするのか」

二人の村長は顔を見合わせた。そもそも戦を始める理由は「水がない」から。しかし、水はある。あるからこそ奪い合う。

生きるために殺しあうのではなく、生きるために分かち合うことを考えよとお釈迦様が諭すと、村長は限られた水源を有効に使う手立てを相談し始め、戦争は回避されたという。

（堀川恵子著『原爆供養塔』文芸春秋、403頁より引用）

7 福島 圭子

香焼（こうやぎ）の島で浴びた閃光

お話＝2020年9月10日

香焼島

原爆が落とされた時、私たちは長崎の、今は長崎市内になっていますけど、香焼という島にいたんですよ。長崎の街は山ばっかりでしょ。その先に港があって、海があって、そのすぐそこに香焼の島があります。原爆が落ちた爆心地から島までの間に何の障害物もなくて、海だけでしたから、直接影響を受けたようなものでしたよ。私が8歳の時、小学校2年生でしたけど。

お昼前に、家の前で弟と蝉取りをしていたら、大きな夕陽がボーンと落ちたような感じでしたね。その時丁度爆心地の方向を向いていたんですよ。そしたら、「あれ、おひさまが落ちたのに暗くならないの?」って、その時一瞬思ったんですよ。家の裏の方にいた母もそう思ったそうです。でもそんな馬鹿なと思っていると、近所のみんなから「爆弾が落ちた！　逃げろーっ」と言われて、家の裏に防空壕があったので、弟と一緒に慌てて防空壕の入り口まで行った時に、もの凄い爆風が来て、バァーンと、もう吹き飛ばされてしまったんですよ。

夏だから薄着でしょ。ズボンとかははいていない。服は着ていましたけど、膝とか、顔も手もむきだしで。防空壕というのはきれいなコンクリートで作っているわけではないし、地面の上はガタガタの石ころだらけなんですよ。だから、爆風に吹き飛ばされて転ばされた拍子に、顔から、手からもう血だらけになったんです。その頃はまともな薬もないし、井戸水を汲んで、じゃーじゃーと何回も流して、タオルで拭いて、そしたらまた血が流れてきて、そんなことを繰り返しました。その時はそれだけでしたけどね。私と私のすぐ下の弟は血だらけになったんですけど、一番下の弟は一緒にいた母がかばってくれて怪我なんかはありませんでしたね。

私が生まれたのは香焼ではなくて、すぐ近くの深堀というところなんですよ。父が学校の先生していたので、香焼の小学校に転勤になって私たちもそこに移り住んでいたんです。今は香焼も陸続きになって長崎市の一部になってますけど、私たちがいた頃は小さな手漕ぎ船で深堀まで渡って、そこから長崎の中心地に行っていましたね。香焼から直接長崎に行く連絡船もありましたけど。

4歳の時の家族写真
父と母と私と2歳になった弟と

香焼村には造船所がいっぱいあって、そこをめがけて毎日のように爆弾が山盛り落とされていましたよ。深堀からもう少し長崎寄りのあたりにも造船所があって、そこにも爆弾が落とされていましたけど、香焼にはとにかくいっぱい落とされていました。だから爆弾なんて何かしょっちゅう落とされているような感じで、そんなもんだと思っていましたよ。「あらまた落ちた」という感じで。

その頃の私の家族は、小学校の先生をして

いた父と、母と、私が長女で、その下に昭和14年生まれの弟と、もう一人昭和17年生まれの弟がいて5人家族でした。一番下の弟はまだ3歳でした。戦争が終わってから昭和20年と昭和24年に妹が二人続いて生まれているんです。

戦後になって、私たち家族は私が小学校3年生の時まで香焼にいました。それから枇杷で有名な茂木というところに父が校長として赴任して、次に大串小学校というところにも校長として転勤になって、そして長崎に帰ってきたんです。私たちも父の転勤に合わせてその都度転校したんですよ。私が小学校を卒業したのは伊良林小学校でした。

父の死

原爆が落とされた時、父は同じ香焼の島でももっと長崎に近いところにいたんですよ。学校の子どもたちを連れてって、戦争のための何かの作業をしていたらしいんです。

その父は43歳の若さで亡くなりました。火傷なんかはしてなかったんですけどね。その頃は原爆の影響とかなんとかいうのはよく分かっていなくて、私も子どもだったから詳しいことは分からなかったけど。ある日、父が突然「苦しい、苦しい」と言い出して、2~3日そんな状態が続いて、そのまま死んでしまいました。急死ですよ。それまでもしんどかったんやと思いますけど、男だからしんどいとか苦しいとか言わなかったんだと思いますね。明治42年（1909年）生まれで、亡くなったのが昭和27年（1952年）、戦後7年目の年でした。私が中学3年生、15歳の時です。

その頃の我が家は長崎に移っていました。父が早死にしたのは原爆が原因だと思うんですけど、その頃はまだ原爆が原因でがんになるなんて分からなかったじゃないですか。私はずーっと後に大人になってから、「ああ、父はがんだったんじゃないか」と思うようになったんですよ。もともとは元気な父でしたから。

中学を卒業してからの私は、長崎西高校の事務員として働かせてもらいながら、長崎東高校の定時制に通いました。父が亡くなって、母親一人で家族の暮らしを支えるのは大変なことになっていましたからね。長女の私も働かざるを得なかったんです。一番下の妹はまだ3歳ぐらいでしたから。西高では印刷の謄写版の係が私の仕事でした。今だから言える話ですけど、謄写版で印刷する試験問題を一枚失敬して、家に持ち帰って、それで勉強したことなどもありましたよ。

東京暮らし

高校を卒業してからはある会社の事務員としての就職も決まっていたのですが、収入が思うようになくて、どうしても家族の生活が支えられないので、思い切って東京に出ることにしたんです。東京では昼間は会社に勤めて、夜はアルバイトをしながら長崎の家に仕送りをしていました。

私は社交ダンスが好きで、競技ダンスなんですけど、社交ダンスのプロの試験を受けるまでになって、見事に合格したんです。それで夜はダンスを教える仕事をするようになりました。普通のアルバイトとは違って収入もよくなって仕送りを増やすこともできるようになりました。母からはいつも「助かるなあー」と言ってくれていましたよ。そのお蔭で弟たちも商業学校を卒業したり、妹たちも普通の高校を卒業して就職することができました。母からは「仕送りはもうこれでいいよ」と言ってくれました。

収入にも余裕ができ、それからは長崎にいる母のところを訪ねたり、親せきに会ったり、父のお墓にお参りしたりなど、主にそういうことに使うようになりましたね。やはりできるだけ母の顔が見たくてね。

京都で生涯

結婚したのは東京でアルバイトしている時に知り合った人が相手でした。その人が京都出身の人で、一緒に京都に来て、ご両親にお会いして、お義父さんになる人がとてもいい人だったこともあって結婚したんですよ。昭和38年（1963年）私が26歳の時です。

結婚したその年に長女を出産し、29歳の時次女を、32歳で三女を出産しました。

その後ずっーと京都に住み続けていろいろなことがありました。

私が35歳の時になって、お婆ちゃん（義理の母）から「お好み焼き屋をやらないか」と言われたんです。初めは「お好み焼きって何？」っていう感じだったんですが、遠い親戚が大阪でお好み焼き屋をやっているのを見学したり、京都で美味しいと言われている店を3軒ほど回ったりして準備をしました。元々料理は好きだったこともあって、お好み焼きと焼きそばの店として開店し、35年以上続けてきました。いまだに「あんたとこのお好み焼きは美味しかったよ、またやってよ！」と言ってくれる人もありますよ。

私の健康、母やきょうだいたちのこと

私は小さい頃から丈夫で元気でしたから、今日までこれといった病気はしてきませんでしたよ。自分でしぶとい女だと思ってきましたけど、それでもどうして私だけ長生きしているんだろうなと思いますけどね。

ただ35歳の時に甲状腺がんになったんですよ。その時は府立病院で切除手術してもらいました。今でも薄っすらと施術の跡が残っていますけどね。見つかるのが早かったので転移もしないで済んだんです。あの時手術してもらった先生に私の被爆の話をしたんですよ。先生は「あんたの甲状腺がん、被爆の影響の可能性は十分ありますよ」と言われたのを憶えています。

それから、お好み焼き屋はずーっと立ち仕事だったので腰を痛めて、いい整形外科があるからと言って連れてってもらったら、「これは古い傷ですね」と診断されたことがあるんですよ。そう言われたら、若い頃スケートリンクで思いっきり転んで転倒したこととか、階段からお尻を激しく打ちながら落ちていったこととかを思い出しました。最近も押し車を押して歩いていて転んで足と腰を骨折してしまい、家の中でも杖がないと歩けなくなっているんですよ。今も整形外科に通っていますよ。内臓の方は今のところ大丈夫だと言われていますけどね。要介護3になってしまって、月、水、金の週3回のデイサービス通いをとても楽しみにしていますよ。

私の母は101歳まで生きました。原爆が落とされた時、母は家の中にいましたし、爆風で飛ばされたりもしていませんでした。爆風が収まってから防空壕に来たんですよ。

弟二人は64歳と65歳と、二人とも60代で亡くなっています。上の方の弟はがんでした。戦後に生まれた二人の妹たちは今も元気に過ごしていますよ。

私には3人の娘がいるのですが、3人とも被爆二世みたいな病気の症状があるらしくて、詳しいことは分からないんですが、とても気になっているんですよ。

香焼は被爆地として認められていない

被爆者手帳の申請はしましたけど、結局交付はされませんでした。私がいた香焼より爆心地からの距離がもっと遠い深堀の方はみんな被爆者になっているのに、香焼の人たちは被爆者になっていないんですよ。市役所に行って、「（原爆で）こんな目に遭いましたけど被爆者じゃないんですか？」と尋ねたら、「香焼は違います」と冷めたく言われてしまいました。役所ってそんな所なんだなあと思いましたよ。とても怒った憶えがあります。

京都の市役所にも行って伝えたんですけど「京都ではそれ以上のことは分かりません」と言われ、長崎でも「あなたの持っている『第二種健康診断受診者証』を被爆者手帳に変えることはできません」と言われました。役所って、人の心を踏みにじる、優しくないところだなあとつくづく思いましたね。

長崎に住んでいた弟たちは手帳をもらっているんですよ。長崎に住んでいる人なら手帳が出るけど、私のように他府県にいると駄目なんだそうです。今もって理解も納得もしていませんけど。

原発のこと、戦争のこと

以前うちに来た若い子が言ったんです。「原発作らはったでしょ。私、まだ子どもの頃から、日本は地震と津波とか多いのに、あんなに原発作ってと、それがバァーンとやられたら、また被爆者ができてしまうやんと思っとったんですよ」って。そしたら本当に起きたじゃないですか、福島で。本当に、なんでこんな経験もしていない若い子がそんなこと思うのに、偉い人たちがね、なんでそんなこと気付かないのかと思ってね。もうね、偉いさんのところへ怒鳴りに行きたかったですよ。

それと安倍さんがね、どこかが攻めてきたら自衛隊を国防軍にして闘うって言ったんですよね。私ね、この人、本当の戦争というものを知らないんだろう、バカボンが！と思いましたよ。首相官邸まで行って「戦争ってこういうものよ」ってことを教えに行こうかと思いましたよ。もう辞めちゃいましたけどね。

〈**参考資料**〉
平成14年4月1日に爆心地から12キロメートル以内の対象区域が、新たに被爆地域（健康診断特例区域）として追加指定され、原爆投下時（昭和20年8月9日の午前11時2分）に対象区域内にいた人又はその当時その人の胎児であった人は、「第二種健康診断受診者証」の交付を受け、健康診断を年に1回無料で受けることができます。福島圭子さんの被爆した香焼村（当時）はこの「第二種健康診断受診者証」交付の対象地域になっています。

第二種健康診断受診者証を持つ人で、被爆体験による精神的要因に基づく健康影響に関連する特定の精神疾患（これに合併する身体化症状、心身症等を含む）が認められる場合、申請の後に「被爆体験者精神医療受給者証」の交付を受け、対象となる疾患・症状の治療等に係る医療の給付等が受けられることになっています。（長崎市のホームページより）

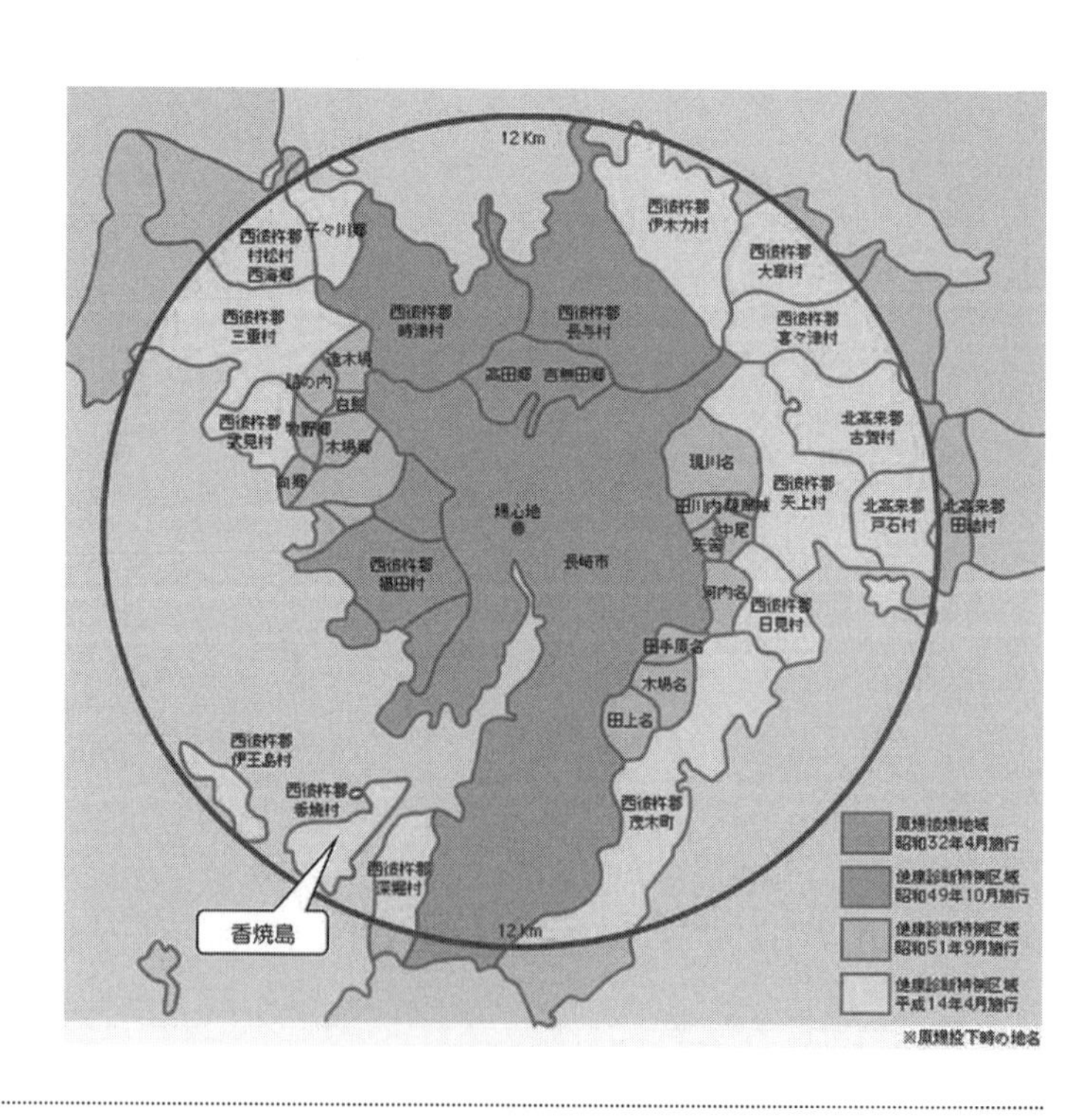

8 池上　京子

まあるいお膳をみんなで囲んでご飯食べたかった

お話＝2020年10月20日

地獄の街

私は昭和12年（1937年）の5月1日生まれで、原爆が落とされた時は8歳でした。長崎の爆心地から2キロぐらいあった所だそうですが、まだ幼かったし、原爆が落ちて1週間ぐらい後には母の実家のある熊本にみんなで避難したんで、長崎のどこに住んでいたのかはっきりとは憶えていないんですよ。父が三菱電機に勤めていたんで三菱電機の社宅に住んでましたけど。長崎市内に行くには電車で行かないといかんような所でしたね。

その日はね、家の中にいてね、昼前やったし、ご飯のテーブル用意して「みんなご飯食べるよー」と言ったところだったんです。その時、ピカッと光ったんですけどそんなに強くは感じてないんですわ。長崎の市街地じゃないし。丁度カミナリさんが上の方でピカッとやるような感じ。向こうの方で同時にドーンと、こんな音がするんかいなというぐらいの音が凄かったですね。それから、その日は天気が良かったのに真っ暗になってきましてね、爆風やら何やらで、壁なんかがバンバン飛んでました。

それから、私の父は長崎の三菱電機に勤めていたんですけど、原爆が落ちて消息が分からなくなって、みんなで一生懸命探したんですよ。何日も、何日も。

長崎の街の焼け跡を歩いていたら、突然足を掴まれたりするんです。寝ている人たちからね。恐い、というよりもうわーっという感じでしたね。「水くれー、水くれー」という人もたくさんいてね。井戸水をくみ上げるポンプの周りには物凄く火傷した人たちが折り重なるようになっていてね。みんな水が欲しかったんやね。エイリアンみたいな人がね、焼けただれた人が歩いてはるのも見ましたよ。「痛かー、痛かー」「水ばくれんとな、水ばくれんとな」と言いながら寄ってこられたら恐かったですよ。人間とは思えへんものね。目玉が飛び出したような人もいました。思い出しても恐いですけど、それでも可哀そうでしたね。

浦上川 の稲佐橋対岸から見た長崎造船幸町工場。1945年8月20日、森末太郎氏撮影（反核写真運動『決定版 長崎原爆写真集』勉誠出版）

死体もゴロゴロ転がってるんですよ。浦上川にも人がいっぱい浮いているんです。上になり、下になったりしてね。「母ちゃん、あれ何しやっと?」と聞いたら、「水が欲しゅうて、あそこから川に飛び込んで、水いっぱい飲んで死んでいっといやっとたい」と言われて、「えーっ」と。あの川、真っ赤になってましたね。人が死んでね、ウジ虫が湧いてね、夏ですからそれが体いっぱいになっててね。今思うたら悲惨なことでしたよ。世の中のものとは思えなかったですね。

父は結局見つからんかったんです。暫くして父の部下だった人が、父は直爆で亡くなったことを知らせに来てくれたんです。父が亡くなったあたりに「岡崎」というバッヂだけがあったんやそうです。その時父は32歳でした。父のお墓は父方の田舎に作られて、そのバッヂだけ墓に入れられました。もう父の顔もよく憶えていないんですよ。

父が亡くなったこと知らせに来てくれた人も足がドロドロに焼けていて、ウジ虫がいっぱい湧いていたんです。それを私の母が箸で取ってあげてね。あの頃はシーツなんてないし、布団の布を破いてそれで足をくってあげて帰ってもらいました。あの日のことの光景はどうしてなのかよく憶えているんですよ。

焼き場に立つ少年

背中に子どもをおんぶしてじっと見つめている少年の写真がありますよね。あれとよく似た光景を、私は実際に見たんですよ。私の母も一緒でした。私が「あん人、なんであげんとこ立ってやっと」と母に聞くと、「重油で死体を焼く順番ね、それを待ってると」と言われました。男の子の近くに行ってみると、その子は小学校5年か6年ぐらいやったと思いますよ。おんぶした背中の子はもう亡くなっていて、その死体を焼く順番でした。その傍にはその子のお母さんも倒れていたんですよ。もう血だらけでね、「はよ焼け、はよ焼け」と言ってはりました。私の母が傍まで行って、その男の子の背負った子をほどいてやったりしました。その子のお母さんが「お願いします、お願いしまいす」と言うてはりました。

ずーと後になってですが、その人が長崎県庁に勤めていることが分かって、母と私と一緒に会いに行ったことがあるんです。「良かったたい、元気になって」と母が言い、私も立派な青年になられてるなと思いましたよ。とても印象に残ってることです。

母の実家での過酷な暮らし

父が亡くなって、母親もその時妊娠していたんで、それで母の実家のある熊本県の人吉に帰ることになったんです。残された家族全員で。その頃の家族は、母と、長女の私、双子の妹の博子と愛子、その下の妹の照子、弟の秀人、五人きょうだいでした。母親のお腹には6ヶ月の子がいて、戦後、その子が6番目の子として生まれて、雄子と名付けられました。

母の生まれ育った実家のある田舎でしたけど、周りからはとても迷惑そうな扱いを受けたんですよ。「(原爆が)うつる、うつる」言われてね。すごい厄介者扱いでした。あの頃の事を思い出すと今でも目茶苦茶腹が立ちますよ。その頃から母の体調はずーっと良くなかったんです。入退院を繰り返してたんです、具合が悪くて。夜トイレに行った時などよく倒れるんですよ。血も出るんです。そんな時は「母ちゃん、母ちゃん」と言って子どもなりに声をかけてね、思い出すだけでも辛いです。母は「子どもだけを残して死んどられん」と言うて一生懸命でしたわ。

母の実家には伯父さん(母の兄)も伯母さん(母の姉)もいはったんです。母ももうちょっとはやさしゅうしてもらえると思って帰ったんやと思います。でも、本家(母の実家)に「ちょっと米ばくれんな」と言ってもらいに行くと、「乞食みたいや」とよく言われました。私ら家族は本家の家とは別に掘っ立て小屋みたいなもの建てて、そこに暮らしてたんです。8年経った頃、台風が来て倒れてしまいましたけど。

私らきょうだいは「何でうちらだけこんなんや」言うてね。食べるために田圃に入ってドジョウを捕ったり、山に入ってわなを仕掛けてウサギを獲ったりもしましたよ。役場なんかからは何もしてもらえんかったし、国も何もしてくれんかったんですから。食べていくのが精いっぱいで、他所の畑の芋掘って、「ドロボー」って追いかけられたりね。

偏見の目もひどかったですよ、田舎でも。原爆病がうつる、うつる言われてね。友達も誰もできんかった。「母ちゃん、これうつるとね?」と言うと、母は「うつらん」と言うけどね。親も子も「馬鹿たれ」とか「ドロボー」

と言われてね。

絶対笑わん子になってしまいましたね、私は。今はよう喋るようになりましたけどね。あの頃、周りからもうちょっと愛情もって接してもらってたら私も笑わん子にはならんかったと思いますね。人を信じることもできへんし、きょうだいみんなで「ドロボーくさい」「うつる、うつる」と、そこらへんのおばちゃんみんなから言われてましたから。

集団就職で京都・山科へ

私はそれからずーっと人吉で大きゅうなったんです。中学は1年しか行ってないんです。お母さんが入院してるし、妹たちの世話やご飯のこともあるし、中学2年、3年の時は学校に行かれんかったんです。ほんまに学校のことは知らないまんまでした。中学3年生になった時にね、優しい先生がいはって、ちょっとだけ学校に行かせてもらって、それで卒業ということにしてもろうたんです。

中学を卒業して、集団就職で京都の山科に来たんです。私が15歳の時でした。正直言って、あの時はやれやれ思いましたね。就職したのは山科の大野木秀次郎さんという人の織物会社でしたわ。給料はちょっとしかもらわれんけど、それをせっせせっせと人吉の家に送ってね。夜中まで仕事させられましたわ。夜中の12時とか、みんなよう泣いてましたね。「母ちゃん、母ちゃん」言うて泣いてる子がようけいましたわ。寮生は５００人位はいたと思います。私はとにかく田舎にお金送らんならんので、いつももっと給料欲しいなあとばっかり思ってましたけど。

結婚したのは20歳の時です。もう、「もらい手があったら誰でもいいから行けえ」って言われてたしね。はじめは何人かの人とお見合いしたけど、みんな断られました。何人も世話してくれはったんですけどね。私がおとなしいし、まじめでよう働くしということで。でも被爆者ということでみんな駄目。変な子ができるという噂が出ていたんやね。

最終的に結婚した今の夫は、戦争のことも原爆のこともあんまり知らん人でしたけど、私を妹のようにかわいがってくれて、私が原爆におうてることも知った上で、一緒になったんです。今でも優しい人ですよ。

被爆者健康手帳は割と早ようにもらいました。京都に来てからね。でも、会社に勤めている時は、ずーっと隠してましたけど。

みんな被爆の影響を背負っている

私の身体はずーっと悪かったですよ。一番最初はうつ病でした。32歳の時。それから胃潰瘍になって。胃がんまではいかんけど胃はずーっと悪いんです。甲状腺腫瘍も二つできて、30年前から白血球が高い高いと言われてきました。

夜、寝られんのですわ。飛行機が飛ぶ音がとっても恐いのと、幻想というのか、電気消えたら天井から幽霊のような血だらけの人が出て来はるんですわ。天井に映るんですね。追いかけては来ないけど。そしたら精神科に行け言われて、京大病院にも行ったけど、「これは一生ついてまわるやろな」と言われてしまいましたわ。頭がおかしならんかっただけでもましや思うてますけど。

今年の春先に右足の膝にこぶができて、切らはったら凄い血が出てきて止まらんかったんですよ。そんなこともありました。今お医者さんからは、絶対に痩せないことと言われてるんです。あれだけ血が出るとね。

双子の妹の一人博子と弟の秀人は若い時に亡くなりました。原爆の直撃を受けていたわけではないけど、血が出たら止まらんようになって、白血病で亡くなったんです。弟の秀人は18歳、血が止まらへんのです、手術もできないままでした。特殊な細胞の持ち主だと言われて、亡くなってから京大病院に献体して解剖してもらいました。妹の博子は山に行った時に怪我して、それも血が止まらんようになって、そのまま亡くなったんです。私らきょうだいはみんなどっかで被爆の影響を背負うていると思いますよ。父の顔も知らないきょうだい6人がそれでもようここまで頑張ってこれたと思いますよ。

まあるいお膳をみんなで囲んでご飯食べたかった

妹の愛子が亡くなる時にね、熊本へ帰ったんですけど、「京子ちゃん（私のこと）、今度生まれてきたら、みんなでまあーるいお膳で、父ちゃん、母ちゃん、京子ちゃん、博子、私、照子、秀人、雄子、みんなでお膳囲んで、一緒にご飯食べようねー」と、亡くなる直前の愛子が言ったんですよ。これだけは絶対に忘れられんね。結局そういう場面は一度もなかったですよ。

妹らは中学校もまともに出らんと、よその子の子守をしてましてね。ちゃんと出たのは一番下の妹と、その上の妹だけですよ。普通の家庭ではいつでもできることやけど、お膳を囲んでというのは。そういうのはとうとう一回もなかったです。

それからずっーっと後になってからのことですが、私が仕事中のあいた時間に、愛子ちゃんの言ってたことを思い出して、紙の上にまあるく丸を書いて、その周りに、父ちゃん、母ちゃん、きょうだい一人ずつの名前を全員書いた絵を作ったことがあるんです。その絵を熊本の妹らに送ったら、みんな泣いて見たそうです。忘れられない思い出ですよ。

それからやっぱし学校にはきちんと行きたかったな、と何回も何回も思うてきました。今でも思うてますよ。

私は二人の男の子に恵まれました。孫は3人います。お蔭さまでみんな元気ですよ。今はみんなに囲まれて幸せに暮らしています。

9 川村　弘子

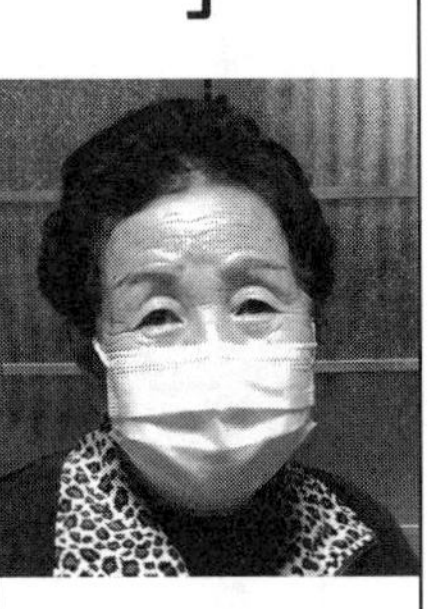

9人家族で乗り越えてきた

お話＝2020年11月2日

父の転勤で家族一緒に全国を～そして長崎へ

私たちの家族は原爆が落ちる一年前までは広島に住んでたんですよ。今の平和公園の南になる水主町（かこまち）というところ。今の原爆ドームにも割と近いですよね。広島に原爆が落ちる前に長崎に移ってたわけですよ。それで私たちは長崎で原爆に遭ったんですよ。本当は長崎より広島にいた方がずーっと長かったんですよ。

私は1932年（昭和7年）の生まれですが、私が生まれたのは徳島だったんです。父親が郵政省に勤めていたもんですから、もうあちこち転勤で行ってますねん。広島にも行ったし、岡山にも行ったし。私らの学校ももう転校続きでした。国民学校6年生の時に広島から長崎に移って、長崎の女学校1年生の時に原爆に遭ってるんです。もともとの父親の実家は大阪なんです。高槻なんですよ。

家族ぐるみ、9人家族でしたけど、みんなで長崎に行ったんです。

父は郵政省の長崎の貯金局に勤めていました。

母は家にいて、私のきょうだいは7人だったんです。上から言うと…

長女、私より11歳年上で、8月9日は自宅に母と一緒にいました。

次女、私より5歳年上で、この日三菱の兵器かなんかの工場に学徒動員で行っていました。

長男、私より2歳年上で、次女と同じくこの日は学徒動員で三菱の工場に行ってました。

私が丁度真ん中で三女、この時13歳でした。

次男、私より2歳年下で、この日私と一緒に家の二階にいました。

四女、私より6歳下で、同じく家にいました。

一番下が三男で、私より11歳年下、この時まだ2歳でした。


この9人の大家族が、父が転勤の度に全国あちこちへとみんなついて行ってたんですよ。9人家族で全国を転々とするのはそりゃぁ大変でしたわ。今だったら、父親だけが転勤して、家族はみんな大阪とか京都に残るのが普通でしょうけど、あの頃は全部引き連れて行ってましたね。親は大変やったと思いますわ。

長崎で住んでいたのは長崎の中心地でした。県庁の近くで、百貨店のような建物も割と近くにあるような所でした。防空壕の向こうに川が流れていて、その向こうに貯金局があったんです。貯金局言うても当時は仮の建物の貯金局でした。長崎にはちょっとの間しかいなかったんで住んでいた街の名前も忘れてしまって。

あの頃は原爆が落ちる前でも機銃掃射みたいなの始終あったんですよ。ものすごく低く飛んできてね、ちょっとでも外に出ていたら恐かったですよ。

家族9人を襲った原爆

8月9日、原爆が落ちた時、私は家にいたんですよ。空襲警報が鳴って、学校を休んでいたんです。二階に2歳下の弟と二人でいたんです。二階の窓から外を見ていたら、突然、バワーっと来て、もうびっくりして、下へ降りようとしたんです。もう階段が曲がってしまってましたけど、弟と二人何とか降りることはできたんです。階段の下にどうやって降りたのか自分でも分からんぐらいです。弟と二人でダアーッと降りたことだけは今でも憶えていますわ。ほんまに恐かったですわ。私、原爆が落ちた時、すぐ近くに焼夷弾かなんかの爆弾が落ちたんやと思うてね。

母たちは家の一階にいました。その時家にいたのは、母と一番上の姉と、私と弟と一番下の妹と弟の6人でした。家の前に防空壕があって、弟が、年下と言っても男の子ですから家の中からちょっとしたもんだけ、ばっぱっと持ち出して、とりあえず運び込んで防空壕に入ったんです。

父は貯金局に行ってましたし、二番目の姉と兄は三菱の工場に学徒動員に行っていました。

そうこうしていると家の裏の方から燃えてきたんです。火の手が上がって火事になってきたんです。家は爆風で飛ばされはしなかったけど、結局全部燃えたんたです。丁度川があって、川の手前までが全部焼けたんですよ。川の向こう側には百貨店とかがあったんですけど、そっち側は全然燃えていないんですよ。

三菱の工場に行っていた姉はちょっと怪我をしていましたけど、原爆の落ちた翌日に家に帰ってきました。姉はもう、あの時のことを話すのは嫌や言うてね。もう誰が聞かはっても「原爆の話はせん」といつも言ってました。その姉ももう亡くなっていますけど。

兄は3日目に帰ってきました。父やらは「もうアカンな」言うてましてん。「どこでどうしているか分からへんな」と言うてね。ところが3日目に兄は帰ってきたんですよ。兄が帰ってきた時の格好はもうひどいもんでしたわ。ボロボロになってね。着ているものから何から何までボロボロでしたわ。兄の方がきつい怪我をしてましたね。3日間どうしてたんか、兄もその話はしないんですよ。「恐い」と言うてね。「もう恐ろしくてその話はできへん」言うてね。姉と一緒ですよ。

貯金局に行っていた父は全然大丈夫でした。貯金局の中でも立場がちょっと上の方やったから、原爆が落ちた後なかなか家にも帰って来られませんでした。

だから母が大変でしたね。家が全部焼けてしまったので、しばらくは防空壕にいたんですけど、それから市場のようなものの跡地みたいな所を貸してもらって、そこに住んでいました。わたしらは行くところがないので、そういう場所を貸してくれはったんやと思います。

浦上で見たもの

私が長崎で行っていた学校は280段も階段を上がったところでしたんや。そこの女学校に1年生で入れてもらってたんです。家から結構遠くて、1時間ぐらいかかって通っていましたよ。そこまで毎日歩いて通ってたんです。原爆が落ちてから、学校へいっぺんは行っておかなあかんな思うてね、一人で学校に向かったんですよ。その途中で浦上という所を通ってね。天主堂のある所を通って、ずーっと山の上にあったんですよ、私の女学校は。長崎の街は山ばっかりですからね。今から思うとよう一人で行ったと思いますわ。もう、馬やとか、牛やとかね、人間もものすごう亡くなっててね、恐かったですよ。そんなひどいことになっているとは知らんから行ったんですけど、行ってみると私が住んでいたところより浦上の方がずっときつかったんですよ。

学校まで行ってみると、何もなかったですわ、学校そのものも。誰もおられないし、何も分からないし。それ

破壊された浦上天守堂（長崎原爆資料館）

からは、もうそのまんまになってしまって、二度と行くことはなかったんです。学校にもちょっとしか行ってないし、その後どうなったのか全然知らないんです。

家の方も原爆に遭って全部燃えてしまって、何も無くなったんです。学校のことは何も分からないままになってしまったんです。

原爆が落ちる頃、私らが住んでいたあたりの人はみんな田舎へ疎開していて、ほとんどいはらへんのでしたわ。空き家だらけでね。だから長崎にいた時にお付き合いしていた人、知った人というのはほとんどいないんですわ。広島では普通に住んでいましたからね。近所の人もみんな知ってましたけど。でも、広島にいた頃の学校の友だちもみんな亡くなりました。

常清高等実践女学校被災跡　撮影者不詳

終戦直後は、海岸べりに船が着いていましたけど、そのあたりによう遊びにも行ってましたね。アメリカの兵隊さんが船で来ていましてね、チョコレートなんかいっぱい持ってきてるんですわ。それを私らやら子どもらが行ったらくれますのや。そんなん貰っていたりしたことも憶えていますね。

それから長崎にはあまり長くはいずに、父の実家のある高槻に帰ってきたんです。父が長崎から神戸貯金局に転勤になったためでした。広島には6年もいたんですけど、結局長崎には1年とちょっとぐらいでしたね。もしあのまま広島にいたら、私ら家族はみんなあかんかったでしょうね。

高槻へ、京都へ

高槻に実家の母屋があったのでそこへみんな帰ってきたんです。戦争が終わって、まだ夏の気候が残っている頃でしたね。外地から復員してきた兵隊さんたちもいっぱい帰ってこられていた頃です。兵隊さんたちと一緒の汽車にのせてもらってね。

おかげさんで家族9人、全員無事で、命だけは助かったんですよ。あの頃はみんなびっくりしてはりましたわ。「よう9人もみんな助かったなあ」言うてね。

高槻の実家というのはかなり大きな家だったんですよ。もともとは高槻城の中に家が建てられていて、父が子どもの頃はそこに住んでいたという話でした。昔は、お城の家老の子孫にあたるような人も近くにおられたとかいう話でした。それから高槻城はなくなって、父の兄にあたる人がそこに家を建てていたんです。

高槻には少しの間置いてもらって、それから京都に移りました。京都には母のお母さん（私のお祖母ちゃん）の家があってそこへ移らせてもらったんです。父は京都から神戸まで通っていたんですよ。あの頃は京都から神戸までだと4時間はかかっていましたね。父はそれから大阪貯金局に転勤となり、最後は京都貯金局で定年を迎えました。

私らは北区にあった官舎にも住みました。ここの家（東山区）は父が定年退職してから建てたもので、それ以来ここに住み続けているんです。

実は私も京都の貯金局に勤めていたんです。19歳から54歳まで35年間。姉も貯金局でして、兄も最初は法務局に勤めていましたから、公務員が多かったです。

芋のつる

終戦になってからも、うちはとにかく家族も多いし、食べることが大変でしたね。長崎でも大変でしたけど、京都に帰ってからがもっと大変でした。もう食べる物が全然なかったんですよ。うちは京都に親戚もないでしょ。母がいつも亀岡の向こうの園部あたりまでお芋さんとか買いに行ってましたよ。お隣りの奥さんと一緒にね。汽車に乗って帰って来る時、途中まで来たら警察に全部取られてしもうて、結局何も持って帰れなかったこともよくありましたよ。

ほんまに食べる物には苦労しましたわ。お米なんか全然なかったんですから。学校のお友だちが、その人の家はさつま芋なんか植えてはったんですけど、「芋のつるあるから取りにおいで」と言うてくれはって、それをもらいに行ったりしてましたわ。そんなもんでもなかなかなか無かったんですよ。

私の母は着物ばっかり着てたんですよ。死ぬまで、生涯着物でしたね。そんな着物を京都にも持って帰っていて、それをお百姓さんのところに持って行って、食べ物と交換して、そんなんばっかりやってましたんや。私らもちゃんとした服はなくて、着物をほどいて、それをスカートやらにしてもろうてました。

両親もきょうだいたちも見送って

被爆者手帳は家族全員が持っていました。父がまとめてとってくれたんですよ。結構早い時期だったと思いますよ。

父は88歳で亡くなりました。母は92歳で亡くなりました。父も母も、がんとか白血病とかにはならずに普通の病気で亡くなったんです。

一番上の姉は97歳になりますが、今も私と一緒に暮らしています。

二番目の姉は去年亡くなりました。ベッドから転落する事故があって、それがもとで話せなくなって亡くなったんです。原爆症みたいなものは出ていないんですけどね。

2歳上の兄は6年前に84歳で亡くなりました。胃がんでしたが最後は誤嚥でした。

私のすぐ下の弟は42歳で亡くなりました。これもがんでした。

妹も27歳で病死しています。がんだったのかどうかは確かではないんですが。

一番下の弟は外国旅行専門の旅行会社やっています。今コロナで全然あきませんけど。

7人きょうだいの内4人が亡くなって、生きているのは長女と私と一番下の弟、三人だけになったんです。

私はお蔭さまで今日まで健康に過ごしてきました。今年88歳になりました。米寿です。

10 佐野　稔（仮名）

命をつないだ被爆者手帳

お話＝2016年2月28日

長崎に原爆が落とされた頃

僕は昭和18年（1943年）2月28日の生まれなんです。原爆が落とされた時は2歳と半年ということになりますね。ですから何の記憶もないんですよ。

僕の生まれた家は長崎の爆心地から2・5キロあたりですね。お諏訪さん（諏訪神社）の東の方向なんですけど、少し高台になってる所でしたね。親父（おやじ）が酒屋をやってたんですよ。造り酒屋やってたんです。長崎は水が悪いということで諫早から水を運んできてやってたらしいですよ。戦争中は軍に酒を納めたりして結構繁盛してたらしいんですわ。

きょうだいは4人なんですよ。一番上は姉ですけど、姉といっても年が離れてるから姉さんという感じがしなくて、叔母さんみたいな感じでしたけどね。その後に男ばかりの3人兄弟なんです。長男は軍に入って兵隊にも行ってましたけど、原爆の時には長崎に帰ってて三菱重工に勤めてました。僕のすぐ上の兄は私とは10歳ほど離れてて、僕が末っ子なんです。原爆の時には姉はもう長崎市内ですけど嫁いでましたから、家にいたのは親父とお袋と男兄弟3人やったんですね。もう一人使用人のような人もいたように思いますけど。だから、親

諏訪神社

たちも姉も男兄弟3人もみんな被爆はしてるんですよ。
家の裏に防空壕作ってあったんですよ。あの日(8月9日)お昼前に、お袋が空にB29を見てて、突然ピカーとなって、慌ててその防空壕に入ったらしいんですわ。「防空頭巾、防空頭巾!」と言ってね。そしたら下の方からみんな傷だらけになって、血を流しながらうちの防空壕にどんどんどんどん逃げて来たんだと言ってましたよ。うちの家も爆風で表から裏までズドドーンって抜けたって、言ってましたからね。
親父は僕が6歳の時(昭和24年)、脳溢血で亡くなりました。実はその前に進駐軍のMPにジープで撥ねられたらしいんですけど。それから寝込んで、最後は脳溢血で。親父が倒れた後、一番上の兄貴には酒屋を継ぐ気は全然なかったみたいで、酒屋は親父の代で終わったんですよ。

子どもの頃の長崎の思い出はいろいろありますよ。僕たちは「高商、高商」と言ってましたけど近くに大きな学校(長崎高等商業学校)があって、中に池があったりして、河童が出るから行っちゃいかん、と言われたりしてね。稲佐山のハタ揚げ大会とか、精霊流しとか、とても懐かしいですよ。
僕は昭和25年(1950年)に上長崎小学校に入学したんですけど、2年生の時に、親代わりになっていた三菱重工の長男が転勤ということになって、家族全員で東京に出て来たんですよ。世田谷の社宅みたいな家に住むことになったんです。その後引っ越しになって豊島区の目白小学校に転向になったり、中学は高田中学に進んだりしていきましたよ。

出来が悪くて、親も放ったらかしで、高校も行くところなくて、先生に「君はここしかない」と言われたのが帝京高校やったんですよ。今はサッカーとか野球とかで有名になりましたけどね。あの頃は、授業料納める能力があるかどうかだけでパスでしたよ。

大学まで行けとは言われましたけどね、もう勉強が嫌で、料理の方に行きたかったもんですから、コックになったんですよ。昔、日比谷公園の前に電電公社の本局があって、その4階に洋食レストランがあったんですよ。そこに入りました。その後は都内でいろんな所の喫茶店なんかも経験していきましたけど。

肺結核とベトナム戦争

コックに成り立ての頃、急に熱が出て、倒れて、肺結核になったんですよ。19歳の時（昭和37年）でしたね。友だちに結核の人がいましてね、昔は隔離なんか何もしてなくてね、排菌してるもんだから。僕は親身になってその友だちに接してたもんだから、僕にもうつって発病しましてね。親がびっくりして。東京の立川の、立川国立診療所と言ったと思いますけど、そこの内科に入院して。その時は、まだ若くて先も長いのに薬だけで抑えていくのはどうかと疑問に思って、先生にそのこと言ったら外科に回されて、すぐに切ろう、ということになったんですよ。肺の右上葉を取ったんですわ。

あの頃ベトナム戦争やってましてね。立川には米軍基地があるんですよ。でっかい、真っ黒い爆撃機がたくさん来るんですよ。ベトナムからアメリカ軍の休帰兵もたくさん来ていましたね。亡くなった兵隊の遺体や負傷した兵士もたくさん運ばれていたようですよ。あの頃、負傷したアメリカ兵や、ベトナムにも持っていくために、日本の血液の血清がみんな持っていかれてて、日本人の手術をするにも血液が足りなくなっていたんですね。僕の手術には輸血するのに５０００ccとか６０００ccとか要るというんですよ。それを集めなきゃいけない。売血でやると血清肝炎になるからだめなので集めてくれということになって。僕のきょうだいは被爆の関係からか、赤血球か白血球かが少ないというので、みんなひっかかるんですわ。僕も同じで今もって献血とかできないんですよ。まあそれでもとにかく５０００cc集めたんですよ。親戚とか、いろんな人に協力してもらってね。

結核になった時、被爆者手帳使われたんじゃないかと思うんですよね。手術代に１００万円かかるとか言ってましたから。この手帳が効いたから手術できたんやないかと、今にして思いますけどね。

働きづめの人生

僕が京都に来たのは昭和45年（１９７０年）、27歳の時ですよ。万博の年でしたけど。東京でコックやってまして、関西でも勉強したくなって来たんですよ。京都ではコック以外にもいろんな職を経験しましたよ。昭和46年（１９７１年）、28歳の時に結婚しましてね。それを機会に、社員食堂に勤めることなどもありました。でも個人企業なので福利厚生なんかが何もなくて、社会保険もないので、そこも辞めて、今度は食品加工業卸の会社に勤めることになったんですね。お惣菜を作る会社ですよ。社長と二人で一生懸命仕事をしてきましたわ。事業は順調でよう儲かったりもしましたわ。平成8年（１９９６年）には会社設備を一新して、衛生設備のしっかりしたものにしていって、ますます事業は伸びましたね。あの頃は食品加工会社の衛生管理なんかちゃんとできてない会社が多かったので、スーパーなんかからもうちにどんどん注文が増えて来たんですよ。でも土日も休みがなくてね、働きづめの毎日でしたけどね。

平成15年（２００３年）、60歳で定年になって、後1年だけ嘱託で続けて、その後は、「若いものに任せよう」

ということで社長と一緒に身を引いたんですよ。

膀胱がんの発症

19歳の時に結核の手術やって、それ以来健康の問題はずーっと何もなかったんですけどね、定年になる年までは。ただ、血圧は50歳代の時にボーンと200まで上がってね、それからはずーっと薬を飲んでましたけどね。先生にこれは遺伝だと言われましたよ。親父も脳溢血だし、2番目の兄も脳梗塞だったし。

もう6~7年も前になりますけど、食品会社の仕事を退職してからですね、10月の被爆者健診の検便検査でひっかかって、その時、京友会の人から和田クリニックを紹介されて、そこで診てもらったら大腸ポリープが見つかったんですわ。それから市立病院紹介されて、ポリープ4つくらいあって取ったんですけど、悪性じゃないので良かったですけどね。

一昨年になりますが、ある時期からトイレが近くなってね、和田クリニックに行ってCT診てもらったりしたんです。それから朝のウォーキング途中に突然歩けなくなって、痛くなって、また和田クリニックに行ったら脊柱管狭窄症だなんて言われて、漢方薬貰ってたんですよ。そしたらある朝、トイレに行ったらバァーっと鮮血が出て、びっくりしてまた和田クリニックに行ったら、尿採ってこらぁあかんわということになって、五条通りの泌尿器科の先生紹介されて行ったらそこでもあかんわぁということになって、市立病院に 行って、即入院。膀胱がんだったんですよ。手術やったんですよ。1回目は1~2時間ほどかかって部分的な除去手術したんですよ。しばらくして今度は市立病院の別のお医者さんに診てもらった時、部分的な手術ではもうダメなので、全部とった方がいいということになったんですよ、去年の1月のことですけどね。全部とるというのは随分悩みましたよ。病院に行くその日まで悩んでましたわ。和田先生にも、泌尿器科の先生にも相談して、結局全部とった方がいいとアドバイスされてね、それで手術しました。

膀胱がんって、症状が痛くも痒くもないんですよ。毎年人間ドックやってても、CT撮ってても、でも膀胱の中は分からなかったんですね。どこにも転移してなかったから良かったけど、リンパにも行ってなかったし。今は半年に1度の経過観察の検査やってて、5年間は続けないといけないんですよ。

ですから今は身体障害者なんですわ。遠くには出かけられないんです。今さらどこかに行くところもないいんですけどね。電車でもトイレのある所確認してからでないとダメなんですよ。夜もトイレに3回は行きますからね。2時間毎になんとなく目が覚めるんですよ。水分は十分補給しなければと言われていますしね。

それでも僕は被爆者だったから、親が被爆者手帳取っといてくれたもんだから良かったんですよ。それまで自分が被爆者だなんて何にも意識はなかったけど、手帳は持ってたけど使ったこともなかったし。会社勤めしてたので、仕事している間は社会保険でやったし、風邪ひいたことぐらいしかなかったですからね。和田クリニックに通院するまでは、健康管理手当なんかもあること全然知らなかったんですよ。

お袋が僕の被爆者手帳をとっておいてくれたのは、僕たちが東京に行ってからですからね。長崎と違って東京なんかでは被爆の情報なんか何もない頃ですよ。よくとっておいてくれたと思いますね。きょうだいもみんな手帳とってますけど。あの頃は被爆してるとうつるとか何とか言われて、隠してる人も多かったですからね。

被爆者手帳は本当にありがたいと思いますわ。この頃は医者に行かない人の話もよく聞きますよ。医療費が高くて払えないのでね。そのため手遅れになって亡くなってる人も多いじゃないですか。手帳がなかったら、僕もとっくに死んでますわ。

膀胱がんの手術してから原爆症の認定もしてもらいました。和田クリニックの先生にすすめられてね。まあ膀胱がんと引き換えのようなもんですけどね。僕の膀胱がんも原爆と関係あると認められたようなものですよね。70年も前のことなんかなかなか証明するのも難しいのにね。認定が決まって通知が来たのは去年（2015年）の5月ですけど、その時は嬉しかったですよ。すぐに和田クリニックの先生に電話しましたわ。

独りで生きていくのは大変

お袋は僕が36歳の時に80歳で亡くなりましてね。我が家のお寺は長崎の正覚寺なんですけど、本山が京都にある仏光寺なので、27回忌は京都でやったんですよ。

次男の兄は独立して、横浜に家も建てて、設計用の機械を作る会社で役員までやってたんですけど、お袋が亡くなった後に76歳で亡くなりました。脳梗塞で倒れて最後は肺炎の診断でしたけど。長男の方も昨年亡くなりました。剣道7段、居合8段ほどの腕前でしたけどね。胃がんもやって、こちらも最後は肺炎でした。姉の方は80いくつかまで生きましたけどもう亡くなっています。

僕は事情があって離婚してるので、今は天涯孤独になってしまったんですよ。これからどうしたらいいんでしょうね。

先日、同じマンションの人で、これも独り暮らしだった人が亡くなりましてね。部屋の中で突然死だったみたいですけど、1週間ほど分からなかった、誰も気付かなかったんですよ。他人事じゃないんですよね。僕も先日部屋の契約の更新をしたんですけど、保証人になって

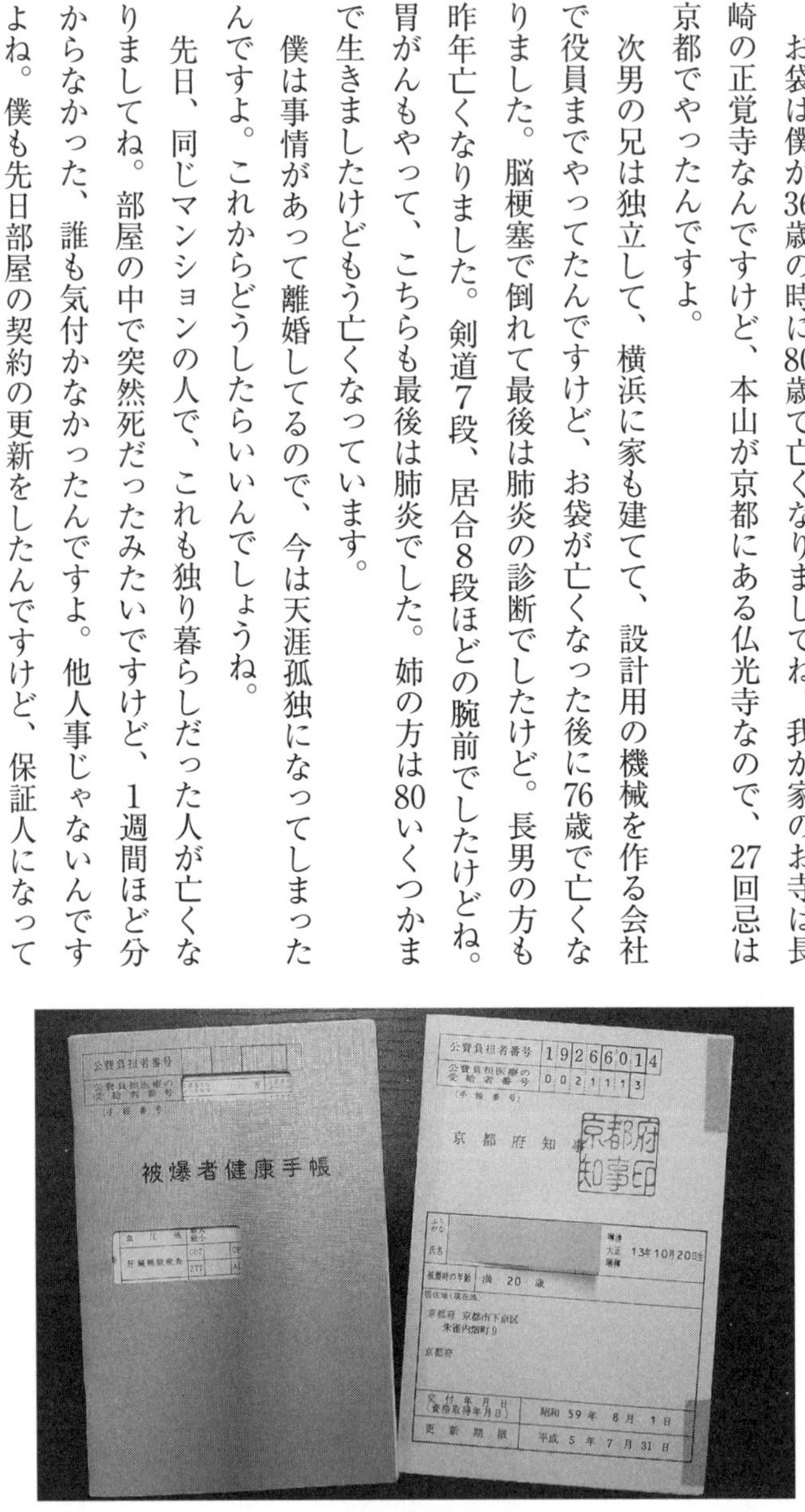

被爆者健康手帳

くれる人を見つけるのも大変なんですよ。昔からの友だちにお願いするしかなくて。それでなんとかなりましたけどね。

一人暮らしで毎日何をしてるんだ？ってよく聞かれるんですけどね。毎日結構忙しいんですよ。結婚してたら奥さんのやってくれること、全部自分一人でやるわけですから。病気があるので規則正しい生活しなければならないということもあるしね。朝一番はお袋にお線香あげることから始まるんですね。それから掃除して、コーヒー飲んで、観たいテレビは全部録画しておいて午前中に見るんですよ。お昼は食べたり食べなかったり。買い物にも行かんならんし、洗濯はパッとやって。食事を作るのは好きなんですよ、元コックだから。夜は7時までに食事して、それ以降は絶対に飲み食いしないんですよ。テレビ見てるとウトウトしてきて、そうするとすぐにベッドに入って、それで一日が終わりですわ。

それでも年とっていって、病気もあって、独りで生きていくのは、心配ですし、大変ですよ。

11

王 孟（仮名）

原爆被害も乗り越えて生きてきた85年

お話＝2016年7月8日

故郷は中国福建省

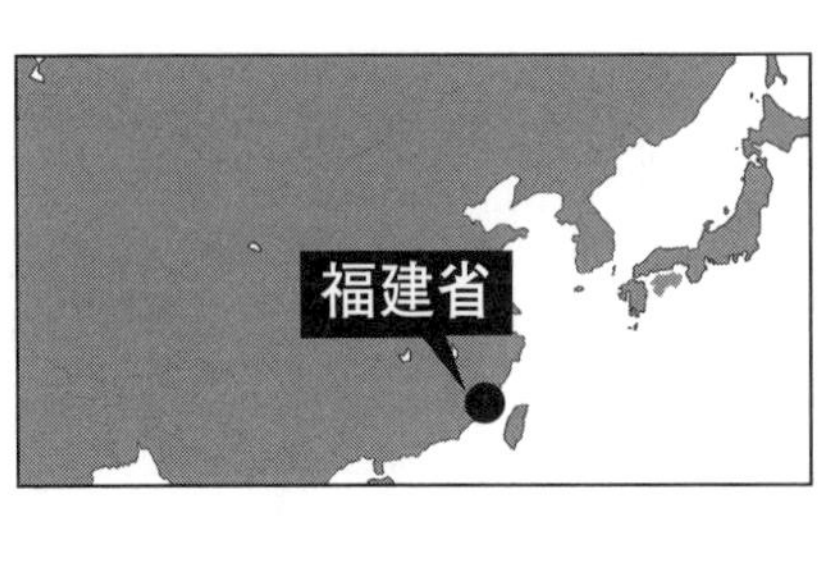

私は1931年（昭和6年）5月27日に中国の福建省で生まれました。そして3歳か4歳の頃日本の長崎にやって来たのです。私の父は中国で蜜柑畑と米を作っていて、少しぐらいはお金のある中農程度の農業をやっていました。その父が肺結核になって、養生方々日本の長崎に行ったのです。長崎には中国人の親戚や友人もたくさんいたようでしたから。父にとってはこの長崎の暮らしがとても気に入ったのでしょうねえ、最初は1～2年ぐらいのつもりで行ったのですが、とうとう中国から家族全員を長崎に呼び寄せることになってしまったのです。私は5人兄弟で、長女、長男、次男、私、弟の順でした。姉だけが中国に残って、中国に持っていた財産を姉夫婦が任せられることになりました。長男は結婚していて夫婦で大阪に住んでいました。ですから、次男以下の私たち3人兄弟と両親との家族全員が長崎に渡って暮らすことになったのです。幼い頃に長崎に来て、とうとう最後までこの日本で生き続けることになりました。あの頃は日本と中

国の間の行き来は結構自由でした。パスポートなんてなかったと思います。長崎と上海との間には定期航路もあって、長崎からだったら東京に行くより上海に行く方が早く着くほどでした。

福建省に住んでいた頃の思い出は3歳か4歳頃までなのでほとんど記憶に残っていません。川の傍で遊んでいたことを微かに覚えていることぐらいですかね、中国の蜜柑の木は背が高くて木に登って蜜柑を取るのですけど、その下に落ちてくる蜜柑を拾って食べたり、遊んだりしていたことなど、その程度ですかね、覚えているのは。

中国に行ってみたことは戦後1回だけあります。福建省同郷会というのがあってそのツアーでね。日中の国交は回復していましたけど、中国はまだ未発展の頃でしたね。もちろん私の生まれた家などはもうまったく分かりませんでした。

長崎市新地で育つ

私たちが長崎に渡った頃、父は中華料理の店をやってたのですよ。場所は今の中華街のあるあたりです。周りには中国の人がたくさんいました。今は中華街と言っていますけど、昔はあそこは新地と言っていたのですよ。中華街と言われるようになったのは最近でしょう。今でも正式な番地は新地だと思います。この新地の一角で中国の人達が力をあわせて暮らしていたのですよ。韓国の人たちが大阪の鶴橋に集まってやっているようにね。昔は中国の人たちは貿易の商売を中心にやっていました。鱶（ふか）のひれやら海鼠（なまこ）やらアワビやらを乾燥

現在の中華街の一角

させて、日本から中国に送っていたのです。そういう人たちが新地に集まっていたのですよ。

今のように中華料理店がいっぱい並ぶようになったのは戦後ですよ。終戦になって、日本の人たちは食べるものがなくてね。それで食べ物屋やったら流行ったのですね。

長崎で通った小学校は中国人のたくさん行く時中小学校という学校でした。大浦の孔子廟の中にあったのです。戦後子どもが少なくなって、この小学校もなくなったのだと思います。戦争中は中国は日本にとって敵国ですからね、私たちは学校に通学する途中よくいじめられたりしたものです。

原爆の閃光と爆風に襲われる

原爆が落ちた時私は14歳になっていましたけどまだ小学生だったのです。長崎に来て言葉がすぐには分からなかったので進級が少し遅れていたのですね。私の家は爆心地から3・5キロほどの距離にありました。その日の朝は、前の夜からの空襲警報が警戒警報に変わっていたので、友だち5〜6人と自宅の庭で遊んでいたのですよ。夏休み中でした。

B29が飛んできて、北の方向に行くのを眺めていて、日本の高射砲が撃ってはいるのですが届かないなあって思いながら見ていました。その時突然ピカっと光ったのです。光ったのが県庁の上の方だったので、県庁に焼夷弾が落ちたのじゃないかとその瞬間思いました。しばらくしてウワァーッと物凄い爆風が来たのです。いろいろな物がゴロゴロ飛んできて、自宅の屋根瓦が全部飛んでしまって、壁土が崩れ落ちて、窓のガラスがみんな飛び散ったりしました。「早よ逃げんといかん」と言って、大急ぎで自宅の庭にあった防空壕に入りました。

その時にガラスの破片が胸の真ん中に当たって刺さって、その傷跡は今でもハッキリと残っています。

原爆が落ちてから1週間ぐらいしてから、高熱が出て、おう吐、めまい、鼻血の出血が続きました。放射能を浴びた急性症状だったと思います。そして1～2ヶ月してから、股関節の周囲にリンパ腺が腫れあがって、さらに左足膝の裏側にもリンパ腺が腫れあがりました。近くの朝永病院で手術して除去してもらいましたけど、今でもあの時の傷跡は深く残っているのです。この時は1年以上ほとんど歩くことができなくて、自宅での療養を続けることになりました。

8月8日夜、平和公園の「平和の灯」

長崎から博多、京都へ

小学校を卒業してから中学は海星中学に進学しました。海星は戦後の学制改革で中学校・高等学校になって、高校も海星高校を卒業しました。時中小学校から海星中学に入れる中国人は1学年で4～5人だけという枠があってその中の1人だったのです。ですから1クラスに中国人は2人か3人ほどでしたね。海星高校を卒業した中国人はみんな東京なんかに出て行きましたけど、私は長崎に残って就職することにしました。とは言ってもあの頃は就職難の時代で就職もなかなか難しいものでした。その上私は外国人だということで余計に就職は厳しかったです。20歳～21歳の頃になって、やっと新地の中華料理店に見習いとして就職することができました。ところが就職して間もなく肺結核になってしまい、11ヶ月も自宅療養することになったりしました。

1960年（昭和35年）の3月に、その頃私は長崎で中華料理店に勤めていたのですが、すすめる人があって結婚しました。29歳の時でした。妻となる人も中国人でした。同じ年の12月、福岡県の博多で新しく中華料理店を出す計画があって、私に新しい店の経営をやってみないかと誘われ、博多に移りました。その年には長男も生まれて、1960年（昭和35年）はいろんなことが一度にあった年でした。

1964年（昭和39年）の1月に今度は京都に移りました。知り合いの人が京都で西洋料理の店をやっていたのですが、その後を中華料理店に変えてもいいからやってくれないかと言われて、それではということで京都に移ってきたのです。それ以来京都で中華料理店をやる人生となりました。

被爆者手帳と闘病

被爆者手帳は1972年（昭和47年）に京都で交付してもらいました。それまでそんなものがあるなんて全然知らなかったのです。父が亡くなって、葬式のために長崎に帰った時、親戚の人から「被爆者手帳持っているか?」って教えてくれたのです。「どんなふうに使うのかもよう分からんけど、いつか役に立つこともあるやろう」って言われて、じゃ取っとこうかということになって京都府に申請したのです。手帳の交付はとてもスムーズでした。蜷川府政の頃ですからね、京都の担当の職員の方もとても親切に教えてくれました。

手帳が交付されてすぐに人間ドックを受けて、その時に高血圧と糖尿病、尿酸値異常の病気が見つかったのです。それからというものいろんな病気が相次ぎ、手術や入院を繰り返すことになりました。1995年（平成7年）に白内障手術、1999年（平成11年）に痔の手術、2003年（平成15年）大腸ポリープ摘出手術と蓄膿症手術。2009年（平成21年）には甲状腺機能低下症だと診断され、通院と投薬治療を今も続けています。そして去年（2015年）の10月、左腎腫瘍、下大静脈腫瘍塞栓と診断されました。

体の倦怠感というのは原爆に遭って以来今日までずーっと続いています。私たち家族はみんな一緒に被爆してるのですが、父は心筋梗塞で、母は子宮がんで、兄も心筋梗塞で、みんな既に他界しています。

原爆症認定申請

私が長く苦しんできた高血圧と高脂血症、白内障、甲状機能低下症などの病気は長崎で原爆に遭ったことが原因だと思っていましたので、２０１３年（平成25年）７月に原爆症認定申請を提出しました。しかし翌年の６月になって申請を却下する通知が届きました。高血圧や高脂血症は原爆が原因では発症しないというのでしょう。また爆心地から３・５キロ離れていると白内障や甲状機能低下症の原因にもならないとされたのだと思います。

諦めていたのですが、２０１５年（平成27年）になって左腎腫瘍と下大静脈腫瘍塞栓が診断されたのでもう一度申請することにし、今年（２０１６年）の１月に二度目の手続きをしました。今度は４ヶ月後に認定の通知が届きました。まるで「原爆症の認定をして欲しかったら癌になってから来い！」と言われたみたいな気がしました。

55年間連れ添った妻との別れ

次男、三男が生まれたのは博多でしたけど、息子たち３人が育ったのは京都でした。ただ子どもたちにとって京都での暮らしはなかなか厳しかったと思います。中国人の子どもだということでいじめられることが多くてね。「中国人なのに何で日本の学校に来るんや！」と言われたり。遠足に行った時に水筒を投げつけられたりしたこともありましたよ。子どもたちが自分の考えでやったのじゃないのですね。みんなその子たちの親から教えられてやったことですよ。私の子たちも作文に書いていじめのことなどを訴えたりしたこともありました。先生たちもきちんと対応してくれてやがて解決していきましたけど。

3人の息子の内2人は日本に帰化して、今ではみんな元気にやっています。孫も全部で7人になりました。

妻は去年（2015年）の7月20日に亡くなりました。乳がんだったのですけど肺や肝臓にも転移していましてね。結婚してから55年、ずーっと二人でやってきたのです。博多でも京都でも周りからはよく「中国人や」と言われて差別されたりいじめられたりもしました。それだけ苦労も多かったですけど、よくやってくれたと感謝しています。

12 山本 高義

長崎医大の地下で九死に一生を得る

手記＝2001年12月7日

【1】八幡の日本製鉄第一養成工として入工

1942年（昭和17年）、私は福岡県八幡の日本製鉄に第一養成工として入工しました。（14歳）

1942年～1944年、勤労動員で三菱長崎製鋼所に配属され、製管の仕事に従事しました。身分は正社員ではなく、小林角弥親方（通称・小林角）に率いられて福岡県八幡から行った一団14～15人の一人でした。その時の住まいは、長崎市浦上岩川町にある「横道道子下宿屋」でした。

1944年、三菱長崎製鋼所にはすでに鉄がなくなり、仕事がなかったので、三菱長崎兵器製作所の仕事をしていました。三菱長崎兵器製作所には、その他に長崎の浦上にあった柿本鉄工所の人たちや、島原の方から来ていた草野さんという親方も一緒でした。

三菱長崎兵器製作所では、工場の拡張工場のため製管の仕事を担当していました。当日は、小林角弥親方が外注で長崎医科大学のスチームの修理の仕事を請け負い、私は親方と二人で長崎医科大学に行きました。

1945年8月9日、下宿先で朝7時に食事を済ませ、8時にはこの日の仕事先であった長崎医科大学の地下で、壊れたスチームの修理の溶接をしていました。技術を要する仕事だったので、この日は技術を身につけて

いた私と親方の二人で仕事についていました。（17歳）

［2］ 8月9日11時02分

親方はガラス窓の真横で、私はその位置から5メートルほど離れたところでスチームの溶接中でした。突然ボーンというすごい音がしました。その時点で辺りは真っ暗で何も見えませんでした。このとき小林角弥親方とははぐれてしまい、その後、親方の行動は確認できませんでした。何が起こったのか、何があったのか、さっぱり分かりませんでしたが、とにかく外に出ようと1階の出口から、みんなに押されるような恰好で必死で外に出ました。その時白衣を着た人が沢山倒れていました。その人たちをふんづけて、足には人が死んでいる感触さえ受けながら必死になって人の流れにそって山手の方に走りながら逃げました。その一群の中には白衣を着た人もいました。走りながら周りをみわたすと、顔も身体も真っ黒の死体だらけでした。走ってしばらくしたら、ガスバーナーに一斉に点火したように、そこら辺りから一面火の手があがりました。そこで明るくなり、ぐるりを見たら周りの人は血だらけで、自分の腹や手をおさえたりしている怪我人でいっぱいでした。2～3時間ぐらいしたころだったと思います、夕立のような大雨（ベトベトした黒い雨）がすごく降りました。山の上に上がると、そこには一緒に逃げた人たち20～30人がおりました。「何があったのかようわからへんが、よう助かったなー」などといろいろなことを話し合っていました。その日の夕方5時頃だったと思いますが、下宿のあった場所に戻りました。周りは焼けて何もありませんでした。生きている人もいませんでした。それで川の近くに行って、その日は橋の下で寝ました。川の中は死体でいっぱいでした。

私は原爆にあった時どんな状況だったのか、どないなっているかとか、考える余裕など何もありませんでした。逃げるのに必死でしたから、自分に痛みを感じたのは2日ほどたってからでした。履いていた黒いズボンがぶつぶつ穴があいており、お尻に大きな火傷を負ってひりひりしていました。また、体じゅうがかゆくてかゆくてしかたがありませんでした。

2日目から親方を探しに歩きました。知っている人に次々と聞いて回りました。お昼前にやっと浦上天主堂で、下宿屋の女将・横道親子に会いました。その時「小林さんは向こうにいるよ」と浦上天主堂の方を指して教えてくれました。天主堂の下の方で親方とやっと再会しました。親方の体は真っ黒でガラス破片がいっぱい刺さっていて重症の状態でした。

原爆で破壊された長崎医科大学（長崎原爆資料館）

親方と一緒に八幡からやってきた一団の14～15人（広渡・本田・浅野・原住・福原さん他）を各々が捜し当てて、見つかった6人が親方の元に集まりました。他の人は死んだと思います。その6人で重症の親方を戸板に乗せて汽車で奥さん（小林トミ子さん）、娘さん（チエさん）が疎開していた佐賀県の祐徳稲荷へ連れていきました。それからすぐ近くの病院に連れて行きました。親方は3日後に亡くなりました。

お葬式を済ませたのち、私と広渡とはもう一度長崎に戻りました。そして誰からとはなしに「罹災証明書を貰った方がいいよ」という噂を耳にして、私たち二人は歩いて歩いて長崎市役所へ行きました。しかし焼けてありませんでした。そこで山の上の洋風で円形のような建物（県庁ではないかと思います）で罹災証明書をもらいました。

そしてその足で親方の母親が住む福岡県八幡市に親方の死を報告

に行きました。お葬式から2日後、私は一人で故郷へ帰るべく四国の愛媛県喜多郡三善村へと向かいました。途中、炊き出しなどを貰いながら汽車を乗り継ぎ、乗り継ぎ、広島の周辺は歩いて歩いて、父、弟、妹3人の待つ実家に着いたのは既に8月下旬となっていました。

いつだっか記憶は薄いですが、長崎で捕虜が手錠を掛けられたまま沢山死んでいるのを見てゾッとした記憶も頭に残っています。

その移動中、私も、背中や足の腿にガラス破片が刺さっていたのが原因であちこち化膿しはじめました。自分で木綿針を刺したりして膿を出しました。また、自分で押さえたら膿と一緒にガラスの破片が出てきたりしました。背中は自分の手が届かないので他人に押し出してもらっていました。

［3］帰郷

突然帰ってきた私を見て、家族は「よう生きていたなあー」といってびっくりしていました。当時の村の人口は1500人位で、その小さい村に長崎で被爆して帰ってきたものは自分一人でした。

村へ戻ってから罹災証明書を役場へ提出しました。この証明書は長崎でもらったものです。この証明書で援助物資（衣類等）を村から何回かにわけてもらいました。

家に帰ってしばらくすると、火傷していたお尻がどんどんひどくなってきました。また、水ぼうそうみたいなものが胸から下半身全体にできました。家にあった置き薬の膏薬などを塗って一ヶ月ほど自分で治療していましたが、だんだんと傷も広がり、とうとう右足の内側のリンパ腺が腫れ、歩けなくなりました。たまりかねて、「原爆で傷を負ったのだから、何とか手当てしてもらえないだろうか、長崎の罹災証明書を持って行けば病院で診てもらえる、そうすれば治る」と思ったので、証明をもって喜多郡八多喜町（隣村）の三瀬病院へ行きました。

その時あまりの傷のひどさに医師からは「死ぬ」と宣告されたほどでした。しばらくの間無料で注射などして診てもらっていました。

【4】結婚、脱毛、真性多血症、生活保護

その後10年ほどたったのち結婚しました。（27歳）　その頃でしたが髪の毛がぼろぼろと抜け落ちました。その間は実家の農業などを手伝っていましたが、農閑期に出稼ぎのため京都に出ました。名神高速道路工事で鉄筋工をしたのがきっかけで、鉄筋の勉強をし、それで生活をしていました。

しかし、昭和60年（１９８５年）９月５日、真性多血症（赤血球が多い）及び胃潰瘍等で入院（57歳）したことがもとで生活保護を受け現在に至っています。（現在73歳）

みんなの願いが一つになって被爆者手帳を取得！

京都市伏見福祉事務所（当時）　木下美佳さん

２００３年（平成15年）１月『季刊　公的扶助研究』より

京都「被爆二世・三世の会」で一部編集

【1】山本高義さんが被爆者手帳の申請に至った経緯

山本高義さんに被爆者健康手帳の取得を勧めたのは、生活保護の担当をしていたケースワーカーでした。１９９６年（平成８年）４月の家庭訪問の際に、「（生活）保護費が安い。何とかならないのか。私は被爆をしており、苦労もしてきているのに……」との訴えがありました。

担当のケースワーカーは保健所で手帳の申請用紙を入手して、山本さんに当時の状況を聞き取り始めました。長崎市に原子爆弾が落とされた時、山本さんはどこにいたのか、何をしていたのか、どんな状態だったのかを申請用紙に書き込んでいったのです。遠い長崎の地名や、学徒動員など当時の状況を文章に書いては山本さんに読んでもらう面接を何度も重ねました。生活保護の内容は知っていても、被爆者援護法のことまではあまり深い知識があるわけではありません。保健所と連絡を取りつつ、指示されたことを書式に埋めていきました。この時、申請書に証人欄がありました。被爆後すぐに長崎を離れて郷里に戻っていた山本さんには、すぐに連絡の取れる証人がありませんでしたから、一緒に被爆した人たちの氏名や当時の住所等を思い出せる限り記入し、京都府にあてて証人調査依頼書を作成しました。そして、これらの申請書類一式は、保健所で特別な指摘もなく受理されました。

もともと生活保護費についての不満から端を発した話であり、担当ケースワーカーとしては、放射線加算の計上のことと、いずれかの手当が受給できれば収入認定除外になることを見込んでいました。「よかったね、山本さん。あとは結果が送られてきたら教えてね」とケースワーカーは山本さんに伝えました。

［2］音沙汰なしの京都府、5年間も放置。自ら証人探し

1996年5月の人事異動で担当ケースワーカーが代わり、さらに翌97年5月にも同じく人事異動で担当ケースワーカーがまた代わりました。その都度山本さんのことは引き継がれ、家庭訪問で「手帳はすでに交付されましたか」と聞きますが、「まだ何も音沙汰がない」との返事です。府庁に電話し確認したところ、「まだ交付に至っていない」とのことでした。

２００1年5月の人事異動により、現在の私がケースワーカーの担当となりました。6月の家庭訪問の時、山本さんの近況を聴取しましたが、「手帳のことはまったく何の返事もない。長崎で罹災証明ももらったのだがなあ」といいます。ケースワーカーから問い合わせる了解を得て、府庁に電話聴取。府庁の担当者は「手帳のことは未処理となっている。被爆状況の証明の申し立ては添付されているが、証人が必要であり、その確認がまだできていないため交付に至っていません。１９９6年4月に手当申請を受け付けているので、早急に諾否は調査しましょう」との返答でした。

8月の家庭訪問時には、山本さんは「その後、府庁からは何の返事もない。いろいろ考えてきたら、同級生だったHさんや、一級下のIさんのこと、当時の雇主の小林さんやその奥さんや娘さんのことなどいろいろ思い出してきました。八幡製鉄所の下請けで一緒に働いていた雇主の小林さんは、被爆後、体にウジがわきました。絶命された後に、小林さんの奥さんの勧めるままにそれぞれの故郷に戻りました」といいます。

電話番号案内でIさんの名前を尋ねたところ登録がありました。早速山本さんと一緒に電話をかけたところ、留守番電話になっていました。「京都の山本といいます。また電話させていただきます」それだけを山本さんは伝えました。「手帳のこと、健康管理手当等のことを考えると悔しい。きちんと弁護士に相談したい」と山本さんの意向が示されました。

その後もIさん宅に電話。何度かかけるうちにつながりましたが、「夫は5年前に亡くなりました。夫が被爆したなど聞いたことがありません。何かの間違いではありませんか」という返事でした。この残念な結果を山本さんに伝えたところ、「何度か電話をかけたがかからなかった。昨日から思いつく名前や住所で番号案内に尋ねているが、他の手掛かりはなかった。Iさんの死を聞いてがっかりしました」と落胆を隠しきれない様子でした。

［3］弁護士、被爆者団体など協力者が増え、府庁に赴く

8月、山本さんと一緒に被爆問題に詳しい尾藤廣喜弁護士と面談し経過を伝えたところ、京都の原爆訴訟を通じた協力者として京都原水協事務局長の小杉功さんと京都原水爆被災者懇談会事務局員の田渕啓子さんの紹介を受けました。弁護士から「手帳の交付に証人は絶対必要とはされておらず、当時の状況を再現することで交付されるはず。なぜ未交付なのか事情を聞きにいきましょう」との助言がありました。

数日後、弁護士、小杉事務局長、懇談会事務局員の田渕さんと山本さんとで一緒に事実確認のため府庁に赴きました。山本さんは背中の浮腫を見せ、爆心地近くでの被爆の様子や死んでいった雇主、友人らの話や、罹災証明をもらってその後戻った郷里の役所に提出したことなど話しました。

私が家庭訪問すると山本さんは、「ここ数日原爆のことばかり考えていたら、気持ちが落ち着かなくなってきました。死体が重なって川を埋め尽くしていました。その死体は膨れ上がっていました。死体を踏んで歩きました。足の裏に感触が伝わってくるんですよ。忘れることはありません」といいます。原爆のことがかなり脳裏に蘇ってきた様子でした。

同月末に、尾藤弁護士、小杉さん、田渕さんと山本さんが京都府庁を再度訪問。「なぜ手帳の交付が遅れているのか。証人がなくとも、交付は可能である」ことを確認しました。

［4］山本さん倒れる！　郷里の役場から「証明」届く

弁護士から、状況証拠の積み重ねを求められていた矢先、9月になり山本さんは脳梗塞のため入院されました。この間の心労が響いたのでしょうか。

10月になり、病状の落ち着いた山本さんの入院先に田渕さんと私とで訪問。当時の状況について再度聞き取っ

たところ、被爆地について当初の申請と食い違っていることが判明しました。「長崎県で交付を受けた罹災証明書は、郷里に戻った際に役場に提出しました。役場から砂糖などの物品配給通知が届き、もらいに行ったものです。近くに住んでいた人たちも知っていてくれたし、弟が今もその近くに住んでいるので役場に尋ねていってもらおう」ということになりました。

数日後、山本さんの入院先に田渕さんと私とで再度訪問。「長崎県の仲間に問い合わせたら、被災直前である1945年8月9日時点の地図が入手できた」と田渕さんが提示すると、山本さんは地図を指さして当時の住まいや被爆時に働いていた場所、走って逃げた方面などを語り始めました。

翌11月になり、山本さんが提出した罹災証明の存在を問うていた郷里の役場から、懇談会に返答文書が届きました。「罹災証明はもう保管されていなかったが、この地を郷里とする人のためにお世話いただきありがとうございます。せめてもと思い尋ねたところ、当時の話をしてくれた方がありました。被爆後の山本さんのことを聞き取りましたので、『聴取した事実証明』を送ります」と証明書が届いたのです。私は、すぐに懇談会からFAXを受け取り、山本さんの入院先を訪問し、罹災証明書の申請前後の事実を再度確認しました。山本さんは「お話をしてくれた方は当時私の家の向かいに住んでおられた方です」と語りました。

山本さんの郷里の役場の方の熱意には本当に心あたたまるものを感じました。山本さんやまわりの支援者の思いが役場の人に伝わったのだと思いました。

［5］山本さん、被爆当時の状況を正確に思い出す

11月、小杉さん、田渕さんと私とで弁護士と面談。尾藤弁護士から、「被爆直後の状況について、当初の聴取と最近のものとに差異があるので、確認をしてほしい」との要請がありました。すぐに田渕さんと一緒に山本さ

んの入院先に訪問。山本さんは、「ケースワーカーから手帳の話があった時、半信半疑だったので詳細に留意できませんでした。ここ最近になって、地図を見たり資料を見せてもらう中でバラバラだった記憶が整理されてきました。親方の指示の現場で働いてきたので、被爆地の記憶も混同していたようです。体中に水泡ができたり、火傷が広がったこともあった。本当に辛い思いをしてきたのであり、手帳の件、進めていただきたいのです」と。このことを補足文書として申し立てることにしました。

山本さんは「ケースワーカーや弁護士、団体のみなさんにお世話になり、自分のことをこんなに助けてくれる人があることを実感した。当初から真剣に話しておけばよかったと思っている」と気持ちの変化を語りました。

[6] ついに手帳交付される

1月末、山本さん、尾藤弁護士、小杉さん、田渕さんが京都府庁を訪問したところ、「手帳の件、認可が下りそうである。実務期間後に交付されるだろう」という感触を得ました。山本さんは「今日、府庁に行ってきました。手帳も手当ももらえることになりそうです。みなさんの協力があったからこそです」と話されました。

2月初め、山本さん、尾藤弁護士、小杉さん、田渕さんが府庁を訪問し、ついに手帳が交付され、テレビのニュースで報道されました。翌日には新聞報道もあり、山本さんは福祉事務所に来て、「これがもらった手帳です。近所の人が『今まで

喜びを語る山本高義さん（左）と代理人の尾藤廣喜弁護士
（朝日新聞 2002 年2月7日付）

大変だったんだねえ』と声をかけてくれました」と手帳を見せて報告してくれました。本当にうれしそうでした。

2月末、家庭訪問して、被爆者健康管理手当の申請書類をいっしょに記入しました。山本さんは、「私の知らなかった人も『テレビで見た』『新聞で見た』『これからも元気でね』と声をかけてくれ、私のことを気遣ってくれるなんて、こんな経験は今までしたことがない。人が信じられる気がしてきました」と、手帳交付のとりくみにより、人間への信頼感ができてきたことを語りました。

山本さんが給付を受ける健康管理手当は収入認定除外であり、最低生活費はその分上乗せされます。しかし、放射線障害加算については対象とはなりませんでした。他に医療および年2回の健康診断の給付がうけられることとなりました。

[7] 人を信じられるようになった

山本さんを中心に様々な人がお互いの立場による役割分担しながら、様々に関わりました。その内に、情報の入手が進み事実関係が明らかになりました。手帳の取得を終えたことより、山本さんが「自分は一人ではない。自分の言うことを信じて助けてくれる人がいた」そう言ってくれるように変わってこられたことが大きな成果です。そして、そのことが、なお一層山本さんへの援助に駆り立てたのです。

また、山本さんの中に戦争が終わっていないことを知り、重く感じていた間にもテロ事件が起こりました。長く残っていく心の傷を慮ったり平和の大切さを考えました。何よりも生活保護ケースワーカーの家庭訪問から端を発して、世間に一石を投じたのではないかと自負しています。

山本さんの手帳取得を振り返って、そして今後へ

2021年8月22日

木下　美佳

生活保護のケースワーカーとして従事していると、なかなか対応に苦慮する方を担当することがあります。これまでの人生に疲れていたり、時に強い言葉を吐いてしまったり、投げやりな態度をとって見せたりする人に出会います。私が担当したばかりの頃は、山本さんもそのような印象でした。

山本さんに手帳の申請を勧めたケースワーカーも、「手帳の取得なんて半信半疑だった。京都府が審査して決めてくれる、そう考えたから手帳の申請につないだし、取得を簡単に考えていた」と話していました。第三者証明の重要性など深く考えていなかったし、証明なしに交付された前例がないことを知らなかったので、怖いもの知らずだったと言えますが、結果として、山本さんは『第三者証明を入手できなくても手帳を取得した第一号』になりました。

手帳を申請してから丸5年も経っていたのに交付されていなかったため、尾藤弁護士に相談しました。そこから、小杉さん、田渕さんにつながり、長崎の仲間の方へと広がっていき、長崎から、数種類の被爆当時の長崎市内地図を送っていただきました。その地図を見た山本さんは「下宿、親方の家、捕虜の収容所」と指さして話し始めました。この数種類の地図を得たことで、記憶を思い起こす山本さんの姿に驚きました。長崎の仲間の方は、地図が被災後すぐに長崎を離れた山本さんの記憶の整理に役立つだろうと気遣い、田渕さんに送ってくださいました。

ほかにも、故郷の大洲市役所に罹災証明が保管されていないか照会した際の回答として、市職員の方が当時の住所地へ訪問して『聴取した事実証明』を作成し、送ってくださいました。かつての住民のために尽力される姿勢に敬意を表しました。次々と山本さんを中心とした関係がつながっていき、入手できない第三者証明の代替資料は収集されたのです。

そして、これらの周囲の支援を受けていた山本さんに変化がありました。

家庭訪問の際に、山本さんに覚えている友人の自宅の電話番号を調べて掛けてもらったのですが、その時には新たな情報を得られずに辞しました。その後、自分で思いつく名前を順番に電話を調べて掛けてみるなど、山本さんが自ら手帳取得に向けて積極的に動き始めるように変わっていきました。

さらに、周囲の支援を受けて手帳を取得してからは、山本さんの心情にも変化が見られました。「近所の人から励ましや労りの声を掛けられることが増えた。今までは不信感があり、すねたように生きてきた。自分は独りぼっちだと思っていたが、人を信じられる経験をした。まだまだ世の中捨てたもんじゃないかも」と語ってくれました。

山本さんの支援を通して、私自身の心境にも変化がありました。相談者の態度や物言いに影響されずに、本当に困っていることに目を向ける大切さを学ぶことができました。

また、山本さんの手帳取得に携わり、原爆について考えるきっかけを得ました。山本さんは「人間を踏んで逃げたときの足の裏の感覚が忘れられない」と語っていました。その言葉が今も忘れられません。今後、被爆の影響を受けているにも拘らず、第三者証明が提出できないことで、手帳取得の困難さが増すことを懸念します。山本さんは、周囲の支援と連携によって手帳を取得できました。将来において、また今でも、手帳を必要とする人と支援者が手を携えて突破口を開いた先例として、皆様の励ましのひとつとなれば幸甚です。

あとがき

〈上巻〉発行から〈下巻〉発行までの1年半の間に、核被害者の救済と核廃絶を願う人々にとってとても大きな出来事が二つありました。一つは2021年1月22日、核兵器禁止条約が発効したこと。もう一つは同じく2021年7月26日、広島「黒い雨」訴訟の勝利判決が確定したことです。人類の被った原爆の惨禍がありのまま語られることによって人々はその非人間性を理解し、大きな潮流となって、核兵器禁止条約を生み出すまでに至りました。広島「黒い雨」も、損なわれた命と健康被害があくまでも訴え続けられたからこそ、遂には被爆者認定の考え方を根本から改めさせることにつながりました。二つの出来事は、核被害の告発こそが、被害者の救済と核廃絶運動とを結びつける一体のものであることも示しました。

この2021年という歴史的な年に、『語り継ぐヒロシマ・ナガサキの心』〈下巻〉を上梓できることを大変嬉しく思います。ささやかな私たちのとりくみも、核被害者の救済、核廃絶の道へつながっている一端であると認識しつつ。

『語り継ぐヒロシマ・ナガサキの心』の〈上巻〉〈下巻〉の発行によって私たちのとりくみは一応の区切りとなります。しかし、被爆者、核被害者のある限り私たちの被爆体験の継承と普及、社会と後世に語り継いでいく活動はこれからも続けてまいります。その結果を世に問う方法は今後、様々に検討していきたいと思います。お気付きのこと、ご感想、ご意見を是非お寄せいただきますようお願いいたします。

編者　京都「被爆二世・三世の会」

京都原水爆被災者懇談会の支援のもとで2012年に発足。①被爆者の被爆体験を語り継ぎ、社会への発信と後世への継承を通じて核兵器の廃絶・世界平和実現に貢献する、②祖父母・親（被爆者）からの遺伝的影響の実態と真実を追及し、被爆二世・三世の健康問題の解決と、あらゆる核被害者の救済に役立てる、という二つの目的を柱に活動している。

連絡先
〒604-8854
京都市中京区壬生仙念町30-2
ラボール京都５階　　京都原水協気付
http://aogiri2-3.jp

語り継ぐ ヒロシマ・ナガサキの心〈下巻〉

2021年12月8日　　初版　第1刷発行

編　者　©京都「被爆二世・三世の会」
発行者　竹村　正治
発行所　株式会社ウインかもがわ
〒602-8119　京都市上京区出水通堀川西入 亀屋町321
☎075（432）3455　FAX075（432）2869
発売元　株式会社かもがわ出版
〒602-8119　京都市上京区出水通堀川西入 亀屋町321
☎075（432）2868　FAX075（432）2869
振替 010010-5-12436

印　刷　シナノ書籍印刷株式会社

ISBN978-4-909880-28-4　C0031
2021 Printed in Japan